权威 · 前沿 · 原创

皮书系列为
"十二五""十三五""十四五"时期国家重点出版物出版专项规划项目

B

BLUE BOOK

智库成果出版与传播平台

太平洋岛国蓝皮书

BLUE BOOK OF PACIFIC ISLAND COUNTRIES

太平洋岛国发展报告

（2024）

ANNUAL REPORT ON DEVELOPMENT OF

PACIFIC ISLAND COUNTRIES (2024)

组织编写／聊城大学太平洋岛国研究中心

主　　编／赵少峰

副 主 编／田　耘　王作成

社会科学文献出版社

SOCIAL SCIENCES ACADEMIC PRESS（CHINA）

图书在版编目（CIP）数据

太平洋岛国发展报告 . 2024 / 赵少峰主编；田耘，
王作成副主编 . -- 北京：社会科学文献出版社，2025.
3. --（太平洋岛国蓝皮书）. -- ISBN 978-7-5228
-4570-8

Ⅰ . D76；F160. 4

中国国家版本馆 CIP 数据核字第 20246FF870 号

太平洋岛国蓝皮书
太平洋岛国发展报告（2024）

主　　编／赵少峰
副 主 编／田　耘　王作成

出 版 人／冀祥德
组稿编辑／张晓莉
责任编辑／叶　娟　胡晓利
责任印制／岳　阳

出　　版／社会科学文献出版社 · 区域国别学分社（010）59367078
　　　　　地址：北京市北三环中路甲 29 号院华龙大厦　邮编：100029
　　　　　网址：www. ssap. com. cn
发　　行／社会科学文献出版社（010）59367028
印　　装／天津千鹤文化传播有限公司

规　　格／开本：787mm×1092mm　1/16
　　　　　印张：23.5　字数：352 千字
版　　次／2025 年 3 月第 1 版　2025 年 3 月第 1 次印刷
书　　号／ISBN 978-7-5228-4570-8
定　　价／168. 00 元

读者服务电话：4008918866

本书获得泰山学者工程专项经费、聊城大学"冲一流学科"（区域国别学）经费、中国海洋发展基金会项目经费支持。

本书得到中央广播电视总台（CMG）旗下中国国际电视台（CGTN）在国际传播领域的大力支持，谨此表示感谢。

主要编撰者简介

赵少峰 历史学博士，教授，聊城大学太平洋岛国研究中心主任、区域国别研究院执行院长，山东师范大学博士生导师。泰山学者青年专家、山东省理论人才"百人工程"入选专家，山东省智库决策咨询专家，山东省高层次人才，山东省高等学校青创人才引育计划团队学术带头人，首批山东省哲学社会科学青年团队带头人，山东史学会副理事长、中国太平洋学会太平洋岛国研究分会秘书长、中国史学会史学理论分会理事。主要从事区域国别研究、太平洋岛国研究和中外关系史研究。主持国家社科基金项目 3 项、教育部人文社科基金项目 1 项、其他省部级项目 7 项。在商务印书馆、人民出版社、中国社会科学出版社、社会科学文献出版社出版专著 5 部，在《世界民族》《历史档案》《学术探索》等发表论文 70 余篇。

田　耘 历史学博士，聊城大学太平洋岛国研究中心助理研究员，聊城大学历史文化与旅游学院讲师，主要从事战后国际关系史研究。

王作成 历史学博士，聊城大学太平洋岛国研究中心高级研究员，聊城大学历史文化与旅游学院教授，硕士生导师，兼任中国太平洋学会太平洋岛国研究分会常务理事。主要从事太平洋岛国史研究。出版《新版列国志·库克群岛》等专著，在《山东社会科学》《思想战线》等发表论文 30 余篇。主持国家社科基金一般项目 1 项，主持山东省社科规划课题与山东省高等学校人文社科项目各 1 项。

摘　要

2023 年，太平洋岛国地区政治形势总体稳定，密克罗尼西亚联邦、瓦努阿图、瑙鲁、马绍尔群岛以及法属波利尼西亚举行大选。其中，瓦努阿图总理的频繁更迭，导致其国内局势动荡并伴随着政治危机。新冠疫情过后，太平洋岛国的经济逐渐复苏回暖，旅游业和建筑业成为推动经济复苏的一股强劲动力，但局部地区冲突、高通货膨胀率以及气候危机等加剧了太平洋岛国经济增长的不确定性。在社会民生层面，太平洋岛国依然饱受毒品非法贸易、粮食危机以及教育差异等问题的困扰，社会矛盾逐渐凸显。太平洋岛国借力地缘政治竞争，不断拓宽合作领域、深化合作关系，以寻求自身发展利益的最大化。面对亟需重视的气候变化问题，太平洋岛国积极运用"新太平洋外交"，展示独特的集体外交范式，将气候变化议题推进到世界舞台的最中央。

在区域层面，新喀里多尼亚和法属波利尼西亚在争取脱离法国独立的进程中遭遇挫折。新喀里多尼亚新宪法地位的谈判陷入僵局，其独立进程也充满不确定性；2023 年 5 月，法属波利尼西亚新总统上任后，法国承诺放弃针对法属波利尼西亚采取的"空椅"政策，但未对其独立要求做出回应。巴布亚新几内亚布干维尔岛地区独立公投延期，加剧了该地区持续高涨的独立情绪。尽管双方进行了多次磋商，但尚未取得实质性进展，这为布干维尔岛的独立进程增添了新的不确定性。2023 年，以太平洋共同体、太平洋岛国论坛等为主的区域组织，在国际舞台上发挥着日益重要的作用。这些组织为太平洋岛国发声，在环境保护、能源开发和数字化建设等领域开展了大量工作。各岛国（地区）通过相互支持，弥合过去的裂痕，这些区域组织致力于维护"蓝色太平洋"，促进该地区的可持续发展和繁荣。

当前，太平洋岛国地区成为各国竞合的重点地区，美国、澳大利亚、新西兰、法国、印度、韩国和日本等国通过外交、经济、安全和文化等多个层面的努力，试图加强对该地区政治、经济、文化和意识形态的控制，继续谋求扩大在太平洋岛国的影响力。5月，印度主持召开了第三届印度−太平洋岛国合作论坛峰会（FIPIC），韩国首次举办韩国−太平洋岛国峰会。7月，法国总统马克龙开启"历史性"的南太平洋之行，先后前往新喀里多尼亚、瓦努阿图和巴布亚新几内亚访问。9月，第二届美国−太平洋岛国峰会召开。日本在基里巴斯和新喀里多尼亚分别设立大使馆和领事馆。澳大利亚、新西兰领导人对太平洋岛国开展访问活动。

2023年，太平洋岛国地区在政治、经济、社会和国际关系上面临着机遇和挑战并存的局面。2023年，中国与太平洋岛国通过高层对话和政党交往，不断拓展合作领域，推动经济复苏。双方在减贫脱贫、粮食安全、绿色发展、数字经济和应对气候变化等领域开展务实合作，中国和太平洋岛国关系发展再上新台阶。在全球地缘政治博弈加剧和经济逆风下行的背景下，中国与太平洋岛国全面加强合作符合双方共同利益，太平洋岛国积极推进"向北看"政策、"蓝色太平洋计划"同中国"一带一路"倡议对接，加强在重大关切问题上的沟通和协调，在各层次各领域开展广泛合作，按照平等互利原则，建立全方位、宽领域、多层次的合作关系，提升合作效能，为地区和平与稳定发展做出新的贡献。

关键词： 太平洋岛国　"一带一路"倡议　后疫情时代　次区域合作

目 录 ⟁

Ⅰ 总报告

Ⅱ 分报告

Ⅲ 国别篇

皮书数据库阅读**使用指南**

总 报 告

B.1
2023年太平洋岛国地区总体形势评析

赵少峰　于昕禾*

摘　要： 2023年，太平洋岛国地区政治基本稳定，岛国政府和民众的民族独立意识高涨，个别国家和地区出现动荡态势。各岛国的经济持续复苏，但仍面临经济结构单一、通货膨胀干扰以及地缘政治局势紧张等诸多障碍。在社会民生方面，部分岛国存在毒品泛滥、粮食危机和失业率高等民生问题。在国际舞台上，太平洋岛国充分利用双边和多边伙伴关系，实现国家利益最大化。2023年，中国-太平洋岛国关系稳步发展，太平洋岛国与中国积极推进"一带一路"倡议和"蓝色太平洋计划"的对接，持续拓宽合作领域、提升合作层次，促使双方关系迈上新台阶。

关键词： 太平洋岛国　政治形势　经济形势　中国-太平洋岛国关系

---

* 赵少峰，博士，教授，聊城大学太平洋岛国研究中心主任、区域国别研究院执行院长，山东师范大学博士生导师，主要研究方向为区域国别、太平洋岛国和中外关系史；于昕禾，聊城大学太平洋岛国研究中心研究助理。

2023 年，太平洋岛国政治、经济、社会和外交形势总体稳定。各岛国密切关注气候变化、海洋治理和可持续发展等关键领域，积极参与国际事务，既注重本国利益，又兼顾地区和全球整体利益。为实现发展目标，太平洋岛国竞相实施"向北看"政策。在当今竞争日益激烈的国际格局下，太平洋岛国虽无意参与但也不可避免地陷入了地缘政治斗争。

一　太平洋岛国政治形势

2023 年，太平洋岛国地区的密克罗尼西亚联邦、瓦努阿图、瑙鲁、马绍尔群岛以及法属波利尼西亚举行大选。密克罗尼西亚联邦总统权力实现和平过渡，特鲁克州参议员韦斯利·西米纳（Wesley Simina）当选密克罗尼西亚联邦总统，科斯雷州参议员阿伦·帕利克（Aren Palik）当选为副总统；瑙鲁则通过不信任案投票，罢免了总统拉斯·库恩（Russ Kun），再经过一次平票僵局后，戴维·阿迪昂（David Adeang）以两票的微弱优势击败德尔文·托马（Delvin Thoma），成功当选瑙鲁新一任总统；马绍尔群岛的希尔达·海涅（Hilda Heine）以 1 票险胜再次当选，成为该国的第十任总统，为太平洋岛国仅有的两位女性领导人之一；道尔顿·塔格拉吉（Dalton Tagelagi）以压倒性优势再次当选为纽埃总理；法属波利尼西亚也在 5 月迎来了他们的再任总统穆泰·布拉泽森（Moetai Brotherson）。上述国家（地区）大选和政府首脑更替期间政局相对平稳，并未出现以往屡见不鲜的大规模社会动荡和民众抗议活动。这一定程度上反映了太平洋岛国政治体制日趋成熟，也反映了太平洋岛国在维护地区团结和平，尝试摆脱西方前殖民宗主国的控制、施压所做出的努力。

瓦努阿图因政治制度缺陷以及总理和内阁职位的高更替率而破坏了政治稳定。2023 年的瓦努阿图政局动荡不安，总理更迭频繁，议会矛盾日益凸显。短短三年时间里，瓦努阿图经历了四任总理的更迭，先后是伊什梅尔·卡尔萨考（Ishmael Kalsakau）担任总理 9 个月，萨托·基尔曼（Sato Kilman）担任总理 34 天，夏洛特·萨尔维（Charlot Salwai）担任国家领导人仅 31 天。除此之外，政客和政党争夺议会权力的过程中经受了数次法庭挑战，瓦努阿图政府随即敦促总统解散议会。此前，瓦努阿图还遭受了飓风的重创，人民生活困苦不堪，瓦努阿图公民通过社交媒体和街头游行表达了他们的不满，超过 150 人游行到议会大厦，1816 人提交请愿书，要求通过拟议的政治诚信法案，以缓解持续的不稳定局势。① 政治不稳定的影响是广泛存在的：一方面造成政府决策和服务提供陷入停滞、议会推迟关键立法，损害了瓦努阿图的国际声誉和信誉；另一方面也阻碍了经济发展和规划，浪费了政府有限的资金，降低了人们对国家领导力的信心。

密克罗尼西亚联邦选举体现了其面对严峻的自然、地理和文化治理挑战以及反复出现的分裂主义倾向时的政治韧性和宪政活力。② 正如之前为确保太平洋地区美拉尼西亚、密克罗尼西亚和波利尼西亚三个次区域集团的平衡，密克罗尼西亚联邦国会就如何选举总统也遵循类似的"君子协定"，即总统职位在四个州之间实行轮换制，这种选举方式体现了密克罗尼西亚联邦在维护地区和平、抑制分裂方面所做的努力。

新喀里多尼亚和法属波利尼西亚在同法国争取独立过程中陷入僵局。关于新喀里多尼亚新宪法地位的谈判陷入困境，特别是在投票制度方面。此外，未来新喀里多尼亚的自决之路也悬而未决。法国政府及其内政和海外领土部长杰拉尔德·达尔马宁（Gérald Darmanin）在 2023 年曾 6 次前往新喀里多尼亚首府努美阿，希望其所有政党积极参加涵盖新喀里多尼亚等一系列问题的包容性会议，但支持独立的喀里多尼亚联盟党（UC）仍然拒绝参加有关会谈。2023 年 4 月，新喀里多尼亚支持独立的政党与法国政府在巴黎举行会谈，就其未来地位恢复问题进行了全面对话；7 月，法国总统马克龙访问新喀里多尼亚，试图重申法国在太平洋地区的重要性，并寻求尽早解决

① "Basic But Essential: Vanuatu's Proposed Political Integrity Legislation", Devpolicy, December 6, 2023, https://devpolicy.org/basic-but-essential-vanuatus-proposed-political-integrity-legislation-20231206/.

② "FSM's Presidential Politics", CANZPS, May 22, 2023, https://canzps.georgetown.edu/2023/05/22/fsms-presidential-politics/.

新法规的分歧和众多复杂且有争议的问题；在 9 月份的会谈中，法国内政和海外领土部长杰拉尔德·达尔马宁提交了一份法国起草的文件，该文件被作为修改新喀里多尼亚宪法的基础；12 月，法国政府正式宣布了新喀里多尼亚宪法修正案，计划于 2024 年第一季度提交给法国国会，该修正案直接涉及新喀里多尼亚敏感的选民名册问题，法国计划恢复新喀里多尼亚地方选举投票权等部分权利，以达成妥协并维持法属太平洋领地的"政治平衡"。此外，法属波利尼西亚新总统上台后声称，他得到了法国总统马克龙的保证，法国将放弃其在联合国非殖民化特别委员会会议上关于法属波利尼西亚的"空椅"政策。① 2023 年 10 月，法国出席了在法属波利尼西亚举行的联合国大会第四委员会特别政治和非殖民化会议，此前法国缺席该会议已十年之久，但法国代表仍未应允任何关于法属波利尼西亚独立的请求，当法属波利尼西亚独立代表团准备发表声明时，参会的法国大使直接离场。此场景并不少见，在过去十年中，每当议程涉及法属波利尼西亚问题时，法国代表团就会直接离席。

巴布亚新几内亚国内局势动荡，社会暴乱频发，布干维尔岛独立情绪依然高涨。巴布亚新几内亚恩加省的波格拉地区遭遇部落暴力，有 10 多人因冲突死亡②，波格拉警方已被允许使用致命武器来应对该地区的暴力事件；恩加省的拉盖普选区补选期间也发生暴力事件，造成 4 人死亡。③ 布干维尔岛独立谈判仍在进行中，布干维尔原定于 2023 年举行的公投现已推迟至 2024 年，违反了此前双方达成的《埃拉科内公约》（The Era Kone

---

① "空椅"政策是一种外交策略，其中一个国家或组织在谈判或会议中故意留下一个空位，以象征缺席的一方。这通常是为了抗议或表达对缺席一方的不满。法国在过去的十年中缺席了联合国非殖民化特别委员会会议；此外，在联合国非殖民化特别委员会会议和其他类似的联合国会议上，每当议程涉及法属波利尼西亚问题时，法国代表团都会退场。

② "Tribal Warfare in PNG Results in 10 Deaths, Many More Wounded", RNZ, June 23, 2023, https://www.rnz.co.nz/international/pacific-news/492441/tribal-warfare-in-png-results-in-10-deaths-many-more-wounded.

③ "Four Dead in Violence during by-election, Papua New Guinea", RNZ, November 8, 2023, https://www.rnz.co.nz/international/programmes/datelinepacific/audio/2018915879/four-dead-in-violence-during-by-election-papua-new-guinea.

Covenant），且这阻碍了该地区的独立进程。早在 2019 年布干维尔地区即举行了一次公投，97.7%①的人支持布干维尔岛独立，然而，巴布亚新几内亚布干维尔事务部长向其国会议员重申，称布干维尔公投结果不具约束力，国民议会是决定公投结果命运的唯一权威机构。关于布干维尔岛是否独立，巴布亚新几内亚政府与布干维尔岛就投票结果进行了多次磋商，布干维尔自治政府不断寻求与巴布亚新几内亚政府就独立公投的计划举行紧急会议，同时双方就是否实施无记名投票②、是否延续公投辩论③等问题进行谈判。

斐济在总理西蒂韦尼·兰布卡（Sitiveni Rabuka）的带领下，做出了一些值得注意的行动，包括将该国所有学生债务转换为债券协议、废除前任政府的限制性媒体法、重建大酋长委员会以及就斐济种族主义政变向印度裔斐济人发表全国道歉。此外，斐济前总理乔塞亚·沃伦盖·姆拜尼马拉马（Josaia Voreqe Bainimarama）因批评斐济总理和总统而违反议会特权，被议会停职一年，辞去了议会职务，他的得力助手艾亚兹·赛义德-凯尤姆（Aiyaz Sayed-Khaiyum）也辞去了党总书记的职务。

纵观太平洋岛国 2023 年政治局面，共有 5 个太平洋岛国进行大选，政治总体态势基本稳定。但太平洋岛国自身政治体制的缺陷导致国家领导人更迭频繁，太平洋岛国次地区的历史遗留问题所带来的矛盾，已然成为干扰太平洋岛国地区政治稳定的主要隐患。究其根本，除了自身问题外，各太平洋岛国仍然摆脱不了西方前殖民宗主国的控制、施压、干涉和制裁，通过政治、援助、军事等手段对太平洋岛屿国家加以控制，使其逐步陷入地缘政治旋涡。

---

① "PNG and Bougainville Appear to Have Settled Referendum Hold up", RNZ, August 2, 2023, https：//www. rnz. co. nz/international/pacific-news/494996/png-and-bougainville-appear-to-have-settled-referendum-hold-up.

② "Bougainville Seeks Limit on Independence Debate", RNZ, September 26, 2023, https：//www. rnz. co. nz/international/programmes/datelinepacific/audio/2018908441/bougainville-seeks-limit-on-independence-debate.

③ "Bougainville Challenges PNG over Secret Vote Plan", RNZ, September 23, 2023, https：//www. rnz. co. nz/international/pacific-news/498548/bougainville-challenges-png-over-secret-vote-plan.

二　太平洋岛国经济形势

2023 年，太平洋岛国整体经济持续稳定恢复，但经济增长仍面临巨大挑战。随着边境的重新开放以及商业活动的不断增加，太平洋岛国旅游业强势复苏，公共基础设施建设态势良好，太平洋岛国整体经济平稳增长，2023 年经济增长率为 3.3%①，其中库克群岛、斐济、萨摩亚和汤加的旅游业复苏效果显著，而其他经济体则受益于公共建筑行业的重启。即使如此，太平洋岛国的经济前景仍面临许多不确定因素，地缘政治紧张局势的加剧、基础设施的产能限制、自然灾害以及与气候变化有关的极端天气事件频发等阻碍着太平洋岛国经济进一步复苏。

太平洋岛国旅游业恢复迅速，成为支撑经济复苏的重要支柱。如斐济、帕劳和萨摩亚等以旅游业为基础的国家，2023 年三国经济实现 6.2% 的强劲增长。② 随着世界各国和地区出入境限制的放松，南太平洋地区的游客人数继续回升。世界银行数据显示，2023 年底，斐济游客人数已超过新冠疫情之前的 4%，且主要以澳大利亚、新西兰和美国三大主要客源市场为主，加拿大正在成为斐济的另一个热门客源地。2022 年 11 月下旬，斐济开通楠迪至温哥华直达航线后，2023 年入境人数较 2019 年增加了 65%。③ 斐济政府实施了一系列重振旅游业的措施，如提前重新开放边境、规划新航线以及严格的新冠病毒安全协议，为本国旅游业的强劲复苏提供了支持。在萨摩亚，旅游部门收入和国外汇款的持续增长对经济的其他部分产生溢出效应，边境

---

① "Pacific Economic Monitor-December 2023：Domestic Resource Mobilization for Economic Recovery and Resilience"，Asian Development Bank，December 30，2023，https：//www.adb.org/publications/pacific-economic-monitor-december-2023.

② "Pacific Economic Monitor-December 2023：Domestic Resource Mobilization for Economic Recovery and Resilience"，Asian Development Bank，December 30，2023，https：//www.adb.org/publications/pacific-economic-monitor-december-2023.

③ "Pacific Economic Update Back on Track? The Imperative of Investing in Education"，World Bank，March 4，2024，https：//www.worldbank.org/en/country/pacificislands/brief/pacific-economic-update-march-2024.

重新开放后投资和建设的恢复将对此起到补充作用。除此之外，萨摩亚、帕劳等太平洋岛国的旅游业也呈现复苏迹象，但恢复速度仍不确定。然而，与气候变化相关的自然灾害、航班数量和住宿设施不足成为阻碍南太平洋国家旅游业发展的主要问题。仅 2023 年一年，瓦努阿图当地连续遭遇了三场严重的气旋灾害，其中伴随的破坏性大风、洪水和山体滑坡给瓦努阿图境内造成了大范围破坏，基础设施被毁、航班中断对旅游业恢复和经济发展产生了不利影响。

2023 年，太平洋岛国建筑业蓬勃发展，各岛国通过改善基础设施建设来振兴经济。随着航运限制的解除以及伙伴国援助力度的加大，太平洋岛国基础设施项目得到恢复。2023 年太平洋运动会的举办，使所罗门群岛的建筑业全年保持强劲增长态势，除了太平洋运动会体育场和相关设施的竣工，还包括其国内基础设施的完善，如霍尼亚拉和蒙达国际机场的升级以及东霍尼亚拉的道路项目。所罗门群岛央行数据显示，所罗门群岛建筑部门的贷款等其他指标增加了 1200 万所元，随着建筑活动的继续，所罗门群岛商业银行对建筑业的贷款也在进一步增加，所罗门群岛采矿业的复苏也为基础设施发展提供了重要支持。① 瓦努阿图接连遭受飓风和地震侵袭，其部分地区的房屋、道路、学校和桥梁被摧毁，经济遭受严重打击，灾后重建计划也振兴了瓦努阿图的建筑业。汤加火山爆发后的重建工作仍在继续，汤加的建筑业依然活跃，然而季节性工人计划需求增加导致当地的劳动力短缺、建筑材料成本增加成为汤加建筑业发展的一大阻力。由于捐助者资助项目的恢复和 2024 年密克罗尼西亚运动会筹备工作的支持，马绍尔群岛的建筑业也得到迅速发展。② 除此之外，中国、澳大利亚等援助伙伴努力帮助太平洋岛国地区填补巨大的基础设施缺口，其中包括海底光缆、港口、通信设

---

① "CBSI Quarterly Review September 2023", Central Bank of Solomon Islands, September 2023, https：//www.cbsi.com.sb/wp-content/uploads/2023/12/September-2023-Q3-Report.pdf.

② "Republic of the Marshall Islands：2023 Article Ⅳ Consultation-Press Release；Staff Report；and Statement by the Executive Director for Republic of the Marshall Islands", International Monetary Fund, October 16, 2023, https：//www.imf.org/en/Publications/CR/Issues/2023/10/16/Republic-of-the-Marshall-Islands-2023-Article-Ⅳ-Consultation-Press-Release-Staff-Report-540607.

备等众多基础设施项目，太平洋岛国的基础设施建设热潮推动了该地区的经济增长。

全球重新开放推动的汇款流入激增也促进了太平洋岛国经济发展。萨摩亚和汤加等劳动力输出国受到的影响最大。这些国家超过1/3的国民作为散居人口生活在其他国家，域外就业人员汇回的款项是太平洋岛国经济的重要收入来源。此外，澳大利亚和新西兰季节性工人计划也促进了太平洋岛屿地区经济的发展，澳大利亚和新西兰劳工计划之下的签证发放量不断增加。统计数据显示，与新冠疫情前相比，太平洋岛屿地区的劳工计划签证发放量增长了两倍，其中，萨摩亚、汤加和瓦努阿图几乎占签发签证总数的60%。①2023年太平洋地区的通胀率约为4.9%，尽管通货膨胀率较低，但气候变化伴随的如厄尔尼诺现象等自然灾害，影响了整个次区域的粮食生产，导致太平洋岛屿地区的食品价格上涨，对国内消费和国际贸易产生了负面影响。此外，粮食和能源等国际商品价格的持续波动，使运输和进口货物的成本持续上升，加剧了太平洋岛屿经济体面临的经济挑战。②

太平洋岛国正在努力消除新冠疫情所带来的经济创伤。太平洋岛国在全球经济衰退中首当其冲，随后又受到封锁、自然灾害和政策不确定性的影响。这一系列事件导致其经济复苏缓慢，落后于世界其他地区，延长了经济和社会动荡时期，给太平洋岛屿地区留下了持久的负面影响。太平洋岛国要扭转这一趋势，须通过加强经济体系建设，加快区域经济一体化，可持续开发和利用当地资源，建立太平洋复原力基金，拓展融资渠道，以抵御冲击提振经济，促进弹性增长。

---

① "Pacific Economic Update Back on Track? The Imperative of Investing in Education", World Bank, March 4, 2024, https://www.worldbank.org/en/country/pacificislands/brief/pacific-economic-update-march-2024.

② "Asian Development Outlook (ADO) December 2023", Asian Development Bank, December 30, 2023, https://www.adb.org/publications/asian-development-outlook-december-2023.

三 太平洋岛国外交形势

2023年，太平洋岛屿国家继续利用平衡外交和"地缘政治竞争"实现其自身利益最大化。近年来，中国同太平洋岛国的合作领域不断拓宽，中国与太平洋岛国关系已进入快速发展的新阶段，美国、澳大利亚、新西兰和日本等传统捐助国试图加强对该地区政治、经济、文化和意识形态的控制，以此遏制太平洋岛国同亚洲国家的往来，企图巩固自己的地区霸权体系和秩序。而太平洋岛国一方面继续推动"蓝色太平洋计划"，另一方面也坚持实施"向北看"政策，领导人拒绝在大国之间做出选择，并声称"与所有人为友，不与任何人为敌"，这也使得太平洋岛国可以最大限度地争取援助。

在政治领域，美国对太平洋岛国开展了一系列外交攻势，以遏制新兴经济体与太平洋岛国的友好合作，维系和强化其在太平洋的特权。美国在所罗门群岛、汤加设置大使馆，派遣更多的外交人员，以加强同所罗门群岛等太平洋岛国的联系[1]；美国同密克罗尼西亚联邦签署谅解备忘录；库克群岛总理马克·布朗（Mark Brown）在对华盛顿特区进行短暂访问时会见了美国国务卿安东尼·布林肯（Antony Blinken）和副国务卿温迪·谢尔曼（Wendy Sherman）。2023年5月22日，美国国务卿布林肯代表总统拜登访问巴布亚新几内亚，美国重申了同太平洋岛国的合作发展问题，布林肯表示美国政府已拨款71亿美元用于在太平洋岛国地区的大使馆设立计划和未来20年的经济援助。[2] 当地时间9月25~26日，第二届美国-太平洋岛国峰会在华盛顿召开，美国宣布在2022年首次峰会成果基础上，向太平洋地区额外提供2亿美元，承诺加强与太平洋岛国在气候变化、经济合作、基础设施、和平安全以及人文交流等领域合作。美国还与库克群岛、纽埃正式建立外交关系，

---

[1] "U. S. Opens Embassy in Solomon Islands, Blinken Says", PINA, February 2, 2023, https：//pina. com. fj/2023/02/02/u-s-opens-embassy-in-solomon-islands-blinken-says/.

[2] "Blinken：U. S. Aware of Pacific Needs", PINA, May 23, 2023, https：//pina. com. fj/2023/05/23/blinken-u-s-aware-of-pacific-needs/.

并计划在瓦努阿图和基里巴斯开设大使馆。尽管会议被视为美国回归南太平洋地区的又一成果，但所罗门群岛总理索加瓦雷、瓦努阿图新任总理基尔曼等岛国领导人的缺席，使得此次峰会相比2022年的稍显逊色。除此之外，美国与马绍尔群岛的《自由联系条约》续签谈判进展不顺、上届峰会承诺的8.1亿美元援助计划的大部分尚未落实、美国总统访问巴布亚新几内亚的计划突然搁置等种种表现，辜负了太平洋岛国对美国的信任。澳大利亚也在南太平洋地区持续发力。据澳大利亚广播公司（ABC）报道，澳大利亚仍是太平洋岛国最大的援助国。在2023年5月澳大利亚政府的联邦预算中，拟斥资近20亿澳元支持太平洋岛国。另外，据澳大利亚广播公司报道，澳大利亚于4月公布了针对太平洋岛国的一揽子计划，包括为澳大利亚广播公司提供专项资金，用于向太平洋岛国提供澳大利亚相关内容，借此"将澳形象、价值观和利益投射到'印太'地区"。该计划还包括拨款建立国防学校，专门培训来自太平洋岛国的人员，以"恢复澳作为'太平洋大家庭'首选合作伙伴的地位"。澳大利亚任命外交部高级官员埃文·麦克唐纳（Ewen McDonald）担任首位太平洋问题特使（Special Envoy for the Pacific）。印度在太平洋岛国地区推进"东进行动"战略。2023年5月20~21日，印度总理纳伦德拉·莫迪（Narendra Modi）对太平洋岛国巴布亚新几内亚进行了首次访问。5月22日，莫迪与巴布亚新几内亚总理詹姆斯·马拉佩（James Marape）共同主持了第三届印度-太平洋岛国合作论坛峰会，14个太平洋岛国领导人受邀参加，会上宣布了对太平洋岛国的系列援助措施。法国也将目光投向遥远的太平洋岛国地区。2023年7月24~29日，法国总统埃马纽埃尔·马克龙（Emmanuel Macron）进行了为期5天的南太平洋之行，马克龙成为首位到访该地区的法国总统。马克龙首先访问法属新喀里多尼亚，这是法国总统时隔5年后再访这一海外领地；随后前往瓦努阿图访问，这也是法国总统自20世纪60年代以来首次访问该国，当时瓦努阿图还是英法共管区，1980年才获得独立。马克龙还前往巴布亚新几内亚进行访问，并计划为巴布亚新几内亚提供基础设施项目、建立保护森林的合作伙伴关系，以及推动能源合作，以便为巴布亚新几内亚民众提供更多就业机会。马克龙的此次访问，有意加强法国同太平洋岛国的合作，试图发挥法国在该地区的战略影响。

在经济和民生领域，美国计划在未来 20 年向密克罗尼西亚联邦、马绍尔群岛以及帕劳三个太平洋岛国提供超过 70 亿美元的经济援助。但 2023 年 5 月，太平洋岛国新闻协会官方媒体报道称，早在 2022 年 9 月，美国总统拜登在白宫召开了美国-太平洋岛国峰会，宣布了 8 亿美元的援助计划，太平洋岛国至今未收到任何美国承诺的援助，对美国的援助承诺表示质疑。① 美国在斐济设立了一个新的美国国际开发署代表团，进一步加强同太平洋多国的合作。澳大利亚将推出新移民计划，每年吸引 3000 名外国工人进入该国，该法律将采用美国使用的"绿卡"制度，为申请成功者提供获得公民身份的途径②，但该计划引起瓦努阿图、汤加和萨摩亚的担忧。萨摩亚总理菲娅梅·内奥米·马塔阿法（Fiame Naomi Mata'afa）表示，澳大利亚的劳工计划造成其国家劳动力的流失，斥责发达国家将太平洋岛国视为其培养劳动力的"前哨基地"。③ 韩国也把目光投向南太平洋地区。2023 年 5 月 29～30 日，韩国总统尹锡悦邀请太平洋岛国论坛 18 个成员国领导人在首尔出席韩国-太平洋岛国峰会，商定加强气候变化、发展援助等多领域合作。韩国承诺将把向太平洋岛国提供的官方发展援助规模增至原先的 2 倍。韩国拉近与太平洋岛国关系的背后，也有配合美国"蓝色太平洋伙伴关系"外交战略的意图。

在军事安全领域，美国海军和海岸警卫队开始在大洋洲海上安全倡议下在西太平洋进行联合巡逻，以减少和消除非法、无管制、未报告的捕捞活

---

① "Pacific Yet to Receive Foreign Aid Promised by U. S. President Joe Biden", PINA, May 1, 2023, https：//pina. com. fj/2023/05/01/pacific-yet-to-receive-foreign-aid-promised-by-u-s-president-joe-biden/? doing_ wp_ cron = 1710579269. 1116390228271484375000.

② "Visa Lottery to Offer 3000 Pacific Workers Australian Residency", PINA, February 17, 2023, https：//pina. com. fj/2023/02/17/visa-lottery-to-offer-3000-pacific-workers-australian-residency/.

③ "Pacific Countries Are Not 'Outposts' to Grow Labourers for Australia, Samoan PM Says", PINA, August 31, 2023, https：//pina. com. fj/2023/08/31/pacific-countries-are-not-outposts-to-grow-labourers-for-australia-samoan-pm-says/? doing_ wp_ cron = 1710730906. 7049119472503662109375.

动，打击跨国犯罪，加强地区安全。① 2023 年 5 月，美国和巴布亚新几内亚签署防务合作协议（The Defence Cooperation Agreement，DCA），声称该协议会成为美、巴两国加强安全合作、进一步加强双边关系、提高巴布亚新几内亚国防军能力和增强稳定的基础框架，然而协议允许美方任意使用巴布亚新几内亚的机场和港口，是美国军队进入该岛国的港口和机场的通行证。巴布亚新几内亚的反对派领导人要求最高法院审查该防务合作协议的合法性。该协议在巴布亚新几内亚国内引起学生和工会的抗议活动，凸显了太平洋岛国对该协议的不满。② 美国表示，将在未来 3 年内提供 3000 万美元以支持巴布亚新几内亚解决国内冲突问题。7 月，美国国防部长劳埃德·奥斯汀（Lloyd Austin）首次访问巴布亚新几内亚，进一步讨论扩大安全协议的有关事宜。③ 澳大利亚和巴布亚新几内亚加强防务合作，并在 4 月份签署新的安全协议。④ 澳大利亚副总理理查德·马尔斯（Richard Marles）在维多利亚州吉隆接待了巴布亚新几内亚国防部长温·达基（Win Daki），参加 2023 年澳大利亚-巴布亚新几内亚国防部长会议。⑤ 斐济同新西兰签署了《部队地位协议》（Status of Forces Agreement，SOFA），该协议将确保双方军队开展联合防御活动，以进一步加强两国间的防务关系。⑥

① "U. S. Navy and Coast Guard Begin Oceania Maritime Security Initiative Patrol", PINA, March 27, 2023, https：//pina. com. fj/2023/03/27/u-s-navy-and-coast-guard-begin-oceania-maritime-security-initiative-patrol/.

② "U. S. Eyes Access to Papua New Guinea Naval Base and Airport", PINA, May 16, 2023, https：//pina. com. fj/2023/05/16/u-s-eyes-access-to-papua-new-guinea-naval-base-and-airport/.

③ "Defence Secretary Makes Historic Visit to PNG as U. S. Counters China's Influence in South Pacific", PINA, July 27, 2023, https：//pina. com. fj/2023/07/27/defence-secretary-makes-historic-visit-to-png-as-u-s-counters-chinas-influence-in-south-pacific/.

④ "Australia, PNG on Track to Ink Security Deal", PINA, February 17, 2023, https：//pina. com. fj/2023/02/17/australia-png-on-track-to-ink-security-deal/.

⑤ "Australia, Papua New Guinea Defence Ministers Convene", PINA, October 6, 2023, https：//pina. com. fj/2023/10/06/australia-papua-new-guinea-defence-ministers-convene/? doing_ wp_ cron=1710743207. 9087209701538085937500.

⑥ "Fiji, New Zealand Sign Agreement to Boost Defence Ties", PINA, June 14, 2023, https：//pina. com. fj/2023/06/14/fiji-new-zealand-sign-agreement-to-boost-defence-ties/.

气候变化被太平洋岛国视为该地区面临的最大威胁。长期以来，太平洋岛国直面大潮、灾难性气旋、持续干旱、淡水盐化以及海平面上升等气候问题带来的生存挑战，太平洋岛国利用联合国等国际组织及其机构宣传受气候变化影响的困境，争取国际社会的支持，以采取全球统一立场应对气候变化。2023年11月，《联合国气候变化框架公约》（UNFCC）第28次缔约方大会（COP28）在阿拉伯联合酋长国迪拜举行，太平洋岛国积极运用"新太平洋外交"，组成太平洋小岛屿发展中国家（Pacific Small Island Developing States，PSIDS），制定战略并团结一致地共同努力，以同一个声音发言，努力维护《巴黎协定》全球变暖温度不超过1.5℃的目标，呼吁逐步淘汰化石燃料，推动建立气候金融机制，在会议上还启动了以保护海洋、促进健康和提供财政援助为目标的"蓝色太平洋繁荣"倡议。然而，大会的最终结果不尽如人意，主办方将大会重点转向通过改进技术减少排放，而不是逐步淘汰化石燃料，甚至在草案文本中直接省略了淘汰化石燃料的要求，最严重的是，最终协议是在大多数小岛屿发展中国家缺席情况下通过的，这使得太平洋岛国等小岛屿发展中国家对此感到失望。太平洋岛国在应对气候变化方面还积极寻求法律支持。2023年初，太平洋岛国向联合国国际海洋法法庭咨询《联合国海洋法公约》是否包含应对气候变化的义务等相关问题[①]，经过太平洋岛国的争取，联合国国际法院授权他们参加有关国家在气候变化方面的义务咨询程序，虽然该国际法院不具备很强的约束力，但制定国际法规会对各国政府和法院起到一定的影响作用。[②] 巴布亚新几内亚议会一致通过了《2015年气候变化（管理）法案》［Climate Change（Management）Act 2015］，该法案建立了法律框架，并授权政府从碳税、氮税以及与碳排放相关的活动中执行和

---

① "Could the Law of the Sea Be Used to Protect Small Island States from Climate Change？" PINA，July 25，2023，https：//pina.com.fj/2023/07/25/could-the-law-of-the-sea-be-used-to-protect-small-island-states-from-climate-change/.

② "ICJ Authorities Pacific Islands Forum and AOSIS to Participate in the Climate Change Proceedings"，PINA，December 21，2023，https：//pina.com.fj/2023/12/21/icj-authorises-pacific-islands-forum-and-aosis-to-participate-in-the-climate-change-proceedings/.

征收税收。① 此外，太平洋岛国着力关注气候变化影响下的海洋问题。太平洋岛国举办首届金枪鱼渔业气候变化区域会议，该会议的重点是讨论提高该区域抵御气候变化对数百万太平洋岛民金枪鱼年收入和生计潜在影响的能力。② 太平洋岛国在同各发达国家和国际组织的互动中，竭力维护《联合国气候变化框架公约》下的多边谈判机制，通过外交斡旋、联盟强化等方式推进对自身有利的议程。③ 亚洲开发银行宣布亚太地区气候创新融资机制（The Innovative Finance Facility for Climate in Asia and the Pacific，IF-CAP）新计划，以加速数十亿美元的气候变化融资，可以大大增加对太平洋岛国地区应对气候变化的支持。④ 新西兰和斐济重申密切关系，新西兰宣布提供1110万新西兰元用于应对气候变化。⑤ 丹麦王国外交部同太平洋共同体签署谅解备忘录，将投入280万美元来支持解决南太平洋地区的气候变化问题。⑥

太平洋岛国以"蓝色太平洋"倡议的方式宣示地区主张，关注国际上的传统和非传统问题，充分利用国际政治舞台，展示太平洋岛国独特的集体

---

① "PNG Parliament Passes Climate Change Act", PINA, October 12, 2023, https://pina. com. fj/2023/10/12/png-parliament-passes-climate-change-act/.

② "Pacific-first as Climate and Fisheries Experts Come Together to Focus on Climate Change Response for Offshore Fisheries", PINA, May 2, 2023, https://pina. com. fj/2023/05/02/pacific-first-as-climate-and-fisheries-experts-come-together-to-focus-on-climate-change-response-for-offshore-fisheries/.

③ 李骏、宋昱洋：《小岛屿国家联盟在国际气候谈判中的"逆向领导力"成因分析》，《气候变化研究进展》2023 年第 6 期，第 799~809 页。

④ "ADB Announces IF-CAP, New Programme to Accelerate Billions in Climate Change Financing", PINA, May 2, 2023, https://pina. com. fj/2023/05/02/adb-announces-if-cap-new-programme-to-accelerate-billions-in-climate-change-financing/.

⑤ "New Zealand and Fiji Reaffirm Close Relationship, Announced NZ $ 11. 1 Million Climate Change Support", PINA, June 7, 2023, https://pina. com. fj/2023/06/07/new-zealand-and-fiji-reaffirm-close-relationship-announced-nz11-1-million-climate-change-support/? doing_ wp_ cron = 1710832966. 9141480922698974609375.

⑥ "Denmark and SPC Sign a Memorandum of Understanding to Support Pacific Island Countries in Addressing Loss and Damage Caused by Climate Change", PINA, June 8, 2023, https://pina. com. fj/2023/06/08/denmark-and-spc-sign-a-memorandum-of-understanding-to-support-pacific-island-countries-in-addressing-loss-and-damage-caused-by-climate-change/.

外交范式，是应对不断变化的地缘竞争格局，维护双边或多边伙伴关系，实现地区稳定的外交新尝试。

四 太平洋岛国社会发展形势

2023年，太平洋岛国逐渐从新冠疫情的影响中恢复过来，然而该地区仍面临着严峻的社会问题，其中气候变化对该地区的健康、生计、食品安全、供水、人类安全和经济增长构成重大风险。

太平洋岛国毒品非法贸易加剧社会动荡。太平洋岛国位于跨越太平洋的海上贸易主干线上，拥有广阔的海上边界，薄弱的司法管辖权和不充分的立法、腐败以及有限的执法能力等因素助长了贩毒和其他跨国犯罪者的嚣张气焰。太平洋"毒品公路"已成为走私毒品的主要过境路线，毒品主要来源于亚洲和南美洲，以澳大利亚和新西兰作为利润丰厚的交易市场。斐济、巴布亚新几内亚、瓦努阿图、图瓦卢、库克群岛如今处于跨洲毒品犯罪的风暴眼，其中斐济、萨摩亚和汤加等国的国民也正遭受毒瘾、腐败和暴力等相关问题的困扰。许多毒贩把太平洋岛国的海岸和水域当作"毒品仓库"，导致毒品滥用、暴力犯罪和官员腐败等问题在部分岛国滋生。斐济警方称，非法贩毒成为斐济面临的一项重大挑战，已经严重影响国家安全。有关数据显示，2023年1~6月，斐济缉毒部门已记录了近20起毒品犯罪案件。[①] 巴布亚新几内亚毒品调查小组也在最近三年中查获了近千克毒品，每年非法毒品活动的资金总额都超过500万美元。[②] 太平洋岛国的毒品走私不仅影响当地社会治安，而且伴随着严重的政府腐败问题。2023年8月，新西兰抓捕的斐济籍毒贩，被曝曾向斐济前执政党提供过捐款，并与高级执法官员存在着"潜在联系"。

---

① "llicit Drug-trade a Threat to National Security：Fiji Police"，PINA，June 16，2023，https：//pina. com. fj/2023/06/16/llicit-drug-trade-a-threat-to-national-security-fiji-police/.

② "Illicit Drugs Are Undermining Pacific Security"，USIP，March 9，2024，https：//www. usip. org/publications/2024/03/illicit-drugs-are-undermining-pacific-security.

太平洋岛国受厄尔尼诺现象等气候灾害和全球粮食危机的影响，该地区的粮食系统面临挑战。农业（包括渔业、海产品、林业和初级林产品）是太平洋岛国经济的支柱，也是太平洋岛国民众生计的重要来源。50%～70%的太平洋岛国民众依靠农业、渔业或相关活动维持生计，而林业对一些较大的岛屿经济至关重要。然而，几十年来，由于生产效率低下、公私部门普遍缺乏投资、劳动力流失以及其他产业的兴起，该地区的农业生产在持续下滑。2023年，瓦努阿图接连遭受飓风袭击，岛上作物和树木受到重大损失和破坏，严重影响了当地居民的生计。太平洋岛国积极寻求国际社会的帮助，2023年6月，太平洋岛国在联合国粮农组织召开的会议中呼吁世界各国，帮助岛国改造农业食品系统，减轻气候变化带来的负面影响，并解决岛民面临的营养不足问题。10月，第十三届太平洋岛屿气候展望论坛以"通过定制气候服务改善太平洋粮食安全"为主题，重点讨论了厄尔尼诺现象对粮食安全的潜在影响。

在教育方面，尽管部分太平洋岛国在早期儿童教育和小学教育方面取得了一定进展，但不同国家之间存在着明显差异。世界银行数据显示，在11个太平洋岛国研究对象中有9个国家，超过一半的10岁儿童不能阅读和理解适合年龄的文本。在基里巴斯、汤加和图瓦卢，有超过2/3的儿童无法理解阅读，但帕劳的儿童阅读水平较高，超过大部分太平洋岛屿国家。① 劳动力方面，劳动力短缺成为太平洋岛国面临的严重挑战之一，特别是在医疗、教育和社会福利等领域，劳动力流失率高，青年失业率居高不下。同时，性别不平等问题也值得关注，女性在劳动力市场上的参与率仍然偏低。此外，气候变化引发的灾害风险持续存在，给教育、就业和社会稳定带来了不确定性。因此，太平洋岛国需要继续加强社会发展领域的政策制定和实施，以应对种种挑战，促进全面可持续发展。

---

① "Pacific Economic Update Back on Track? The Imperative of Investing in Education", World Bank, March 4, 2024, https://www.worldbank.org/en/country/pacificislands/brief/pacific-economic-update-march-2024.

五 太平洋岛国同中国的关系

2023年，全球经济增速放缓，地缘政治格局加速动荡，传统与非传统危险并存，世界进入新的动荡变革时期。太平洋岛国地区也因此陷入地缘政治的泥潭，美澳等西方国家加紧对太平洋岛国地区外交攻势和博弈，寻求对其主权施加控制和影响，却无视岛国真正的利益诉求。中国同太平洋岛国始终坚持相互尊重、平等相待的相处之道，双方深化各领域务实合作，共同应对挑战。2023年，中国和太平洋岛国关系发展再上新台阶。

2023年，中国与太平洋岛国频繁开展政治与外交互动。中国国家主席习近平先后会见所罗门群岛、巴布亚新几内亚和斐济领导人。2023年7月10日，国家主席习近平会见来华进行正式访问的所罗门群岛总理索加瓦雷。其间，双方签署了涉及发展合作、贸易、民航、海关、气象等领域多项双边合作文件。[1] 2023年10月17日，国家主席习近平在人民大会堂会见来华出席第三届"一带一路"国际合作高峰论坛并进行正式访问的巴布亚新几内亚总理詹姆斯·马拉佩，会谈结束后双方发表联合声明。访问期间，李强总理同马拉佩总理举行会谈，两国总理共同见证并签署了共建"一带一路"、落实全球发展倡议、经济、能源、教育、应对气候变化、可持续发展等多项双边合作文件。[2] 国家主席习近平应邀赴美国旧金山举行中美元首会晤期间，会见了斐济总理兰布卡。习近平主席指出，中方愿同斐方一道，夯实政治互信，拓展务实合作，深化人文交流，推动中斐全面战略伙伴关系不断发展。[3] 为增进

---

[1] 《中华人民共和国和所罗门群岛关于建立新时代相互尊重、共同发展的全面战略伙伴关系的联合声明（全文）》，中华人民共和国中央人民政府网站，2023年7月10日，https://www.gov.cn/yaowen/liebiao/202307/content_6891003.htm。

[2] 《中华人民共和国和巴布亚新几内亚独立国联合声明（全文）》，中华人民共和国中央人民政府网站，2023年10月18日，https://www.gov.cn/yaowen/liebiao/202310/content_6909796.htm。

[3] 《习近平会见斐济总理兰布卡》，中华人民共和国外交部网站，2023年11月17日，https://www.mfa.gov.cn/web/gjhdq_676201/gj_676203/dyz_681240/1206_681342/xgxw_681348/202311/t20231117_11182172.shtml。

中国与岛国全方位交流合作，钱波被任命为中国政府太平洋岛国事务特使，钱波特使访问了已建交岛国，分别就双边关系、务实合作及共同关心的国际和地区问题深入交换了意见。2023 年 11 月 10 日，钱波特使出席第 52 届太平洋岛国论坛对话会，钱波阐述了中国发展同太平洋岛国关系的"四个充分尊重"政策，强调中国式现代化和高质量共建"一带一路"为岛国落实《蓝色太平洋大陆 2050 战略》带来重大机遇，并宣布了中方支持岛国发展新举措，得到各方热烈欢迎和高度评价。①

2023 年，中国与太平洋岛国不断深化各领域的务实合作。随着"一带一路"倡议与《蓝色太平洋大陆 2050 战略》的加速对接，中国与太平洋岛国在经贸合作领域取得一系列成果。巴布亚新几内亚、所罗门群岛先后加入亚洲基础设施投资银行，未来将继续扩大在旅游、教育、文化等领域的交流合作。5 月 9 日，2023 中国-太平洋岛国农渔业部长会议在南京举行，本次会议对于中国与太平洋岛国双方更好保障粮食安全、促进海洋保护和可持续利用、加快实现农业现代化具有重要意义，会后发布了《中国-太平洋岛国农渔业合作南京共识》，中国-太平洋岛国农业合作示范中心在江苏省农业科学院揭牌。② 中国积极支持所罗门群岛举办第 17 届太平洋运动会，除了援建太平洋运动会主体育场外，中国还帮其建造了供参赛运动员居住的宿舍（赛后其将成为所罗门群岛国立大学的学生宿舍），专门供所罗门群岛体育联合会使用的办公楼，还有道路升级和国际机场航站楼的升级等。③ 在可持续发展领域，2 月 23 日，中国-太平洋岛国防灾减灾合作中心在广东省江门市设立，以促进双方携手应对灾害风险挑战，凝聚共识、加强对接、守望相助，开展务实合作，中方将积极协助救援并提供物资。中国向遭受飓风袭击的瓦

---

① 《中国政府太平洋岛国事务特使钱波出席太平洋岛国论坛对话会》，中华人民共和国外交部网站，2023 年 11 月 13 日，https://www.mfa.gov.cn/web/wjbxw_673019/202311/t20231113_11178993.shtml。

② 《2023 中国-太平洋岛国农渔业部长会议开幕》，国际在线，2023 年 5 月 10，https://js.cri.cn/2023-05-10/9e282d6a-3b5e-aaf1-8782-155cebc8879a.html。

③ 《中所建交四年：时间虽短 硕果累累》，人民网，2023 年 10 月 11 日，http://world.people.com.cn/n1/2023/1011/c1002-40093067.html。

努阿图援助 50 万美元，以支持灾后重建工作。① 中国海军"和平方舟"号医院船于 2023 年成功访问太平洋岛国基里巴斯、汤加、瓦努阿图、所罗门群岛及东帝汶，并分别为各国提供了为期 7 天的免费人道主义医疗服务，累计服务各国民众 41358 人次，辅助检查 25307 例，开展手术 192 例。②

2023 年，中国的"一带一路"倡议同太平洋岛国的《蓝色太平洋大陆 2050 战略》全面对接，对岛国的政治稳定和经济发展都产生了重大而深远的影响。中国与太平洋岛国在涉及彼此核心利益和重大关切问题上相互支持，加强在国际事务中的沟通和协调，在各层次各领域开展广泛合作，中国与太平洋岛国的关系实现了飞跃式发展。

结　语

2023 年，太平洋岛国地区在政治、经济、社会和国际关系上面临着机遇和挑战并存的局面。尽管存在经济结构单一、通货膨胀率高和地缘政治紧张等障碍，但该地区正在持续复苏，并积极寻求国际合作以实现自身发展目标。面对传统和非传统安全挑战，太平洋岛国积极拓展双边和多边合作渠道，在全球气候治理、全球海洋治理和可持续发展等问题上充分表达区域声音。当前，中国与太平洋岛国关系处于历史最好时期，中国与太平洋岛国共同面临着前所未有的新机遇。展望未来，在面对单边主义、霸权主义不断抬头的形势下，中国与太平洋岛国都要坚持多边主义，超越地缘政治和意识形态，开展全方位多领域合作，共同应对多维度挑战，为构建人类命运共同体注入强大正能量。

---

① "US ＄500,000 from China to Aid Recovery in Vanuatu", PINA, March 13, 2023, https：//pina. com. fj/2023/03/13/us500000-from-china-to-aid-recovery-in-vanuatu/.

② 《中国海军"和平方舟"号医院船结束访问东帝汶启程回国》，《人民日报》2023 年 9 月 11 日，第 3 版。

分 报 告

B.2
2023年太平洋岛国政治形势[*]

王作成　王雨笙[**]

摘　要： 2023年，太平洋岛国政治选举形势整体平稳，完成政权更迭，部分国家出现动荡。太平洋岛国加强了对自主化治理的追求，性别政治和反腐方面呈现出一些亮点。但是由于历史、部落等原因，一些太平洋岛国出现部落冲突暴力事件。布干维尔问题与新喀里多尼亚投票权改革问题继续发酵。太平洋岛国政治现代化进程曲折前行，大国博弈的加剧也使得太平洋岛国政治不确定性和社会动荡的风险依然不容小觑。

关键词： 太平洋岛国　政治选举　本土化

2023年，太平洋岛国地区总体上政治稳定，多数国家和地区选举平稳

---

[*] 本报告系国家社会科学基金一般项目"太平洋岛国非殖民化研究"（项目编号：19BSS044）的阶段性成果。

[**] 王作成，博士，聊城大学太平洋岛国研究中心高级研究员，聊城大学历史文化与旅游学院教授，主要研究方向为太平洋岛国史；王雨笙，聊城大学太平洋岛国研究中心研究助理。

进行，实现政权更迭。但是，少数国家和地区发生动荡。同时，在地缘政治竞争日趋升温态势下，太平洋岛国自主发展意识有所增强，岛国政治现代化改革艰难推进。个别国家安全稳定面临诸多挑战。布干维尔、新喀里多尼亚等热点地区依旧引人关注。

一 多个太平洋岛国和属地完成换届选举

2023年，密克罗尼西亚联邦、纽埃、马绍尔群岛三国迎来大选，托克劳群岛、法属波利尼西亚两个属地完成换届选举，选举进展顺利。瑙鲁、瓦努阿图则经历了剧烈的政治动荡才完成选举。

2023年3月7日，密克罗尼西亚联邦举行了选举。太平洋岛国论坛派出选举观察员全程观察了此次选举。密克罗尼西亚联邦国会的14个席位是来自波纳佩（Pohnpei）、丘克（Chuuk）、雅浦（Yap）和科斯雷（Kosrae）四个州的29名候选人（26名男性和3名女性）。每个州选出一名候选人作为其"一般会员"代表，任期四年。其他10名议员的任期为两年。选举结束后，大会将从四名一般会员当选代表中选出总统和副总统。[1] 2023年5月11日，密克罗尼西亚联邦第23届联邦议会正式举行首次常会，选举总统和副总统。四名候选人分别是约瑟夫·乌鲁塞马尔（Joseph Urusemal）、韦斯利·W. 西米纳（Wesley W. Simina）、彼得·M. 克里斯蒂安（Peter M. Christian）和阿伦·B. 帕利克（Aren B. Palik），其中，乌鲁塞马尔、克里斯蒂安均为密克罗尼西亚联邦前总统，西米纳为现任议长，帕利克则为现任副总统。最后，韦斯利·西米纳当选为密克罗尼西亚联邦第十任总统，阿伦·帕利克当选为副总统。[2]

---

[1] Sanjeshni Kumar, "Pacific Islands Forum to Observe Federated States of Micronesia General Election", PINA, March 7, 2023, https://pina.com.fj/2023/03/07/pacific-islands-forum-to-observe-federated-states-of-micronesia-general-election/.

[2] 《密克罗尼西亚联邦国家概况》，中华人民共和国外交部网站，2023年7月，https://www.mfa.gov.cn/web/gjhdq_676201/gj_676203/dyz_681240/1206_681568/1206x0_681570/。

2023 年 4 月 29 日至 5 月 3 日，纽埃举行了议会选举，共有 42 名候选人参加竞选，其中 17 人竞选 6 个共同选区席位。在 2023 年的纽埃第 18 届议会选举中，纽埃候选人提名费从 11 新西兰元提升到 200 新西兰元。议会选举原计划在 2 月底或 3 月初提前举行。8 名新议员和 6 名女性议员当选。在新一届议会第一次会议上，道尔顿·塔格拉吉（Dalton Tagelagi）以 16 票对 4 票击败反对党领袖奥洛夫·雅各布森（O'love Jacobsen），再次当选为纽埃总理。会议期间，纽埃 20 名议会代表还向国家元首英国国王查尔斯三世（King Charles III）宣誓效忠。5 月 12 日，塔格拉吉任命了其内阁成员，其内阁被誉为纽埃历史上第一个实现性别平衡的内阁。[1]

2023 年 11 月 20 日，马绍尔群岛议会选举拉开帷幕。在首都马朱罗周围的 10 余个投票站以及其他 23 个较为偏远的环礁，选民们投票选举由 33 名议员组成的议会。除了本土选民外，还有海外缺席选民参与投票，这部分选民主要居住在美国。2023 年大选总计 3752 张缺席选票邮寄给海外的马绍尔选民。[2] 最终，曾于 2016 年担任马绍尔群岛总统，同时也是该国历史上首位女总统的希尔达·海涅（Hilda Cathy Heine），在 1 月 2 日以一票多数在 33 个席位的议会中当选，再次担任马绍尔群岛总统。

2023 年 1 月 26 日，新西兰属地托克劳群岛举行了选举。大约 1400 名托克劳人在法考福（Fakaofo）、阿塔富（Atafu）、努库诺努（Nukunonu）三个环礁和萨摩亚阿皮亚进行了投票。本次选举，托克劳群岛三个环礁全部参加，在托克劳选举历史上也属首次。克里希亚诺·卡洛洛（Kelihiano Kalolo）最终当选托克劳第 12 届政府首脑。新西兰新委任的托克劳行政官唐·希金斯（Don Higgins）出席了托克劳新一届政府成员的就职仪式。希金斯表示，"与托克劳一道踏上建国之路，这是新西兰、托克劳以及联合国

---

① Sanjeshni Kumar, "Dalton Tagelagi Re-elected Premier of Niue", PINA, May 11, 2023, https：//pina. com. fj/2023/05/11/dalton-tagelagi-re-elected-premier-of-niue/.

② "Low-key Election Campaign in Marshalls Belies Vote Importance", RNZ, November 18, 2023, https：//www. rnz. co. nz/international/pacific-news/502703/low-key-marshall-islands-election-campaign-belies-vote-importance.

达成的共识。接下来愿齐心协力为托克劳找到一条自决的道路"。① 克里希亚诺·卡洛洛于2020年曾起草了一份关于2025年托克劳脱离新西兰进行独立的公投草案。

法属波利尼西亚在2023年4月开始进行选举。4月30日，由奥斯卡·特马鲁（Oscar Temaru）领导的人民公仆党（Tavini Huiraatira）在第二轮选举中赢得了44.3%的选票，并将在地区议会中拥有绝对多数。② 在自治区主席选举中，人民公仆党提名的穆泰·布拉泽森（Moetai Brotherson）以38票对16票的优势击败了人民名单党（Tapura Huiraatira）的爱德华·弗里奇（Edouard Fritch）当选。布罗森表示希望组建一个性别比例平衡的政府，但是由于一些女性候选人退出，最终他任命的政府官员中有4名为女性。在新一届政府班子中，艾利安·特瓦希图亚（Eliane Tevahitua）担任副主席以及文化土地和环境部长，塞德里克·马卡达尔（Cedric Marcadal）担任卫生部长，罗尼·特里帕亚（Ronny Teriipaia）担任教育部长，特瓦蒂·波马雷（Tevaiti Pomare）担任财政部长，泰瓦尼·泰（Teivani Teai）担任工业部长，乔迪·陈（Jordy Chan）担任基础设施和交通部长，瓦尼娜·克罗拉斯（Vannina Crolas）担任公共部门与就业部长，米纳里·加莱农（Minarii Galenon）担任住房部长，纳赫玛·特马里（Nahema Temarii）担任体育部长。③ 关于独立问题，布拉泽森在讲话中表示，自己并不急于追求举行全民公投，声称"不要害怕独立"，但也"不强加独立"④。在接受采访时他表示：

① Pita Ligaiula, "Tokelau Welcomes New Head of Government", PINA, March 13, 2023, https：//pina. com. fj/2023/03/13/tokelau-welcomes-new-head-of-government/.

② Sanjeshni Kumar, "Pro-independence Forces Win Elections on French Polynesia", PINA, May 18, 2023, https：//pina. com. fj/2023/05/18/four-women-feature-in-new-french-polynesian-government/.

③ Sanjeshni Kumar, "Four Women Feature in New French Polynesian Government", PINA, May 18, 2023, https：//pina. com. fj/2023/05/18/four-women-feature-in-new-french-polynesian-government/.

④ Sanjeshni Kumar, "No Rush in French Polynesia for Independence Referendum", PINA, May 16, 2023, https：//pina. com. fj/2023/05/16/no-rush-in-french-polynesia-for-independence-referendum/? doing_wp_cron = 1709532073. 9146869182586669921875.

"我们明天或者下周都不会独立，我们与法国的合作没有问题。"① 对于法属波利尼西亚选举事宜，法国内政和海外领土部长表示，波利尼西亚人"投票支持变革"，法国政府承认他们的"民主选择"②。虽然党内有较为激进的声音，但是布拉泽森表示法属波利尼西亚将坚持联合国的非殖民化的有关规定。

瑙鲁的政权更迭主要源于对总统拉斯·约瑟夫·库恩（Russ Joseph Kun）的不信任动议。2023 年 10 月 25 日，瑙鲁议会对总统库恩发起不信任投票，多数议员投了赞成票，上台仅 1 年的库恩被迫下台，被免去总统职务，也成为瑙鲁 10 年来任期最短的总统。③ 10 月 26 日，瑙鲁议会投票选举新一任总统，在第一轮投票中，两位候选人戴维·阿迪昂（David Adeang）与德尔文·托马（David Adeang）打成平手，各得 9 票。库恩随后在议会发表讲话，呼吁议员们勠力破解政治僵局，并宣布他将会在接下来的投票中投给戴维·阿迪昂。10 月 27 日，戴维·阿迪昂在议会第二轮投票中以 10∶8 击败德尔文·托马，议长马库斯·斯蒂芬（Marcus Stephen）随后宣布阿迪昂当选瑙鲁新一任总统。④ 戴维·阿迪昂出身政治世家，其父凯南·阿迪昂（Kennan Adeang）为瑙鲁政坛元老，曾 3 次担任瑙鲁总统。阿迪昂是瑙鲁现任议会中任职时间最长的议员，2001 年首次参加大选，开始了其政坛生涯，2004 年和 2008 年两度担任议会议长，曾担任瑙鲁总统助理和财政部长。10 月 31 日，阿迪昂在首席大法官主持下宣誓就任瑙鲁总统，并组建新一届内阁。莱昂内尔·安吉米亚（Lionel Aingimea）担任司法部长、外交部长、国

---

① Sanjeshni Kumar, "Pro-independence Forces Win Elections on French Polynesia", PINA, May 2, 2023, PINA, https：//pina. com. fj/2023/05/02/pro-independence-forces-win-elections-on-french-polynesia/.

② Sanjeshni Kumar, "Pro-independence Forces Win Elections on French Polynesia", PINA, May 2, 2023, PINA, https：//pina. com. fj/2023/05/02/pro-independence-forces-win-elections-on-french-polynesia/.

③ Pita Ligaiula, "Motion of No Confidence Moved Against Nauru President Kun", PINA, October 25, 2023, https：//pina. com. fj/2023/10/25/motion-of-no-confidence-moved-against-nauru-president-kun/.

④ "David Adeang Elected as New Nauru President", Island Times, October 31, 2023, https：//islandtimes. org/david-adeang-elected-as-new-nauru-president/.

家警察总署署长，同时分管瑙鲁港口、瑙鲁航运公司。杰西·耶利米（Jesse Jeremiah）担任基础设施部长、国家应急服务部长及体育部长。夏尔曼·斯科蒂（Charmaine Scotty）主要负责卫生、内政、残疾人、博物馆和旅游业等领域工作。里根·阿里克里克（Reagan Aliklik）分管运输、康复、渔业等部门。阿斯特里奥·阿皮（Asterio Appi）担任教育部长、气候变化和国家应变能力部长、邮政服务部长和土地管理部长。伯尼克·沙德劳格（Shadlog Bernicke）则分管媒体、信息通信技术、磷矿公司、中太平洋岛屿公司、瑙鲁磷酸盐矿费信托基金等。另外，两位副部长伊莎贝拉·达吉亚戈（Isabella Dageago）和马弗里克·伊奥（Maverick Eoe）也参加了就职宣誓仪式。①

瓦努阿图的政局变动最为剧烈，2023 年一年之内更换了 3 任总理。5 月 12 日，瓦努阿图议会召开了本届议会 2023 年的第一次常会，议长瑟勒·西米恩（Seoule Simeon）确认由 9 人签名提交的针对时任总理伊什梅尔·卡尔萨考（Ishmael Kalsakau）的不信任动议符合程序，对伊什梅尔·卡尔萨考的不信任动议既包括国内执政问题也涉及其外交行动②，由于反对派内部未达成一致以及需要通过动议的人数不足，此次对卡尔萨考的不信任动议很快平息③。8 月，反对派领导人鲍勃·拉夫曼（Bob Loughman）再次提交由 29 人签署的对卡尔萨考的不信任动议，主要针对卡尔萨考政府的最低工资改革。卡尔萨考则在动议正式辩论开始前，改组内阁，任命了在不信任动议文件上签字的议员萨姆森·萨姆森（Samson Samsen）、克里

① "Nauru's New President David Adeang Sworn in, Names New Cabinet", PINA, October 31, 2023, https://pina.com.fj/2023/10/31/naurus-new-president-david-adeang-sworn-in-names-cabinet/.

② Pita Ligaiula, "No Confidence Motion Filed Against Vanuatu PM Kalsakau", PINA, May 16, 2023, https://pina.com.fj/2023/05/16/no-confidence-motion-filed-against-vanuatu-pm-kalsakau/.

③ Sanjeshni Kumar, "Loughman Withdrew His Motion of No Confidence Against PM Kalsakau", PINA, May 19, 2023, https://pina.com.fj/2023/05/19/loughman-withdrew-his-motion-of-no-confidence-against-pm-kalsakau/? doing_wp_cron = 1709869527.29013109207153320 31250.

斯托夫·埃梅利（Christophe Emmelee）、塞缪尔·卡尔波勒普（Samuel Kalpoelep）和杰克·沃纳（Jack Wona）为新部长。① 8 月 17 日，由于反对派在议会投票中未能获得 27 票的绝对多数，对总理卡尔萨考的不信任投票被否决。② 但因议会中有一名议员出国就医，反对派对此次投票结果的合法性质疑，并对议会发起抵制，就此次投票提出法庭挑战③。8 月 21 日，由塔纳选区议员约翰尼·科阿纳波（Johnny Koanapo）和马莱库拉议员格拉西亚·沙德拉克（Gracia Shadrack）提出了新的不信任动议，要求罢免议会议长④。在之后的法院判决中，瓦努阿图最高法院做出了对反对派有利的判决，即最高法院大法官埃德温·戈兹伯勒（Edwin Goldsborough）裁定，当有 51 名议员时，只需要 26 票即可构成绝对多数，对总理的不信任动议通过。瓦努阿图随之开始新一轮议会选举。⑤ 9 月 4 日，人民进步党的主席萨托·基尔曼（Sato Kilman）以 27 票赞成当选瓦努阿图总理并同时宣布组阁，前总理鲍勃·拉夫曼任副总理兼土地、地质、矿业、能源和水资源部长；马克·阿蒂（Marc Ati）任外交部长；约翰尼·科阿纳波（Johnny Koanapo）任财政部长和经济管理部长；杰伊·恩韦尔（Jay Nwele）任基础设施、公用事业和电信部长；等等。⑥ 这也是基尔曼自

---

① "Vanuatu PM Reshuffles Cabinet Ahead of No-confidence-motion", PINA, August 8, 2023, https：//pina. com. fj/2023/08/08/vanuatu－pm－reshuffles－cabinet－ahead－of－no－confidence－motion/.

② Pita Ligaiula, "Vanuatu PM Kalsakau Survive N-confidence Vote", PINA, August 17, 2023, https：//pina. com. fj/2023/08/17/vanuatu-pm-kalsakau-survive-no-confidence-vote/.

③ Pita Ligaiula, "Vanuatu Opposition Boycott Parliament After Failed Bid to Remove Prime Minister", PINA, August 18, 2023, https：//pina. com. fj/2023/08/18/vanuatu－opposition－boycott-parliament-after-failed-bid-to-remove-prime-minister/.

④ "Vanuatu Opposition Demands New Speaker", PINA, August 21, 2023, https：//pina. com. fj/2023/08/21/vanuatu-opposition-demands-new-speaker/.

⑤ "Vanuatu to Elect New Prime Minister After Opposition Wins' Appeal", PINA, September 4, 2023, https：//pina. com. fj/2023/09/04/vanuatu－to－elect－new－prime－minister－after－opposition-wins-appeal/.

⑥ "Vanuatu Elects Sato Kilman as Prime Minister, Names New Cabinet", PINA, September 5, 2023, https：//pina. com. fj/2023/09/26/vanuatu－opposition－files－no－confidence－motion－against-pm-sato-kilman/.

2020 年起第三次任总理。9 月 26 日，反对派再次提出不信任动议，反对党副领袖拉尔夫·雷根瓦努（Ralph Regenvanu）表示，推翻基尔曼的动议有三个原因，包括任命一名部长，该部长被发现在上届政府期间挪用了 800 万美元。[①] 10 月 6 日，议会以 27 票多数赞成罢免了基尔曼的总理职务，此时基尔曼上任仅一个月零两天，夏洛特·萨尔维（Charlot Salwai），接受了新一届总理提名。[②] 萨尔维在随后的选举中以 29 票当选总理，他在接受采访时就持续的"政治危机"向瓦努阿图公众道歉，在 3 年的时间里，瓦努阿图已经选出了 4 位总理。[③] 随着最高法院驳回基尔曼的上诉[④]以及总统尼克尼克·武罗巴拉武（Nikenike Vuroboravu）向议会发出警告要求停止这次政治纷争，否则将解散国会[⑤]，瓦努阿图自 5 月开始的政治动荡方暂告一段落。

二 太平洋岛国政治自主意识增强，政治现代化进程曲折推进

历史上，太平洋岛国长期遭受西方殖民统治，独立后的太平洋岛国政治制度和政党制度受西方影响较大。近年来，太平洋岛国也有意识地加强了对自主化治理的追求，回归传统、倡导本土化的呼声渐高。太平洋岛国开始有

① "Vanuatu Opposition Files No-confidence Motion Against PM Sato Kilman", PINA, September 26, 2023, https：//pina. com. fj/2023/09/26/vanuatu-opposition-files-no-confidence-motion-against-pm-sato-kilman/.

② "Sato Kilman Ousted as Vanuatu Prime Minister", PINA, October 6, 2023, https：//pina. com. fj/2023/10/06/sato-kilman-ousted-as-vanuatu-prime-minister/? doing_ wp_ cron = 1709826666. 0102291107177734375000.

③ "Charlot Salwai Elected Prime Minister of Vanuatu", PINA, October 9, 2023, https：//pina. com. fj/2023/10/09/charlot-salwai-elected-prime-minister-of-vanuatu/.

④ "Supreme Court Strikes Out Petition by Former Vanuatu PM Kilman", PINA, October 17, 2023, https：//pina. com. fj/2023/10/17/supreme-court-strikes-out-petition-by-former-vanuatu-pm-kilman/.

⑤ "Vanuatu's President Issues Ultimatum to MPs", PINA, November 22, 2023, https：//pina. com. fj/2023/11/22/vanuatus-president-issues-ultimatum-to-mps/.

意识地结合联合国发展议程的更新、太平洋岛国论坛等区域组织对自身长期发展规划等努力，倡导"蓝色太平洋"理念，制定自身的中长期发展规划，以完成现代化转型。

（一）清除殖民主义遗产，从本土传统文化中汲取养分，推进国家自主化治理

目前太平洋岛国的政治制度并非完全是基于本国历史、国情、政治文化的产物。西方殖民者在太平洋岛国的统治所带来的政治模式、思维模式和机制观念，对太平洋岛国的发展进程影响至深。当今太平洋岛国政治现代化进程中，也开始注重传统与现代、本土与外来之间的调适。

斐济兰布卡联合政府执政后对前政府和政府官员进行了调查。前总理乔塞亚·沃伦盖·姆拜尼马拉马（Josaia Voreqe Bainimarama）因煽动叛乱和侮辱总统而被停职 3 年。前总检察长艾亚兹·赛义德-凯尤姆（Aiyaz Sayed-Khaiyum）因担任其他公职而失去席位，警察局长西蒂韦尼·齐利霍（Sitiveni Qiliho）和监狱长弗朗西斯·基恩（Francis Keen）被停职，斐济广播公司的高层人物受到调查，董事会被替换[①]。兰布卡政府于 2023 年 4 月 6 日宣布废除了斐济《2010 年媒体产业发展管理法》（2010 Media Industry Development Authority Act），并宣称"国家又回到了它享有的自由"[②]，斐济议会以 29 票赞成、21 票反对、3 票弃权通过这一法案。[③] 但此次废除法案的决议也因程序过快等问题而招致反对派批评。值得关注的是，斐济大酋长委员会在被解散 16 年后重新恢复。5 月 24 日，在已故的斐济大酋长拉图·拉拉·苏库纳爵士（Ratu Sir Lala Sukuna）的拉图·苏库纳纪念日（Ratu Sukuna Day），斐济各区的大酋长们进行了正式会晤，超过 2000 人聚集在苏

① Sanjeshni Kumar, "Fiji PM Rabuka Speaks on His Sweeping Changes", PINA, March 1, 2023, https：//pina. com. fj/2023/03/01/fiji-pm-rabuka-speaks-on-his-sweeping-changes/.

② Pita Ligaiula, "Voting to Repeal MIDA Encouraging：Fiji PM Rabuka", PINA, April 6, 2023, https：//pina. com. fj/2023/04/06/voting-to-repeal-mida-encouraging-fiji-pm-rabuka/.

③ Pita Ligaiula, "Fiji's Media Act Repealed by Parliament", PINA, April 6, 2023, https：//pina. com. fj/2023/04/06/fijis-media-act-repealed-by-parliament/.

瓦以北的宝武岛（Bau Island），其中包括新西兰的高级专员夏洛特·达洛（Charlotte Darlow），共同庆祝大酋长委员会的重启。① 斐济政府代表还就前政府的行为以及对酋长们造成的伤害表示了道歉，并举行了传统的斐济致歉仪式。2023 年 11 月 23 日，斐济议会通过了《2023 年原住民事务法案（修正案）》，该法案恢复了斐济大酋长委员会（Great Council of Chiefs, GCC）。② 创建于 1876 年的斐济大酋长委员会，是斐济首个原住民事务咨询机构，由斐济各省 40 余个部落世袭大酋长组成，曾是历史上形成的斐济行政体系中的最高议政机构，一度在国内政治中起重要作用。2007 年，时任总理姆拜尼马拉马指责大酋长委员会干涉政治，煽动种族紧张关系，随后予以解散。

2023 年，库克群岛政局较为稳定，还主办了第 52 届太平洋岛国论坛领导人峰会、中西太平洋渔业委员会第 20 次会议，并当选为联合国教科文组织政府间海洋学委员会执行理事会成员。3 月 21 日，在库克群岛第 18 届议会第一次会议上，24 位新任议会议员宣誓就职。前库克群岛党议员泰·图拉（Tai Tura）与普卡普卡议员廷卡·埃里卡纳（Tingika Elikana）分别被任命为正、副议长。③ 6 月，库克群岛副总理罗伯特·塔帕伊托（Robert Tapaitau）因串谋诈骗罪和盗窃罪受审，同时受审的还有国家环境服务局前局长恩加·普纳（Nga Puna）和库克群岛基础设施部前部长黛安·查理-普纳（Diane Charlie-Puna）。塔帕伊托的副总理一职自 6 月 12 日起被停职，其所负责的外岛特别项目、交通、能源和可再生能源以及海洋资源事务暂由总理马克·布朗（Mark Brown）接管。11 月，国王代表汤姆·马斯特斯爵士

---

① APR editor, "Fiji President Welcomes Inclusive 'New Dawn' for Great Council of Chiefs", the Asia Pacific Report, May 24, 2023, https：//asiapacificreport. nz/2023/05/24/fiji－president－welcomes－inclusive－new－dawn－for－great－council－of－chiefs/.

② "Fiji Parliament Approves Reinstatement of Great Council of Chiefs", PINA, November 24, 2023, https：//pina. com. fj/2023/11/24/fiji－parliament－approves－reinstatement－of－great－council－of－chiefs/.

③ "2023 Year in Review", Cook Islands News, December 31, 2023, https：//www.cookislandsnews.com/internal/features/weekend/memory－lane/2023－year－in－review/.

（Tom Marsters）颁布赦免令，正式赦免库克群岛现代政治教父、已故的首任总理阿尔伯特·罗伊尔·亨利（Albert Royle Henry）。12 月，库克群岛总理布朗建议重新设计国旗，考虑恢复由该国首任总理亨利设计的原始国旗，布朗认为，原初国旗以绿色背景和 15 颗金星围成一个圆圈为特色，更能彰显库克群岛的国家特色和国家主权。①

2023 年 9 月 5 日，图瓦卢议会一致通过新的宪法法案《2023 年图瓦卢宪法法案》，新的宪法法案于 2023 年 10 月 1 日正式生效。新宪法在气候危机、加强国家治理稳定性、司法改革、权利与文化等方面做出重大修改。气候危机方面，新宪法正式承认气候变化的威胁，加强了图瓦卢在应对气候危机方面的法律地位，尤其是在图瓦卢土地因受气候变化影响而丧失的情况下。加强国家治理的稳定性方面的法律调整较多，如将议会会议由每年授权一次举行改为每年两次，不信任投票不允许在议会任期的头 12 个月或最后 12 个月内举行；明确了看守政府的定义、职能和任期；改革图瓦卢总督的提名办法以保证公平性。司法领域进行了去殖民化改革。新宪法取消了担任最高法院法官必须在具有与图瓦卢类似法律制度的国家有司法任职经历这一要求，大大减小了图瓦卢公民担任高等法院法官职务的难度。同时，新宪法加大对司法独立的保护力度，如取消了内阁参与高等法院法官的任命，改由国家元首根据司法事务委员会的意见任命。新宪法也增加了保护图瓦卢传统文化和价值观的内容。②

2022 年 7 月，基里巴斯以太平洋岛国论坛没有充分解决包括基里巴斯在内的密克罗尼西亚联邦对论坛秘书长提名的关切，而且论坛会议的日期与基里巴斯的国庆日庆祝活动冲突为由退出了太平洋岛国论坛。2023 年 1 月，基里巴斯总统塔内希·马茂（Taneti Maamau）与来访的斐济总理兰布

---

① "PM Suggests Flag Rethink", Cook Islands News, December 14, 2023, https：//www.cookislandsnews.com/internal/national/parliament/pm-suggests-flag-rethink/.

② Simon Kofe and Jess Marinaccio, "Tuvalu Constitution Updated：Culture, Climate Change and Decolonisation", Devpolicy, September 21, 2023, https：//devpolicy.org/tuvalu-constitution-updated-culture-climate-change-and-decolonisation-20230921/.

卡进行会谈后发表声明称，"会谈的重点是加强斐济和基里巴斯之间的双边关系，讨论了恢复蓝色太平洋大家庭的团结，重申需要团结一致，促进《蓝色太平洋大陆2050战略》中规定的区域合作"，并宣布重返太平洋岛国论坛。① 由2022年开始发酵的基里巴斯司法危机在2023年仍然持续。2022年，基里巴斯政府解雇了三名新西兰籍法官，并将另外一名澳大利亚籍法官停职并停止签证。司法系统的风波一直持续至2023年。目前全国只有塞米洛塔（Tetiro Semilota）一位法官在一名法庭专员的协助下审理案件。② 2023年，基里巴斯的首席大法官职务一直空缺。基里巴斯反对派对该司法风波进行了抗议，但是该事件在基里巴斯政府的拖延下一直未能解决。

（二）加大反腐力度，推进良治建设

腐败问题在太平洋岛国不同程度地存在，在部分国家还比较严重，腐败对政治体系的公信力和社会的公平与正义造成严重损害，阻碍了经济和社会的健康发展。治理腐败也是太平洋岛国地区面临的重要任务之一。2023年，联合国毒品和犯罪问题办公室（UNODC）与帕劳检察机关携手开展了一项针对帕劳的腐败问题的匿名调查。调查结果显示，86.70%的受访者认为政府腐败。在发现腐败问题的受访者中，76.85%的人没有举报，58.19%的人认为举报腐败不会产生什么影响。此外，近65%的举报贪腐的人表示问题没有得到解决，另有26%的人根本不知道投诉的结果。③

2023年，《联合国反腐败公约》第十届缔约国会议在美国亚特兰大

① Makereta Komai, "Government of Kiribati Confirms Its Return to the Pacific Islands Forum", PINA, January 31, 2023, https://pina.com.fj/2023/01/31/government-of-kiribati-confirms-its-return-to-the-pacific-islands-forum/.

② Pita Ligaiula, "'People Are Suffering': Kiribati's Judicial Crisis", PINA, April 6, 2023, https://pina.com.fj/2023/04/06/people-are-suffering-kiribatis-judicial-crisis/.

③ "Workshop on Pro-active Disclosure in Palau a Success Koror, Palau", Island Times, May 26, 2023, https://islandtimes.org/workshop-on-pro-active-disclosure-in-palau-a-success-koror-palau/.

举行，多个太平洋岛国派代表参会，并汇报了各国反腐败方面的措施。太平洋岛国 2021 年曾一致通过了一个区域反腐败路线图——《泰恩尼瓦愿景》（Teieniwa Vision）。帕劳司法部长欧内斯廷·瑞吉尔（Ernestine Rengiil）表示，帕劳正在制定其首个《国家反腐败战略》，帕劳总检察长办公室已与联合国毒品和犯罪问题办公室合作，启动了与政府、企业、民间社会和媒体的磋商，以推进良治和打击腐败。基里巴斯总统马茂表示基里巴斯通过了 2023~2025 年国家反腐败战略，其远景目标为到 2036 年将基里巴斯建设成为一个没有腐败的国家。巴布亚新几内亚司法部长兼总检察长皮拉·尼宁吉（Pila Niningi）表示，巴布亚新几内亚已经颁布了《犯罪所得收益法修正案》，并通过了《举报人保护法》。所罗门群岛代表表示所罗门群岛第二份国家反腐败战略（2024~2027 年）的最终草案正在定稿。瑙鲁代表也表示正在联合国毒品和犯罪问题办公室协助下制定首个国家反腐败战略，并且为了反对腐败设立了一个监察员职位。①

（三）推进女性参政，在性别平等方面取得一定成就

2023 年，太平洋岛国性别政治取得一定进步，妇女首次在每个太平洋岛国司法管辖区的议会中都拥有代表。2023 年之前，密克罗尼西亚联邦立法机关从未有过妇女当选。2023 年 8 月 31 日至 9 月 1 日，第二届太平洋岛国论坛妇女领袖会议在斐济首都苏瓦举行，会议通过了《太平洋领导人性别平等宣言》（Pacific Leaders Gender Equality Declaration，PLGED）。太平洋岛国论坛所有 18 个成员国均派出高级别妇女代表团参加，库克群岛农业、卫生与司法部长罗斯·托基-布朗（Rose Toki-Brown）担任会议主席。本次会议的核心是对《太平洋领导人性别平等宣言》的重要审议，这是论坛领导人在 2012 年最初接受的一项倡议。会议的一大特点是强烈呼吁建立强有力的监督和问责框架，以指导性别平等主流化不可或缺的工

---

① Leilani Reklai, "Pacific Countries Look to Strengthening Teieniwa Vision at UN Meeting", PINA, December 20, 2023, https: //pina. com. fj/2023/12/20/pacific - countries - look - to - strengthening-teieniwa-vision-at-un-meeting/.

作，并将其应用于《蓝色太平洋大陆 2050 战略》的"和平与安全"主题领域。^① 第 52 届太平洋岛国论坛（PIF）领导人会议于 2023 年 11 月 6~10 日在库克群岛的拉罗汤加岛举行。此次会议承诺，将重新发布一份性别平等宣言。这项宣言由太平洋岛国论坛秘书处带头提出，并在整个区域进行了广泛协商。其七个优先领域中的第一个是"政治领导和区域主义"，在这一领域中，领导人承诺加快行动，加强妇女和女孩在"各级领导和决策"中拥有多样性的参与。^②

（四）部分国家安全形势面临不稳定因素

虽然政治上总体向好，但囿于历史、部族、社会经济及地缘因素，太平洋岛国发展仍面临诸多困境，冲突、骚乱及政局动荡等时有发生。

2023 年 2 月 6 日，所罗门群岛马莱塔省省长丹尼尔·苏达尼（Daniel Suidani）被指控挪用资金，该省议会对其发动不信任投票，省议会 17 名议员全票通过对苏达尼的罢免案。100 多名苏达尼的支持者在投票结束后试图穿过警方的警戒线进行抗议，要求省议会留任苏达尼，并向警方投掷石块，被警方用催泪瓦斯驱离。^③

2023 年，巴布亚新几内亚出现了较为严重的部族冲突，前总理彼得·奥尼尔（Peter O'Nell）与现任总理詹姆斯·马拉佩（James Marape）

---

① "2nd Pacific Islands Forum Women Leaders Meeting Endorsed the Pacific Leaders Gender Equality Declaration at a Recent Meeting Held in Suva, Fiji", Island Times, September 5, 2023, https：//islandtimes. org/2nd-pacific-islands-forum-women-leaders-meeting-endorsed-the-pacific-leaders-gender-equality-declaration-at-a-recent-meeting-held-in-suva-fiji/.

② Fifty-Second Pacific Islands Forum, "Forum Communiqué", November 6 - 10, 2023, https：// forumsec. org/sites/default/files/2024 - 03/52nd% 20Pacific% 20Islands% 20Forum% 20Communique% 2020231109. pdf.

③ "Solomon Islands：Protests Possible in Malaita Province Feb. 7 Following No-confidence Vote Against Provincial Premier", Crisis 24, February 7, 2023, https：//crisis24. garda. com/alerts/ 2023/02/solomon-islands-protests-possible-in-malaita-province-feb-7-following-no-confidence-vote-against-provincial-premier.

之间也打起了口水战。① 巴布亚新几内亚部族众多，部族之间时常爆发冲突，社会治安形势严峻。6月11日，巴布亚新几内亚恩加省瓦佩纳曼达区发生严重部落冲突，起因主要是土地纠纷，到6月26日已经造成至少10人死亡，数人受伤。巴布亚新几内亚警察部门设法控制了冲突，但隐患仍存，瓦佩纳曼达区被官方认定为交战区。巴布亚新几内亚航空公司暂停了所有飞往瓦佩纳曼达机场的航班。② 6月28日，巴布亚新几内亚西不列颠省宣布，将6月25日到期的宵禁措施延长6个月。2023年4月23日，西不列颠省省会一所监狱发生一起未遂越狱事件，巴布亚新几内亚安全部队击毙16名罪犯。该省于4月25日宣布实施为期两个月、每天20时至次日5时夜间宵禁，以应对可能出现的抢劫和暴力犯罪行为。③ 最高法院于2023年12月6日针对前总理奥尼尔质疑巴布亚新几内亚第11届议会选举马拉佩为总理不符合宪法一案进行了宣判，由5名大法官组成的合议庭最后裁定马拉佩当选总理有效，符合巴布亚新几内亚宪法规定的所有程序。④ 总理詹姆斯·马拉佩和前总理彼得·奥尼尔在影响国家的问题和事务上相互指责。奥尼尔指责马拉佩政府政策失误导致药品与医疗用品严重短缺，而马拉佩反唇相讥，认为前总理应反思一下其政府通过受到质疑的垄断公司供应与分发药品，以及药品假冒或过期的指控。正是因为奥尼尔所领导的上届政府削减卫生预算，才导致巴布亚新几内亚卫生服务，尤其是农村地区的卫生服务、建筑和其他卫生设施明显减少。

---

① "Don't Throw Stones From Glass House", Post Courier, September 13, 2023, https://www.postcourier.com.pg/dont-throw-stones-from-glass-house/.

② "Communal Fighting Ongoing in Wapenamanda District, Enga Province", Crisis 24, June 26, 2023, https://crisis24.garda.com/alerts/2023/06/papua-new-guinea-communal-fighting-ongoing-in-wapenamanda-district-enga-province-june-26-update-1.

③ Donald Nangoi, "Curfew Imposed in West New Britain", Post Courier, April 27, 2023, https://www.postcourier.com.pg/curfew-imposed-in-west-new-britain/.

④ "Decision on O'Neill's Constitutional Challenge about to be Delivered", Post Courier, December 6, 2023, https://www.postcourier.com.pg/decision-on-oneills-constitutional-challenge-about-to-be-delivered/.

三　热点问题余波未平，政治解决困难犹在

布干维尔地区与新喀里多尼亚因公投问题成为太平洋岛国区域的热点地区，公投虽早已结束，但余波未了，政治解决仍面临诸多困难。

（一）布干维尔

2023 年，布干维尔问题进展不大。2019 年的布干维尔公投中，97.7%的布干维尔人投票支持从巴布亚新几内亚独立出来。巴新中央政府与布干维尔自治省于 2021 年签署了一项协议，双方同意在 2025~2027 年确定布干维尔的最终地位。根据巴新宪法第 342 条规定，巴新布干维尔事务部长必须将布干维尔公民投票的结果提交议会做出决定。巴新布干维尔事务部长马纳西·马基巴（Manasseh Makiba）向议会报告称，巴新政府正在将权力移交给布干维尔自治政府（Autonomous Bougainville Government），同时总理已承诺在 10 年内以每年 1 亿基纳（约合 2800 万美元）的价格向布干维尔提供10 亿基纳（约合 2.81 亿美元）的额外支持；同时，巴新向布干维尔转让采矿、物理规划、教育、卫生、地方政府、艺术、渔业、时区和公共假期有关的权力和职能。而公共服务、警察和乡村法院有关的职能由巴新中央保留部分，布干维尔铜业有限公司 36.47%的国有股权免费转让给布干维尔自治政府；巴新政府现在只保留那些专属的国家职能，如外交、海关、移民、国防、国际民用航空、中央银行和货币、检疫、电信、对外贸易和投资等。[①]但巴新议会与布干维尔自治政府就《布干维尔和平协定》和巴新宪法关于布干维尔的部分理解存在较大分歧。2023 年 7 月 31 日，巴新国家政府和布干维尔自治政府在莫尔斯比港召开了联合监督机构（Joint Supervisory Body, JSB）会议，商讨关于公投后处理布干维尔地区地位的技术问题，双方核准

---

① Pita Ligaiula, "Bougainville Results to Be Tabled in PNG Parliament This Year", PINA, June 14, 2023, https://pina.com.fj/2023/06/14/bougainville-results-to-be-tabled-in-png-parliament-this-year/.

了五项决议，以推动布干维尔独立问题的解决。① 布干维尔自治省领导人指责巴新中央政府故意拖延批准和提交全民公投结果给议会审议。巴新总理马拉佩强调，公投结果将被搁置，巴新议会将对此进行投票，议会对公投结果进行审议的会期命令将会颁布，但审议是一个宪法问题，在议会投票之前需要在巴新全国范围内进行协商。

（二）新喀里多尼亚

目前，关于新喀里多尼亚新的宪法地位的谈判陷入了僵局，尤其是在投票制度方面，未来新喀里多尼亚自决的道路也悬而未决。虽然连续三次独立公投均告失败，但以卡纳克原住民为主的独立派与留法派之间仍时有争执，卡纳克原住民表示拒绝接受第三次公投结果。法国总统马克龙于 2023 年 7 月 24 日在努美阿发表讲话，表示将在 2024 年初寻求修改法国宪法，改革投票权，并为新喀里多尼亚制定新的法规，承诺开放新喀里多尼亚的选民名册，允许更多的法国国民参加暂定于 2024 年 5 月举行的新喀里多尼亚下辖的南部省、北部省和洛亚蒂群岛省三个省议会和国民议会的选举。当前，只有新喀里多尼亚公民才能投票参加上述地方政治机构选举。② 但新喀里多尼亚各派势力并未达成一致意见。

结　语

2023 年，多个太平洋岛国完成了大选，政治发展总体较为平稳，选举政治逐渐趋于理性。传统治理机制在太平洋岛国政治生活中的角色逐渐上升，如斐济大酋长委员会的恢复、库克群岛试图修改国旗的建议以及图瓦卢

---

① "PNG Government's Resolve to Foster Bougainville Independence Agenda", PINA, August 2, 2023, https://pina.com.fj/2023/08/02/png-governments-resolve-to-foster-bougainville-independence-agenda/.

② Nic Maclellan, "Macron Plans a New Political Statute for New Caledonia", PINA, July 31, 2023, https://pina.com.fj/2023/07/31/macron-plans-a-new-political-statute-for-new-caledonia/.

的宪法修订，这在一定程度上也有助于推动适合各太平洋岛国自身国情的政治现代化转型和发展。但是，作为小岛屿国家，且相当一部分还是最不发达国家，岛国的自身发展存在诸多问题，加之地缘政治因素的影响，太平洋岛国政治现代化转型之路不可能平坦。

2024年，太平洋岛国政治发展依然面临多种不确定性。图瓦卢、帕劳、所罗门群岛将迎来大选。2023年11月，图瓦卢总理纳塔诺签署了《法拉皮利联盟条约》（Australia-Tuvalu Falepili Union Treaty），旨在允许因气候变化而流离失所的图瓦卢人移民到澳大利亚。反对者声称，该条约将威胁图瓦卢的主权，因为它将允许澳大利亚对图瓦卢的外交安全安排拥有否决权，大选的结果可能影响到该条约的未来命运以及图瓦卢和澳大利亚之间的关系。所罗门群岛因地缘政治因素大选备受瞩目。在百年未有之大变局下，太平洋岛国地区地缘政治博弈愈加激烈，太平洋岛国如能趋利避害，从变局中谋新局，抓住机遇，加强自身与区域治理能力建设，其前景仍充满光明。

B.3

2023年太平洋岛国经济形势

朱璇　李浩宇　孙嘉诺*

摘　要： 2023年，太平洋岛国区域经济增长率预测为3.5%，实现了经济稳步复苏。斐济和萨摩亚旅游业实现了有力恢复，恢复到新冠疫情前水平。巴布亚新几内亚的矿产开发和油气开发产量下降，经济增速位于中低速，低于预期水平。所罗门群岛矿产开发提速，基础设施建设加快，从2022年的负增长恢复到中低速增长，提振了国民经济。在财政金融方面，太平洋岛国积极推进政策调整，缩小了财政赤字和政府债务，从宽松型金融政策转向紧缩型金融政策，降低金融风险。回顾2023年，太平洋岛国在经济增长、财政平衡、国家收入等方面实现了向好转变，为推动区域经济可持续发展奠定了基础。

关键词： 太平洋岛国　经济形势　旅游资源　通货膨胀　跨境劳动力

2023年，世界经济中各种短期问题和长期因素交织叠加，世界经济复苏和增长面临重大挑战。受地缘政治冲突、高通胀持续以及高利率影响，2024年全球经济恢复仍旧存在较大不确定性。国际货币基金组织预测，2024年全球经济增速为3.1%[①]，世界经济进入中低速增长轨道。太平洋岛

---

* 朱璇，博士，聊城大学太平洋岛国研究中心副研究员，聊城大学历史文化与旅游学院副教授，主要研究方向为全球海洋治理、蓝色经济；李浩宇，聊城大学太平洋岛国研究中心研究助理；孙嘉诺，聊城大学太平洋岛国研究中心研究助理。

① 《世界经济展望更新：通胀放缓和增长平稳，开拓通往软着陆的道路》，国际货币基金组织网站，2024年1月，https://www.imf.org/zh/Publications/WEO/Issues/2024/01/30/world-economic-outlook-update-january-2024。

国经历了通货膨胀、失业危机和灾害重创后，在2023年经济持续保持了中等幅度的增长。得益于旅游业复苏，斐济为区域经济增长做出较大贡献。巴布亚新几内亚油气行业收缩，国民经济增长低于预期。在全球性高通胀和贸易下行形势影响下，太平洋岛国的经济增长前景不明朗，世界经济波动和自然灾害频发加剧了岛国经济的脆弱性。

一　太平洋岛国经济在波动中实现复苏

2023年，太平洋岛国经济持续复苏，地区增长率预测为3.5%，比2022年下降1.8个百分点。① 斐济、萨摩亚、库克群岛凭借旅游业实现8%~14%的强劲复苏（见表1）。巴布亚新几内亚在2022年实现3.5%的稳定增长后，由于外汇短缺，非资源部门复苏缓慢，2023年预测经济增长率下调为2.0%。据世界银行预测，多数太平洋岛国GDP水平将在2024年恢复至新冠疫情前的水平。②

表1　2023~2024年太平洋岛国GDP增长预期

单位：%

太平洋岛国	2023年（预估值）	2024年（预估值）
库克群岛	13.3	9.1
斐济	7.8	3.0
基里巴斯	4.2	5.3
马绍尔群岛	2.5	2.7
密克罗尼西亚联邦	2.6	3.1
瑙鲁	1.6	1.8
帕劳	-0.2	6.5
巴布亚新几内亚	2.0	3.3
萨摩亚	8.0	4.2

① Asian Development Bank, "Pacific Economic Monitor", Asian Development Bank, December 2023, https://www.adb.org/sites/default/files/publication/931101/pem-december-2023.pdf.

② World Bank, "Pacific Economic Update: Recovering in the Midst of Uncertainty", World Bank, August 2023, https://documents1.worldbank.org/curated/en/099080223220048832/pdf/P5004 11020cbb2021 098b60e6cc8aca9f09.pdf.

太平洋岛国	2023 年（预估值）	2024 年（预估值）
所罗门群岛	2.5	2.2
汤加	2.8	2.6
图瓦卢	3.9	3.5
瓦努阿图	1.0	3.1

资料来源：Asian Development Bank，"Asian Development Outlook"，Asian Development Bank，April 2024，https：//www.adb.org/sites/default/files/publication/957856/asian－development－outlook－april－2024.pdf。

（一）全球经济形势持续不稳定

2023 年，全球通货膨胀总体降低，太平洋岛国地区能源物资紧张状况得到缓解，但新的地区性冲突继续影响国际供应链效率，给地区经济稳定复苏蒙上阴影。由于货币政策收紧，加之国际大宗商品价格下跌，全球通胀率预计将从 2022 年的 8.7%降至 2023 年的 6.9%。[①] 2023 年全年食品指数均值为 124 点，较 2022 年下降 13.7%。太平洋岛国通货膨胀率从 2022 年的 5.2%下降至 2023 年的 3.0%，但 2023 年多数岛国通货膨胀率仍处于较高水平（见表 2）。[②]

表 2　2023~2024 年太平洋岛国通货膨胀率

单位：%

太平洋岛国	2023 年	2024 年（预估值）
库克群岛	13.2	2.3
密克罗尼西亚联邦	5.3	4.1
斐济	2.4	3.7
基里巴斯	9.7	4.0

[①] 《世界经济展望：应对全球分化》，国际货币基金组织网站，2023 年 10 月 10 日，https：//www.imf.org/zh/Publications/WEO/Issues/2023/10/10/world－economic－outlook－october－2023。

[②] Asian Development Bank，"Asian Development Outlook"，Asian Development Bank，April 2024，https：//www.adb.org/sites/default/files/publication/957856/asian-development-outlook-april-2024.pdf。

太平洋岛国	2023 年	2024 年(预估值)
马绍尔群岛	6.5	5.5
瑙鲁	5.2	10.3
帕劳	12.4	5.5
巴布亚新几内亚	2.3	4.5
萨摩亚	12.0	4.5
所罗门群岛	4.6	3.2
汤加	9.7	4.5
图瓦卢	7.2	3.0
瓦努阿图	13.5	4.8

资料来源：Asian Development Bank，"Asian Development Outlook"，Asian Development Bank，April 2024，https：//www.adb.org/sites/default/files/publication/957856/asian - development - outlook - april -2024. pdf。

展望 2024 年，全球经济形势仍然充满不确定性。太平洋岛国的支柱产业旅游业和资源出口业高度依赖国际市场。如果全球经济增长低于预期，主要经济体需求衰退，岛国经济恢复将面临困难。从消费端看，受局部地区冲突影响，国际大宗商品价格可能进一步拉高，岛国将再度面临价格危机。

（二）支柱产业不均衡发展

巴布亚新几内亚和斐济是太平洋岛国经济体量最大的国家。得益于旅游业持续回暖，2023 年斐济为太平洋岛国贡献了 80%以上的经济增量。[①] 巴布亚新几内亚的资源产业增长乏力，油气产能收缩，资源产业对经济拉动效益不足。汤加、瓦努阿图实施灾后重建，基础设施建设成为经济增长的重要支撑。

1. 斐济、萨摩亚旅游业逐步恢复

由于澳大利亚和新西兰等主要客源市场持续强劲出境游的推动，2023年太平洋岛国旅游业蓬勃发展，游客人数持续增长。统计数据显示，斐济的

[①] World Bank，"Pacific Economic Update：Back on Track？The Imperative of Improving in Education"，World Bank，April 2024，https：//www.worldbank.org/en/country/pacificislands/ brief/pacific-economic-update-march-2024.

年度游客人数在 2023 年达到 929740 人的新高，与上年同期相比增长了 46.1%，与 2019 年相比增加了 4.0%。来自澳大利亚和新西兰的游客引领了斐济旅游业的复苏，2023 年前往斐济的澳大利亚游客总数为 434533 人，占斐济游客总数的 46.7%，新西兰游客总数为 220963 人，占 23.8%，相当于平均每天分别有 1191 名澳大利亚游客和 605 名新西兰游客到达斐济。① 前往萨摩亚和瓦努阿图的澳大利亚游客总数分别达到了 2018 年、2019 年水平的 114% 和 108%。然而，前往库克群岛的澳大利亚游客人数（6256 人）仅相当于疫情前水平的 49.1%，前往汤加的澳大利亚游客人数（5274 人）为 59.9%。从新西兰前往南太平洋的游客人数是新冠疫情前水平的 92.4%。② 灾害仍然是岛国旅游业的最大限制因素，2023 年 3 月热带气旋侵扰瓦努阿图，导致航班停飞和基础设施受损，给旅游业造成严重损失。

2. 巴布亚新几内亚资源产业发展受限

在巴布亚新几内亚，2023 年经济增长主要由资源部门以外的产出推动。③ 资源产业受国际市场受限、供应链紧缩、国内波格拉（Porgera）金矿推迟开采等影响，巴布亚新几内亚采矿和采石业以及石油和天然气部门的产量大幅度下降。波格拉金矿于 2020 年 4 月矿山停止运营，这给巴布亚新几内亚经济带来诸多挑战，包括当前外汇短缺、限制其他经济部门的业务运营等。2023 年巴布亚新几内亚年中经济和财政展望报告的数据显示，由于波格拉金矿推迟开采，采矿和采石业预计将增长 6.9%，低于 2023 年预算中估计的 23.4%。④

---

① Fiji Bureau of Statistics, "Provisional Visitor Arrivals-2023", Fiji Bureau of Statistics, December 19, 2023, https://www.statsfiji.gov.fj/latest-releases/tourism-and-migration/visitor-arrivals/1444-provisional-visitor-arrivals-december-2023.html.

② Asian Development Bank, "Asian Development Outlook", Asian Development Bank, April 2024, https://www.adb.org/sites/default/files/publication/957856/asian-development-outlook-april-2024.pdf.

③ Asian Development Bank, "Pacific Economic Monitor", Asian Development Bank, December 2023, https://www.adb.org/sites/default/files/publication/931101/pem-december-2023.pdf.

④ Papua New Guinea Department of Treasury, "Mid-year Economic and Fiscal Outlook Report", Papua New Guinea Department of Treasury, August 2023, https://www.treasury.gov.pg/wp-content/uploads/2023/08/2023-MYEFO-Report.pdf.

2023年，巴布亚新几内亚石油和天然气行业增长率为−5.5%，总体低迷。总体而言，在2022年液化天然气和凝析油产量过剩的延长影响下，巴布亚新几内亚的石油和天然气行业规模收缩。与2022年相比，2023年的液化天然气产量预计将下降约8.1%。①尽管当前经济挑战重重，巴布亚新几内亚政府正全力推动重大资源项目落地，其中包括巴布亚液化天然气项目（Pupua LNG）的最终投资决策（预计于2024年签署）和P'nyang气田的扩建。这些项目有望为巴布亚新几内亚的资源产业注入新的活力。

2003年所罗门群岛经济回暖，根据所罗门群岛中央银行财报，年度GDP实现4%的增长。采矿业发展是其经济较快增长的重要原因。得益于黄金开采规模扩大和第四季度实现镍出口，所罗门群岛矿产产量大幅回升，黄金产量从2022年的17565盎司（约498千克）上升至2023年的61752盎司（约1750千克），有望成为所罗门群岛最大的出口部门。传统的林业生产保持稳定。由于有利的天气条件、稳定的国内环境和改善的供应链联系，2023年林业生产较上年有所改善，原木产量增长了3%。②

3.基础设施建设助推经济复苏

近年来，为应对自然灾害、促进经济复苏和改善人民生活，太平洋岛国加大了基础设施建设的力度，成为拉动地区增长的重要动力。2022年汤加火山爆发导致该国基础设施严重受损，其中包括连接主要岛屿汤加塔布与哈帕伊和瓦瓦乌的电缆系统。2023年9月，在澳大利亚的援助下，在火山爆发发生18个月后汤加国内电缆系统的修复工作完成。2023年瓦努阿图受热带气旋影响的经济损失达4.33亿美元（约占GDP的40%）。瓦努阿图政府拨出100亿瓦图（约合8403.36万美元）预算用于大型基础设施建设。此外，所罗门群岛筹备2023年太平洋运动会，加大场馆建设和能源、交通基

---

① Papua New Guinea Department of Treasury, "Mid-year Economic and Fiscal Outlook Report", Papua New Guinea Department of Treasury, August 2023, https：//www. treasury. gov. pg/wp-content/uploads/2023/08/2023-MYEFO-Report. pdf.

② Central Bank of Solomon Islands, "Quarterly Review", Central Bank of Solomon Islands, December 2023, https：//www. cbsi. com. sb/wp - content/uploads/2024/03/December - Q4 - 2023-Report-Final. pdf.

础设施投资，改善了岛国的基础设施，创造了就业机会，促进了经济发展。① 2023 年，霍尼亚拉国际机场跑道升级工程启动，蒙达国际机场航站楼和跑道建成，提升了年载客量，对当地旅游、贸易等相关产业发展及地区经济增长起到了重要的助推作用。

（三）对外贸易逐步复苏

随着全球经济从疫情中复苏，太平洋岛国的贸易收入正在缓慢恢复。2023 年萨摩亚的商品出口总额与上年同期相比增长了 3.7%，矿物燃料是最大出口商品类别。② 受原木、鱼类和矿产出口的推动，所罗门群岛的商品贸易逆差有所下降，出口额增长了 30%。2023 年所罗门群岛原木出口增长了 6%，其出口额占总出口额的 38%；鱼类出口同比增长 56%，达到 6.78 亿美元；矿产出口增长了 3 倍以上。此外，太平洋运动会的成功举办和旅游业的复苏也提振了所罗门群岛的服务贸易，服务贸易逆差也从 2022 年的 11.54 亿美元缩小到 2023 年的 11.05 亿美元。③ 尽管 2023 年巴布亚新几内亚的出口商品价格从 2022 年的历史高位回落，但其仍远高于疫情前的平均水平。④

（四）跨境劳动力规模上升

2023 年，太平洋岛国跨境劳动力继续增加。自 2022 年起，澳大利亚和新西兰实施了太平洋劳动力流动（PALM）计划和季节性雇主（RSE）计

---

① World Bank, "Pacific Economic Update: Recovering in the Midst of Uncertainty", World Bank, August 2023, https://documents1.worldbank.org/curated/en/099080223220048832/pdf/P500 411020cbb2021098b60e6cc8aca9f09.pdf.

② Samoa Bureau of Stastics, https://www.sbs.gov.ws/documents/economics/Merchandise-Trade/2023/Merchandise_Trade_Report-Dec_2023-Qtr.pdf.

③ Central Bank of Solomon Islands, "Quarterly Review", Central Bank of Solomon Islands, December 2023, https://www.cbsi.com.sb/wp-content/uploads/2024/03/December-Q4-2023-Report-Final.pdf.

④ Papua New Guinea Department of Treasury, "Mid-year Economic And Fiscal Outlook Report", Papua New Guinea Department of Treasury, June 30, 2022, https://www.treasury.gov.pg/html/national_budget/files/2013/budget_documents/Related%20Budget%20Documents/2022%20M YEFO.pdf.

划，成为太平洋岛国跨境劳动力的主要目的地。在 2022 年 7 月至 2023 年 6 月期间，通过澳大利亚太平洋劳动力流动计划和新西兰认可的季节性雇主计划获得工人签证的数量增长至近 48000 份，是 2018～2019 年新冠疫情期间发放数量的两倍。瓦努阿图是澳大利亚和新西兰最大的劳动力供应国，占 2022～2023 财政年度签发签证总数的 35%。萨摩亚（6736 份）和汤加（6449 份）分别是第二和第三大劳动力供应国。

跨境劳动力规模的上升也带动了太平洋岛国汇款流入的增加。汇款是太平洋岛国经济重要来源，2023 年汤加接收汇款总额约 2.39 亿美元，占 GDP40% 以上。萨摩亚接收汇款总额占 GDP30% 以上。[1] 2023 年岛国接收汇款将实现不同程度的增长，其中基里巴斯将实现 12% 的大幅增长，斐济、萨摩亚和所罗门群岛的汇款预计增长 5%～9%，马绍尔群岛也将恢复疫情前的水平。[2] 汇款为岛国家庭提供了重要的生活保障，根据世界银行调查，汇款主要用于日常生活开支，包括购买食品（91% 的家庭）、学费和其他教育支出（51% 的家庭）以及健康医疗费用（19% 的家庭）。特别是在经济动荡和灾害时期，国外汇款为岛国家庭提供了重要的现金来源和生活保障。[3]

二 太平洋岛国推动财政金融政策调整

（一）财政状况有所改善

2023 年以来，太平洋岛国实施了财政调整政策，推动财政平衡。斐济、

---

[1] World Bank，"The Global Knowledge Partnership on Migration and Development，Leveraging Diaspora Finances for Private Capital Mobilization：Migration and Development Brief"，December 2023，https：//www.knomad.org/sites/default/files/publication-doc/migration_ development_ brief_ 39. pdf.

[2] World Bank，"The Global Knowledge Partnership on Migration and Development，Leveraging Diaspora Finances for Private Capital Mobilization：Migration and Development Brief"，December 2023，https：//www.knomad.org/sites/default/files/publication-doc/migration_ development_ brief_ 39. pdf.

[3] World Bank，"Pacific Economic Update：Recovering in the Midst of Uncertainty"，World Bank，August 2023，https：//documents1. worldbank. org/curated/en/099080223220048832/pdf/P500411020 cbb2021098b60e6cc8aca9f09. pdf.

所罗门群岛、萨摩亚、瓦努阿图、汤加、基里巴斯仍面临财政赤字，瑙鲁实现了财政结余，帕劳、密克罗尼西亚联邦、马绍尔群岛、图瓦卢总体平衡，略有结余。

斐济逐步降低了财政赤字和政府债务。新冠疫情后的经济衰退期，为了保护脆弱家庭，鼓励商业恢复，斐济采取了刺激性财政政策，债务水平大幅上升，2021年达到93%的高峰值，2022年降低至87%。2022年斐济经济增长强劲，但过高的通货膨胀水平抵消了国民收入的增长，财政赤字仅小幅降低，财政赤字占GDP比重从2021年的13.6%降低至2022年的12.2%。2023年以来，斐济逐步取消刺激性财政政策，国民收入也实现了增长，债务水平降低至83%，财政赤字占GDP比重降低至5%水平。[①②]

由于基础设施建设和2024年大选筹备，2023年所罗门群岛的财政赤字占GDP的比重达到3.9%的水平。筹备2023年太平洋运动会和2024年大选相关活动支出，分别占所罗门群岛GDP的2.6%和1.5%。萨摩亚2023年国民收入增长迅速，但资本支出增加造成财政结余收缩。汤加在2022年实现小幅财政结余，但2023年遭遇自然灾害，灾后重建支出增加，出现小幅财政赤字。基里巴斯财政赤字从15%水平，降低至5%水平，财政状况明显改善。帕劳在2023年实施了财政调整政策，实现了财政结余。为了弥补收入削减，改善经济恢复缓慢的状况，密克罗尼西亚联邦和图瓦卢在2023年大幅降低了财政结余水平，分别从2022年的5%、10%财政结余降低至2023年的总体平衡状态。除斐济和帕劳债务水平达到60%以上外，其余岛国债务水平在15%（密克罗尼西亚联邦、基里巴斯、图瓦卢）至40%（汤加、瓦努阿图）之间。[③]

---

① World Bank, "Pacific Economic Update: Recovering in the Midst of Uncertainty", World Bank, August 2023, https://documents1.worldbank.org/curated/en/099080223220048832/pdf/P500 411 020 cbb2021098b60e6cc8aca9f09.pdf.

② International Monetary Fund, "IMF Country Report No. 23/238 Republic of Fiji", International Monetary Fund, 2023, https://www.imf.org/-/media/Files/Publications/CR/2023/English/1FJIEA2023001.ashx

③ World Bank, "Pacific Economic Update: Recovering in the Midst of Uncertainty", World Bank, August 2023, https://documents1.worldbank.org/curated/en/099080223220048832/pdf/P500 411020 cbb2021098b60e6cc8aca9f09.pdf.

（二）逐步实施紧缩型金融政策

太平洋岛国中，巴布亚新几内亚、斐济、所罗门群岛、萨摩亚、汤加和瓦努阿图使用本国货币，密克罗尼西亚联邦、马绍尔群岛和帕劳使用美元，库克群岛和纽埃使用新西兰元，基里巴斯、瑙鲁、图瓦卢主要通用澳元。

2023 年，通用本国货币的相关岛国采取了各有侧重的货币政策。因为通货膨胀率较低，斐济储备银行在 2023 年末之前一直保持宽松立场。相比之下，所罗门群岛中央银行从 2023 年第一季度开始从长期宽松政策过渡到紧缩政策，2023 年 3 月将现金储备要求从 5% 提高到 6%。萨摩亚、汤加和瓦努阿图正在逐步退出宽松的货币政策。汤加国家储备银行在 2023 年 2 月将存款准备金率从 10% 提高到 15%，同时将央行利率维持在 0% 不变。萨摩亚中央银行实施货币政策正常化，解决国内需求压力和通货膨胀问题。为了应对高物价，瓦努阿图储备银行在 2023 年 12 月将存款准备金率从 5.25% 调高至 5.5%。[①]

使用本国货币的岛国采取与一篮子货币权重挂钩的固定汇率制度。在一篮子货币挂钩的情况下，美元的上涨被篮子中的其他货币部分抵消，缓解了突然加息以维持汇率的压力，确保汇率和进口支付的可预测性。受结构性因素的影响，尽管货币政策相对宽松，太平洋岛国的国内贷款利率仍然很高，居世界前列。

三 太平洋岛国经济发展面临多重挑战

（一）失业问题持续存在

根据国际劳工组织数据，2023 年太平洋岛国的失业率为 3.6%，与 2022

[①] World Bank, "Pacific Economic Update: Recovering in the Midst of Uncertainty", World Bank, August 2023, https://documents1.worldbank.org/curated/en/099080223220048832/pdf/P500 411020 cbb2021098b60e6cc8aca9f09.pdf.

年基本持平。尽管新冠疫情后旅游业逐步恢复，但旅游业就业仍未达到疫情前水平。在 2021 年边境关闭期间，萨摩亚近一半（48%）的旅游从业人员被解雇，另有 21% 的从业人员被缩减工时。截至 2023 年第三季度，萨摩亚住宿业总就业人数已增至 842 人，但仍比 2019 年同期水平低 44.8%。[①] 结构性失业也是太平洋岛国经济面临的顽固问题。根据国际劳工组织统计，亚太地区青年失业率达到 14.4%。[②] 太平洋岛国地区每年新增的正式就业岗位无法满足新生劳动力就业需求。以所罗门群岛为例，每年新增就业人口超过 1.2 万人，但新增就业岗位只有 2000 个左右。[③]

（二）社会冲突阻碍经济恢复

由于贫困、发展不均衡、治理能力不足，巴布亚新几内亚、所罗门群岛等太平洋岛国社会治安较差，暴乱、抢劫、部落冲突等暴力事件频频发生，社会不稳定性也给营商环境造成严重负面影响。2021 年 11 月，所罗门群岛首都霍尼亚拉发生反政府游行示威，随后演变成暴力骚乱，包含警察局在内的多栋政府建筑遭到破坏，据所罗门群岛中央银行统计，骚乱造成的经济损失达 2.27 亿美元。2024 年 1 月 10 日，巴布亚新几内亚首都莫尔斯比港发生大规模骚乱。从起初的数百名公职人员罢工，演变成大面积针对商铺和基础设施的破坏，蔓延到首都以北 300 千米的城市莱城。为应对骚乱，巴布亚新几内亚总理宣布国家进入为期 14 天的紧急状态，6 名内阁成员辞职。2024 年 1 月 18 日，巴布亚新几内亚国内再次爆发暴力冲突，位于首都莫尔斯比港附近的西金族和凯金族发生激烈的枪战，据报道造成

---

① Samoa Bureau of Statics, "Employment Report September 2023 Quarter", Samoa Bureau of Statics, https://www.sbs.gov.ws/documents/Employment_ Report/2023/EmploymentReport_ Sept2023.pdf.

② International Labour Organization, "World Employment and Social Outlook：Trends 2024", January 10, 2024, International Labour Organization, https://www.ilo.org/wcmsp5/groups/ public/---dgreports/---inst/documents/publication/wcms_ 908142.pdf.

③ World Bank, "Pacific Economic Update：Recovering in the Midst of Uncertainty", World Bank, August 2023, https://www.worldbank.org/en/country/pacificislands/brief/pacific - economic - update-recovering-in-the-midst-of-uncertainty-august-2023.

50余人死亡。

根据世界银行营商便利度排名，斐济、汤加、巴布亚新几内亚、萨摩亚、瓦努阿图、所罗门群岛、帕劳、密克罗尼西亚联邦、基里巴斯分别列第102位至第164位之间[①]，在全球排名中处于后50%。长期存在的民族问题和贫困问题给太平洋岛国的经济发展带来隐患，造成外商投资风险。

（三）通货膨胀水平处于高位

相比于2022年，整个区域的通货膨胀率有所下降，但仍然处于较高水平，个别岛国的通货膨胀率预测将继续升高。据2023年6月测算，萨摩亚当年通货膨胀率达到12%[②]，在巴布亚新几内亚，受汇率贬值和电力供应中断的影响，通货膨胀率预计将从2023年的2.3%增长至2024年的4.5%，预计2025年将达到4.8%。瑙鲁经济体量小，高度依赖进口，国内市场价格受国际经济形势影响波动剧烈。近年来，瑙鲁的通货膨胀率呈现不断走高的趋势，从2022年的1.5%增长至2023年的5.2%。据预测，瑙鲁通货膨胀率将在2024年达到10.3%的峰值。[③]

高涨的国内消费需求与居高不下的进口价格是造成通胀的主要因素。高通胀的延长影响，将引发岛国内部的贫困加剧，进一步加剧社会矛盾。根据世界银行对汤加的估算，如果通货膨胀率达到5%的水平，贫困人口占总人口比例将增加3.2%；如果通货膨胀率达到10%的水平，贫困人口占总人口比例将上升6.8%；如果通货膨胀率达到15%的水平，贫困人口占总人口比例将上升11.1%。[④]

---

① 参见《衡量商业法规》，世界银行网站，2024年4月7日，https：//archire. doing bmne siness. org/zh/rankiy。

② World Bank, "Pacific Economic Update: Recovering in the Midst of Uncertainty", World Bank, August 2023, https：//www.worldbank. org/en/country/pacificislands/brief/pacific-economic-update-recovering-in-the-midst-of-uncertainty-august-2023.

③ Asian Development Bank, "Asian Development Outlook", Asian Development Bank, April 2024, https：//www. adb. org/sites/default/files/publication/957856/asian-development-outlook-april-2024. pdf.

④ World Bank, "Pacific Economic Update: Recovering in the Midst of Uncentainty", World Bank, August 2023, https：//www. worldbank. org/en/country/pacificislands/brief/pacific-economic-update-recovering-in-the-midst-of-uncertainty-august-2023.

（四）外部经济环境风险显著

太平洋岛国的经济增长驱动力来源于国际贸易和旅游，国内物价受全球通胀水平影响明显，国际经济形势深刻影响岛国的经济发展，国际贸易和物价变动在岛国往往产生放大效应，造成远高于世界其他地区的通货膨胀水平，引起国民收入和财政收支的严重波动。目前，在全球经济增长放缓、贸易乏力的总体趋势下，太平洋岛国经济增长的前景并不明朗。当前国际地缘冲突加剧，中东局势不稳，可能引发新一轮能源价格和物价上涨。据国际货币基金组织2023年估算，油价上涨10%将引发全球通货膨胀率提高0.4个百分点。① 太平洋岛国多是能源净进口国，能源价格上涨将对国民经济造成严重冲击。

在当前美国掀起的"逆全球化"风潮下，贸易碎片化、贸易壁垒上升风险加剧。美国主导"脱钩断链"产生的贸易碎片化效应，对全球互联互通和产业链联通造成不利影响。据国际货币基金组织2023年估算，贸易壁垒增强将造成7%的全球增长损失。② 在各种不利因素影响下，如果全球贸易持续下行，太平洋岛国的出口产业必然遭受打击，进一步加重岛国的发展困难。对于北太平洋的密克罗尼西亚联邦和马绍尔群岛而言，与美国签署的《自由联系条约》仍然在等待美国国会批准。一旦条约规定的信托基金延迟拨付或削减额度，密克罗尼西亚联邦和马绍尔群岛经济形势将面临下行风险。

从区域层面看，太平洋岛国关键贸易伙伴的经济形势面临不确定性。2023年澳大利亚经济预计增长率为0.2%③，新西兰经济自2023年起连续两

---

① World Bank, "Pacific Economic Update: Back on Track? The Imperative of Improving in Education", World Bank, April 2024, https://www.worldbank.org/en/country/pacificislands/brief/pacific-economic-update-march-2024.

② World Bank, "Pacific Economic Update: Back on Track? The Imperative of Improving in Education", World Bank, April 2024, https://www.worldbank.org/en/country/pacificislands/brief/pacific-economic-update-march-2024.

③ OECD, "OECD Economic Outlook", OECD, Volume 2023 Issue 1, 2024, https://www.oecd.org/en/publications/oecd-economic-outlook/volume-2023/issue-1_ce188438-en.html.

个季度出现负增长。① 澳大利亚和新西兰延缓的经济复苏将会抑制对太平洋岛国商品和服务的需求，对岛国的旅游、交通、农业和建筑业造成不利影响。

四 太平洋岛国的经济发展前瞻

随着全球经济回暖和太平洋岛国支柱产业的逐步复苏，太平洋岛国经济呈现出积极的恢复态势。亚洲开发银行预测，2024 年太平洋岛国地区其余经济体均保持增长态势。太平洋岛国 2024 年经济增长平稳，预期增长率为 3.3%。② 但由于国际经济形势的不确定性，太平洋岛国自身经济发展缺乏动力，尽管经济呈现积极的恢复态势，但预计中期发展将放缓，岛国经济增长前景仍不明朗。

（一）近期发展

旅游业的复苏和包括公共基础设施建设在内的建筑业的发展将进一步提振南太平洋经济体的增长。得益于旅游业复苏，萨摩亚和纽埃将在 2024 年实现经济平稳增长。萨摩亚 2024 年预测经济增长率为 4.2%。此外，随着国际和国内价格压力的缓解，2024 年萨摩亚通胀率将降至 4.5%。由于汤加政府致力于推进重大基础设施项目并加大对气候适应能力的投资建设，预计 2024 年汤加经济增长率为 2.6%。受旅游业发展和基础设施投资的推动，2024 年库克群岛经济增长率预计为 9.1%。③

在北太平洋地区，旅游业和建筑业的复苏、商业活动的增加是实现北太平洋地区经济增长的主要原因。2024 年帕劳受 11 月大选的推动，预计 2024

---

① OECD，"OECD Data-New Zealand"，OECD，https：//data. oecd. org/new-zealand. htm.

② Asian Development Bank，"Asian Development Outlook"，Asian Development Bank，April 2024，https：//www. adb. org/sites/default/files/publication/957856/asian-development-outlook-april-2024. pdf.

③ Asian Development Bank，"Asian Development Outlook"，Asian Development Bank，April 2024，https：//www. adb. org/sites/default/files/publication/957856/asian-development-outlook-april-2024. pdf.

财年经济增长率为 6.5%。在公共投资的推动下，密克罗尼西亚联邦 2024 年经济将继续保持增长态势；马绍尔群岛渔业的复苏和建筑部门的扩大将推动经济保持稳定增长。此外，密克罗尼西亚地区运动会推迟到 2024 年 6 月举办，为运动会筹备开展的场馆建设和服务业水平的提升，将提升东道主马绍尔群岛的经济活跃度。北太平洋的经济发展在很大程度上取决于美国援助。2024 年 3 月 8 日，美国总统拜登正式签署《自由联系条约》。这一新修订的条约将在未来 20 年内向 3 个北太平洋岛国提供总计 71 亿美元的资金支持。如果美国援助资金到位，北太平洋地区国家的经济发展将维持稳定增长水平。

在中太平洋地区，随着基础设施项目的重新启动，基里巴斯、图瓦卢和瑙鲁经济预计呈现增长态势。2024 年，随着能源、水利、交通及卫生等一系列重要项目的启动，基里巴斯社会保障支出稳步增长，经济发展动力增强，预计经济增速达 5.3%。由澳大利亚提供资金支持的基础设施建设项目，预计将成为图瓦卢 2024 年经济增长的重要动力，预计实现 3.5% 的增长。瑙鲁在基础设施和服务业的推动下，预计 2024 年经济增长率为 1.8%。亚洲开发银行数据显示，在通货膨胀方面，基里巴斯和图瓦卢的通货膨胀将有所缓和。2023 年底，瑙鲁唯一的通信服务提供商进行服务重新定价，瑙鲁通信费用预计上涨，造成 2024 年的通货膨胀率预测将由上年的 5.2% 上升至 10.3%。[①]

太平洋岛国地区最大的经济体巴布亚新几内亚因主要金矿的复产，采矿活动将进一步扩大，预计将推动巴布亚新几内亚 2024 年经济增长率达到 3.3%，接近 2022 年的 5% 的水平。随着 2023 年太平洋运动会的结束，所罗门群岛建筑业和旅游业在实现短暂激增后发展态势放缓，2024 年经济增长率预计将降至 2.2%。由于住宿短缺和劳动力限制，斐济在旅游市场的竞争力受到一定影响，预计 2024 年斐济旅游业的发展将有所放缓，经济增长率由 2023 年的 7.8% 下降至 2024 年的 3% 水平。而瓦努阿图在经历了 2023 年热带气旋灾害的打击后，预计 2024 年经济将逐渐从自然灾害的影响中恢复，

---

① Asian Development Bank，"Asian Development Outlook"，Asian Development Bank，April 2024，https：//www. adb. org/sites/default/files/publication/957856/asian-development-outlook-april-2024. pdf.

旅游业实现复苏。同时，瓦政府将继续加大灾后重建投入，修复受损基础设施，瓦努阿图有望在2024年实现3.1%的经济增长率。[①]

（二）中长期趋势

尽管疫情后岛国经济有所回暖，但就长远来看，太平洋岛国地区继续面临不利的全球经济增长、贸易和旅游业发展带来的下行风险，太平洋岛国经济复苏仍然困难重重。据亚洲开发银行预测，太平洋岛国中期经济增长前景不容乐观，将面临严重的增长放缓和产出下降。

贫困是太平洋岛国面临的重要挑战，影响着该地区数百万人的生活。预计超过一半的太平洋国家的人均GDP增长速度将低于发达经济体。这将导致收入差距进一步扩大，并给减贫工作增加难度。从中长期来看，太平洋地区的减贫进展取决于对各种挑战的应对成效。基础设施建设将在缓解太平洋岛国贫困方面发挥重要作用，斐济努力改善道路网络和用水卫生，创造新的经济机会。太平洋岛国还面临一系列治理和体制方面的挑战，治理不力、腐败和缺乏透明度是该地区普遍存在的问题，阻碍了私营部门的发展。例如，《2022年清廉指数报告》中指出巴布亚新几内亚仍是高度腐败国家。腐败和管理不善对自然资源部门的运作造成严重影响，阻碍对资源的投资，并且引发社会动荡。在所罗门群岛，贫困、失业和社会不平等问题仍然严重，但低下的治理能力限制了社会治理的进展。提高政府能力，改善社会治理，加强公共和私营部门的合作，对于太平洋岛国地区实现经济可持续增长至关重要。

结　语

2023年，尽管国际经济形势不利、自然灾害频繁，但太平洋岛国仍然

[①] Asian Development Bank，"Asian Development Outlook"，Asian Development Bank，April 2024，https：//www. adb. org/sites/default/files/publication/957856/asian-development-outlook-april-2024. pdf.

克服困难实现了经济回暖，区域增长率预期 3.5%，高于 2.9% 的全球增长率。延续 2022 年的复苏趋势，太平洋岛国旅游业持续恢复，斐济和萨摩亚的到访游客数量恢复到了新冠疫情前水平，旅游业将继续支撑地区经济增长。资源产业在曲折中发展，巴布亚新几内亚油气产业收缩，液化天然气产量下降，采矿部门增长低于预期，导致巴布亚新几内亚经济从 2022 年的高速增长回落至中低速水平。所罗门群岛金矿产量大幅上升，矿产开发有望成为该国最大的出口部门。由于受自然灾害影响，瓦努阿图约 40% 的 GDP 遭受损失，灾后重建将成为未来一两年的经济重点。密克罗尼西亚联邦、马绍尔群岛经济保持中低速增长。

跨境劳动力持续为太平洋岛国国民收入做出重要贡献。太平洋岛国接收侨民汇款的规模居亚太地区之最。2023 年，经季节性雇主计划和太平洋劳动力流动计划前往澳大利亚和新西兰的岛国劳动力数量成倍增长，侨民汇款在各太平洋岛国 GDP 中的占比达到 10%（斐济）至 50%（汤加）。跨境劳动力在一定程度上解决了岛国劳动力人口的就业问题，缓解了失业导致的贫困问题，但也导致了岛国技术工人流失，加重了高素质劳动力短缺问题。如何有序组织跨境劳动力，提升劳动力整体水平，扩大本地就业，仍然是太平洋岛国经济发展的重要命题。

2024 年，世界形势仍然充满不稳定和不确定因素，局部冲突持续、能源价格波动、供应链断裂等多重问题对世界经济的稳定运行造成冲击。太平洋岛国经济基础脆弱，经济增长的内生动力不足，经济支柱以外向型的旅游业和资源出口为主。一旦澳大利亚和新西兰等游客来源地与周边资源进口国的经济下行，需求下调，太平洋岛国的经济将面临危机。国际大宗商品和能源价格波动将给岛国的物价造成严重影响，2022 年全球通胀的影响在岛国仍未得到完全遏制。在地区冲突导致能源价格波动的背景下，岛国仍然面临通胀再次高涨的风险。虽然世界银行、亚洲开发银行预测 2024 年岛国将在中低速增长下缓慢回暖，然而，面临国际形势复杂多变、社会冲突加剧、失业问题持续等结构性问题，太平洋岛国的经济发展在未来充满不确定性。

B.4
2023年太平洋岛国外交形势

林　铎　宁团辉*

摘　要： 2023年，太平洋岛国的外交形势紧紧围绕内部团结和大国博弈两条主线。基里巴斯重返太平洋岛国论坛，修复了南太平洋地区主义的裂痕，内部团结催生了第52届太平洋岛国论坛领导人峰会的丰富成果，但也受到日本核污染水排海等问题考验。美拉尼西亚先锋集团在地区外交活动中发挥着引领作用，巴布亚新几内亚和斐济两个大国不断扩大域内外影响力。日益机制化的中国和太平洋岛国合作不断"开花结果"，但美国在全面对华竞争的战略指导下，继续将南太视作遏制中国影响力的"战场"。随着亚洲、欧洲大国加大对南太地区事务的介入力度，南太地区进入大国博弈常态化新阶段。

关键词： 南太平洋地区主义　美拉尼西亚先锋集团　中国–太平洋岛国合作　大国博弈

　　2023年是太平洋岛国地区外交活动密集之年。太平洋岛国内部通过丰富的外交活动修复了分裂的地区主义，引领地区合作以及共同发声。域外大国的介入是岛国无法回避的问题，尽管部分国家进行了有建设性意义的外交探索，激烈的地缘政治博弈仍在深刻影响着南太地区。

---

* 林铎，中国国际问题研究院亚太研究所助理研究员，北京大学区域与国别研究院博士生，研究方向为澳大利亚外交政策、南太平洋地区国际关系；宁团辉，博士，中国国际问题研究院海洋安全与合作研究中心助理研究员，研究方向为中国周边外交、澳大利亚与新西兰对外政策、中国与太平洋岛国关系。

一　修复地区主义，塑造内部团结

2023 年，太平洋岛国最主要的外交议程是重塑内部团结。经历了前两年的多次"退群"风波后，斐济等国开展了大量穿梭外交活动，积极促成基里巴斯于年初重回太平洋岛国论坛（PIF）。破镜重圆的太平洋岛国论坛继续成为地区多边合作的主心骨，在第 52 届太平洋岛国论坛领导人峰会上产出了丰硕成果。在日本核污染水排海等国际性议题上，受到较大威胁的岛国群体力求形成统一的谴责声音，但在多重内外因素影响下出现立场分化。

（一）基里巴斯的回归重塑了太平洋岛国团结

2023 年初，基里巴斯重回太平洋岛国论坛，修复了笼罩在分裂阴影下的南太平洋地区主义。南太平洋地区主义植根于 20 世纪全球去殖民化浪潮，实现了民族独立的太平洋岛国凝聚在以太平洋岛国论坛为核心的地区制度框架下，逐渐形成以协商一致、广泛参与、集体外交等为鲜明特质的地区性共同心理和行为模式。然而，2021 年初，库克群岛前总理亨利·普纳（Henry Puna）当选太平洋岛国论坛秘书长，打破了本应由密克罗尼西亚区域候选人继任的"君子协定"，导致密克罗尼西亚五国集体退出论坛，南太平洋地区主义出现重大裂痕。[①] 2022 年，除基里巴斯以外的其他四国已重返论坛。尽管多国从中斡旋，基里巴斯仍因反对普纳留任论坛秘书长而坚持保留退出决定。

作为 2022 年太平洋岛国轮值主席国，斐济在基里巴斯"返群"中发挥了重要作用。2022 年 12 月，斐济举行议会大选。西蒂维尼·兰布卡（Sitiveni Rabuka）领导的政党联盟获胜，再次当选斐济总理。兰布卡曾在 20 世纪长期担任斐济总理，在太平洋岛国地区有较强的号召力和较高的声望。2023 年 1 月，刚上任的兰布卡访问基里巴斯，在会见基里巴斯总统塔内希·马茂

---

① 2021 年"退群风波"的五个国家是密克罗尼西亚联邦、瑙鲁、基里巴斯、马绍尔群岛和帕劳。

（Taneti Maamau）时，兰布卡一行通过斐济传统的"波卡"（Boka）仪式①，向马茂表达对基里巴斯退出论坛的遗憾之情和诚挚歉意。这一表态收获了良好效果。1月30日，马茂发表声明称，在同兰布卡会晤后，基里巴斯决定重新加入太平洋岛国论坛。

太平洋岛国论坛迅速巩固了这一外交成果。2月下旬，在即将卸任论坛轮值主席之际，兰布卡在斐济楠迪召集了以"反思、革新、庆祝"（Reflection，Renewal，Celebration）为主题的太平洋岛国论坛特别峰会，马茂正式签署标志密克罗尼西亚联邦国家重返论坛的《苏瓦协定》（Suva Agreement）。澳大利亚和新西兰宣布为论坛提供用于落实《苏瓦协定》的资金。会上，各方还一致同意在基里巴斯设立一个密克罗尼西亚联邦国家集团次区域办公室。兰布卡表示，此次特别峰会让各方"反思了论坛大家庭的意义，更新了对《蓝色太平洋大陆2050战略》（The 2050 Strategy for the Blue Pacific Continent）的共同承诺"，而基里巴斯的回归标志着"整个太平洋大家庭重塑了团结"。②

（二）太平洋岛国论坛持续引领地区多边合作

重塑团结的太平洋岛国论坛在2023年继续扮演地区核心多边机制的角色。11月的第52届太平洋岛国论坛领导人峰会是近几年成果最丰硕的一届。来自岛国的国家元首或政府首脑及澳大利亚总理安东尼·阿尔巴尼斯（Anthony Albanese）出席了在库克群岛举行的峰会，新西兰、巴布亚新几内亚、所罗门群岛和瓦努阿图由部长级官员出席。此次峰会主题是"我们的声音、我们的选择、我们的太平洋之路"（Our Voices，Our Choices，Our Pacific Way），就应对气候变化、海洋与环境治理、可持续发展等议题达成一系列共识，会后发布了7份重要成果文件，包括《第52届太平洋岛国论坛公报》《"2050战略"第一阶段实施规划（2023—2030）》《关于建立太

① Boka 在斐济语中本义为"我看见你"，是一种至亲之间表达诚挚而深切懊悔的斐济传统仪式。

② Pita Ligaiula，"Pacific Solidarity Restored，Declares Fiji PM"，PINA，February 24，2023，https：//pina. com. fj/2023/02/24/pacific-solidarity-restored-declares-fiji-pm/.

平洋韧性设施的领导人宣言》《2023 年太平洋岛国论坛关于在气候变化引起海平面上升情况下的国家存续及个人保护宣言》《太平洋区域气候流动框架》《第 52 届太平洋岛国论坛关于 WTO 渔业补贴问题的声明》，以及经过审议和修订的《太平洋领导人性别平等宣言》①。

《"2050 战略"第一阶段实施规划（2023—2030）》（以下简称《实施计划》）是本届太平洋岛国论坛领导人峰会的核心成果，是未来 7 年地区多边主义合作的纲领性文件。《蓝色太平洋大陆 2050 战略》是 2022 年第 51 届太平洋岛国论坛领导人峰会通过的重要文件，擘画了到 21 世纪中叶太平洋岛国集体发展的长期战略，被普遍认为是岛国可持续发展路线图。酝酿已久的《实施计划》从执行层面明晰和细化了《蓝色太平洋大陆 2050 战略》的实现路径。它统一了岛国对改革的认知逻辑，阐明 8 类地区性集体行动对实现目标的基础性作用，明确以推动机制改革和改善民众福祉为两大发展目标，梳理了达标需要的资源并同时厘清了国内、地区、国际社会三个层级的获得路径。较为突出的是，《实施计划》建立了与联合国可持续发展目标（SDGs）全集和子集体系类似的目标体系，涵盖"政治领导力和地区主义""以人为本的发展""和平与安全""资源与经济发展""气候变化和灾害应对""海洋与环境""技术和联通性" 7 个领域，共包含 13 个目标和 47 个子目标，既是指导政策的规划框架，又提供了评估进展的指标体系。② 与会领导人同意将在 2024 年依照上述框架，对地区合作进行指标化监测、进度评估和反思改进。

此次峰会还标志着岛国在气候问题上的协作水平实现了突破。气候危机一直是岛国最为关切的全球治理议题，被岛国界定为本地区"最大的单一安全威胁"（the single greatest security threat）。《2023 年关于在与气候变化有关的海平面上升面前延续国家地位和保护人民的宣言》和《太平洋区域

---

① 《太平洋领导人性别平等宣言》发布于 2012 年。

② "2050 Strategy Implementation Plan 2023 – 2030", Pacific Islands Forum, November 9, 2023, https：//forumsec. org/sites/default/files/2024 – 03/2050 – Strategy – Implementation – Plan_ 2023 – 2030. pdf.

气候流动框架》的发布标志着岛国在应对气候变化方面的多边合作进入系统性、机制性、交互性的新阶段。两份文件尤其是《太平洋区域气候流动框架》涉及的内容深入探讨了国家间协作的不同模式以及各国政策框架对接的可能性，直接触及最核心的海平面上升导致的"气候难民"和"气候移民"安置问题、如何保证国家主权和地位的存续问题、如何在气候危机造成的人口流动中平衡国家主权和个体人权问题，以及如何平衡环境承载力和人道主义救援需求的问题。气候危机的紧迫性和气候治理资源的短缺性使得太平洋岛国必须团结起来。这两份重要的外交文件为未来岛国社会人口流动奠定了政策融通的共识基础。

（三）日本核污染水排海问题考验太平洋岛国内部团结

2023 年，日本核污染水排海是太平洋地区的突出性事件，太平洋岛国做出了一系列反应，早期通过集体谴责、磋商的形式对日本施加影响，但在日本加大外交攻势等因素影响下，岛国立场出现明显分化，集体斗争逐步让位于各自为战的外交立场。

2023 年全年，日本在 4 轮核污染水排海中共计向太平洋地区排放了3.12 万吨用于处置 2011 年福岛大海啸造成核电站泄漏的污染水。[1] 根据"世界核能新闻"网站消息，日本政府在处理福岛核污染水问题上原本有排海、电解、高温蒸发、注入地下和固体掩埋 5 种方案，最终选择了成本最低的排海措施。[2] 福岛核污染水中含有高达 60 多种放射性元素，而在现有技术条件下，任何净化系统都难以彻底清除所有放射污染物。[3] 日方的政策选择降低了自身处置成本，却给其他国家带来了风险。对海域面积广阔的太平洋岛国而言，威胁尤为突出。

---

① 张樵苏：《日本启动第五次核污染水排海 反对人士表示不能原谅》，新华网，2024 年 4 月 19日，http://www.xinhuanet.com/world/20240419/7239f1fd37014ff58d52e16190667d2d/c.html。

② "Tepco Outlines Treated Water Disposal Options", World Neclear News, March 20, 2020, https://world-nuclear-news.org/Articles/Tepco-outlines-treated-water-disposal-options.

③ 岳树梅、杨晓迪：《福岛核污染水监测国际合作机制构建》，《中国人口·资源与环境》2023 年第 11 期。

太平洋岛国明确对日本核污染水排海表明了担忧。2023 年 1 月，日本宣布将依照原计划于年内启动核污染水排海，太平洋岛国论坛秘书长普纳公开表示此举将严重影响太平洋岛国地区渔业资源，太平洋岛国长期遭受核试验危害，应当防范任何地区性核污染事件的重演。① 随后，巴布亚新几内亚渔业与海洋资源部长杰塔·黄（Jelta Wong）表示核污染水会进入海洋生态系统和食物链，对太平洋海域和渔场造成持续的破坏，呼吁太平洋岛国领导人团结起来，通过领导人特别峰会的形式签署联合请愿书，以更强硬的姿态阻止日本排污计划。② 6 月，巴布亚新几内亚总理詹姆斯·马拉佩（James Marape）表示此前自己曾"被误解为支持日本排污计划"，坚决表示巴布亚新几内亚作为《拉罗汤加条约》（Treaty of Rarotonga）的拥护者，反对日本排放不安全的核废料。③ 在 8 月日本正式启动核污水排海后，所罗门群岛总理梅纳西·索加瓦雷（Manasseh Sogavare）严厉谴责日方行为，表示该处置方式"完全称不上安全"④，并在 9 月的联合国大会发言中再次表达了谴责。⑤

然而，在日本密集的外交攻势和国际原子能机构（IAEA）评估报告等因素影响下，该问题逐渐与经济援助、战略盟友、贸易伙伴关系等因素捆绑，演变成掺杂多方利益考量和博弈的地缘政治事件。太平洋岛国与日本在外交层面的交锋势头减弱，对日本核污染水排海的立场出现明显的分化，一

---

① "Pacific Islands Urge Japan to Delay Release of Fukushima Waste Over Contamination Fears", Reuters, January 19, 2023, https：//www. reuters. com/world/asia - pacific/pacific - islands - urge-japan-delay-release-fukushima-waste-over-contamination-2023-01-18/.

② Kalinga Seneviratne, "Pacific Islanders Want Japan to Stop Dumping Nuclear Waste into Their Ocean", InDepthNews, March 6, 2023, https：//indepthnews. net/pacific - islanders - want - japan-to-stop-dumping-nuclear-waste-into-their-ocean/.

③ Scott Waide, "'Nuclear Not Allowed': PNG's Marape Backtracks on Comments", Pasifika Environews, June 23, 2023, https：//pasifika. news/2023/06/nuclear - not - allowed - pngs - marape-backtracks-on-comments/.

④ Cpiringi7, "Japan Says 'Release Safe', Sogavare Condemns Decision", In - depth Solomons, August 29, 2023, https：//indepthsolomons. com. sb/japan - says - release - safe - sogavare - condemns-decision/.

⑤ Daisuke Kawakami, "Solomon Islands PM Slams Japan for Fukushima Treated Water Release", The Japan News, September 24, 2023, https：//japannews. yomiuri. co. jp/world/global/ 20230924-138720/.

定程度上冲击了复苏不久的地区主义精神。2023年3月，日本外相林芳正首次到访所罗门群岛、库克群岛和基里巴斯，试图就核污染水排海问题与岛国沟通。6月，帕劳总统萨兰格尔·惠普斯在访问日本会晤日本首相岸田文雄后不久，成为第一个公开支持日本排污计划的太平洋岛国领导人。[①] 8月，兰布卡表示对日本的处理方式感到"满意"，引起斐济国内反对党和民间环保团体的激烈批评和示威游行。[②] 在8月日本正式启动核污染水排海之际，太平洋岛国论坛轮值主席库克群岛总理马克·布朗（Mark Brown）发表声明称，各岛国对此立场难以统一，论坛恐怕难以达成共识。[③]

太平洋岛国论坛峰会和外长会充分体现了这种分歧。2023年9月，太平洋岛国外长会就日本核污染水排海问题发表联合声明，回避了支持与否的立场问题，重点强调通过政府间对话、科学研究、定期监测和评估降低日本核污染水对人类健康的危害。在11月的论坛领导人峰会针对日本核污染水发布的声明中，没有明确的"支持""反对"或谴责性表态，仅表示"注意到"（note）日方的行为和"认可"各方尤其是论坛秘书处以科学为基础的多重努力；针对国际原子能机构的相关报告，声明只采用了"注意到有关报告"等低调表述；并着重强调了《拉罗汤加条约》在地区无核化进程中的基石性作用。[④]

---

① Sanjeshni Kumar, "Palau President Whipps Supports Japan's Plan to Release Treated Nuclear Wastewater into the Pacific Ocean", Pacific News Service, June 21, 2023, https：//pina. com. fj/ 2023/06/21/palau-president-whipps-supports-japans-plan-to-release-treated-nuclear-wastewater-into-the-pacific-ocean/? doing_wp_cron=1712332332. 35734391212463337890625.

② Kelvin Anthony, "Anti-nuclear Group Condemns Sitiveni Rabuka's Fukushima Wastewater Stance", RNZ, August 4, 2023, https：//www. rnz. co. nz/international/pacific-news/495162/ anti-nuclear-group-condemns-sitiveni-rabuka-s-fukushima-wastewater-stance.

③ "Statement by The Prime Minister of The Cook Islands, The Honourable Mark Brown on Japan's Planned Release of ALPS-treated Water at The Fukushima Daiichi Nuclear Power Plant", Ministry of Foreign Affairs and Immigration, Government of the Cook Islands, August 22, 2023, https：// mfai. gov. ck/news-updates/statement-prime-minister-cook-islands-honourable-mark-brown-japans-planned-release.

④ "STATEMENT：52nd PIF Leaders Statement on the Fukushima ALPS-Treated Nuclear Wastewater Issue", Pacific Islands Forum, November 9, 2023, https：//forumsec. org/publications/statement-52nd-pif-leaders-statement-fukushima-alps-treated-nuclear-wastewater-issue.

二　美拉尼西亚先锋集团在多边外交
和地区合作中发挥引领作用

美拉尼西亚先锋集团（Melanesian Spearhead Group，MSG，以下简称"先锋集团"）由巴布亚新几内亚、斐济、所罗门群岛、瓦努阿图4个岛国以及法属新喀里多尼亚组成，是太平洋岛国三个次区域中体量和影响力最大的集团组织，其陆地面积、人口规模、经济总量均占太平洋岛国总量的90%以上，是研究太平洋岛国绕不开的观察对象。① 2023 年，先锋集团集中体现了太平洋岛国整体外交理念的传承和发展，积极塑造着太平洋岛国地区团结。先锋集团最大的两个成员国斐济和巴布亚新几内亚在地区事务中发挥了重要作用。

（一）美拉尼西亚先锋集团引领太平洋岛国外交理念

先锋集团的引领作用主要体现在外交理念和实践中。2023 年 8 月，第 22 届美拉尼西亚先锋集团峰会在瓦努阿图举行，先锋集团成员围绕气候变化、日本核污染水排海、安全和人权、先锋集团自贸协定等问题进行了深入讨论，通过了关于相互尊重、合作友好的《埃法特宣言》（Efate Declaration）。该宣言明确指出各国已意识到大国博弈和潜在的地区性冲突将给太平洋地区造成重大安全风险，要保证美拉尼西亚次区域是和平、繁荣而中立的；强调要在美拉尼西亚传统文化和价值观的基础上，推进次区域安全进程，各国对维护美拉尼西亚次区域的安全负有责任，履行这种责任不宜借助外力，而应依靠本土手段（Home-grown Approach）和集体自助实现；先锋集团成员在采取安全措施前，应经过充分的内部磋商咨询，并征得有关方同意方可行动。②

---

① 陈晓晨：《美拉尼西亚先锋集团——一个次区域组织的发展探析》，《区域与全球发展》2020 年第 5 期。

② "22 nd MSG Leaders' Summit Communique"，Melanesian Spearhead Group，August 24，2023，https：//msgsec. info/wp－content/uploads/documentsofcooperation/2023－Aug－23－24－22nd－MSG-Leaders-Summit-Communique. pdf.

这些内容蕴含着民族自觉和地区事务自决的理念，既承载了太平洋岛国的去殖民主义理想和独立自主追求，又遵循了协商一致、广泛参与和集体外交的"太平洋方式"。先锋集团在多个领域的合作，尤其是在安全领域倡导集体自助，从理念到实践都走在太平洋岛国的前列。2023 年 2 月，巴布亚新几内亚与所罗门群岛签署警务合作协议，根据协议，巴布亚新几内亚可将皇家警察（RPNGC）部署至所罗门群岛执行警事任务。这既显示出岛国内部安全合作的进一步深化，也表明先锋集团构建统一安全合作框架迈出了机制性一步，很可能成为美拉尼西亚次区域一体化乃至整个太平洋岛国区域一体化的框架基础之一。

鉴于日趋紧张的地缘政治和安全形势，先锋集团还一度创造性地考虑在《埃法特宣言》中宣布设立一个抵御大国影响力的"和平与中立地区"。[①] 兰布卡在先锋集团峰会后的讲话中称，各方重点讨论了南太地区大国博弈态势，认为大国正试图分化太平洋岛国，地区国家应共同将太平洋建设成和平、不结盟的地区，防止被卷入军事冲突或军备竞赛。[②] 虽然最终发布的《埃法特宣言》中并未出现关于设立中立区的提法[③]，但相关理念和探索对整个地区有重要的指向性意义，给太平洋岛国地区提供了新思路和新方案。

（二）巴布亚新几内亚、斐济展现核心国家影响力

巴布亚新几内亚和斐济是美拉尼西亚先锋集团以及整个太平洋岛国地区经济体量、人口规模和资源储量最大的两个国家，长期被视为太平洋岛国的

---

① Kirsty Needham, "Four Pacific Islands Leaders Arrive in Vanuatu Amid Political Crisis", Reuters, August 22, 2023, https://www.reuters.com/world/asia-pacific/four-pacific-islands-leaders-arrive-vanuatu-amid-political-crisis-2023-08-22/.

② Kirsty Needham, "Fiji Leader Says Hopes China, US Rivalry Will Not Lead to Military Conflict", Swissinfo.ch, August 25, 2023, https://www.swissinfo.ch/eng/fiji-leader-says-hopes-china-us-rivalry-will-not-lead-to-military-conflict/48761006.

③ Agnes Tupou, "Pacific Leaders to Consider Declaring Region 'Neutral' Amid Geopolitical Contest", ABC, August 23, 2023, https://www.abc.net.au/pacific/programs/pacificbeat/pacific-leaders-arrive-ahead-of-msg-leaders-summit/102763586.

两个"核心国家"。① 二者国际和地区影响力远胜于其他岛国，是地区外交活动的中枢，支撑起了先锋集团在太平洋岛国集体外交中的主导地位。

两国是大国介入南太事务的首选地和落脚点。2023 年，巴布亚新几内亚先后迎来法国、印度、澳大利亚、印度尼西亚等国领导人，以及美国国务卿、国防部长和英国外交大臣等高官到访；同澳大利亚、美国和英国签署了双边防务协议，安全伙伴网络不断扩张。2月，巴布亚新几内亚与欧盟举行第五次高级别政治对话，并在同月与澳大利亚举行第 29 届部长级对话，澳方副总理兼国防部长、外交部长、财政部长、贸易部长等共 9 位重量级官员与巴布亚新几内亚 16 位部长出席，围绕双方在"全面战略和经济伙伴关系"（CSEP）六大支柱领域的合作充分交流。斐济在经历政府换届后力求快速打开外交局面。2023 年初，刚上任的兰布卡会见了中国和美国驻斐主要官员，随后不久会见了澳大利亚总理和新西兰外长，就地区形势深入交换意见。5月，印度总理纳伦德拉·达摩达尔达斯·莫迪（Narendra Damodardas Modi）访问斐济，印、斐两国在教育、卫生、能源和防灾减灾等领域达成合作共识。总体上看，巴布亚新几内亚和斐济是澳大利亚和新西兰巩固地区势力的传统盟友，又是域外大国重视经营的重要国家，还是韩国、东盟国家视为提升国际影响力的合作伙伴。

两国是域内外交活动与双多边合作的中枢。巴布亚新几内亚和斐济重视在美拉尼西亚次区域以及太平洋岛国内部推动对话合作。巴布亚新几内亚总理马拉佩和斐济总理兰布卡多次会晤，双方就进一步深化两国关系达成共识，斐济同意恢复驻巴布亚新几内亚莫尔斯比港的外交使团。二者还积极强化与所罗门群岛、基里巴斯、瓦努阿图等岛国的友好关系，通过主场外交、谅解备忘录、领导人联合声明等形式不断织密太平洋岛国之间的合作纽带，不断推动太平洋岛国领导人峰会、外长会、经济部长会议等机制产出大量合作成果。2023 年 2 月，兰布卡在密克罗尼西亚集团领导人会议上强调太平

---

① 危雨阳：《斐济的重要战略地位分析——兼论中斐合作的策略》，《西部学刊》2024 年第 7 期。

洋共同价值观和地区团结，其领导能力得到密克罗尼西亚联邦等国高度赞赏。①

两国还不断代表太平洋岛国提升国际影响力。一方面，巴布亚新几内亚和斐济承载了联合国等主要国际组织在太平洋岛国的代表处和办事处。2023年，联合国、国际货币基金组织分别在斐济和巴布亚新几内亚增设了地区办事处，强化了二者连接岛国社会与国际社会的桥梁职能。另一方面，两国代表岛国在国际舞台积极发声，分别就性别平等、气候正义、产业发展、教育可持续等议题在联合国等国际平台发出岛国声音，不断扩大岛国作为一个整体的影响力。

三 中国-太平洋岛国关系"开花结果"，
机制性合作不断强化

2023年，中国-太平洋岛国关系在近年双方的不断耕耘下结出硕果，高层交往持续引领双方关系健康发展，全方位、多领域务实合作的机制化特征日益凸显，医疗外交、"菌草外交"作为合作的新亮点，日益成为中方践行全球发展倡议和高质量共建"一带一路"倡议的生动体现。

（一）高层交往织密双方关系纽带

2023年，元首外交继续引领中太关系向前发展，中国国家主席习近平同巴布亚新几内亚、斐济和所罗门群岛领导人成功实现会晤。7月，所罗门群岛总理索加瓦雷成功访华，建交四年来快速发展的中所关系迎来又一个里程碑。在会见中，国家主席习近平指出，中国的太平洋岛国政策秉持"四个充分尊重"，即充分尊重岛国主权和独立、充分尊重岛国意愿、充分尊重

---

① Pita Ligaiula, "Fiji PM Rabuka Speaks to the Micronesian President's - Pacific Solidarity Reaffirmed", Pacific Islands News Association, February 14, 2023, https：//pina. com. fj/2023/02/14/fiji - pm - rabuka - speaks - to - the - micronesian - presidents - pacific - solidarity - reaffirmed/.

岛国民族文化传统以及充分尊重岛国联合自强。① 习近平主席的讲话明确了新时期中国发展与太平洋岛国关系的重要原则。会见后，中所双方发表联合声明，将双边关系提升至新的高度，继续在高层和各层级交往、共建"一带一路"、扩大务实合作、深化执法安全合作、参与国际事务、弘扬全人类共同价值等方面打造发展中国家协作共赢的典范。② 回国后，索加瓦雷在记者会上表示：中国"从未侵略或殖民任何国家"；在部分国家拖延对所援助的情况下，中方积极帮助所方纾解财政困难；针对中所关系的狭隘、胁迫性外交才是"非睦邻"（unneighbourly）和干涉内政的行为。③

10 月，巴布亚新几内亚总理马拉佩来华出席第三届"一带一路"国际合作高峰论坛。习近平主席在同其会见中强调，巴布亚新几内亚作为首个与中国签署共建"一带一路"谅解备忘录和合作规划的太平洋岛国，为中国同岛国共建"一带一路"发挥了带头示范作用。④ 随后发布的《中华人民共和国和巴布亚新几内亚独立国联合声明》强调，双方将致力于构建更加紧密的中国-太平洋岛国命运共同体，推动两国全面战略伙伴关系迈向更高水平。⑤ 11 月，国家主席习近平在旧金山出席亚太经合组织领导人会议时会见了斐济总理兰布卡。习近平指出，中国发展同太平洋岛国关系坦坦荡荡，没有私心，不针对第三方；中国和太平洋岛国都是发展中国家，应该在南南合

① 《习近平会见所罗门群岛总理索加瓦雷》，中华人民共和国外交部网站，2023 年 7 月 10 日，https：//www.fmprc.gov.cn/zyxw/202307/t20230710_ 11110927.shtml。
② 《中华人民共和国和所罗门群岛关于建立新时代相互尊重、共同发展的全面战略伙伴关系的联合声明（全文）》，中华人民共和国外交部网站，2023 年 7 月 10 日，https：//www.fmprc.gov.cn/zyxw/202307/t20230710_ 11110974.shtml。
③ Ben Doherty, "China to 'Fill the Gap' in Solomon Islands Budget as PM Blasts 'Unneighbourly' Australia and US", The Guardian, July 17, 2023, https：//www.theguardian.com/world/2023/jul/17/china-to-fill-the-gap-in-solomon-islands-budget-as-pm-blasts-unneighbourly-australia-and-us.
④ 《习近平会见巴布亚新几内亚总理马拉佩》，中华人民共和国外交部网站，2023 年 10 月 17 日，https：//www.fmprc.gov.cn/zyxw/202310/t20231017_ 11162413.shtml。
⑤ 《中华人民共和国和巴布亚新几内亚独立国联合声明（全文）》，中华人民共和国外交部网站，2023 年 10 月 17 日，https：//www.fmprc.gov.cn/zyxw/202310/t20231018_ 11162574.shtml。

作框架内加强互帮互助。① 习近平主席的讲话再次为中国和岛国关系发展明确了方向。

全方位、多领域的高层会晤不断完善中国-太平洋岛国合作的顶层设计。2023 年 4 月，汤加副首相兼司法大臣萨缪·瓦伊普卢（Samiu Vaipulu）率领的太平洋岛国政治家联合考察团，在北京会见了中共中央政治局委员、中央外办主任王毅，并参加了中共中央对外联络部举办的第三届中国-太平洋岛国政党对话会。在以"加强交流对话，携手共谋发展"为主题的对话会上，中联部部长刘建超等中央各部门领导以及福建省、广东省等各省领导同岛国政治家围绕治国理政的党际经验进行了充分研讨。5 月，中国-太平洋岛国农渔业部长会议在南京举行，中国国务院副总理刘国中等中方官员与太平洋岛国农渔业部长就更好保障粮食安全、促进海洋保护和可持续利用、加快实现农业现代化等议题展开交流。2023 年，来自中国外交部、农业农村部、应急管理部、自然资源部、生态环境部、教育部、国家国际发展合作署等部门以及多省负责官员在国内外各类平台同太平洋岛国官员密切交流，为双方更加机制化、常规化、长效化的合作奠定了坚实基础。

（二）中国-太平洋岛国合作日益机制化、长效化

合作的机制化水平不断提升是 2023 年中国-太平洋岛国合作的显著特征，不同领域的实体机构构筑起双方合作的稳定框架。所罗门群岛驻华大使馆于 7 月正式启用，既是中所关系过去四年快速发展的生动例证，也是下一阶段双方"新时代相互尊重、共同发展的全面战略伙伴关系"的有力支撑。2023 年，中国-太平洋岛国防灾减灾合作中心在广东省江门市正式启用，为中国援助太平洋岛国应对自然灾害提供实体保障；中国-太平洋岛国菌草技术示范中心在斐济揭牌启用，以因地制宜的经济作物促进岛国农业产业化、规模化、集约化发展；中国-太平洋岛国农业合作示范中心在南京正式揭

---

① 《习近平会见斐济总理兰布卡》，中华人民共和国中央人民政府网站，2023 年 11 月 17 日，https：//www.gov.cn/yaowen/liebiao/202311/content_ 6915766. htm。

牌，推动双方农渔业合作不断走深走实。这些合作中心不但实现了 2022 年《中国关于同太平洋岛国相互尊重、共同发展的立场文件》中的一揽子承诺，还增强了中国同岛国各领域合作的稳定性和系统性，更充分调动了中国多个省市地方层级的外交价值和资源能力，有力地扩充了中国-太平洋岛国合作的联系网络。

中资企业不断扩大在太平洋岛国的存在，推动中国-太平洋岛国关系发展的行为主体日益丰富。2023 年 1 月，中国出口信用保险公司（以下简称"中国信保"）承保了大洋世家（浙江）股份公司投资的最高保额超 1 亿美元基里巴斯远洋渔业捕捞项目。该项目由中国进出口银行提供融资，是中资企业截至当时在基里巴斯投资金额最大的项目，也是中国信保系统内首个承保的基里巴斯国别项目。6 月，中国银行在巴布亚新几内亚开设了代表处，成为中国银行在太平洋岛国设立的首个分支机构，侧面反映了中资中企大规模进入太平洋岛国社会的增长趋势。无独有偶，5 月，巴布亚新几内亚将中国上海纳入设立海外贸易代表处的八个目的地之一，新设立的在华贸易委员会及全职贸易专员将负责为巴布亚新几内亚商品寻找中国出口市场。

（三）医疗援助、菌草外交引领双方务实合作

务实合作一直是中国-太平洋岛国关系发展的动力源泉。2023 年中国同巴布亚新几内亚、所罗门群岛等岛国签署了涉及贸易、基建、民航、教育、警务、气候变化、能源合作等领域的双边合作文件。中国参与岛国基础设施项目建设也持续产生新成果，如中资企业承建的所罗门群岛体育馆项目在 8 月太平洋运动会召开前夕顺利交付。在众多领域的合作中，医疗卫生和菌草技术成为两大新热点。

医疗卫生援助是中国针对性扶持岛国社会薄弱环节的体现。2023 年 1 月，由山东滨州医学院附属医院组建的中国首批赴基里巴斯医疗队圆满完成援外任务凯旋。该小队在基里巴斯驻留了半年，带去了新的医疗技术和专业设备，有力地保障了基方民众的生命健康。7 月起，中国海军"和平方舟"

号医院船前往基里巴斯、汤加、瓦努阿图、所罗门群岛等岛国，执行每地为期7天的"和谐使命-2023医疗援助任务"。"和平方舟"号上具有26个临床科室和7个辅助科室的治疗能力，专门帮助民众诊断或治疗并不多见的疑难杂症。8月，索加瓦雷登上到访所罗门群岛的"和平方舟"号，向中方医护人员表达慰问。

菌草技术合作是中国因地制宜帮助岛国发展可持续农业的典范。菌草是收成快、利润高、收益周期长的经济作物，分为食用菌和药用菌，可作为牲畜饲料，还能有效解决水土流失和荒漠化问题，有应对自然灾害的能力，是补充传统作物种植、促进粮食安全的独特作物。菌草技术从2000年起便流传于巴布亚新几内亚、斐济等国家。2023年，中国-太平洋岛国菌草技术示范中心在斐济苏瓦揭牌启用，是中国根据岛国客观实际提供减贫脱贫路径、解决民生关切的体现，充分表明中国为帮助中小国家实现可持续发展做出的建设性贡献。

四 南太地区进入大国博弈常态化的新阶段

2023年，太平洋岛国继续成为域内外大国竞相援助和拉拢的重要对象。南太地区表面上是大国豪掷资源的"援助竞技场"，实质上是以美国为首的西方国家全面推行对华竞争的新阵地。地缘政治形势的演变是各方调整对岛国外交攻势的影响因素。2023年，美国在南太地区采取"逢中必反"的形式逻辑和话语模式，使得大国博弈某种程度上奠定了南太地区外交形势的基调，大国博弈日益常态化、系统化、全面化，深刻影响了地区和平稳定和经济发展。

（一）美国在"印太战略"指针下力图全方位巩固南太霸权

2023年，对华竞争的战略思维已在美国国内形成广泛共识，美国两党、政府、国会高度统一在"印太战略"全面打压中国的战略思维下，拜登政府对太平洋岛国的战略定位也落入这种思维定式。"美国例外""有限干预"

"战略拒止"是美国经营同岛国关系的底层战略文化。① 具体而言，"美国例外"的使命感驱使美国维持对三个自由联系国的权威。为降低国内选民对政府介入国际事务的阻力，美国政府采取"有限干预"的战略，寻求与岛国建立机制化合作关系，在降低经营成本的同时最大程度地调动盟友伙伴资源，建立对岛国的长效性、常规性对话及合作机制。将岛国视为势力范围的"战略拒止"思维使美国追求排他性收益，对中国等域外国家与太平洋岛国发展关系保持高度戒备。

2023 年，续签 3 份《自由联系条约》（Compact of Free Association）是美国巩固南太霸权的核心议程。5 月，美国与密克罗尼西亚联邦和帕劳续签了《自由联系条约》，10 月又与马绍尔群岛完成续约。拜登政府承诺未来 20 年美国将向三国提供 71.34 亿美元，这一数字远超美国历史上提供的援助金额。作为交换，三个自由联系国的领海与领空将对美军开放，与美国海外领地关岛、北马里亚纳群岛相连，帮助美军进一步巩固了对西太平洋大片地区的辐射能力和制海权。虽然表面上是发展援助，《自由联系条约》的本质是美国用经济援助换取对三国领空和领海的排他性军事准入等主权性利益，以打造针对中国的防务链条。2023 年 4 月，负责《自由联系条约》谈判的美国总统特使尹汝尚（Joseph Yun）坦言，如果美国不加快进度（完成续约谈判），就会把对太平洋岛国的影响力"拱手送给中国"。②

扩大防务安全伙伴体系是 2023 年美国发展与太平洋岛国关系的重点。除了三个自由联系国，美国与巴布亚新几内亚在 2023 年签署了《防务合作协定》与《海上安全协定》，前者大幅提升了美军与巴布亚新几内亚国防军的联合演训能力，后者让美国海岸警卫队能以"打击非法捕鱼等海上

---

① 张颖、于鑫洋：《战略文化视阈下美国对太平洋岛国的策略与路径》，《太平洋学报》2024年第 2 期。

② Jasper Ward，"US Negotiator Says US Lags Behind Chinese Diplomatic Efforts in Pacific"，Reuters，April 29，2023，https：//www.reuters.com/world/us-negotiator-says-biden-would-be-warmly-welcomed-pacific-2023-04-28/.

威胁"为由进入巴布亚新几内亚专属经济区。根据《防务合作协定》，美国将向巴布亚新几内亚提供1000万美元资金用于"维护和平稳定"，美国可以使用巴布亚新几内亚的6个关键基地或港口。美军可以不受阻碍地进出上述地点部署武器装备。然而，美国以大国竞争为导向的地区军事安全政策与军事力量部署加剧了岛国内部矛盾，使得岛国之间难以就安全问题达成共识，进一步加深了南太平洋地区合作的裂痕。①

美国持续提升同岛国外交接触层级和加大资源投入，但频繁"爽约"引发岛国不满。2023年，美国国务卿布林肯、国防部长奥斯汀、常务副国务卿坎贝尔等美国高官陆续率团到访太平洋岛国。1~5月，美国重启了驻所罗门群岛大使馆和驻汤加大使馆，并称将在瓦努阿图新设大使馆。9月，美国在华盛顿举行了第二届"美国-太平洋岛国峰会"和"蓝色太平洋伙伴关系"（PBP）外长会，宣布承认库克群岛和纽埃的主权国家地位并与之建交；拜登政府承诺向岛国提供近2亿美元资金，包括4000万美元基础设施建设资金，并同日本、澳大利亚等盟友一道，支持地区实现包容发展、应对气候威胁。美国还通过美国国际开发署（USAID）、美国千禧年挑战公司（MCC）等机构对岛国提供援助。但2023年拜登两次缺席了原本要参加的岛国外交活动。5月，拜登因国内债务违约谈判问题，临近出发才紧急取消了赴巴布亚新几内亚的行程，由布林肯代为出席，罔顾巴布亚新几内亚政府为史上首次美国总统到访所做的精心筹备。缺席了美国-太平洋岛国峰会的所罗门群岛总理索加瓦雷公开批评道，美国在峰会上"沉迷说教和自我吹嘘"，"只给岛国领导人留3分钟发言时间"，对太平洋岛国缺乏尊重。② 11月，拜登又缺席了此前造势已久的第52届太平洋岛国论坛领导人峰会。反复"爽约"严重消耗了岛国对美国合作诚意的信心和耐心。

① 丑则静、郭晓萱：《"印太战略"视域下美国太平洋岛国政策论析》，《亚太经济》2024年第1期。

② Joel Gehrke, "Solomon Islands Prime Minister Slams Biden 'Lecture' as China Peels Away Traditional US Friend", Washington Examiner, September 27, 2023, https://www.washingtonexaminer.com/news/2436425/solomon-islands-prime-minister-slams-biden-lecture-as-china-peels-away-traditional-us-friend/.

东道国库克群岛总理布朗斥责美国"吸走了太平洋岛国地区赖以生存发展的所有氧气"。①

（二）美国调动亚太盟友介入南太事务

2023 年，受全球地区性冲突影响，美国的战略投入能力和资源调用能力有所下降，愈加依赖其亚太盟友在南太地区实现制衡中国的目标。亚太各国对援助太平洋岛国也有自身的战略考量，视太平洋岛国为软实力的"放大器"，试图通过帮助岛国解决发展问题和应对气候变化，提升自己在全球治理上的话语权和国际影响力。② 在南太传统盟友澳大利亚、新西兰立足自身利益，希望巩固南太地区影响力的背景下，美国转而调动印度、韩国以形成对岛国的外交"合力"。

2023 年，阿尔巴尼斯领导的澳大利亚工党政府强调以温和、渐进的方式修复和重振与岛国关系。澳大利亚挖掘自身与岛国相近的地缘和历史文化优势，打出"安全、援助、移民"的政策组合拳，希望全面重拾与岛国的历史、文化、地缘纽带，潜移默化地遏制中国逐渐扩大的地区影响力。2023年 2 月，澳大利亚出台了一项全新的永久居民签证制度，在"太平洋劳动力流动计划"（PALM）框架下，向太平洋岛国每年新增 3000 个永久居民签证。此举针对岛国 18~45 岁的劳动适龄人口，可允许其在获得工作邀约后携伴侣及子女赴澳工作生活。这种模式既满足了岛国居民的移民需求，又缓解了澳大利亚劳工荒，实现了双赢。2023 年底，澳大利亚针对图瓦卢推出了"瘦身版"一揽子政策，通过《气候和安全条约》（Climate and Security Pact），向图瓦卢提供 1690 万澳元改造海岸条件以适应气候变化，以及每年208 个赴澳优待签证。作为交换，澳大利亚可以否决图瓦卢与任何国家达成

---

① Lydia Lewis, "Don't 'Suck Up' All the Oxygen at Pacific Islands Forum, Mark Brown Warns Superpowers", RNZ, November 6, 2023, https：//www. rnz. co. nz/international/pacific-news/ 501786/don-t-suck-up-all-the-oxygen-at-pacific-islands-forum-mark-brown-warns-superpowers.

② 梁甲瑞：《地缘政治结构、印太战略升级与拜登政府的"蓝色太平洋伙伴"》，《世界经济与政治论坛》2023 年第 5 期。

的防务协定。12月，澳大利亚经过将近一年的磋商谈判，与巴布亚新几内亚签署了双边安全协议，出资1.32亿美元强化与巴布亚新几内亚的安全联系。澳大利亚不追求一次性裹挟岛国整体的宏大政策，而是针对有急切需求的岛国逐个击破，"高性价比"地强化在南太的地区影响力。澳大利亚工党政府还采取了更加理性务实的对华政策，降低了涉华言行中的对抗色彩。在美国看来，换届后的澳大利亚工党政府的南太政策过于温和弱势，无法为其全面遏制中国提供强有力的战略支持，因而在"蓝色太平洋伙伴关系"（PBP）框架下号召德国、加拿大、法国、韩国、印度、欧盟等加强对南太地区的关注和投入。[①]

2023年，新西兰的太平洋岛国政策则一直处于调整变化中。受年初总理辞职和年底议会大选影响，2023年是新西兰罕见的一个政局波动期，虽然对岛国承诺了多笔资金援助，但政策的不确定性和不连贯性牵制了新西兰对太平洋岛国的有效战略投入。2023年8月，新西兰工党政府发布史上首份国家安全战略文件，对国际形势做出悲观判断，调整了对地缘环境和国家安全挑战的认知，将中国在南太地区的存在界定为"威胁"，在此之后对太平洋岛国的战略定位和具体政策可能会日渐服务于"防范中国"的战略思维。2023年底上台的克里斯托夫·卢克森（Christopher Luxon）政府会多大程度上继承前任工党政府的安全形势评估，仍有待观察。从长期来看，新西兰的"太平洋重置"（Pacific Set-up）政策能否行之有效，很大程度上取决于新方能否抛弃新殖民主义者心态，处理好利益双边统一、长期战略稳定、地缘政治博弈三大问题。[②]

在澳大利亚、新西兰两个南太地区大国难以提供充足的遏华"火力"，以及日本同岛国陷入核污染水排海之争的情况下，美国转向韩国和印度，寻求在南太编织新队形扩大存在，遏制中国影响力。2022年上台的韩国尹锡悦（Yoon Seok Youl）政府在战略认知和外交立场上与美国愈加贴近。

① 周士新：《美国的蓝色太平洋伙伴关系——动因、特征和影响》，《国际展望》2023年第6期。

② 唐杰：《变革与调适：新西兰的"太平洋重置"政策》，《国际展望》2023年第6期。

借韩国之力扩大对岛国援助的"工具箱"符合美国战略利益，也迎合了韩国打造"全球枢纽国家"的战略目标。尹锡悦政府发布了韩国首份"印太战略"，明确宣称太平洋岛国是重要伙伴。韩国看到了解决欠发达太平洋岛国发展需求对其实现"全球枢纽国家"目标的积极作用，着力强化与岛国关系。太平洋岛国海域有韩国远洋捕捞产业的核心渔场，为韩国发展同岛国关系提供了更多经济价值。① 在已连续举办多届外长会的背景下，2023 年 5 月，韩国同太平洋岛国在首尔举行了史上首次领导人峰会，会后发表了《2023 年韩国-太平洋岛国领导人宣言》，强调共同维护地区和平稳定，打造繁荣、可持续、强韧的蓝色太平洋。该宣言设定了下一阶段双方在多领域的合作方向，商定在海洋治理、应对气候变化、能源、网络、卫生等领域建立全面安全合作关系。韩国承诺将对太平洋岛国提供的官方发展援助资金提升至原来的两倍，即 3990 万美元。双方还发表了《自由和平与繁荣的太平洋建设行动计划》，强调在韧性（Resilience）、提质增效（Reinforcement）、新动能（Revitalization）三个方面推进合作。虽然相比其他大国，韩国的援助金额总体还较少，但与历任政府相比，其在 2023 年的增资势头非常明显。②

印度是美国借重的另一个重要亚太国家。相比韩国，印度与太平洋岛国的历史渊源、民族纽带以及合作和援助关系要深远得多。印度移民和后裔在斐济等国颇有影响力，凭借英国殖民政府的扶持，以及自身教育、文化和人口优势，在政治、经济乃至外交政策上深刻影响着斐济政府。在相当长一段时期，印度发展与太平洋岛国关系并非基于美国期许，而是有自身战略利益和考量。③ 近年来，随着中印关系走低，印度与美国在对华政策上出现一定程度的利益趋同。印度历来有大国梦想，日益关注近年来成为国际合作热点的太平洋岛国。印度的"东进"战略与美国"印太战略"相向而行，因而在美日印澳"四方安全对话"（QUAD）等框架下共同加强对太平洋岛国的

---

① 詹德斌：《韩国强化与太平洋岛国关系》，《现代国际关系》2023 年第 8 期。
② 詹德斌：《韩国强化与太平洋岛国关系》，《现代国际关系》2023 年第 8 期。
③ 吕桂霞：《斐济的印度移民：历史演变及影响》，《世界民族》2021 年第 5 期。

援助，牵制和分散中国的战略资源和精力。① 2023 年 5 月，印度总理莫迪与
美国总统拜登一度将共同访问巴布亚新几内亚，后拜登因故取消行程。莫迪
在巴布亚新几内亚与太平洋岛国领导人集体会晤，与马拉佩共同主持了中断
8 年之久的第三届"印度–太平洋岛国合作论坛峰会"，宣称将成为岛国
"可靠的发展伙伴"，抛出涵盖医疗、教育、技术等领域的合作倡议。② 总体
上看，印度在太平洋岛国的外交存在还较为弱势，其合作的雄心相对有限，
且自身的地缘政治目的较为明显，这些都有可能成为未来印度与太平洋岛国
合作的阻碍。

（三）英、法等欧洲国家加大对南太事务的介入

作为多个岛国曾经的殖民者以及现在部分岛屿的海外宗主国，法国和英
国在南太地区的存在有别于美国的历史逻辑和战略利益。2023 年 7 月，法国
总统马克龙对太平洋岛国进行了历史性访问，先后造访法属新喀里多尼亚、
瓦努阿图和巴布亚新几内亚，声称要"让人们听到法国的声音"。③ 尽管法国
总统办公室宣称马克龙此行无意"反华"，他在访问瓦努阿图期间发表演
讲，称"新帝国主义"正在大洋洲地区出现，一种"实力逻辑（power
logic）正在威胁最小、最脆弱国家的主权"，体现出浓厚的地缘政治目的和
大国博弈色彩。④ 相比马克龙"走秀"式的高调访问，英国对南太事务的介
入略显低调，集中于防务合作。4 月，英国外交大臣克莱弗利访问巴布亚新
几内亚，双方签署了《部队地位协议》（SOFA），宣称加强双边安全伙伴

---

① 赵少峰、程振宇：《印度重启与太平洋岛国峰会合作机制》，《世界知识》2023 年第 16 期。
② Narendra Modi, "Amidst Challenges, India Has Always Stood with the Pacific Countries", Personal Website, May 22, 2023, https：//www. narendramodi. in/english – translation – of – prime-minister-modi-s-opening-statement-at-the-fipic-iii-summit-570320.
③ Ania Nussbaum and Rebecca Choong Wilkins, "Macron Seeks Bigger French Say in Pacific as China's Clout Grows", Bloomberg, July 27, 2023, https：//www. bloomberg. com/news/articles/2023-07-27/macron-seeks-bigger-french-say-in-pacific-as-china-s-clout-grows.
④ Michel Rose, "France's Macron Warns Against New 'Imperialism' in the Pacific", Reuters, July 27, 2023, https：//www. reuters. com/world/frances-macron-warns-against-new-imperialism-pacific-2023-07-27/.

关系。

欧盟整体也加强了对太平洋岛国的援助，但主要惠及体量较大的岛国。2023 年 2 月，巴布亚新几内亚与欧盟第五次高级别政治对话会在莫尔斯比港举行。欧盟驻巴布亚新几内亚大使弗拉丁表示欧盟将在未来三年向巴方提供超 4 亿基纳援助，双方将加强应对气候变化、海洋保护等方面的合作。10 月，欧盟和基里巴斯签署可持续渔业伙伴关系协议，在未来五年向后者提供 1800 万欧元援助，帮助基里巴斯渔业可持续发展。

结　语

2023 年的太平洋岛国外交可以说喜忧参半。重新修复的南太平洋地区主义对岛国内部合作发挥了重要作用，但同时也受到日本核污染水排海和大国博弈的分化拉扯。虽然岛国的全球影响力提升、国际能见度上升，但它们本质上还是面临着突出的生存和发展问题，且难以通过自身突变跳出经济基础薄弱—基础设施落后—产业结构单一—大量依赖外贸—经济基础薄弱的恶性循环。在常态化的大国博弈下，太平洋岛国应该努力确保独立自主，坚持多元化的外交政策，共同推动真正的多边主义惠及广大发展中国家。

国别篇

B.5

2023年巴布亚新几内亚政治、
经济与外交发展形势评析

卢庆洪*

摘　要：　2023年，巴布亚新几内亚整体发展呈现挑战与机遇并存的局面。巴布亚新几内亚国内政治局势复杂，社会治安依旧面临挑战。马拉佩政府通过建设警察队伍、积极解决布干维尔问题，获得各党派的认同与支持，执政地位进一步巩固。执政党重点推出第四个中期发展规划，争取国际组织的支持，并通过基础设施建设和扩大对外贸易合作，加快本土化经济建设发展，提升国内生产总值，以进一步缓解经济压力。在外交方面，2023年澳大利亚总理、美国国务卿、法国总统、英国外交大臣等纷纷到访，美国、英国、日本、印度等进一步扩大与巴新的合作。巴新与澳大利亚、英国和美国构建的三边安全伙伴关系形成互动及对接，展现出多元化的外交倾向。在推动共建"一带一路"高质量发展中，中国加强了与巴布亚新几内亚的合作。在

* 卢庆洪，聊城大学太平洋岛国研究中心副研究员，聊城大学历史文化与旅游学院副教授，研究方向为巴布亚新几内亚国别研究。

不断变化的地缘政治格局中，巴新不断灵活调整外交战略，在大国间维持平衡，实现自身发展。

关键词： 巴布亚新几内亚　政治局势　经济　对外关系

2023 年，巴布亚新几内亚（以下简称"巴新"）国内多次爆发骚乱，社会治安形势极为严峻。为此，2022 年实现连任的马拉佩政府加强了警察队伍建设，积极推动布干维尔问题的解决。在经济领域，制定巴新《中期发展规划（四）（2023~2027 年）》，加快本土化经济发展步伐，并积极争取国际社会支持。西方国家趁机涌向巴新，签署一系列政治、军事和经济协议，不断加强对巴新政治、军事、经济、文化领域的干预，由此影响了巴新的外交走向。

一　马拉佩政府稳定社会秩序

（一）潘古党在巴新的执政地位得到广泛认同

2023 年 1 月在巴新新一届总督选举中，现任总督鲍勃·达达埃（Bob Dada）赢得 71 票，前巴新驻英国高级专员温妮·基雅普（Winnie Kiap）女士获得 33 票，鲍勃·达达埃成功当选为巴新第 11 任总督，并成为该国历史上第一位胜选连任的总督。鲍勃·达达埃作为潘古党①推选的候选人，得到了潘古党领袖、政府总理詹姆斯·马拉佩（James Marape）及其政府成员的大力支持，使其在第一轮选举中赢得了超过 2/3 的选票，具备了候选人资格，并最终实现连任总督。

2 月 7 日，巴新政府宣布启动对 2022 年全国大选的内部调查，并于 2 月

---

① 潘古党，又称巴布亚新几内亚联盟党，是巴新政治影响力最大的党派，成立于 1967 年。该党主要以原住民为主，以城市为活动基础，其成员大多有地方公职背景，接受过良好教育，具有丰富的城市生活经验。

21～23 日举行公开听证会。选举委员会主席艾伦·伯德（Allan Bird）在声明中表示，该调查将涵盖选举全过程，包括选民名册、竞选、投票、计票、声明和选举结果等，并调查选举资金的支出以及选举委员会的权力、职能和责任等。

5 月，人民全国代表大会党副领袖、健康与公民事务主席伊利亚斯·卡帕沃雷（Elias Kapavore），人民工党议员、莫罗贝省省长路德·文格（Luther Weng）等相继加入潘古党；6 月，胜利、传统与实力党领袖，巴新高等教育、研究、科技与体育部长唐·波利（Don Polye）加入潘古党。至此，潘古党在国民议会中的议席达到 55 个，实力得到进一步加强，马拉佩政府得到了各党派的广泛认同与支持。

（二）加强警察队伍建设，稳定社会秩序

2023 年，巴新多地爆发骚乱，社会治安面临挑战。1 月 19 日，巴新联合卫生工作者协会 400 多名医疗工作者发起全国无限期罢工，要求政府解决不合规的索赔申诉，多家医院的医疗服务受到影响。4 月 23 日，西新不列颠省省会金贝（Kimbe）拉基马塔监狱（Lakiemata prison）发生越狱事件，17 名企图越狱的罪犯被击毙。4 月 25 日，该省多个犯罪团伙抢劫商店并袭击警察，造成 2 人死亡。同日，为应对抢劫和武装绑架事件，恩加省波格拉（Porgera）学校、医院和银行宣布无限期关闭；次日，当地举行和平抗议，要求结束不断发生的暴力活动。4 月 28 日，恩加省当局加派 100 名安全部队人员维护治安。5 月 12 日，巴新大学生群体和劳工权利组织在莫尔斯比港（Port Moresby）等地举行大规模示威活动，要求外交部长贾斯汀·特卡琴科（Justin Tkatchenko）辞职。5 月 13～14 日，西高地省省会芒特哈根（Mount Hagen）发生部落冲突事件。[1] 6 月 11 日，恩加省瓦佩纳曼达

---

[1] 《巴布亚新几内亚：首都等地举行全国罢工和大规模示威抗议官员不当言论，外长被迫辞职，西高地省省会发生敌对部落冲突恐发酵，恩加省矿镇波尔盖拉暴力事件频发学校医院等宣布无限期关闭，西新不列颠省省会金贝实施两个月夜间宵禁应对暴力犯罪》，福建省商务厅网站，2023 年 5 月 25 日，https：//swt.fujian.gov.cn/xxgk/jgzn/jgcs/dwtzyjjhzc/yjxx_6067/202305/t20230531_6180172.htm。

（Wapenamanda）爆发部落冲突，截至 6 月 26 日，造成 10 人死亡、数人受伤，巴新航空不得不暂停客运航班。7 月 12 日，莫尔斯比港九英里地区定居点爆发社区冲突。[①]

为了恢复公众对警察的信心以及整顿警察内部纪律，10 月 10 日，巴新政府决定招募南非、澳大利亚等国约 20 名警察到皇家警察总部和省级机关担任警察指挥官、助理警察专员或其他领导角色，同时决定制定反恐怖法，加大对挑起部落争斗者的惩罚力度，对重刑犯监禁 30~40 年并服苦役；成立一支反恐特别警察部队，应对绑架、部落战争等动乱事件发生，而国防军专注于边境地区的安全保障。在 2023 年财政预算中，巴新政府为警察拨款 4.01 亿基纳；另外为反恐特别警察拨款 1.5 亿基纳，包括购买警车以取代租用汽车，在城市安装闭路电视系统等。

（三）积极推动解决布干维尔问题

2023 年 2 月 2 日，巴新政府旅游局与布干维尔自治政府旅游局签署谅解备忘录。该协议总体概述了布干维尔旅游业实现既定目标的框架和战略，以及为实现经济建设和发展的总体目标而制定的发展蓝图，为促进当地旅游业发展奠定了基础。3 月 28 日，巴新布干维尔事务部长马纳西·马基巴与布干维尔自治政府主席伊什梅尔·托罗阿马（Ishmael Toroama）等举行会谈，并通过阿布亚（Abyan）武装领导人了解当地民众对全民公投结果的意见。7 月 31 日，经过联合监督机构特别会议谈判协商，巴新政府与布干维尔自治政府就过去会议中出现的一些问题达成一致，并通过五项决议：进入国民议会的途径是执行会期命令；只有在动议内容得到布干维尔事务部长和布干维尔独立特派团执行部长同意时，才会提出会期命令；动议将以简单多数通过；巴新总理提议邀请布干维尔自治政府主席及领导班子向国民议会成员进行宣传；《宪法条例》将处

---

① 《海外风险预警｜巴布亚新几内亚、泰国》，福建投资促进网，2023 年 7 月 20 日，https：//fdi. swt. fujian. gov. cn/show-18239. html。

理全民投票后的其他问题。该决议对推动布干维尔独立具有一定的积极作用。

二 马拉佩政府推进经济建设

（一）马拉佩政府推出巴新第四个中期发展规划

2023 年 7 月，巴新政府公布《中期发展规划（四）（2023～2027年）》，提出未来 10 年内将国内生产总值增长到 2000 亿基纳，国内财政收入增加到 300 亿基纳，创造 100 万个新的就业机会、10 万家新的中小企业，使国家出口额翻一番。其中在交通基础设施领域，建成穿过欧文·斯坦利山脉的公路，修建从南高地省到基科里（Kikori）和莫尔斯比港的公路以及中央省到米尔恩湾省阿洛陶（Alotau）的公路，完成新不列颠岛东西向公路，推进开发莱城（Lae）、科科波（Kokopo）、芒特哈根（Mount Hagen）和韦瓦克（Wewak）机场，使之达到起降国际航班标准，促进旅游业发展，使农产品以及新鲜农产品直接销往海外市场。[①]

（二）调整疫情防控政策

截至 2023 年 2 月 21 日，巴新全国新冠感染确诊病例超过 4.6 万例，累计死亡病例 670 例。长达 3 年之久的疫情防控政策，使巴新面临燃料严重短缺，对外贸易减少，经济发展受到严重影响。[②] 3 月 30 日，巴新国家疫情应对管控官兼警察总长戴维·曼宁（David Manning）宣布取消疫情防控的相关政策，代之以 4 项新的举措：取消包括旅游管控、酒类限制等在内的一系列限制举措；确保对新冠病毒持续的态势感知；保证对临时抗疫物资采购的

[①] 《总理马拉佩就政府推出第四个中期发展计划致辞》，巴新中文网，2023 年 7 月 8 日，http：//www. png-china. com/forum. php？ mod＝viewthread&tid＝14352&extra＝page%3D4。

[②] 《海外风险预警｜巴基斯坦、巴布亚新几内亚、埃塞俄比亚》，福建投资促进网，2023 年 2 月 23 日，https：//fdi. swt. fujian. gov. cn/show-16394. html#。

控制；进行价格控制，规定市场价格控制参数。巴新政府采取的新政策最大限度地放宽了因疫情而采取的有关限制政策，同时又保持了对新冠病毒流行情况的高度关注。

（三）加快本土化经济发展步伐

2023 年 1 月 17 日，巴新农业与畜牧业部宣布禁止进口所有冷冻鸡肉，但禁令不包括用于饼干等产品的机械去骨鸡肉。此项规定将使巴新每年节省支出 2 亿基纳，进而推动国内肉食鸡加工业的发展，可解决 2000 多人就业问题。

3 月，巴新政府借鉴加蓬共和国恩科（Nkok）经济特区发展经验，决定依托本国木材出口港，打造木材出口集散地；新建莫尔斯比港、拉包尔-加泽尔半岛（Rabaul-Gazelle Peninsula）、莱城和瓦尼莫（Vanimo）四大原木深加工基地，致力于森林资源下游加工；同时特别强调 2025 年禁止原木出口，要求林业从业人员转向下游加工业。

8 月，巴新楚诺特服务公司（True North Services Limited）收购了美国森替奈尔环球控股有限公司（Sentinel Global Holdings Pte. Ltd.）所属黑天鹅国际公司（Black Swan International Limited）。该公司作为安保服务公司，在巴新拥有 19 个分支机构以及 2000 多名员工，还包括附属培训公司太平洋发展与培训学院。至此，巴新本地人成为安保公司黑天鹅国际公司的新主人。

针对巴新全国约有 4.1 万个工作岗位被外国人占有，失业率和通货膨胀率持续上升，8 月，巴新劳工与就业部长凯西·萨旺（Kessy Sawang）在国民议会宣布将从外国人手中收回 1 万个工作岗位归还给本国公民，并决定在提供无障碍环境、公平就业条件、保障工人权利及加强与私营机构公私伙伴关系等方面，促使劳工与就业部现时政策目标与巴新政府公布的《中期发展规划（四）（2023~2027 年）》保持一致。同时开始与法国道达尔能源有限公司（Total Energies Limited）进行谈判，计划将其在巴新的劳动力实现本地化。

12 月，根据重新谈判条款，巴新政府同意波格拉（Porgera）金矿复产，波格拉地主、恩加省政府和中央政府等巴新相关方获得的项目效益由 2020 年以前的 5% 增至 53%，投资方加拿大巴里克黄金公司（Barrick Gold Corp）和中国紫金矿业集团股份有限公司分享剩余 47% 的收益。预计在未来 20 年内，巴新各方将获得约 73 亿美元（约合 276 亿基纳）的收入。此为巴新独立以来在争取自然资源权益上获得的最大成就。

（四）争取国际社会的支持

2023 年 4 月，经过双方谈判，国际货币基金组织决定在未来 38 个月内为巴新提供 32 亿基纳（约合 9.18 亿美元）贷款，在 2023～2025 财年按 6 个月间隔、分 6 笔支付，用于预算支持和基础设施发展。该笔贷款附带一系列前提条件，其中包括：2023 年底前通过修改税法、增加所得税和公司税；将基纳贬值；修改《中央银行法》，按照国际货币基金组织提出的方式制定管理外汇路线图；在 2024 年以前不新增除亚洲开发银行、世界银行和澳大利亚国际金融合作署以外的贷款和担保项目等。[①]

10 月 16～17 日，巴新矿业与石油商会在中国香港举办首届巴新－亚洲投资会议，决定将投资来源地聚焦在亚洲，除为采矿、石油和能源部门提供投资机会外，还将提供农业、渔业、林业、制造业和服务业等非资源领域的投资信息，同时为中国和亚洲其他国家政府和企业代表提供平台。该会议的召开表明了巴新从快速增长的亚洲地区获得外国直接投资的信心。10 月 30 日，巴新承办第 14 届世界原住民商业论坛，马拉佩政府决定通过降低电力成本、改善可靠电力的供给来降低营商成本，希望外国投资者进入本国能源行业；同时决定在世界各地设立贸易专员署，与中国和印度尼西亚开展自由贸易协定合作，在能矿和非能矿领域创造更多商业机会。[②] 同日，联合国开

---

① 《巴新将从国际货币基金组织获得 32 亿基纳贷款》，中华人民共和国商务部网站，2023 年 4 月 4 日，http://pg.mofcom.gov.cn/article/hg/202304/20230403401286.shtml。

② 《巴布亚新几内亚欢迎新能源行业投资》，中国国际贸易促进委员会江西省委员会（江西国际商会）网站，2023 年 11 月 9 日，http://ccpitjx.org.cn/art/2023/11/9/art_47303_4675594.html。

发计划署与联合国资本发展基金决定在西新不列颠省设立蓝色经济企业孵化中心，培育蓝色商业项目，旨在吸引商业和资本，推动环境和社会发展。①

三　马拉佩政府调整外交战略

（一）巴新加强与中国经济、文化领域的往来

2023 年 1 月 10 日，巴新外交部长贾斯汀·特卡琴科宣布关闭 2015 年设立的"巴新驻台湾商务代表处"，改在莫尔斯比港设置"巴新台北经济代表处"，且仅设 1 名"商业联络官"，此举使中国与巴新的经贸往来更加密切。3 月，贾斯汀·特卡琴科部长访问广东，考察了深圳市福田区实验教育集团翰林学校、中建科工集团，并与广东省省长举行会谈，双方决定在教育、医疗、基础设施、贸易投资等方面加强合作。6 月，广东省省长率省政府代表团访问巴新，鼓励中资企业积极推进企业国际化战略和本地化经营，同时探索农作物育种与高效种植、农产品加工等领域的合作。7 月，巴新国际贸易与投资部长理查德·马鲁（Richard Maru）访问深圳，考察了中建科工集团等，双方就深化各领域务实合作达成共识。8 月，中国教育部长怀进鹏访问巴新，参访了中国-巴新友好学校布图卡学园，与巴新高等教育、研究、科技与体育部长唐·波利、教育部长吉米·乌古罗（Jimmy Uguro）等举行会谈，决定为巴新 100 名教师提供能力提升支持和 100 名学生提供奖学金。10 月，福建省平潭县与巴新马当市（Madang Market）签署友好城市关系意向书，双方决定重点开展海洋渔业、海岛旅游及南岛语族文化等方面的合作。同月，詹姆斯·马拉佩总理与外交部长贾斯汀·特卡琴科、交通与民航部长沃尔特·戴维·施诺贝尔特（Walter David Schnorbert）、国防部长温·巴克里·达基（Win Bakri Daki）等访问中国，两国签署了《关于建立共建"一

---

① 《联合国开发计划署计划在巴新设立蓝色经济企业孵化中心》，中华人民共和国商务部网站，2023 年 10 月 31 日，http：//pg.mofcom.gov.cn/article/jmxw/202310/20231003450044.shtml。

带一路"合作工作协调机制的谅解备忘录》、《关于经济发展领域交流合作的谅解备忘录》、《关于可持续发展合作的谅解备忘录》、《关于能源合作的谅解备忘录》和《关于合作建设应对气候变化南南合作低碳示范区的谅解备忘录》等协议。[①] 中方承诺继续为巴新提供多种奖学金和培训名额，继续派遣医疗队和中文教师。中国通过8项新协议及"一带一路"倡议向巴新赠款100亿元人民币。同时，经过双方友好协商，北京师范大学、上海师范大学与巴新戈罗卡大学签署合作谅解备忘录。10月31日，中联部副部长率中共代表团访问了巴新。11月29日至12月8日，山东省委常委、常务副省长率山东省政府代表团访问巴新，双方就渔业、海洋、文化、教育和旅游等领域的合作达成共识。

2023年6月1日，中国银行在莫尔斯比港设立巴新代表处，巴新成为中国银行在海外运营的第63个国家，也是中资银行在太平洋岛国设立的首家分支机构。该代表处的设立有利于助推当地经济振兴、高质量服务共建"一带一路"。[②] 10月，江苏省建设集团与巴新国家首都地区政府签订格雷胡（Gerehu）省立医院项目EPC框架协议，项目包括拥有200张床位的医院主楼及附属设施。[③] 11月，中国昆仑数智科技有限责任公司签约巴新国家邮政总局智慧邮政系统项目，项目包括邮政物流跟踪系统、绩效考核系统、仓库管理系统的软件开发、技术服务和硬件设备等。同月，中交集团所属中国港湾工程有限公司签约西高地省芒特哈根城区和机场段42.84千米道路升级改造项目，合同额2.68亿基纳；同时签约国家首都区21.7千米道路改造项目，合同额3亿基纳（约合1.4亿美元）。中国中铁股份有限公司所属中国海外工程有限责任公司签约东新不列颠省科科波11.97千米道路修建项目，合同额2.22亿基纳。中国冶金科工集团有限公司签约莫罗贝省到东高地省高速公路 210 千米升级改造项目，合同额 3.24 亿基纳。中国武夷实业股份有限公司签约西高地省高速公路 161 千米升级改造项目，合同额 2.73 亿基纳。12 月，中国铁建股份有限公司所属中铁二十四局集团有限公司签约中央省阿包（Abau）地区新能源农林开发产业园工程项目，项目占地 14.6 万公顷，涉及光伏电站与林业砍伐加工配套的生活区、工业厂房、运输码头设施和深加工生产线等，合同额 52.09 亿元人民币。2023 年，两国双边贸易额为 482774.53 万美元，相比 2022 年减少了 45211.91 万美元。中国对巴新出口商品总额为 128925.59 万美元，相比 2022 年减少了 13710.71 万美元；中国自巴新进口商品总值为 353848.94 万美元，相比 2022 年减少了 31501.19 万美元。① 其中，木材进口量 232 万立方米，相比 2022 年减少了 2.97%，进口额为 35.29 亿元人民币，相比 2022 年减少了 6.95%。

在巴新与中国的往来过程中，两国的经济联系与合作总体向好。2023 年 8 月，深圳与莫尔斯比港开通商业货运航线；12 月，广州至莫尔斯比港开通直飞航线，这是中国内地至太平洋岛国首条定期商业航线，促进了两国之间经济、贸易、文化、旅游交流和人员往来，为巴新扩大对华出口、吸引中国投资和开展旅游合作提供了重要机遇。

（二）巴新政府在军事和经济领域强化了与美国的深度合作

2023 年 1 月 16 日，巴新与美国签署船舶附加协议，协议规定巴新军事人员与美国海军和海岸警卫队合作，在巴新水域开展巡逻，监测、监视非法捕鱼、毒品走私、人口走私和非法伐木运输等跨国犯罪活动。2 月 1 日，美国印太司令部司令约翰·C. 阿奎利诺（John C. Aquilino）访问巴新，与巴新副总理约翰·罗索（John Rosso）、国防部长温·巴克里·达基、外交部长贾斯汀·特卡琴科举行会谈，表示美国将"致力于促进共同利益，以建设一个更加和平、稳定和繁荣的印太地区"。3 月 27~31 日，美国助理国务

---

① 《2023 年中国与巴布亚新几内亚双边贸易额与贸易差额统计》，华经情报网，2024 年 1 月 29 日，https://www.huaon.com/channel/tradedata/960202.html。

卿安妮·A. 维特科夫斯基（Anne A. Witkowsky）访问巴新，双方探讨了实施美国预防冲突和促进稳定战略，加强地方组织合作，保障妇女参与社会、经济和政治生活的权利等事宜。5月19~22日，美国国务卿安东尼·布林肯（Antony Blinken）与印太司令部司令约翰·C. 阿奎利诺访问巴新，两国签署为期15年的《双边防务合作协议》。在军事方面，协议规定：美国飞机、车辆和船只可在巴新领土和领海内自由进出和行动；美军可使用马努斯岛隆布鲁姆（Lombrum）海军基地、莫尔斯比港港口、莱城港口以及莫尔斯比港杰克逊机场、莱城纳扎布机场和洛斯内格罗斯岛（Los Negros Island）莫莫特机场等6个重要基地，开展侦察监视、部队集结、舰船加油等任务。在警务合作方面，巴新向美国让渡了部分司法权。同时双方签署了《关于打击非法跨国海事活动行动的协议》，根据协议：双方通过海上联合行动打击非法跨国海上活动；美国为巴新国防军提供防弹头盔和护目镜等价值540万美元的防护装备；美国提供约1000万美元的资金，用于促进当地和平稳定。①该协议是美国与太平洋岛国签署的第一份军事协议，标志着美国在该地区加强了其军事存在和影响力。为推动安全协议的执行，7月27日，美国国防部长劳埃德·奥斯汀（Lloyd Austin）访问巴新，成为首位访问巴新的美国国防部部长，两国签订《随船观察员协议》，协议规定：美国海岸警卫队可在巴新专属经济区内巡逻，并使用美国卫星系统监控相关水域，在巴新部署一艘巡逻艇，帮助巴新保护海上资源、打击非法捕鱼和毒品走私等活动；同时规定美国海岸警卫队可在无巴新执法人员参与下自行执法，美方获得了海上执法权。美国与巴新签署相关合作协议，增强了其在该地区的战略优势和制衡能力，确保了自身的战略利益，并向盟友和伙伴展现了其军事实力和在太平洋地区的存在感。

2023年4月，美国国际开发署向巴新提供约2000万美元援助，用于保障重点人群的艾滋病防治服务及促进电气化发展进程。8月，美国通过亚裔美国

---

① "Deeping U. y. Partnerslip with Papua New Guinea", U. S. Department of State, May 21, 2023, https：//www. state. gov/deepening-u-s-partnership-with-papua-new-guinea/.

人基金会向巴新人民与社区发展基金会捐款 180 万美元，用于支持"通过可持续手段和加强社区气候适应力"项目，提高马当省乌西诺-本迪（Usino-Bundi）区近 850 户家庭气候适应力和复原力。此外美国向巴新基里皮亚（Kiripia）妇女农业农民合作社提供捐款，为畜牧业和园艺业女性农民提供农业生产培训。12 月，世界领先的黄金生产商、美国纽蒙特集团（Newmont Corporation）收购了澳大利亚纽克雷斯特矿业有限公司（Newcrest Mining Limited）在巴新经营的利希尔（Lihir）金矿、瓦菲-戈尔普（Wafi-Golpu）铜金矿，成为巴新经济发展的主要合作伙伴。

（三）巴新与澳大利亚和英国在军事领域的合作

2023 年 1 月，澳大利亚总理安东尼·阿尔巴尼斯（Anthony Albanese）访问巴新，并成为巴新独立以来第一位在国民议会发表演讲的外国政府领导人，两国签署《双边安全协议》，在气候变化、网络安全和经济发展等领域加强了安全伙伴关系。3 月，澳大利亚援助巴新两架 PAC-750XL 飞机，强化了两国航空合作伙伴关系。[1] 5 月，巴新总理马拉佩与澳大利亚副总理理查德·马勒斯（Richard Marles）讨论了双边安全协定与签证问题。12 月，马拉佩总理访问澳大利亚，两国签署涉及治安和防务的安全框架协议。根据协议：如果出现威胁到双方或太平洋地区主权、和平或稳定的安全局势，两国将应任何一方的请求进行磋商，并考虑是否有必要采取行动应对威胁；澳大利亚承诺未来 4 年内援助巴新 2 亿澳元（约合 1.31 亿美元），用于保障安全和维持秩序，巴新则全面开放海军基地和港口等；在莫尔斯比港建立警察和调查培训中心，实现警察现代化，将巴新警察人数从目前的 6000 人增加到 2.6 万人，并聘用数十名澳大利亚警官或现役警官负责训练。澳大利亚旨在通过警务、国防等方面援助巴新，扩大自身在太平洋地区的影响力。

2023 年 4 月，英国外交大臣詹姆斯·克莱弗利（James Cleverly）访问

---

[1]　清华大学战略与安全中心编《CISS 战略与安全大事记》（东南亚和大洋洲篇—2023 年 3 月），第 1 页，2023 年 4 月 27 日，http：//ciss.tsinghua.edu.cn/info/zlaqdsj/6063。

巴新，两国签署《部队地位协议》，加强了两国在国防、军队培训等相关事务上的友好关系。根据协议，英国军方与巴新国防军进行联合训练。[①] 同月，英联邦秘书长帕特里夏·苏格兰（Patricia Scotland）访问巴新，双方签署《加强安全合作协议》，密切了双方伙伴关系。[②]

（四）巴新与日本、印度和法国在经济领域的合作

2023 年 2 月，日本援助巴新 300 万美元（约合 2010 万元人民币），帮助建造高地省钢桥，以促使当地产品外销。4 月，两国签署三个发展合作计划，日本援助巴新 1300 万基纳（约合 334.5 万美元），涉及巴新文化教育、医疗服务（特别是农村地区的医疗保障）、海上安全三个领域的项目。6 月 13 日，巴新总理马拉佩发表声明支持日本在未来 30 年内将 130 万吨核污染水排入太平洋的计划，表示日本的排水符合所有国内和国际标准，符合人类健康和环境健康的最高安全规定。

5 月，印度总理纳伦德拉·莫迪（Narendra Modi）访问巴新，成为首位访问巴新的印度总理，加强了两国商业、技术、医疗和气候变化等领域的合作。同时，巴新政府决定在 2027 年大选中引入印度的电子投票系统和生物识别技术，与印度建立更深层次的合作。8 月，印度海军"加尔各答"号导弹驱逐舰和"萨亚德里"号导弹护卫舰访问巴新，试图通过军事往来与合作，维护其地区利益。

7 月，为推进落实 2019 年提出的"印太战略"，法国总统埃马纽埃尔·马克龙（Emmanuel Macron）访问巴新，成为首位访问巴新的法国总统。两国决定加强联系，实现伙伴关系多元化，法国在巴新设立专家办公室；法国为巴新森林、气候变化和生物多样性干预计划拨款 6300 万欧元（约合 2.38

[①] "Agreement to Get Security Deal Talks with UK Rolling", Post-Courier, April 26, 2023, https：//postcourier. com. pg/agreement-to-get-security-deal-talks-with-uk-rolling/.

[②] "Commonwealth Secretary-General Visits Papua New Guinea to Strengthen Partnerships and Encourage Action on Gender Issues", The Commonwealth, April 27, 2023, https：//thecommonwealth. org/news/commonwealth-secretary-general-visits-papua-new-guinea.

亿基纳)。9月,巴新总理马拉佩访问法国,双方就深化两国开创性伙伴关系、如何保护巴新热带森林和独特的生物多样性保护区资源、如何应对全球变暖等问题举行了会谈。

(五)国内外对巴新政府与西方签署安全协议的反应

美国与巴新签订防务合作协议,维护其战略利益的意图,对于巴新的国家利益确是一种极大的挑战,在巴新国内和国际社会引发不同的反应和争议。在国内,马拉佩总理称该协议的签署可以帮助巴新成为该地区的强劲经济体,有利于提高自身国防能力,但不会损害巴新的主权,也不会中断与其他国家的双边关系。但国内政治人物、学生、民众和媒体则质疑和抗议,认为该协议将削弱巴新的主权和独立性,可能会使美国具有更大的影响力和控制力。5月22日,莱城市举行抗议活动,呼吁巴新政府公开协议细节,反对美国通过防务协议方式进入巴新。巴新科技大学学生会主席肯齐·瓦利皮(Kenzie Walipi)称巴新政府必须在协议签署前准确解释协议内容,使人们认识到该协议的签署对其生活的影响。巴新前总理彼得·奥尼尔(Paire O'Neill)担心协议将损害国家主权和利益,使巴新成为美国在太平洋地区对抗中国的跳板;同时担心协议会加剧该地区紧张局势,引发军事冲突。巴新国民议会反对党领袖约瑟夫·勒朗(Joseph Lelang)要求最高法院对《双边防务合作协议》和《随船观察员协议》的内容及国民议会提出和处理协议的方式进行法律解释。在国际上,澳大利亚外交部长玛丽斯·佩恩(Marise Payne)声称《双边防务合作协议》有助于提高巴新的安全能力,维护自由开放的"印太"地区。俄罗斯外交部发言人玛丽亚·扎哈罗娃(Maria Zakharova)称美国与巴新签订的《双边防务合作协议》是美国向亚太地区军事化和军事紧张局势升级迈出的一步,影响了巴新的安全,破坏了巴新与中国的商业投资关系。中国外交部发言人表示,中方不反对有关各方同巴新等太平洋岛国开展正常交往和平等互利合作,但主张国际社会应当更多地关注和支持岛国的经济发展和民生改善,促进地区和平进程与稳定。

结　语

尽管巴新政府采取积极措施促进国内社会秩序稳定，但是社会不安定因素依然存在，尤其是布干维尔的独立运动，给巴新社会治理带来了巨大挑战。美国在该地区推进"印太战略"，与巴新签订的防务合作协议体现了明显的地缘政治目的。巴新深知西方国家的真实意图，不断加强与中国的紧密合作。未来，如何在保持自身独立的同时维持好与现有主要大国的关系，探索出符合本国国情的发展道路，将是巴新面临的重大挑战。

B.6
2023年帕劳政治、经济、外交发展评析

李德芳　孙学美*

摘　要：　2023年，帕劳在政治、经济、外交领域都发生了重大变化。政治领域，惠普斯政府成功与美国签署新的《自由联系条约》审查协议，但在2023年没能等到美国国会对该协议的批准。与此同时，政府公务员养老金计划基金赤字和公共服务事业资金短缺进一步加剧了惠普斯政府的公共服务危机。经济领域，帕劳经济恢复乏力，经济负增长的态势没能得到扭转，帕劳旅游业也没能恢复到预期水平。外交领域，惠普斯总统实现了对美国、日本等传统友好国家的访问，帕劳也迎来了美、日议员代表团的回访，并从盟国获得大量援助资金，与美、日的军事外交也收获颇丰，而惠普斯总统的气候外交也让国际社会不断听到帕劳的声音。

关键词：　帕劳　《自由联系条约》审查协议　旅游业　气候外交

2023年，帕劳在经济社会领域仍然遭遇了巨大的挑战。政治上，苏兰格·惠普斯（Surangel Whipps Jr.）政府为了尽快从美国获取条约援助资金，积极推动与美国就《自由联系条约》审查协议进行谈判，并最终成功与美国正式签署了《自由联系条约》审查协议，但却没能在2023年得到来自美国的条约援助资金。政府公务员养老金计划基金赤字和公共服务事业资金短缺问题则进一步加剧了惠普斯政府的财政危机。经济上，惠

---

* 李德芳，博士，聊城大学太平洋岛国研究中心副研究员，聊城大学马克思主义学院副教授，研究方向为太平洋岛国外交及帕劳问题；孙学美，博士，聊城大学太平洋岛国研究中心助理研究员，聊城大学历史文化与旅游学院讲师，研究方向为英国与太平洋岛国关系。

普斯政府着力振兴旅游业，并将恢复和增加航班问题列为政府的重要议程，但"后疫情时代"的帕劳旅游业未能达到预期的增长，帕劳经济仍然未能摆脱负增长的趋势。外交上，惠普斯政府在本届任期的最后一年不仅在"气候外交"舞台上频频发声，在双边外交领域也取得了丰硕成果，惠普斯总统相继访问阿拉伯联合酋长国、日本和美国，帕劳也迎来了史上人数最多的日本议员代表团、美国议员代表团的访问，还实现了与美、日在军事领域的多项互动与合作。

一 2023年帕劳政治发展评析

2023年是惠普斯政府任期的最后一年，能否为赢得2024年大选积攒更多的政治资本，是惠普斯本届"以人民为中心"（people-centered）的政府最大的心愿。2023年，帕劳如愿与美国达成了新的《自由联系条约》审查协议这项事关未来20年帕劳经济社会发展的重大政治谈判，但遗憾的是该协议被美国国会"束之高阁"。同时，2023年帕劳政府遭遇了前所未有的公共服务危机，政府公务员养老金计划基金出现严重赤字，帕劳公共服务事业也遭遇了严重的资金短缺危机。

（一）与美国达成新的《自由联系条约》审查协议

2023年惠普斯政府完成了一项对于帕劳来说最重要的政治谈判，即与美国达成《自由联系条约》（The Compact of Free Association，COFA）审查谈判，并签署了《自由联系条约》审查协议（The Review Agreement of COFA）谅解备忘录。美国基于《自由联系条约》向帕劳提供的财政援助将于2024年9月到期，从2020年起，两国就条约审查及新的援助方案展开谈判，但双方对于援助额度存在巨大分歧，谈判曾一度中断。

2022年初，双方恢复谈判。经过多轮谈判和协商，2023年1月美国与帕劳签署了《自由联系条约》审查协议谅解备忘录，承诺向帕劳提供更多的援助，并称援助额度可能要比2020年美国提出的援助额度增加一倍，该备忘录是两国《自由联系条约》审查协议的一部分。《自由联系条约》审查协议和随附的财务方案需要得到美国国会批准。鉴于帕劳政府财务危机，帕劳希望该协议提前一年生效，即 2023 年 10 月 1 日起生效。此次签署的《自由联系条约》审查协议谅解备忘录重申了美国和帕劳基于《自由联系条约》的权利和义务，包括美国拥有"拒绝其他国家军队进入帕劳领土空间（包括空中和海上）的权利"，帕劳则保证"避免采取美国认为的损害美国安全的行动"。[①]

此后，美国与帕劳谈判小组还就具体的援助额度等一揽子援助计划进行了协商。2023 年 3 月，双方就援助额度达成一揽子协议。该协议仍需作为美国国家预算法案的一部分提交美国国会审议，如果一揽子协议能够顺利得到美国国会批准，未来 20 年内（2024~2044 年）美国将向帕劳提供约 8.9 亿美元的援助资金。而同一时期，同为美国"自由联系国"的密克罗尼西亚联邦和马绍尔群岛共和国将分别获得 33 亿美元、23 亿美元，帕劳获得的美国援助资金仅占此次美国与三个自由联系国《自由联系条约》审查协议拨款总预算的 13.7%。[②]

2023 年 5 月 23 日，帕劳谈判首席代表卡莱布·乌杜伊（Kaleb Udui）和美国总统特使尹汝尚在帕劳总统惠普斯和美国国务卿布林肯的见证下正式签署了自由联系条约审查协议，该协议包含未来 20 年美国向帕劳提供 8.9 亿美元的一揽子财务计划。其中，1 亿美元分配给条约信托基金，6000 万美元用于帕劳政府偿还债务，2000 万美元用于帕劳政府未来 20 年的年度使用资金，1000 万美元用于帕劳基础设施建设和维护。新的《自由联系条约》审查协议还包括非金融计划，例如继续向帕劳提供美国邮政服务。[③] 其中，美国承诺 2023 年 10 月给予帕劳第一笔 9000 万美元的援助资金，用于帮助

① Leilani Reklai, "US-Palau Compact Review MOU Promises Double Financial Assistance", Island Times, January 13, 2023, https：//islandtimes. org/61072-2/.

② "Palau to Receive ＄7.1B Allocated under New Compact Agreements", Island Times, March 14, 2023, https：//islandtimes. org/palau - to - receive - 890m - from - 7 - 1b - allocated-under-new-compact-agreements/.

③ Leilani Reklai, "Palau and US Formally Sign Compact Review Agreement", Island Times, May 23, 2023, https：//islandtimes. org/palau-and-us-formally-sign-compact-review-agreement/.

帕劳恢复受新冠疫情严重影响的经济。① 其中，5000 万美元投入条约信托基金，其余 4000 万美元用于偿还债务和经济援助。② 2023 年 7 月，该协议获得帕劳国会的批准，帕劳希望美国国会能够在 10 月 1 日帕劳新财年③开始前批准该协议，从而为帕劳政府提供经济支持。

为促使《自由联系条约》审查协议尽快生效，2023 年 7 月，帕劳总统惠普斯还前往华盛顿参加美国国会的听证会，敦促美国国会批准协议。对于协议能否及何时得到美国国会的批准，帕劳的确非常担心。一是因为目前帕劳财政赤字严重，急需美国的资金援助救急，2024 财年帕劳政府面临 3700 万美元的预算缺口。④ 二是因为上一次美国与帕劳的《自由联系条约》审查协议拨款在协议签署九年后才得到美国国会的批准。2009 年（奥巴马政府时期）美国与帕劳签署了《自由联系条约》审查协议（2010~2024 年），但帕劳直到九年后的 2018 年才获得美国国会的资助，而 2009 年签署的协议本来计划 2010 财年生效。但是让帕劳失望的是，新的《自由联系条约》审查协议在美国国会仍然没有摆脱被不断延迟的命运。尽管协议成功地得到了美国参议院和众议院十几个相关委员会的通过，但在提交国会批准的过程中遭到"遗漏"和"抵消"，新的《自由联系条约》审查协议既没能被纳入美国的《国防授权法案》，也没有被纳入紧急补充预算请求（涵盖美国边境安全以及对以色列和乌克兰等的援助）。至于何时能得到来自美国的协议援助资金，帕劳目前能做的只能是等待。⑤ 如果不能得到美国的及时援助，帕劳

---

① "Whipps to Attend US Congressional Hearing in Washington D. C. on COFA", Island Times, July 11, 2023, https：//islandtimes. org/whipps-to-attend-us-congressional-hearing-in-washington-d-c-on-cofa/.

② "Palau's President Wonders if U. S. Is Committed to Promised Deal", Island Times, October 13, 2023, https：//islandtimes. org/palaus-president-wonders-if-u-s-is-committed-to-promised-deal/.

③ 帕劳财政年度：10 月 1 日至次年 9 月 30 日为一个财年。

④ "Palau's President Wonders if U. S. Is Committed to Promised Deal", Island Times, October 13, 2023, https：//islandtimes. org/palaus-president-wonders-if-u-s-is-committed-to-promised-deal/.

⑤ Cleo Paskal, "U. S. Congress' COFA Delay Jeopardises a Key Element of the 'Free and Open Indo-Pacific'", Island Times, February 9, 2024, https：//islandtimes. org/u-s-congress-cofa-delay-jeopardises-a-key-element-of-the-free-and-open-indo-pacific/.

财政支出可能会陷入困境，甚至可能不得不迅速削减开支，包括削减养老金和借款，从而引起帕劳政局不稳，尤其会增加 2024 年大选的变数。

（二）帕劳公务员养老金计划面临严重的赤字危机

2023 年，帕劳公务员养老金计划（Civil Service Pension Plan，CSPP）遭遇了严重的赤字危机。帕劳公务员养老金计划设立之初，资金主要源自公务员及其雇佣单位缴纳的养老金。其中，公务员缴纳其工资收入的 6%，相应地，公务员单位为其缴纳 6%。政府将向游客收取的环境影响费（Environmental Fee）和汇款税（Remittance Tax）纳入公务员养老金计划的补充资金来源。公务员养老金计划基金每年收到 700 万~800 万美元的缴费，但同时一年需要向退休人员支付约 1020 万美元的退休金，因此，从一开始该基金就存在"入不敷出"的风险。从实际运作来看，环境影响费和汇款税这两个来源收入的资金也不足以填补基金缺口。随着领取养老金的人数逐渐增多，而政府没有能力提供足够的补贴，到 1999 年，该基金开始出现赤字。此后，帕劳政府为解决基金赤字问题进行了一些改革尝试，并通过立法为基金提供额外资金来源，但仍不足以弥补赤字。到 2016 年，该基金已经负债达 2.15 亿美元。[①] 为解决高额的负债，公务员养老金计划基金董事会批准自 2017 年 10 月 1 日起将雇员和雇主的养老金计划缴费率提高 2 个百分点。但此计划遭到了众议院的反对，2017 年 7 月，众议院通过第 10-11-3 号联合决议（House Joint Resolution 10-11-3），敦促公务员养老金计划基金董事会将雇员和雇主缴费率上调的实施推迟一年，并承诺通过 2018 财年预算向该基金提供 210 万美元补贴。[②] 此后，公务员养老金计划基金董事会又提出从 2018 年 1 月 1 日起将个人缴款额增加 2%。因担心提高员工缴款额将对参与者及其家人

---

① Leilani Reklai, "House Joint Resolution Seeks to Postpone Increase in Pension Contribution", Island Times, July 25, 2017, https：//islandtimes.org/house-joint-resolution-seeks-to-postpone-increase-in-pension-contribution/.

② Leilani Reklai, "House Joint Resolution Seeks to Postpone Increase in Pension Contribution", Island Times, July 25, 2017, https：//islandtimes.org/house-joint-resolution-seeks-to-postpone-increase-in-pension-contribution/.

产生重大影响，帕劳时任总统汤米·E. 雷蒙格绍（Tommy E. Remengesau Jr.）拒绝了该基金董事会提出的增加养老金缴款额的提议。

此后，公务员养老金计划基金董事会和帕劳政府为解决公务员养老金计划基金赤字问题不断博弈，但一直未能有效解决。2021年7月，基金董事会曾向帕劳国会要求提供补贴，否则养老金缴费率将被迫从6%提高到10%，以弥补基金资金缺口。但政府无力为公务员养老金计划提供额外补贴，而且，如果缴费率提高到10%，政府作为雇主将为该基金多缴纳约400万美元的费用。经协商，惠普斯总统同意董事会提出的关于增加政府工作人员养老金缴款和对养老金福利征税①的提议。此后，公务员养老金计划基金董事会向公务员养老金计划的所有雇员和成员发出通知，决定从2021年10月1日起提高雇员和雇主的缴费比例，缴费率从6%提高到7%。同时，政府向领取养老金的退休人员征收福利税，规定每月领取8000美元及以下的退休人员按6%纳税，超过8000美元的退休人员按12%纳税。② 这一提高缴费率的计划遭到了帕劳国会的反对。2021年9月，帕劳国会通过了第11-16-3S号众议院联合决议（House Joint Resolution 11-16-3S），阻止公务员养老金计划将公务员养老金缴费率从6%提高到7%。③ 帕劳国会在决议中表示，鉴于财政部、预算和规划局正在努力与公务员养老金计划基金董事会商讨制定一项全面的法案，以大幅改革养老金计划并确保解决赤字问题，因此，养老金缴费的任何变化都应推迟到"全面养老金计划法案"出台之后。至此，公务员养老金计划基金董事会提高养老金缴费率的计划再次失败。然而，鉴于财政收支赤字，2022财年帕劳政府的统一预算中仍然没有为养老金计划基金提供补贴的预算。

公务员养老金计划基金董事会多次致函总统和议会，警告养老金计划将

---

① 帕劳公务员养老金计划设立之初，规定养老金领取者不需要为其领取的养老金缴纳税款。

② "Pension Plan's Proposal to Increase Contributions and Tax Pension Benefits Has Whipp's Support", Island Times, August 6, 2021, https：//islandtimes.org/pension-plans-proposal-to-increase-contributions-and-tax-pension-benefits-has-whipps-support/.

③ "OEK Stops Pension Contributions Increase", Island Times, September 24, 2021, https：//islandtimes.org/oek-stops-pension-contributions-increase/.

面临财务崩溃。公务员养老金计划基金董事会的财务报告显示，该基金每年收到约705.3万美元的缴款，但同时需要支付1079.1万美元的养老金。由于养老金计划其他资金来源仍然不足，基金需要每年从投资中撤回约279万美元用于弥补缺口。目前，该基金投资额约为2600万美元，但每年都要从投资中撤回部分本金用于抵消支付的养老金缺口，按照目前赤字数额和养老金缺口，如果没有新资金流入，该基金将在5年内耗尽资金。[①] 公务员养老金计划基金董事会指出，政府和议会必须采取措施解决养老金计划基金赤字问题。然而，受帕劳经济下滑、财政收支困难等各种因素的影响，这一赤字危机还在继续，甚至有加重趋势。到2023年底，公务员养老金计划基金约为2227万美元，比上年减少了136万美元，而且随着投资资金不断减少，缴费与支出之间的差距越来越大。数据显示，2023年，该基金收入约700万美元，但需要向养老金领取者支付超过1000万美元，导致缺口300万美元。[②] 尽管2023年帕劳环境影响费和汇款税的收入略有增加，但不足以弥补这一巨大的赤字。更为严重的是，如果不能找到解决方案，帕劳公务员养老金计划基金将难以为继。基金董事会提出的解决危机的措施包括提高在岗工作人员的缴费水平、降低养老金领取者的福利水平、提高退休年龄以及通过增加基金的现有收入并寻求其他收入来源，以防止该计划彻底崩溃。然而，相应的问题也随之而来。提高缴费水平不仅会给缴费的在职公务员增加负担，同样会给入不敷出的帕劳政府带来负担；减少退休公务员领取养老金的额度或向领取的养老金征税，必然会对退休人员的生活质量产生负面影响；提高公务员退休年龄可以通过延长员工的工作年限而增加缴款额，但可能会遭到年长员工的反对；获得额外的政府资金补贴是缓解基金压力的有效途径，但需要政府额外的预算拨款，这是目前帕劳政府所难以承受的。公务

---

① Leilani Reklai, "Pensioners Asked for Solutions for Failing Pension Plan", Island Times, July 1, 2022, https：//islandtimes. org/pensioners-asked-for-solutions-for-failing-pension-plan/.

② Leilani Reklai, "CSPP Investment Fund Shrinks as Pension Shortfall Widens", Island Times, December 12, 2023, https：//islandtimes. org/cspp‐investment‐fund‐shrinks‐as‐pension‐shortfall‐widens/.

员养老金计划基金危机凸显了帕劳养老金计划面临的挑战：人口老龄化、成本上升和投资回报率低。

（三）帕劳公共服务遭遇资金短缺危机

2023年，帕劳在公共服务方面也遭遇了严重的资金短缺危机。早在2019年，帕劳公用事业公司（PPUC）的收支报告就显示该公司当年收入约4110万美元，而公司支出的运营费用为4460万美元，净亏损350万美元。2020年初，帕劳公用事业公司主席兼代理首席执行官格雷格·德切容（Greg Decherong）就曾警告，如果政府不采取措施帮助其支付运营成本，该公司将在3个月后耗尽其紧急储备。此外，公司董事会称，尽管公司通过紧缩措施大幅削减预算尽最大努力平衡来年的预算，但公司预计两年内仍然会处于净亏损。因此，公司向政府提出要求紧急提供400万～500万美元的补贴以弥补运营净亏损，此外，根据预算，公司实际上需要约800万美元来弥补净亏损。[①] 然而，帕劳政府无力提供高额的补贴以弥补公司持续的净亏损。2022年3月，帕劳总统惠普斯签署法令为公用事业公司提供160万美元补贴，这与公司的亏空额度相去甚远。此后，帕劳政府又通过亚洲开发银行（ADB）为公用事业公司获取了500万美元的政策贷款。[②] 2023年帕劳政府还尝试通过免税、将公用事业公司私营化、引入太阳能计划等方式帮助解决公司的成本问题，努力使公司摆脱依赖政府补贴的现状。为促使公司获得足够的运营成本、保障基础设施得到正常维护，公用事业公司从2023年4月起将服务费率提高了100%以上。在新费率下，按消费量收费被取消，实行统一的费率。例如，住宅用户的水费升至每1000加仑6.72美元，这对于使用0～5000加仑的用户来说，原来的税率下仅需支付1.65美元，而现在

① Leilani Reklai, "PPUC to Go Broke in 3 Months", Island Times, February 4, 2020, https：//islandtimes. org/ppuc-to-go-broke-in-3-months/.

② Leilani Reklai, "Bill Exempting PPUC, PNCC and BSCC from PGST Proposed", Island Times, April 4, 2023, https：//islandtimes. org/bill-exempting-ppuc-pncc-and-bscc-from-pgst-proposed/.

需要支付 6.72 美元；而对于用水达到 5000 加仑以上的客户，他们的费用实际上每 1000 加仑下降了 3 美分。对于废水处理费，原费率下为每 1000 加仑 0.41 美分，新费率下将支付每 1000 加仑 9.31 美元，增幅超过 2000%；超过 5000 加仑废水的客户的废水处理费也从原来的 1000 加仑 6.18 美元上涨至 9.31 美元，增幅超过 50%。① 2023 年 12 月，帕劳政府、公用事业公司和亚洲开发银行签署了重启科罗尔-艾拉卫生项目谅解备忘录，重新启动亚洲开发银行向该项目的付款，② 尽管如此，仍然未能解决公用事业公司的亏损问题，尤其是供水和废水处理部门的财务状况难以维持。公用事业公司警告称，除非政府为其陷入困境的供水和废水处理业务提供紧急财政援助，否则该公司可能会实行供水配给和裁员。

此外，人口外流也是当前帕劳社会存在的重要人口问题。惠普斯总统在 2023 年 10 月 1 日独立日的讲话中指出，自帕劳独立以来，已经有 9000 名帕劳人移民，预计到 2024 年还将有 2000 人离开帕劳。这对于一个人口仅有 2 万人的国家来说，无疑是一个庞大的数字。为此，惠普斯总统指出，"我们必须共同努力加强我们的经济……让我们的国家更具吸引力"，以防止帕劳人口外流。③

二 2023年帕劳经济发展评析

2023 年对帕劳来说是"艰难的一年"。通货膨胀、债务困境以及旅游业复苏乏力，都让疫情后的帕劳经济举步维艰。有评论指出，2023 年对帕劳

---

① Leilani Reklai, "Whipps Supports Full Recovery Rates for PPUC", Island Times, March 17, 2023, https：//islandtimes. org/whipps-supports-full-recovery-rates-for-ppuc/.

② Leilani Reklai, "Palau Water Utility Warns of Rationing, Job Cuts Amid Financial Crisis", Island Times, January 23, 2024, https：//islandtimes. org/palau-water-utility-warns-of-rationing-job-cuts-amid-financial-crisis/.

③ Leilani Reklai, "Palau's FY 2024 Budget Approved, with Increased Spending on Government Employees, Childcare, and Utilities", Island Times, October 3, 2023, https：//islandtimes. org/palaus-fy-2024-budget-approved-with-increased-spending-on-government-employees-childcare-and-utilities/.

来说是物价高企、经济复苏喜忧参半、希望渺茫的一年。① 虽然惠普斯政府也在努力寻求促进经济增长的方式,然而,这些解决问题的努力就像为断臂贴上"创可贴",没有找到真正的解决方案。

(一)经济尚未走出困境

2023年,帕劳经济仍然没能走出负增长的境况。帕劳财政部统计数据显示,2023年帕劳GDP增长率为-0.2%。② 此外,2023年帕劳经济还遭遇了严重的通货膨胀和债务危机。新冠疫情发生后,帕劳GDP一直处于负增长。尽管2022年以来帕劳经济比疫情期间有了较大的恢复,但GDP仍然是负增长(见表1)。

表1 2018~2022年帕劳GDP及GDP增长率

项目	2018年	2019年	2020年	2021年	2022年
GDP(亿美元)	2.885	2.820	2.579	2.329	2.413
GDP增长率(%)	-0.5	-0.2	-7.5	-13.7	-2.6

资料来源:2022 Statistical Yearbook, Bureau of Budget and Planning, Ministry of Finance, Republic of Palau, March 2, 2024, https://www.palaugov.pw/wp-content/uploads/2022-Statistical-Yearbook.pdf。

2023年,帕劳的通货膨胀达到了"历史最高水平"。在外部因素和国内税收增加的共同推动下,这一年出现了持续的通货膨胀。据2023年12月国际货币基金组织(IMF)的报告,帕劳2023年的通胀率创下13%的历史新高。食品、公用事业和基本商品成本的上涨挤压了家庭预算,特别是对平均

① Leilani Reklai, "Palau Weathers 2023's Perfect Storm: A Year of High Prices, Mixed Recovery, and Uncertain Hope", Island Times, January 5, 2024, https://islandtimes.org/palau-weathers-2023s-perfect-storm-a-year-of-high-prices-mixed-recovery-and-uncertain-hope/.

② Ministry of Finance, Economic and Fiscal Update Fiscal Year 2023, Republic of Palau, p.2, September 18, 2023, https://www.palaugov.pw/wp-content/uploads/Economic-and-Fiscal-Update.pdf.

收入家庭和政府部门以外缺乏工资调整的家庭造成影响。[①] 2023 年开始实施的商品和服务税（PGST）、增值税以及公用事业税调整是导致帕劳高通胀的重要因素，而俄乌冲突及供应链中断导致的食品和燃料进口价格上涨也是重要的外部因素。

帕劳自 2023 年 1 月开始实施商品和服务税，受此影响，第一季度帕劳国内商品和服务价格出现普遍上涨。数据显示，第一季度帕劳的季度通货膨胀率为 8.4%，年度通货膨胀率为 16.9%，与上年同期相比均有大幅增加。第二季度的季度通货膨胀率为 1.0%，比第一季度下降明显，主要原因是水果、蔬菜、鸡肉、猪肉、燃料和电力等商品和服务价格较上一季度有所下降；年度通货膨胀率也呈现下降趋势，与上年同期相比下降了 4.3 个百分点。[②] 第三季度的季度通货膨胀率较上年同期下降了 0.2 个百分点，但年度通货膨胀率仍维持在 9.0% 的高位。第四季度通货膨胀率比上一季度下降了 0.4 个百分点，主要是由冷冻鸡肉、蔬菜、电力和燃料等商品价格下降推动的；年度通货膨胀率也有所下降，为 8.5%（见表 2）。

表 2　2023 年第一季度至第四季度帕劳通货膨胀率

季度	季度通货膨胀率(%)	年度通货膨胀率(%)
第一季度	8.4	16.9
第二季度	1.0	12.6
第三季度	-0.2	9.0
第四季度	-0.4	8.5

资料来源：Consumer Price Index of Republic of Palau, 1-4 Quarter 2023, Office of Planning and Statistics, Bureau of Budget and Planning, https://www.palaugov.pw/budgetandplanning。

[①] Leilani Reklai, "Palau Weathers 2023's Perfect Storm: A Year of High Prices, Mixed Recovery, and Uncertain Hope", Island Times, January 5, 2024, https://islandtimes.org/palau-weathers-2023s-perfect-storm-a-year-of-high-prices-mixed-recovery-and-uncertain-hope/.

[②] Consumer Price Index of Republic of Palau, 2 Quarter 2023, Office of Planning and Statistics, Bureau of Budget and Planning, https://www.palaugov.pw/budgetandplanning.

与上年同期相比，2023 年帕劳居民消费和服务涨幅最大的类别是食品和非酒精饮料，其次是酒精饮料、香烟和麻醉品，交通运输和住房、水电支出等占比都比较高。其中，鲜鱼、冷冻鸡肉、牛肉罐头、洋葱、芋头、大米、面粉、面包、油、酱油、牛奶、鸡蛋、软饮料、咖啡等消费价格都大幅增长，对 CPI 的贡献率为 23.62%，其次是香烟、啤酒、葡萄酒、烈酒和槟榔等，占 17.22%，而运输支出也占了 15.7%，住房、水、电、天然气和其他燃料占 15.13%。① 国际货币基金组织预计，随着一次性物价上涨的影响消退，2024 年帕劳的通胀率可能会降至 5.9%。②

受国内购买力下降和供应链中断导致进口食品和燃料价格上涨等因素的影响，2023 年帕劳进出口总体呈下降趋势，且延续了大幅贸易逆差的状况。据统计，2023 年第一季度帕劳进口总额为 4200 万美元，比上年同期下降了 11.8%（约 560 万美元）。其中，纺织品类商品进口额下降了 40.4%，矿产品下降了 37.3%，皮革制品及旅游用品下降了 31.9%，车辆、飞机及相关运输设备下降了 25.6%，珠宝及金属下降了 22.6%。而第一季度出口总额仅为 30 万美元，比上年同期出口总额大幅下降 72.6%。其中，作为主要出口商品的鱼类和甲壳类动物等海产品出口额下降了 38.9%。③ 第二季度，进口出现增长态势，进口总额达 5150 万美元，同比增长 20.9%。出口额比第一季度也有了大幅增长，出口总额达到 290 万美元，但同比仍然下降了 36.6%，第二季度贸易逆差达到 4860 万美元。第三季度进口额为 5000 万美元，比上年同期下降了 10.0%，比第二季度略有下降。第三季度出口总额为 290 万美元，与第二季度持平，但比上年同期增长了 95.9%。从出口的主要区域来看，美洲地区成为主要的出口市场，出口额增长了 912.8%，而主要出口市场之一的亚洲仅仅增长了 3.3%，大洋洲则下

① Consumer Price Index of Republic of Palau, 1–4 Quarter 2023, Office of Planning and Statistics, Bureau of Budget and Planning, http://www.palaugov.pw/budgetandplanning.

② "Palau's Inflation at a Historical High-IMF", Island Times, December 29, 2023, https://islandtimes.org/palaus-inflation-at-a-historical-high-imf/.

③ International Merchandise Trade Statistics of Republic of Palau, 1st, Quarter 2023, Office of Planning and Statistics Bureau of Budget and Planning, https://www.palaugov.pw/budgetandplanning/.

降了 72.4%。① 第四季度进口总额为 5210 万美元，比上年同期下降了 15.5%。出口总额为 80 万美元，与 2022 年同期相比增长了 34.4%（见表 3）。从出口市场来看，出口到大洋洲的出口额大幅增长，与 2022 年同期相比增加了 199.4%，而作为传统出口地区的亚洲市场和美洲市场都出现了大幅下降，其中，亚洲市场出口额下降了 47.2%，美洲市场下降了 10.2%。②

表 3　2023 年第一季度至第四季度帕劳进出口情况

单位：万美元，%

项目		第一季度	第二季度	第三季度	第四季度
进口	总额	4200	5150	5000	5210
	增长率	−11.8	20.9	−10.0	−15.5
出口	总额	30	290	290	80
	增长率	−72.6	−36.6	95.9	34.4
贸易逆差		4170	4860	4710	5130

资料来源：International Merchandise Trade Statistics of Republic of Palau, 1st, 2nd, 3rd, 4th, Quarter 2023, Office of Planning and Statistics Bureau of Budget and Planning, Ministry of Finance, https：//www. palaugov. pw/budgetandplanning/。

此外，持续不断的债务危机也让帕劳财政陷入严重的债务困境。根据世界银行报告，帕劳是债务较多的太平洋岛国之一。报告指出，2023 年帕劳债务与 GDP 之比（debt-to-GDP ratio）不断攀升，外债已占 GDP 总量的 90%以上，这将极大限制帕劳应对未来经济冲击的能力。③ 据统计，2023 年帕劳的政府债务达到 1.916 亿美元，其中，国家政府债务高达 1.291 亿美元，包括帕劳国家通信公司（PNCC）、帕劳海底电缆公司（BSCC）和帕劳国家开发银行（NDBP）等国有企业持有的债务也达到了

① International Merchandise Trade Statistics of Republic of Palau, 3rd, Quarter 2023, Office of Planning and Statistics Bureau of Budget and Planning, https：//www. palaugov. pw/budgetandplanning/.

② International Merchandise Trade Statistics of Republic of Palau, 4th, Quarter 2023, Office of Planning and Statistics Bureau of Budget and Planning, https：//www. palaugov. pw/budgetandplanning/.

③ "Economic Insecurity in Palau Is a Concern", Island Times, September 12, 2023, https：// islandtimes. org/economic-insecurity-in-palau-is-a-concern/.

7870万美元。① 2023年，惠普斯政府实施了税收改革计划，税收收入的增加，在一定程度上缓解了持续的财政赤字，财政赤字下降至130万美元，占GDP的0.5%。② 此外，尽管帕劳与美国签署了《自由联系条约》审查协议，但该协议一直没能得到美国国会的批准，从而使得依靠协议赠款解决帕劳政府财政短缺问题的计划落空，帕劳政府不得不在2024财年预算中动用条约信托基金（The Compact Trust Fund）。③

（二）旅游业复苏乏力

旅游业是帕劳经济的重要支柱。为促进帕劳旅游业的发展，惠普斯政府一直在积极寻求与亚太地区主要客源地的联系，努力恢复和增加新的航线，但缺乏有效的营销策略以及旅游市场的激烈竞争，导致帕劳旅游业未能达到预期的增长。④ 恢复帕劳主要客源地飞往帕劳的航班，是疫情后惠普斯政府振兴帕劳旅游业的重要举措。疫情后，联合航空、台湾中华航空等定期航班得到了恢复。惠普斯政府还积极推动从伙伴国家飞往帕劳的新航班或直达航班。经过磋商，澳大利亚悉尼经巴布亚新几内亚飞往帕劳的新航线于2023年2月开通，从新加坡飞往帕劳的新直航也于6月开通。此外，惠普斯总统还借出访之机与到访国积极协商开通直飞航班。2023年5~6月，惠普斯在韩国参加首届韩国-太平洋岛国峰会期间，与韩国总统尹锡悦就推动济州航空（Jeju Air）开通从韩国直飞帕劳的航班进行了磋商。济州航空暂定

① Leilani Reklai, "Palau's Government Debt Stands at 60% of GDP in 2023", Island Times, March 15, 2024, https：//islandtimes.org/palaus-government-debt-stands-at-60-of-gdp-in-2023/.

② Ministry of Finance, Economic and Fiscal Update Fiscal Year 2023, Republic of Palau, p. 9, September 18, 2023, https：//www.palaugov.pw/wp-content/uploads/Economic-and-Fiscal-Update.pdf.

③ Leilani Reklai, "Palau Weathers 2023's Perfect Storm：A Year of High Prices, Mixed Recovery, and Uncertain Hope", Island Times, January 5, 2024, https：//islandtimes.org/palau-weathers-2023s-perfect-storm-a-year-of-high-prices-mixed-recovery-and-uncertain-hope/.

④ Leilani Reklai, "Palau Weathers 2023's Perfect Storm：A Year of High Prices, Mixed Recovery, and Uncertain Hope", Island Times, January 5, 2024, https：//islandtimes.org/palau-weathers-2023s-perfect-storm-a-year-of-high-prices-mixed-recovery-and-uncertain-hope/.

2023 年 7~12 月每月直飞一次，并计划 2024 年 1 月确定定期航班时刻表。7
月 29 日，载有 197 名乘客的首个从韩国飞往帕劳的直飞航班抵达帕劳国际
机场。① 6 月，惠普斯访问日本期间，与日本首相岸田文雄就开通日本直飞
帕劳航线进行了沟通。

随着航班的恢复和入境游客的增多，2023 年初帕劳旅游业显示出较为
强劲的复苏迹象。但后期由于东亚客源市场旅行限制收紧以及美元升值等因
素的影响，帕劳旅游业呈现出增长乏力的现象。从全年来看，旅游业复苏缓
慢，2023 年旅游业收益仍然低于疫情前的水平。据帕劳游客入境统计报告
数据，2023 年 1~7 月，帕劳共接待游客 2.16 万人次。从入境游客数量来
看：中国台湾地区位居第一，1~7 月共有 6565 名游客到帕劳旅游，占入境
帕劳游客总数的 30%；美国及加拿大共有 4881 名游客入境，占游客总数的
23%②；其间，入境帕劳的中国大陆游客为 4425 人次。不过，2023 年 7 月，
来自中国大陆的游客已经占到入境帕劳游客总数的 35%，中国成为 7 月入境
帕劳人数最多的国家，帕劳媒体称"中国游客正卷土重来"。疫情后的帕劳
旅游业正在迅速恢复。报告还指出，2023 年 7 月，帕劳共接待了 4912 名游
客，比 6 月增长了 23%，与 2022 年 7 月相比则增长了 347%③（见表 4）。

表 4　2023 年 1~8 月帕劳入境游客人数统计

单位：人

国家/地区	1 月	2 月	3 月	4 月	5 月	6 月	7 月	8 月
日本	287	331	308	276	224	186	187	440
韩国	36	37	64	41	52	34	145	165
中国台湾	694	928	1050	842	771	1072	1208	853
中国大陆	28	53	93	285	693	1571	1702	1756

① Leilani Reklai, "Direct Flight from S. Korea Resumes after COVID-19", Island Times, August
1, 2023, https://islandtimes.org/direct-flight-from-s-korea-resumes-after-covid-19/.

② "Tourists from China Tops July Arrivals", Island Times, September 8, 2023, https://
islandtimes.org/tourists-from-china-tops-july-arrivals-2/.

③ "Tourists from China Tops July Arrivals", Island Times, September 8, 2023, https://
islandtimes.org/tourists-from-china-tops-july-arrivals-2/.

国家/地区	1月	2月	3月	4月	5月	6月	7月	8月
美国/加拿大	623	634	772	508	413	753	1178	611
欧洲	136	192	274	552	123	95	179	211
其他	185	240	365	356	234	277	313	783
总计	1989	2415	2926	2860	2510	3988	4912	4819

资料来源：Bureau of Immigration, MOJ, Palau Visitors Authority, and Bureau of Budget and Planning, MOF, https：//www.palaugov.pw/executive – branch/ministries/finance/budgetandplanning/immigration-tourism-statistics/。

据统计，2023年帕劳接待入境游客总量比2022年有了大幅增长，但与新冠疫情发生前相比，仅恢复到2019年入境人数的不到一半。① 从入境游客的客源地来看，2023年来自中国大陆和台湾地区的游客占了很大一部分，帕劳传统的客源地日本的入境人数较2022年也呈现大幅上升，但韩国的入境人数出现了大幅下降（见表5）。

表5 2019~2023财年帕劳入境游客人数（按地区）统计

单位：人

国家/地区	2019年	2020年	2021年	2022年	2023年
日本	19637	10647	83	762	2934
韩国	11569	6227	12	136	617
中国台湾	14065	6279	1914	892	9740
中国大陆	28504	9761	33	57	8111
美国/加拿大	7832	4015	1194	5687	8048
欧洲	3786	2541	20	563	2329
其他	4333	2283	156	1150	3119
总人数	89726	41753	3412	9247	34899

注：帕劳的财政年度为10月1日至次年9月30日。

资料来源：Bureau of Immigration, MOJ, Palau Visitors Authority, and Bureau of Budget and Planning, MOF, https：//www.palaugov.pw/wp-content/uploads/Economic-and-Fiscal-Update.pdf, p. 21。

① Leilani Reklai, " Palau Prepares for Tourism Surge with New Charter Flights in February and March ", Island Times, January 26, 2024, https：//islandtimes.org/palau – prepares – for – tourism-surge-with-new-charter-flights-in-february-and-march/.

可见，帕劳的旅游业复苏未能达到预期水平。到 2023 年底，帕劳旅游业仍然没有恢复到疫情前的水平，与 2019 年相比，仅仅恢复了不到一半。随着航班的逐步恢复及帕劳免签证旅游措施的出台，帕劳入境游客在 2024 年将迎来大幅增长。此外，帕劳护照在全球旅游市场上的排名指数对帕劳对外交往也比较有利。据亨利护照指数（Henley Passport Index，HPI），基于 2023 年免签证旅行的最高经济流动性，帕劳在太平洋地区护照中排名位居前列（不包括澳大利亚和新西兰）。帕劳护照持有者可以免签证前往全球 123 个国家和地区，2023 年底在公民身份排名中帕劳护照排名第 48 位。① 尽管全球排名较 2023 年 7 月的第 47 位下降了一位，但相应的免签证国家增加了两个。

（三）农业发展初见成效

2023 年 7 月，帕劳举办了第二届农博会（Palau Agri-Fair），来自帕劳几乎所有州的农民、渔民参加了农博会，农作物和畜牧协会（Crops and Livestock Associations）也在农博会上展示了公司生产的产品。帕劳农业、渔业与环境部（The Ministry of Agriculture, Fisheries, and Environment, MAFE）于 2022 年 11 月举办了首届农博会，"将农民、渔民与市场、买家联系起来"是举办农博会的主要目的。② 2023 年农博会参观展会的人数比上年多了 4 倍多，各个摊位上都有许多优质的产品，展品也更加丰富，不仅有农产品、农作物及牲畜，还有各种植物及捕获的新鲜金枪鱼、虾等海鲜产品，吸引了许多参观者前来参观和购买。农业、渔业与环境部长史蒂文·维克多（Steven Victor）将农博会的成功举办归功于他们自 2021 年以来与生产者的积极接触。"由于我们不断与农民合作增强意识，并不断努力收集数据以了

---

① "Palau Tops Passport Economic Mobility Ranking in the Pacific", Island Times, January 16, 2024, https://islandtimes.org/palau-tops-passport-economic-mobility-ranking-in-the-pacific/.

② Leilani Reklai, "First Agri Fair Promoting Food Security Held", Island Times, November 22, 2022, https://islandtimes.org/first-agri-fair-promoting-food-security-held/.

解我们生产者的概况，我们在今年的农博会上得到了小规模生产者的大力参与。"举办农博会也是帕劳促进粮食安全计划的举措之一。"到 2030 年将农业产量增加两倍"是帕劳制定的绿色增长计划，具体目标包括通过替代进口来提高国家粮食安全，通过生产和增值产业商业化以及对自给农业的多样化支持来提高经济安全，通过规划持续供应健康、营养和负担得起的食品来提高社会复原力，以及通过基于创新的解决方案减少生态系统的脆弱性。[1]

增加政府支出、提高最低工资以及通过金融科技行业实现经济多元化是惠普斯本届政府改善帕劳经济的三项政策。2023 年 9 月 30 日，惠普斯总统签署了帕劳 2024 财年（2023 年 10 月 1 日至 2024 年 9 月 30 日）1.2243 亿美元的财政预算，该预算比 2023 财年预算增加 19%。前一天，该预算已经在帕劳参议院和众议院获得批准。惠普斯总统表示，2024 财年财政预算通过向帕劳公用事业公司和社会保障管理局提供政府补贴的方式，帮助帕劳民众应对高昂的生活成本，特别是电力和水的成本。预算还增加了对政府雇员工资的拨款，为每名政府雇员每年加薪 3120 美元。[2] 预算还增加了对中小企业的援助，通过冲销利息和罚款以及重组贷款等方式为在帕劳国家开发银行有贷款并受疫情影响的中小企业提供援助。政府提高政府雇员工资和为中小企业提供援助的措施将有助于刺激经济、创造就业机会。[3] 值得注意的是，鉴于目前帕劳仍然面临比较严峻的经济挑战，因此帕劳政府 2024 财年的预算资金仍然不得不严重依赖外援，尤其是与美国的《自由联系条约》

---

① Leilani Reklai, "Agri-Fair 2023 Grows Bigger", Island Times, July 18, 2023, https://islandtimes.org/agri-fair-2023-grows-bigger/.

② Leilani Reklai, "Palau's FY 2024 Budget Approved, with Increased Spending on Government Employees, Childcare, and Utilities", Island Times, October 3, 2023, https://islandtimes.org/palaus-fy-2024-budget-approved-with-increased-spending-on-government-employees-childcare-and-utilities/.

③ Leilani Reklai, "Palau FY 2024 Budget Bill Approved by Senate and House", Island Times, September 29, 2023, https://islandtimes.org/palau-fy-2024-budget-bill-approved-by-senate-and-house/.

审查协议财务方案和条约信托基金（The Compact Trust Fund）。① 但是，这一预算本身就存在一定风险，因为美国国会对美国与帕劳之间的《条约审查协议》一揽子计划可能存在延迟通过的风险。此外，为了应对当前的财政支出，帕劳政府在预算中将从条约信托基金中提取 3000 万美元作为权宜之计，但条约信托基金毕竟是一种有限资源，政府应避免用它来资助经常性开支。②

此外，随着帕劳经济向多样化转型，2023 年帕劳申请加入联合国工业发展组织（The United Nations Industrial Development Organization，UNIDO），成为联合国工业发展组织第 171 个成员国。帕劳总统惠普斯表示，希望与联合国工业发展组织在环境保护、适应气候变化影响、可持续能源和蓝色经济等领域加强合作，帮助帕劳开辟一条基于可持续蓝色经济发展道路。

三　2023年帕劳外交发展评析

2023 年，帕劳外交延续了惠普斯政府借气候外交扩大影响力的传统，在《联合国气候变化框架公约》第 28 次缔约方大会（COP28）上继续发出"岛国呼声"，引发国际社会的广泛关注。同时，惠普斯总统也充分发挥元首外交的作用，为帕劳经济社会发展"化缘"，在出访日本时与日本首相商谈日本与帕劳间直航问题，在访美时呼吁美国国会尽快批准给予帕劳的协议援助资金。惠普斯的出访也获得了"回报"，帕劳获得了来自日本和美国等"传统友好国家"的大量援助，而且日本还派出史上人数最多的议员代表团访问帕劳，美国也派出两党联合代表团访问帕劳。值得注意的是，美国海岸

---

① 根据《自由联系条约》，美国以租金形式在条约生效的前 15 年内（1994~2009 年）向帕劳提供超过 8 亿美元的援助，其中 7000 万美元存入帕劳信托基金。该基金已超过 1.44 亿美元，供条约结束后补贴帕劳财政之用。来源：《帕劳国家概况》，中华人民共和国外交部网站，2024 年 3 月 2 日，https：//www.fmprc.gov.cn/gjhdq_ 676201/gj_ 676203/dyz_ 681240/1206_ 681666/1206x0_ 681668/。

② Leilani Reklai, "Palau FY 2024 Budget Bill Approved by Senate and House", Island Times, September 29, 2023, https：//islandtimes.org/palau - fy - 2024 - budget - bill - approved - by - senate-and-house/.

警卫队、日本自卫队也频频现身帕劳，加强与帕劳的军事关系。此外，惠普斯还在一年内两度到访阿拉伯联合酋长国，加强与阿联酋的友好合作关系。

（一）借气候外交提升国际形象

帕劳是一个陆地面积狭小的岛国，但拥有广袤的海洋水域。近年来，帕劳借助联合国大会、联合国气候变化大会等多边舞台不断发声，呼吁国际社会在应对气候变化方面做出共同努力，在国际社会塑造了一个全球气候治理积极呼吁者和建设者的形象。

在 2023 年 12 月举行的《联合国气候变化框架公约》第 28 次缔约方大会上，帕劳总统惠普斯再次敦促全球合作并采取行动，应对气候危机带来的严峻挑战。惠普斯在峰会声明中表示："我们的海洋为我们提供食物、保护我们"，作为回报，"我们必须保护它"；气候危机的解决需要国际社会的共同参与，"我们共享一个星球"，我们必须团结起来，积极采取行动保护海洋。惠普斯还在峰会上提出了"bul"的概念，指出保护海洋可以借鉴帕劳的智慧，强调暂停捕捞以使海洋痊愈的重要性。[①] 他还分享了帕劳保护隆头鹦鹉鱼（the bumphead parrot fish）的成功故事，显示出帕劳所做的海洋保护对海洋生态系统恢复的积极影响，并敦促每年至少筹集 1000 亿美元来支持遭受气候变化影响的最弱势群体。[②] 此外，惠普斯在峰会上还表示帕劳加入《化石燃料不扩散条约》（The Fossil Fuel Non-Proliferation Treaty，FFNPT），从而成为第 9 个正式呼吁签署《化石燃料不扩散条约》的国家。[③]《化石燃

[①] 2015 年，帕劳将其近海领海面积的 80% 设立为国家海洋保护区（Palau National Marine Sanctuary），该保护区成为世界上最大的海洋保护区之一。帕劳也是目前全球海洋保育方面的领军者之一。

[②] "Palau's President Urges Global Unity and Action at COP28 Plenary, Calls for Tangible Measures to Address Climate Crisis", Island Times, December 5, 2023, https：//islandtimes. org/palaus-president-urges-global-unity-and-action-at-cop28-plenary-calls-for-tangible-measures-to-address-climate-crisis/.

[③] "At COP28, Palau Becomes 9th Nation State to Formally Call for a Fossil Fuel Non-Proliferation Treaty", Island Times, December 8, 2023, https：//islandtimes. org/at - cop28 - palau - becomes-9th-nation-state-to-formally-call-for-a-fossil-fuel-non-proliferation-treaty/.

料不扩散条约》是由岛国呼吁发起的，旨在通过创立一项国际机制用于管理逐步淘汰化石燃料，并为全球公正、公平地摆脱石油、天然气和煤炭转型提供资金。目前，签署这一条约的国家包括瓦努阿图、图瓦卢、汤加、斐济、纽埃、所罗门群岛、安提瓜和巴布达、东帝汶、帕劳9个国家。此外，《化石燃料不扩散条约》提案还得到了世界卫生组织、欧洲议会、多位诺贝尔奖获得者、科学家、学者及多国议员、民间社会组织和地方政府的支持。

（二）进一步加强了与美国的"自由联系"关系

2023年，美国与帕劳的双边关系得到了进一步加强。如前所述，2023年帕劳与美国之间的一件大事是完成了两国《自由联系条约》新的条约审查协议。其间，帕劳总统惠普斯还于7月前往华盛顿参加了美国国会的听证会，美国两党国会代表团一行9人也访问了帕劳。2023年9月，由众议院自然资源委员会主席布鲁斯·韦斯特曼（Bruce Westerman）率领美国国会两党代表团访问了帕劳，以增强两国的友好关系。访问期间，美国国会议员会见了帕劳总统惠普斯，国务部长，财政部长，农业、渔业与环境部长和基础设施部长及帕劳国会议员，还访问了贝里琉岛，并向二战中牺牲的美国海军陆战队员表达了敬意。韦斯特曼在访问期间指出，美国与帕劳通过《自由联系条约》建立了"历史性的关系"，再加上两国在二战中共同抗敌的历史，两国之间这种"重要且宝贵的关系"，有助于共同维护"印太地区和世界安全"。①

同时，美国与帕劳之间的军事合作也取得了进展，尤其是美国海岸警卫队频频现身帕劳，与帕劳进行了一系列互动。2023年5月3~4日，美国和帕劳在檀香山举行了双边联合委员会会议（Joint Committee Meeting，JCM），重申了双方对加强地区安全和防务责任的承诺。同年11月16~17日，美国与帕劳在帕劳再次举行双边联合委员会会议（JCM），此次会议由美国印度

---

① "Amata with U. S. Congressional Delegation Visited Palau to Support Maritime Security", Island Times, September 5, 2023, https://islandtimes.org/amata - with - u - s - congressional - delegation-visited-palau-to-support-maritime-security/.

太平洋司令部（The U. S. Indo-Pacific Command，INDOPACOM）驻帕劳高级军事官员（Senior Military Official for the Republic of Palau）格雷戈里·霍夫曼（Gregory Huffman）少将与帕劳总统惠普斯共同主持。此次会议的议程包括国防责任、基础设施建设和地区军事演习，印度太平洋司令部、美国国务院和帕劳政府的高级官员出席了会议，美国军方还邀请了受美军军事活动影响最严重的恩加拉德（Ngaraard）、贝里琉（Peleliu）、安加尔（Angaur）、艾拉伊（Airai）和科罗尔（Koror）五个州的州长参加了联席会议。①

2023 年 10 月 6~13 日，美国海岸警卫队与帕劳举行了一系列会议，聚焦共同维护海上伙伴关系并促进地区稳定，规划美国海岸警卫队与帕劳之间的未来合作。密克罗尼西亚兼关岛美国海岸警卫队上尉尼古拉斯·西蒙斯（Nicholas Simmons）指出，美国与帕劳的合作"不仅仅是签署协议，而是关于我们共同采取的行动"，"我们需要并肩保护我们共同的海洋环境并确保地区安全"。② 美国驻帕劳大使乔尔·埃伦德赖希（Joel Ehrendreich）指出："在我们的目标一致的情况下，作为合作伙伴，我们将推进我们的安全努力，以实现我们两国和该地区的共同利益。"③ 联合委员会会议是基于美国与帕劳《自由联系条约》关于"安全与防务关系"而召开的，旨在促进"自由联系"国家之间的持续对话，加强双方在该地区的安全与防务责任。会后，格雷戈里·霍夫曼少将表示，美国军方正在寻求在帕劳建造和改善更多的基础设施，以供军事用途和联合用途。目前，美军已经在帕劳贝里琉州和恩加拉德州开始部署战术多任务超视距雷达（Tactical Multi-Mission Over

---

① 安加尔州基于安全考虑对美国政府、帕劳政府和两个战术多任务超视距雷达（TACMOR）项目承包商提起了诉讼，后在美国的"沟通"下撤回了诉讼。

② "US Coast Guard and Palau Held a Series of Meetings for Future Collaborations", Island Times, October 20, 2023, https://islandtimes. org/us-coast-guard-and-palau-held-a-series-of-meetings-for-future-collaborations/.

③ "U. S. Indo-Pacific Command Officials and Palau Representatives Conclude Joint Committee Meeting in Palau", Island Times, November 21, 2023, https://islandtimes. org/u-s-indo-pacific-command-officials-and-palau-representatives-conclude-joint-committee-meeting-in-palau/.

the Horizon Radar，TACMOR）项目①，美国军方在帕劳部署的战术多任务超视距雷达项目预计耗资 1.18 亿美元，该雷达将主要用于"监视中国在该地区的动向"。② 美军还计划在贝里琉州的机场和南部港口（二战旧址）加强基础设施建设，为美军驻军奠定基础。格雷戈里·霍夫曼少将指出，"帕劳是一个极其重要的国家，也是我们重要的合作伙伴"，贝里琉岛机场及南港区项目将"为长期项目获得合适的基础设施积聚"。③ 惠普斯总统还向美军请求将"爱国者"导弹永久部署在帕劳，但这一举措遭到了帕劳参议院的反对。

为了加强海上安全，部署在密克罗尼西亚及关岛地区的美国海岸警卫队的一个团队于 2023 年 12 月 26~30 日在帕劳举办了一系列船只安全使用培训班（Safe Boating Workshops），并向当地船民捐赠了重要的安全设备。在一周的时间里，该团队与帕劳公民行动团队（Civic Action Team Palau）④ 合作，访问了帕劳雅拉尔德（Ngaraard）、艾拉伊（Airai）、恩切萨尔（Ngchesar）、雅切隆（Ngarchelong）四个州，与帕劳国家护林员、渔民和船民合作，重点进行了实际有效的海上安全措施培训，并向参训者展示和传授口哨、安全检查表和信号镜的使用，以增加参训者的救援知识和增强参训者救援设备的使用能力，提升他们的救援救生能力。该团队还利用此次访问在帕劳高中进行招聘活动，为帕劳高中生介绍美国海岸警卫队学院（U. S. Coast Guard Academy）的生活和申请流程。⑤ 通过访问，进一步巩固美国海

---

① 2023 年 1 月，美国国防部已向吉尔班联邦公司（Gilbane Federal）授予价值 1.184 亿美元的合同，用于建造钢筋混凝土垫块和地基，以支持即将在帕劳部署的战术多任务超视距雷达系统，该工程预计将于 2026 年 6 月完成。Leilani Reklai，"US Awards ＄118 Million Contract for US Radar System in Palau"，Island Times，January 3，2023，https：//islandtimes. org/us-awards-118-million-contract-for-us-radar-system-in-palau/.

② "President Whipps：U. S. Radar Makes Palau a 'Target'"，Island Times，August 1，2023，https：//islandtimes. org/president-whipps-u-s-radar-makes-palau-a-target/.

③ Leilani Reklai，"US Military to Build Infrastructures in Near Future"，Island Times，November 28，2023，https：//islandtimes. org/us-military-to-build-infrastructures-in-near-future/.

④ 成员主要由美国陆军工程师和美国海军航空救援游泳运动员组成。

⑤ "U. S. Coast Guard Team Advances Maritime Safety in Palau with Workshops and Equipment Donation"，Island Times，January 9，2024，https：//islandtimes. org/u-s-coast-guard-team-advances-maritime-safety-in-palau-with-workshops-and-equipment-donation/.

岸警卫队与帕劳之间的持久伙伴关系。此外，美国海岸警卫队还计划于2024年在帕劳举行多机构搜救演习，继续巩固美国与帕劳的联盟关系。

2023年底，美国海军医疗船还访问了帕劳，通过"太平洋伙伴关系"拉近与帕劳的关系，增进与帕劳的"长期友谊"。2023年12月21日，美国海军军事海运司令部"仁慈"号医疗船（USNS Mercy T-AH 19）抵达帕劳，这是美国海军医疗船第六次访问帕劳，上一次访问帕劳是在2022年。此次访问是美国在"印太"地区开展的所谓"太平洋伙伴关系24-1"（Pacific Partnership 24-1）活动的一部分，目的是"提升地区灾害应对能力，增强地区安全稳定，并培育新的持久友谊"，为"太平洋伙伴关系"伙伴在救灾、公共卫生等方面提供人道主义援助。美国驻帕劳大使乔尔·埃伦德赖希指出，"太平洋伙伴关系使我们能够作为朋友和伙伴国家并肩努力，共同提高我们快速应对印太地区灾难或医疗紧急情况的能力"。[①] "仁慈"号医疗船上有12间设备齐全的手术室、1000张病床、放射科、牙科诊所、医学实验室、药房、验光设施、CT扫描仪和制氧厂，配备了由750人组成的军事医疗团队及人道主义救援培训人员，其中，包括来自澳大利亚、日本、英国、德国和新西兰的军事人员。在执行帕劳任务停留期间，医疗队将在科罗尔、贝里琉岛等地开展免费健康医疗服务，其中包括验光、牙科和慢性病治疗筛选，外科医生将在"仁慈"号上进行手术。医疗队还在帕劳国家医院为当地医生提供创伤、产科和新生儿紧急情况处理的培训。其间，人道主义援助和救灾专家将为帕劳社区举办船只安全和灾害风险管理培训。美国驻帕劳大使乔尔·埃伦德赖希指出，"美国致力于帮助帕劳人民，因为我们有着深厚的联系和长达数十年的长期友谊"。[②] 美国马里亚纳联合区（U.S. Joint Region Marianas，JRM）格雷戈里·霍夫曼少将也指出，太平洋伙伴关系活

① "USNS Mercy Arrives in the Republic of Palau for Pacific Partnership 24-1", Island Times, December 22, 2023, https：//islandtimes. org/usns-mercy-arrives-in-the-republic-of-palau-for-pacific-partnership-24-1/.

② "USNS Mercy Arrives in the Republic of Palau for Pacific Partnership 24-1", Island Times, December 22, 2023, https：//islandtimes. org/usns-mercy-arrives-in-the-republic-of-palau-for-pacific-partnership-24-1/.

动将"继续促进帕劳和整个地区的稳定、团结和繁荣","通过太平洋伙伴关系等合作活动建立的信任"加强了美国与帕劳的"特殊战略伙伴关系"。①"太平洋伙伴关系"活动始于 2006 年,由美国牵头组织,是"印太"地区规模最大的年度多国人道主义援助和救灾准备活动。

(三)与日本的"传统"友好关系得到巩固和发展

2023 年,帕劳与日本的传统友好关系进一步得到巩固和发展,不仅实现了与日本的高层双边互访,而且签署了多份日本对帕劳的援助协议。

为加强与日本的关系,2023 年 6 月,帕劳总统惠普斯访问了日本,与日本首相岸田文雄举行会晤。惠普斯此行的主要目标之一是寻求开通日本和帕劳之间的直飞航班,以重振帕劳的旅游经济。为回应惠普斯总统对日本的访问,同月,由日本国土交通省(MLIT)官员和日本国际协力机构(JICA)领导人组成的代表团访问了帕劳,并与帕劳人力资源、文化、旅游与发展部(MHRCTD),以及教育部(MOE)、旅游局(PVA)和帕劳商会(PCOC)的代表举行了建立帕劳生态友好型交通系统(Eco-Friendly Transportation System)项目第一次联合委员会协调会议(JCC),日本国际协力机构帕劳办事处(JICA Palau Office)的官员及日本国际协力机构的专家一起出席了会议。会议旨在讨论和规划帕劳巴士服务路线,以应对帕劳的交通挑战并促进可持续交通。② 日本还派出了史上人数最多的议员代表团访问了帕劳,凸显日本与帕劳的"特殊"关系。8 月,由 50 多名日本议员组成的代表团访问帕劳,与帕劳公共卫生部门官员进行了会面,并参观了帕劳国家医院。代表团还会见了日本国际协力机构在帕劳国家医院工作的志愿者。惠普斯总统在会见议员访问团时指出,"这无疑是有史以来访问帕劳的最大议会代表团

---

① "USNS Mercy Arrives in the Republic of Palau for Pacific Partnership 24 - 1", Island Times, December 22, 2023, https://islandtimes.org/usns-mercy-arrives-in-the-republic-of-palau-for-pacific-partnership-24-1/.

② "Palau and Japan Collaborate to Establish Eco-Friendly Transportation System", Island Times, June 27, 2023, https://islandtimes.org/palau-and-japan-collaborate-to-establish-eco-friendly-transportation-system-2/.

之一，我们对你们来到这里感到荣幸和感激"。惠普斯总统还谈到了帕劳和日本之间独特的纽带，并补充说约25%的帕劳家庭有日本血统。①为建立与日本更密切的关系，2023年11月3日，帕劳发布总统指令，决定成立"帕劳-日本特别经济协议委员会"（Palau-Japan Special Economic Agreement Commission），目标是与日本建立"特殊"关系。该决议呼吁与日本建立更密切的关系，包括就日本在帕劳水域的特殊捕鱼权进行谈判，给予日本现行帕劳《外国投资法》（The Foreign Investment Act）规定的特殊地位，与日本建立伙伴关系以勘探帕劳外大陆架上的石油、天然气和其他矿产资源的权利，尽管现行帕劳法律禁止这些活动。帕劳-日本特别经济协议委员会的任务是对这些合作领域进行研究，包括谈判权力。②

2023年，日本通过"基层人类安全援助项目"（The Grant Assistance for Grassroots Human Security Project，GGP）与帕劳签署了多项援助协议，为帕劳经济、社会、民生发展提供了大量的援助资金，极大提升了日本在帕劳的国家形象。1月，日本通过"基层人类安全援助项目"向"挪威人民援助组织"（Norwegian People's Aid，NPA）③捐助20.9万美元用于采购设备，以促进贝里琉州和安加尔州未爆炸物处理。贝里琉岛和安加尔群岛是二战最激烈的战场之一，日美士兵死伤超过2万人，两岛投掷炸弹超过2800吨。这些战争遗留爆炸物（Explosive Remnants of War，ERW）对居民的日常生活构成威胁，并阻碍了当地的旅游业和农业发展。挪威人民援助组织计划从

---

① "Members of Japan and Taiwan Legislatures Visit Palau", Island Times, September 1, 2023, https：//islandtimes. org/members-of-japan-and-taiwan-legislatures-visit-palau/.

② "Commission to Push for 'Special' Relationship with Japan Established", Island Times, November 10, 2023, https：//islandtimes. org/commission-to-push-for-special-relationship-with-japan.

③ 挪威人民援助组织（NPA）是一家总部位于挪威的国际非政府组织，专门从事战争遗留爆炸物处理工作。自2015年以来，该组织一直在帕劳帮助当地处理战争遗留爆炸物。截至2022年底，该组织与帕劳国家和州政府合作，主要在巴伯尔图阿普岛处理了约21000件战争遗留爆炸物。"Signing Ceremony of the Japan's Grant Assistance for Grassroots Human Security Project", Island Times, January 13, 2023, https：//islandtimes. org/signing-ceremony-of-the-japans-grant-assistance-for-grassroots-human-security-project/.

2023 年开始在贝里琉岛和安加尔群岛开展清除战争遗留爆炸物作业。^① 2
月，日本驻帕劳大使折笠弘之与安加尔州州长史蒂文·R. 萨利（Steven R.
Salii）签署了一份价值 21.15 万美元的赠款合同，用于安加尔州渡轮的采
购，该项目是日本"基层人类安全援助项目"在帕劳实施的又一项无偿援
助项目。安加尔州州长萨利向日本人民和政府表示感谢，他说："这项援助有
助于改善安加尔和科罗尔之间的交通。"乌赫贝劳酋长（Chief Uchelbelau）也
表示："新渡轮的提供将加强日本与安加尔之间的友好关系，安加尔人民将
继续支持日本在安加尔的项目，包括二战日本遗骸收集项目。"^② 3 月，日本
又通过"基层人类安全援助项目"向帕劳两所小学提供援助赠款，其中，
为雅德马乌小学（Ngardmau Elementary School）校舍翻新项目提供价值超过
14 万美元的赠款援助^③，为乔治·B. 哈里斯小学（George B. Harris
Elementary School）建筑翻修项目提供超过 22.6 万美元的赠款。^④ 雅德马乌
小学是雅德马乌州唯一的初等教育机构，校舍建于 20 世纪 70 年代，校舍损
坏严重。乔治·B. 哈里斯小学是帕劳学生人数第二多的公立学校，校舍于
1964 年启用，自 1993 年修复部分屋顶以来一直没有翻新，屋顶和天花板都
已老化。日本"基层人类安全援助项目"为这两所小学提供的校舍翻修赠
款，将有助于改善学校的校舍条件，确保学生和教师拥有安全的学习环境。
5 月，通过日本"基层人类安全援助项目"援助而重建的学校礼堂重新投入
使用。日本为玛丽斯·史丹拉学校（Maris Stella School）礼堂改建项目提供
了超过 39.4 万美元的赠款。玛丽斯·史丹拉学校的礼堂不仅是学校集会、
班级活动、圣诞节活动、毕业典礼等重要活动的场所，也是社区会议举办地

---

① "Signing Ceremony of the Japan's Grant Assistance for Grassroots Human Security Project", Island
Times, January 13, 2023, https: //islandtimes. org/signing – ceremony – of – the – japans – grant –
assistance–for–grassroots–human–security–project/.

② "Japan's GGP Grant to Angaur State Government", Island Times, March 3, 2023, https: //
islandtimes. org/japans–ggp–grant–to–angaur–state–government/.

③ "Japan's GGP Grant to Ngardmau Elementary School", Island Times, March 21, 2023,
https: //islandtimes. org/japans–ggp–grant–to–ngardmau–elementary–school/.

④ "Japan's GGP Grant to George B. Harris Elementary School", Island Times, March 24, 2023,
https: //islandtimes. org/japans–ggp–grant–to–george–b–harris–elementary–school/.

和当地的疏散避难场所，还是帕劳国家运动会和帕劳青年运动会举行典礼的场所。该礼堂已经使用了60多年，由于设施严重老化，学校不得不停止使用该礼堂。该礼堂的重建为包括玛丽斯·史丹拉学校学生在内的近2000人解了燃眉之急。① 9月，日本又通过"基层人类安全援助项目"为帕劳"艾拉伊堤道（Airai Causeway）涵洞改善项目"提供了25.25万美元的援助资金。艾拉伊堤道与日本－帕劳友谊大桥（The Japan-Palau Friendship Bridge）是连接帕劳最大的岛屿巴伯尔图阿普岛（Babeldaob）和科罗尔岛之间的重要基础设施，每天有5800多辆车通行。作为两岛之间的动脉，其还为两岛居民提供供水、电力服务。因受海浪和海风侵蚀，堤道混凝土大面积剥落。日本政府通过提供赠款援助，协助修复连接巴伯尔图阿普和科罗尔的主要基础设施，帮助改善帕劳人民的生活质量。② 11月，日本与帕劳政府签署了价值12.08万美元的"科罗尔帕劳最高法院大楼修复项目"赠款合同。这是日本"基层人类安全援助项目"为帕劳提供的第100笔赠款援助。日本政府于1999年在帕劳开启"基层人类安全援助项目"，以满足帕劳基层活动的发展需求。作为基层援助项目，其特别关注医疗、教育、公益、环境、农业和渔业领域的项目，以改善帕劳人民的生活。截至2023年11月，日本大使馆已与帕劳学校、医院、州政府和非政府组织签署了100份赠款合同，已在14个州实施了项目。这些项目力求对社区福祉产生直接影响，并实现行为和社会成果，支持改善帕劳人民的健康、教育或其他发展成果。③ 此外，2023年，日本国际协力机构在帕劳开展的水务项目取得了重大进展。帕劳无收益水（Non-Revenue Water, NRW）④ 削减项目启动于2022年2月，经

---

① "Japan Hands Over a New School Auditorium to Maris Stella School", Island Times, May 23, 2023, https：//islandtimes. org/japan-hands-over-a-new-school-auditorium-to-maris-stella-school/.

② "Japan and Palau Sign a Grant Contract for", Island Times, September 22, 2023, https：//islandtimes. org/japan-and-palau-sign-a-grant-contract-for/.

③ "Japan Reaffirms its Commitment to Palau as Japan and BPW Sign the 100th GGP in Palau", Island Times, November 21, 2023, https：//islandtimes. org/japan-reaffirms-its-commitment-to-palau-as-japan-and-bpw-sign-the-100th-ggp-in-palau/.

④ 无收益水指的是在使用过程中因为各种原因（如水管破裂、漏水等）未能被用户消费或者无法计入供水企业的销售收入中的水。这些水的流失并没有实际的经济价值，因此被称为无收益水。

过近两年的努力，在日本国际协力机构的技术支持下，帕劳公用事业公司的无收益水削减能力得到了显著提升，提高了该公司对无收益水削减管理和运营能力，从而帮助帕劳公用事业公司有效利用水资源，降低供水服务运营成本。例如，在科罗尔州的恩格博德尔（Ngerbodel）的试点项目，更换了144米水线和19个水表。试点项目开始时，该地区的无收益水占比为41.2%，项目完成后降至31.1%。①

2023年，日本自卫队也多次访问帕劳，与帕劳的互动异常活跃。1月，日本航空自卫队第二战术空运联队访问帕劳，并在帕劳国际机场进行飞行训练，向帕劳政府展示U-4多用途支援机。帕劳副总统、日本驻帕劳大使、帕劳国会议员及日本社区成员参观了飞行表演。本次活动的目的是通过加深帕劳人民对日本航空自卫队在太平洋岛国活动的了解，进一步建立两国之间的信任，努力维护和强化"自由开放的印太"（Free and Open Indo-Pacific，FOIP）。② 7月，日本海上自卫队的驱逐舰与日本财团（The Nippon Foundation）提供的海上安全及鱼类和野生动物保护部门巡逻船在帕劳周边海域进行了通信和信息交换演习，这是历史上帕劳与日本第四次友好演习。通过这些亲善演习，日本海上自卫队进一步深化了与帕劳的合作关系，以实现"自由开放的印太"，同时增进了两国之间的相互了解。③ 8月，日本海上保安厅机动协作队（The Japan Coast Guard Mobile Cooperation Team）为帕劳相关人员进行了落水人员水面漂流急救和救援技术培训，并为帕劳公共安全局（Bureau of Public Safety）海事安全、鱼类和野生动物保护部门（Division of Maritime Security and Fish and Wildlife Protection）的执法人员、巡逻船及小型巡逻艇的船员提

---

① "Non-Revenue Water Reduction Project through JICA Technical Assistance a Success", Island Times, December 15, 2023, https：//islandtimes. org/non－revenue－water－reduction－project－through－jica－technical－assistance－a－success/.

② "Japan Air Self-Defense Force Displays a U-4 Aircraft to the Government of Palau", Island Times, January 17, 2023, https：//islandtimes. org/japan－air－self－defense－force－displays－a－u－4－aircraft-to-the-government-of-palau/.

③ "Conducting the Fourth Japan-Palau Goodwill Exercise in History", Island Times, August 1, 2023, https：//islandtimes. org/conducting－the－fourth－japan－palau－goodwill－exercise－in－history/.

供海上拖曳小船培训，以提高他们的海上安全能力。在帕劳出席2023年太平洋安全首脑联席会议（Joint Heads of Pacific Security Meeting 2023）的40名与会者观摩了此次训练。① 此次培训是日本"增强密克罗尼西亚国家海岸警卫队能力项目"的一部分，得到了日本财团和笹川和平财团（The Sasakawa Peace Foundation）的支持。自2012年以来，日本财团帮助帕劳海事安全、鱼类和野生动物保护部门建设了行政大楼，为其捐助了6艘巡逻船，并一直帮助负责巡逻船的燃料、卫星通信和维护，还为帕劳派遣了海岸警卫队顾问。笹川和平财团则一直负责在帕劳的日本海岸警卫队机动合作队的船员工资和相关培训工作。日本海岸警卫队顾问主张把更多精力放在提高帕劳的海上安保和安全能力上，并将继续与来自澳大利亚、美国的顾问合作共同推动"自由开放的印太"。② 12月，日本航空自卫队还在帕劳科罗尔和卡扬埃尔（Kayangel）举行了圣诞节空投（Christmas Drop）活动。此次空投活动是美国、日本和其他盟国空军共同举行的空运人道主义援助和救灾多边训练的一部分，日本航空自卫队自2015年以来开始参加"圣诞节空投"活动。日本航空自卫队的C-130H飞机参加了本年的圣诞空投作业，在梅云斯（Meyuns）的斯科乔（Skojo）、科罗尔和卡扬埃尔投下了包括学习用品、衣物、书籍和玩具在内的礼物。③

作为回报，帕劳成为日本的坚定支持者。2023年6月，帕劳总统惠普斯在访问日本期间，明确表示支持日本将核污染水排放到太平洋的计划，从而也成为第一位公开表示支持日本向太平洋排放核污染水的太平洋岛国领导人。惠普斯总统表示，他对日本满足当地和国际标准、确保日本人和帕劳人

① "Japan Coast Guard Conducts Training to Improve Palau's Maritime Safety Capabilities", Island Times, September 1, 2023, https：//islandtimes. org/japan-coast-guard-conducts-yraining-to-improve-palaus-maritime-safety-capabilities/.

② "Japan Coast Guard Conducts Training to Improve Palau's Maritime Safety Capabilities", Island Times, September 1, 2023, https：//islandtimes. org/japan-coast-guard-conducts-yraining-to-improve-palaus-maritime-safety-capabilities/.

③ "Japan Air Self-Defense Force's Christmas Drop Conducted Successfully in Koror and Kayangel", Island Times, December 8, 2023, https：//islandtimes. org/japan-air-self-defense-forces-christmas-drop-conducted-successfully-in-koror-and-kayangel/.

民的安全和福祉的能力充满信心。惠普斯在声明中说道:"日本政府对当地和国际标准以及日本和太平洋地区公民的健康和安全的关注和遵守程度,有助于增强我们的信念,即日本有一个可靠的计划,应该允许执行。"① 大多数国家对处理后的核污染水排放到海洋中的长期影响及对海洋生态系统的影响表示担忧。

值得注意的是,2023年帕劳与阿拉伯联合酋长国(简称"阿联酋")的外交互动不仅让帕劳在国际气候治理中再次发出"岛国声音",也加强了帕劳与阿联酋之间的友好合作关系。1月,帕劳总统惠普斯访问阿联酋并参加阿布扎比可持续发展周(The AbuDhabi Sustainability Week)。惠普斯访问阿联酋期间,与阿联酋总统谢赫·穆罕默德·本·扎耶德·阿勒纳哈扬(Sheikh Mohamed bin Zayed Al-Nahyan)举行了会晤,双方回顾了在经济发展和投资领域的合作,同意共同致力于实现两国友好合作关系。此后,惠普斯总统还与阿联酋外交和国际合作部长进行了会谈,就双边关心的环境保护和可再生能源、《联合国气候变化框架公约》第28次缔约方大会的举办等问题进行了讨论。2023年6月,惠普斯在访问日本期间接受阿联酋通讯社采访时,赞扬了阿联酋在气候行动和负责任的环境方面所做的努力。惠普斯指出,作为国际社会负责任和可靠的合作伙伴,阿联酋在"气候行动和支持清洁能源转型的努力中发挥着主导作用"。惠普斯还说:"气候和能源问题是相互联系的。面对气候变化和全球变暖的挑战并支持全球环境保护工作,需要石油生产国和消费者之间进行建设性合作。"② 阿联酋是世界上最大的太阳能项目的所在地,在许多国家投资太阳能项目,在清洁能源开发利用方面做出了巨大努力。2023年9月,帕劳和阿联酋签署了航空服务协议,"该协议的签署是阿联酋采取开放天空政策来规范两国之间航空旅行的努力

① Leilani Reklai, "Whipps Supports Japan's Plan to Release Treated Nuclear Wastewater into the Pacific Ocean", Island Times, June 20, 2023, https://islandtimes.org/whipps-supports-japans-plan-to-release-treated-nuclear-wastewater-into-the-pacific-ocean/.

② "President Surangel Whipps of Palau Praises UAE's 'Leading Role' in Climate Action", Island Times, June 20, 2023, https://islandtimes.org/president-surangel-whipps-of-palau-praises-uaes-leading-role-in-climate-action/.

的一部分，这将有助于创造新的商业和旅游机会"。① 帕劳总统惠普斯对协议的签署表示欢迎，并表示期待与阿联酋在各个领域建立合作。惠普斯还再次赞扬阿联酋在全球气候行动、主办阿布扎比可持续发展周方面的开创性努力，以及为12月份主办《联合国气候变化框架公约》第28次缔约方大会所做的出色准备。2023年12月，惠普斯再次前往阿联酋，参加在迪拜世博城举办的《联合国气候变化框架公约》第28次缔约方大会（COP28），敦促全球团结起来并采取切实措施应对气候危机。

结　语

2023年，帕劳经济社会发展面临诸多挑战，帕劳政府为应对危机与挑战做出了巨大努力，成效喜忧参半。首先，帕劳在2023年如愿实现了与美国签署新的《自由联系条约》审查协议，但该协议在2023年未能获得美国国会的批准。2023年，帕劳政府还遭遇了政府公务员养老金计划基金赤字和公共服务事业资金短缺等公共服务危机。其次，2023年帕劳经济恢复依然乏力，经济仍然维持了负增长的态势。作为帕劳经济支柱产业的旅游业也没能恢复到预期的水平，前期增长势头良好，但后期增长缓慢，从而影响了帕劳经济的恢复和增长。与政治经济发展的不尽如人意相比，2023年帕劳的外交延续了2022年的"热闹"场面，惠普斯总统的"气候外交"和"元首外交"再次让国际社会关注到帕劳这个太平洋小岛国。2023年也成为本届惠普斯政府赢取民心的关键一年，帕劳经济社会发展的乏力、外交领域的成效，抑或为2024年惠普斯参选减少或增加竞争的筹码。

---

① "Palau and UAE Forge Bilateral Agreements", Island Times, September 5, 2023, https：//islandtimes. org/palau-and-uae-forge-bilateral-agreements/.

B.7
2023年所罗门群岛经济、政治形势及中所关系

张勇　徐安然[*]

摘　要：　2023年，所罗门群岛经济恢复增长，政治系统保持动态的有序性和连续性，中所关系保持稳步发展的积极态势。第17届太平洋运动会及相关产业的收益部分缓解了国内需求疲软和通货膨胀带来的经济下行压力。受新冠疫情和2021年霍尼亚拉骚乱影响，索加瓦雷政府将全国大选推迟至2024年，同时通过调整选举委员会、完善立法，健全了选举体制。2023年7月，所罗门群岛总理索加瓦雷访华，两国领导人就双边关系及共同关心的问题达成重要共识，中国和所罗门群岛正式建立新时代相互尊重、共同发展的全面战略伙伴关系。

关键词：所罗门群岛　第17届太平洋运动会　政治形势　中国–所罗门群岛关系

2023年，面对全球经济下行的整体颓势，索加瓦雷政府采取积极措施，尤其是通过举办第17届太平洋运动会，争取外援，扩大基础设施投资，吸引外来游客，增加就业机会，推动所罗门群岛经济恢复与增长，同时精心筹备，完善选举制度，为2024年全国大选和省级选举铺平道路。中国与所罗门群岛关系以元首外交为引领进入新时代，交流合作不断拓展和深化，中所全面战略伙伴关系稳定快速发展。

---

* 张勇，博士，聊城大学太平洋岛国研究中心副研究员，聊城大学历史文化与旅游学院副教授，研究方向为美国外交史、太平洋岛屿史；徐安然，聊城大学太平洋岛国研究中心研究助理。

一 2023年所罗门群岛经济形势

2023 年全球经济仍面临下行压力，通货膨胀、金融环境收紧、贸易增长疲软，以及企业和消费者信心下降严重制约着世界经济的复苏和增长。[①]除面临来自外部环境的压力外，所罗门群岛经济受新冠疫情、2021 年霍尼亚拉骚乱的影响，自 2020 年以来表现不佳，经济连续第三年下滑，2022 年实际国内生产总值收缩 4.1%。[②] 为振兴经济，索加瓦雷政府积极采取各项措施，尤其是充分利用 2023 年在所罗门群岛首都霍尼亚拉召开第 17 届太平洋运动会之机[③]，所罗门群岛经济得到恢复与增长。2023 年，所罗门群岛实际国内生产总值增长 4%。[④]

第 17 届太平洋运动会在所罗门群岛举办对所罗门群岛经济产生积极影响。为举办太平洋运动会，所罗门群岛政府积极采取各项措施，吸引外来投资，争取外部援助，建设体育场馆，改善基础设施，完善社会公共服务，推

---

① 《世界经济展望：应对全球分化》，国际货币基金组织网站，2023 年 10 月 10 日，https：//meetings.imf.org/zh/IMF/Home/Publications/WEO/Issues/2023/10/10/world‐economic‐outlook‐october‐2023。

② "Solomon Islands MPO", World Bank, October 2, 2023, https：//thedocs.worldbank.org/en/doc/c6aceb75bed03729ef4ff9404dd7f125‐0500012021/related/mpo‐slb.pdf.

③ 第 17 届太平洋运动会于 2023 年 11 月 19 日至 12 月 2 日在所罗门群岛首都霍尼亚拉举行，这也是所罗门群岛首次承办太平洋运动会。太平洋运动会起源于 1959 年的南太平洋运动会，由政府间南太平洋委员会发起，旨在通过体育加强太平洋岛屿和国家之间的联系。太平洋运动会每四年举办一次，该运动会由太平洋运动会理事会组织，该理事会由代表 22 个不同国家和地区的体育组织组成，分别是：美属萨摩亚、库克群岛、密克罗尼西亚联邦、斐济、关岛、基里巴斯、马绍尔群岛、瑙鲁、新喀里多尼亚、纽埃、诺福克岛、北马里亚纳群岛、帕劳、巴布亚新几内亚、萨摩亚、所罗门群岛、塔希提岛、托克劳群岛、汤加、图瓦卢、瓦努阿图以及瓦利斯和富图纳群岛。由于上述一些国家和地区没有成熟的国家奥林匹克委员会，所以太平洋运动会及其相关赛事是其参加国际比赛的重要平台。"Pacific Games: From 1963 to 2023‐A Brief History", Olympics, November 13, 2023, https：//olympics.com/en/news/pacific‐games‐from‐1963‐to‐2023‐a‐brief‐history.

④ "Quarterly Report‐December 2023", Central Bank of Solomon Islands, March 27, 2024, https：//www.cbsi.com.sb/wp‐content/uploads/2024/03/December‐Q4‐2023‐Report‐Final.pdf.

动了所罗门群岛经济社会发展。

　　首先，第17届太平洋运动会争取了外来投资与外部援助，增加了所罗门群岛的基础设施投资，促进了所罗门群岛建筑业和服务业的发展，带动了当地居民就业和收入的增加。第17届太平洋运动会的赛事门票①、电视转播权、赞助费等为所罗门群岛带来直接经济收入。受益于第17届太平洋运动会，所罗门群岛的酒店餐饮、运输仓储、商业服务和批发零售贸易等行业均表现良好。2023年，所罗门群岛服务业增长2.9%。② 鉴于所罗门群岛国小财弱，部分友好国家、组织和企业提供了大量人力、物力和财力上的支持。为支持所罗门群岛举办第17届太平洋运动会，沙特阿拉伯王国向所罗门群岛政府捐赠5800万所元③，澳大利亚政府捐款近1亿所元④，太平洋气候变化中心（Pacific Climate Change Center，PCCC）以资助所罗门群岛举办绿色运动会的名义捐款8万美元⑤，泛太平洋银行（Pan Oceanic Bank，POB）捐赠30万美元⑥。所罗门群岛争取日本援建了从所罗门群岛渔业部通往霍尼亚拉国际机场的长达6.3千米的道路升级改造工程⑦，霍尼亚拉国

---

① 据媒体报道，第17届太平洋运动会的开幕式门票、闭幕式门票、套票通行证、普通门票、体育城通行证、足球决赛门票，价格为30~1000所元不等。"Pacific Games 2023: Ticket Sales Open in September", Islesmedia, August 15, 2023, https://sports.islesmedia.net/pacific-games-2023-ticket-sales-open-in-september/.

② "Quarterly Report-December 2023", Central Bank of Solomon Islands, March 27, 2024, https://www.cbsi.com.sb/wp-content/uploads/2024/03/December-Q4-2023-Report-Final.pdf.

③ "Prime Minister Sogavare Appreciates SBD 58 Million (US$7M) Assistance from Kingdom of Saudi Arabia Towards Pacific Games 2023", SIBC, June 10, 2023, https://www.sibconline.com.sb/prime-minister-sogavare-appreciates-sbd-58-million-us7m-assistance-from-kingdom-of-saudi-arabia-towards-pacific-games-2023/#more.

④ "Sogavare Welcomes Australia's Support of Nearly SBD $100 Million for 2023 PG", SIBC, August 9, 2022, https://www.sibconline.com.sb/sogavare-welcomes-australias-support-of-nearly-sbd-1-million-for-2023-pg/#more.

⑤ "Pacific Climate Change Center Assists Solomon Islands Green Games Initiative Through USD $80,000 Funding", SIBC, May 10, 2023, https://www.sibconline.com.sb/pacific-climate-change-center-assists-solomon-islands-green-games-initiative-through-usd80000-funding/#more.

⑥ "POB Board Visited PM and Donate to 2023 PG", SIBC, March 24, 2023, https://www.sibconline.com.sb/pob-board-visited-pm-and-donate-to-2023-pg/#more.

⑦ "Japan Hands Over Kukum Highway Road 2nd Phase", SIBC, October 5, 2023, https://www.sibconline.com.sb/japan-hands-over-kukum-highway-road-2nd-phase/#more.

际机场升级改造项目，以及耗资 2900 万所元的霍尼亚拉市太阳能路灯改造项目①，改善了霍尼亚拉市的基础设施，促进了当地居民就业，推动了所罗门群岛建筑业的发展。所罗门电信有限公司赞助 1070 万所元，用于改善运动会场馆和运动员村的电信设施和服务。② 所罗门航空公司赞助 500 万所元，提升客运和货运服务水平。③ 中国政府捐赠了 260 万所元的体育器材④、500 万所元的安保设备和物资⑤，并援建了所罗门群岛国家体育馆和餐饮服务中心，以及多功能厅等综合性场所。⑥

其次，借举办第 17 届太平洋运动会之机，所罗门群岛政府积极采取措施向世界推介所罗门群岛，促进了其旅游业的发展。本届运动会吸引了大量游客，在 2023 年举办太平洋运动会的第四季度，入境外籍人员为 18499 人，环比增长 69.8%，同比增长 87.3%，其中游客为 11415 人，占 61.7%，环比增长102.9%。⑦ 旅游服务贸易额比 2022 年增加 5900 万美元。⑧ 2022 年 7 月，新

---

① "Japan Provides SBD ＄29 Million for Honiara Street Lights and Geology Laboratory", SIBC, August 25, 2021, https：//www. sibconline. com. sb/japan－provides－sbd29－million－for－honiara－street－lights－and－geology－laboratory/#more.

② "Our Telekom Announces SBD 10.7m Sponsorship for PG23", SIBC, March 17, 2023, https：//www. sibconline. com. sb/our－telekom－announces－10－7m－sbd－sponsorship－for－pg23/#more.

③ "Solomon Airlines Provides SBD 5m Sponsorship for 2023 Pacific Games", SIBC, February 15, 2023, https：//www. sibconline. com. sb/solomon－airlines－provides－sbd－5m－sponsorship－for－2023－pacific－game/#more.

④ "PM Accepts SBD 2.6 Million Worth of Sports Equipment from PRC", SIBC, August 16, 2023, https：//www. sibconline. com. sb/pm－accepts－sbd2－6－million－worth－of－sports－equipment－from－prc/#more.

⑤ "PRC Hands Over 5 Million Worth of Security Equipment and Materials to RSPIF", SIBC, October 30, 2023, https：//www. sibconline. com. sb/prc－hands－over－5－million－worth－of－security－equipment－and－materials－to－rspif/#more.

⑥ 《第 17 届太平洋运动会开幕 中国援建体育场馆获各国运动员好评》，央视网，2023 年 11 月 20 日，https：//news. cctv. com/2023/11/20/ARTIgNoA9FehJfHoTV91BTAz231120. shtml。

⑦ "More Than 18,000 International Arrivals in Fourth Quarter of 2023", Solomon Islands National Statistics, Mar 4, 2024, https：//statistics. gov. sb/more－than－18000－international－arrivals－in－fourth－quarter－of－2024/.

⑧ "Quarterly Report-December 2023", Central Bank of Solomon Islands, March 27, 2024, https：//www. cbsi. com. sb/wp－content/uploads/2024/03/December－Q4－2023－Report－Final. pdf.

西兰外交贸易部与所罗门群岛文化和旅游部、财政部签署了一项 280 万所元的协议，用于支持所罗门群岛旅游业的复苏和太平洋运动会相关旅游产品的开发。① 为了向世界各国推介所罗门群岛，促进其旅游业发展，所罗门群岛旅游局和所罗门群岛航空公司向澳大利亚和新西兰等主要客源市场投入更多广告费用，宣传所罗门群岛优质旅游资源，包括潜水、冲浪、钓鱼和徒步旅行等活动，吸引游客前来观看第 17 届太平洋运动会和赴所罗门群岛旅游。旅游消费为该国创造了更多的就业机会和收入来源，促进了旅游业等相关产业的发展。

最后，所罗门群岛政府积极采取措施促进电子商务和数字经济的发展。2023 年 4 月 28 日，所罗门群岛政府启动了该国首个《国家电子商务战略（2022~2027）》（National E-Commerce Strategy 2022-2027），这为更广泛地开展电子商务和发展数字经济提供了良好的商业政策和监管环境。《国家电子商务战略（2022~2027）》是由通信和民航部（Ministry of Communication and Aviation）与商业、工业、劳工和移民部（Ministry of Commerce, Industries, Labour and Immigration）联合制定，由所罗门群岛-澳大利亚伙伴关系（Solomon Islands-Australia Partnership）资助，并得到联合国贸易和发展会议（United Nations Conference on Trade and Development, UNCTAD）与联合国资本发展基金（United Nations Capital Development Fund, UNCDF）的技术支持。该战略将会为所罗门群岛居民创造更多就业机会，以及加强跨部门、跨行业的贸易，改善所罗门群岛居民生活，促进所罗门群岛经济增长。该战略反映了所罗门群岛政府正积极寻求经济转型，促进本国数字经济的发展。② 电

---

① "Solomon Islands and New Zealand Sign Arrangement to Support Tourism Sector", SIBC, June 23, 2022, https: //www. sibconline. com. sb/solomon-islands-and-new-zealand-sign-arrangement-to-support-tourism-sector/#more.

② "Government Launches First-Ever National E-Commerce Strategy 2022-2027", SIBC, May 2, 2023, https: //www. sibconline. com. sb/government-launches-first-ever-national-e-commerce-strategy-2022-2027/#more.

子商务是经济高质量发展的主要驱动力。① 所罗门通信和民航部长彼得·阿格瓦卡（Peter Agovaka）说："电子商务可以支持微型、小型和中型企业的发展，实施该战略使中小型企业能够轻松地进入区域和国际新市场。"②

2023年，全球经济从新冠疫情和俄乌冲突中缓慢复苏，全球经济增速从2022年的3.5%放缓至2023年的3%，远低于历史平均水平。③ 面对复杂的国际经济形势，所罗门群岛政府在索加瓦雷领导下积极采取各种政策措施，如举办第17届太平洋运动会、鼓励数字经济发展等，国内生产总值在2023年强劲增长4%，高于2022年的2.4%和过去三年平均增长率0.5%。与2022年相比，货物出口增加、旅游人数激增、国际汇款和捐赠流入均对所罗门群岛经济产生积极影响。2023年的国际收支总体状况得到改善，盈余2.18亿美元（2022年出现1.91亿美元赤字）；截至2023年底，外汇储备总额增长6%，达到57.75亿美元（足以支付11.8个月的进口）。④

二　2023年所罗门群岛政治形势

2023年，所罗门群岛政局基本保持稳定，迎接2024年全国大选成为本年度的主题。鉴于新冠疫情和2021年霍尼亚拉骚乱的负面影响，以及所罗门群岛政府集中力量举办第17届太平洋运动会，所罗门群岛选举委员会在《2022年宪法（修正）法案》通过后，决定将原定于2023年举办的全国大

---

① 李琳：《电子商务对经济高质量发展的影响：兼论居民收入和消费升级的中介效应》，《商业经济研究》2023年第6期。

② "Government Launches First-Ever National E-Commerce Strategy 2022–2027", Solomon Islands Govern-ment, May 1, 2023, https：//solomons. gov. sb/government－launches－first－ever－national－e-commerce-strategy-2022-2027/.

③ "World Economic Outlook, October 2023：Navigating Global Divergences", International Monetary Fund, October 10, 2023, https：//www. imf. org/en/Publications/WEO/Issues/2023/10/10/world-economic-outlook-october-2023.

④ "Quarterly Report-December 2023", Central Bank of Solomon Islands, March 27, 2024, https：//www. cbsi. com. sb/wp－content/uploads/2024/03/December－Q4－2023－Report-Final. pdf.

选推迟至 2024 年 4 月进行①，2024 年大选是所罗门群岛独立后举行的第 11 次大选。为保证 2024 年全国大选的顺利举行，所罗门群岛选举委员会做了诸多工作。

第一，进一步充实选举工作人员队伍。自 2022 年以来，选举委员会不断增加工作人员，任命贾斯珀·阿尼西（Jasper Anisi）为选举事务主任，组建法律顾问团队，聘用新的首席技术官、副首席执行官和行政经理。除此之外，选举委员会还增添了若干技术支持类的短期职位，如网站管理员和平面设计师，以及在分拣和包装选民登记与选举材料时所需的临时工，以期高效整合容纳选举材料。②

第二，积极争取外部援助和支持。在所罗门群岛选举委员会的争取下，2024 年大选获得了国际选举制度基金会（The International Foundation for Electoral Systems，IFES）、澳大利亚选举委员会、新西兰选举委员会以及欧盟的国际专家的技术支持，确保提高效率，最大限度利用国际资源。③

第三，就同时举行全国大选和省级选举，进一步完善所罗门群岛选举制度，与各省完成协商，为 2024 年的全国大选和省级选举的顺利进行铺平道路。所罗门群岛由九个省组成，各省均有独特的传统、社区设置和权力制衡机构，因此为同时举行全国大选和省级选举，完善所罗门群岛选举制度，所罗门群岛选举委员会派工作组自 2022 年开始与各省开展协商。2023 年 3 月

---

① 所罗门群岛是实行代议制民主的独立国家，所罗门群岛议会实行一院制，国民议会为最高权力机关，由 50 名议员组成，任期四年；所罗门群岛总理为政府首脑，由议会多数党领袖担任。国民议会通过的《国民议会选举规定法》规定：所罗门群岛全国分为 50 个单议席选区，国民议会议员通过直接选举产生，获得相对多数即可当选，通过选举任命两次大选之间产生的空缺。参见张勇编著《列国志（新版）·所罗门群岛》，社会科学文献出版社，2016，第 75~76 页；"SIEC Prepares for 2024 Election"，SIBC，October 10，2022，https：//www. sibconline. com. sb/siec-prepares-for-2024-election/。

② "Electoral Act Expands Commission's Mandate to Deliver the Synchronised Elections in 2024"，Island Sun，April 11，2023，https：//theislandsun. com. sb/electoral－act－expands－commissions－mandate-to-deliver-the-synchronised-elections-in-2024/.

③ "Electoral Act Expands Commission's Mandate to Deliver the Synchronised Elections in 2024"，Island Sun，April 11，2023，https：//theislandsun. com. sb/electoral－act－expands－commissions－mandate-to-deliver-the-synchronised-elections-in-2024/.

13 日，选举改革特别工作组前往舒瓦瑟尔省，与省议会就 2024 年同时举行全国大选和省议会选举以及选举制度改革等事宜开展磋商，征询省议会意见和建议，并就 2018 年《选举法》修正案［Electoral（Amendment）Act 2018］、1997 年《省政府法》（Provincial Government Act 1997），以及 1999 年《霍尼亚拉市法》（Honiara City Act 1999）展开讨论。舒瓦瑟尔省议会同意在 2024 年同时举行全国选举和省级选举的提议，同时支持选民在选区外投票和延长选民登记时间等制度安排。① 3 月 16 日，工作组前往西部省，就同时举行全国大选和省级选举以及相关法律修正案进行最后协商，并获得西部省的支持。② 至此，选举改革特别工作组花费两年时间，征询包括霍尼亚拉市议会在内的全国各省议会意见和建议，并达成改革共识。4 月 30 日和 6 月 1 日，工作组向国民议会汇报了与省级议会的磋商结果。③ 12 月 14 日，国民议会通过 2023 年《选举法》修正案［Electoral（Amendment）Act 2023］和 2023 年《省议会和霍尼亚拉市议会选举法》修正案（Provincial Assemblies and Honiara City Council Electoral Bill 2023），根据修正案，国民议会、省议会和霍尼亚拉市议会将在同一天举行选举。④ 上述法律修正案旨在确保公民参与选举的权利和便利，降低选举成本和提高选举工作效率。通过此次选举改革，所罗门群岛进一步完善了选举制度，为 2024 年全国大选和省级选举铺平了道路。

第四，利用生物识别技术，完善选民登记工作。9 月 4 日，所罗门群岛

---

① "Taskforce on Electoral Reform Completed its Provincial Consultation with Choiseul Province", Solomon Islands Government, March 22, 2023, https://solomons. gov. sb/taskforce－on－electoral-reform-completed-its-provincial-consultation-with-choiseul-province/.

② "Taskforce on Electoral Reform Completes Consultation with Western Province", Solomon Islands Government, March 22, 2023, https://solomons. gov. sb/taskforce－on－electoral－reform－completes-consultation-with-western-province/.

③ "SIEC Taskforce Briefed Members of Parliament on the Electoral Reforms", Solomon Islands Government, June 5, 2023, https://solomons. gov. sb/siec－taskforce－briefed－members－of－parliament-on-the-electoral-reforms/.

④ "Towards Synchronised Elections with Parliamentary Passing of Bills", Solomon Islands Government, December 20, 2023, https://solomons. gov. sb/towards－synchronised－elections－with－parliamentary-passing-of-bills/.

选举委员会开始利用生物识别技术开展选民登记工作。在登记活动开始前，选举委员会向全国 50 个选区的选民登记中心共部署 123 个生物识别选民登记小组，并通知符合条件的选民到选区选民登记中心进行登记。① 根据 2018 年《选举法》（Electoral Act 2018）规定，除所有选区内年满 18 周岁的所罗门群岛公民可登记外，在登记期间年满 17 岁和即将年满 17 岁的公民可以提前登记，预先登记的 17 岁选民将留在临时选民名单上，直至年满 18 周岁自动加入主投票名单。

尽管所罗门群岛选举委员会为 2024 年大选做了精心准备，但是根据所罗门群岛以往举行选举的经验，所罗门群岛政府各部门仍需做好协调，制定应急方案，确保选举期间的社会稳定，防止出现骚乱。

三　2023年中所双边关系

自 2019 年所罗门群岛与中华人民共和国建立大使级外交关系以来，两国政治互信不断加强，经贸合作不断提升，人文交流不断深化，推动中所全面战略伙伴关系步入新时代。2023 年，中所关系在政治、经贸、科技、人文交流、卫生等领域合作取得丰硕成果，是中所关系继往开来、关系实质性提升的一年。

中、所两国以元首外交为引领，积极拓展平等、开放、合作的伙伴关系，扩大两国利益的汇合点，政治互信不断增强。2023 年 7 月 9~15 日，所罗门群岛总理索加瓦雷再次对中国进行正式访问。双方联合发表《中华人民共和国和所罗门群岛关于建立新时代相互尊重、共同发展的全面战略伙伴关系的联合声明》。双方将加强共建"一带一路"同所罗门群岛"2035 发展战略"对接，拓展各领域务实合作；共同支持落实《蓝色太平洋大陆 2050 战略》，为建设和平、和谐、安全、包容、繁荣的蓝色太平洋做出贡

---

① "Nationwide Biometric Voter Registration Commences 4th September 2023"，SIBC，September 4, 2023，https：//www. sibconline. com. sb/nationwide-biometric-voter-registration-commences-4th-september-2023/#more.

献；加强协调配合，坚持真正的多边主义，维护国际公平正义，共同反对冷战思维和霸权主义，维护亚太地区和平稳定。中所关系进入新时代。① 7月11日，所罗门群岛驻华使馆开馆，中、所两国完成互设使馆工作。② 9月21日，中国驻所罗门群岛大使馆领事部正式启用，这是中所关系蓬勃发展的又一项重要成果。中国驻所使馆领事部的启用，标志着中国大使馆下属的所有授权分支机构设立完备，使得中国大使馆与所罗门群岛政府的沟通与合作更加全面、高效和专业，必将惠及双方民众，为人员往来提供更有力的保障，深化双边交流，提升两国各领域合作质量。③

地方交流与合作日益密切。11月29日至12月8日，山东省委常委、常务副省长率山东省政府代表团访问巴布亚新几内亚、所罗门群岛和萨摩亚。出访所罗门群岛期间，代表团访问所罗门群岛首都霍尼亚拉市，密切会晤了所罗门群岛政要，广泛接触各界人士，通过举办系列专题推介和人文交流活动，推介山东经济社会发展成就与合作机遇，得到所罗门群岛政府、商界、文化教育界等广泛关注，与所罗门群岛在地方政府、渔业、文化、旅游业等领域交流合作迈上新台阶。④

中、所经贸往来稳步向前。为推动企业务实合作，2月，中国贸促会代表团一行访问所罗门群岛，与所罗门群岛工商总会举行会谈并签署合作谅解备忘录，为中、所两国企业搭建合作平台奠定基础，开启了中、所经贸合作新篇章。⑤ 7月，随索加瓦雷总理来访的所罗门群岛工商界代表参加在北京举办的由中国贸促会与所罗门群岛外交和对外贸易部共同主办的中国－所罗

① 《习近平会见所罗门群岛总理索加瓦雷》，中华人民共和国中央人民政府网站，2023年7月10日，https：//www.gov.cn/yaowen/liebiao/202307/content_ 6890962. htm。

② 《王毅出席所罗门群岛驻华使馆开馆仪式》，中华人民共和国驻所罗门群岛大使馆网站，2023年7月11日，http：//sb.china-embassy.gov.cn/chn/zgyw/202307/t20230711_ 11111511. htm。

③ 《驻所罗门群岛使馆举行领事部正式启动仪式》，中华人民共和国驻所罗门群岛大使馆网站，2023年9月1日，https：//sb.china-embassy.gov.cn/chn/lsfw/lszytz/2023122/t20211221. htm。

④ 《山东省政府代表团访问巴布亚新几内亚所罗门群岛萨摩亚》，山东省人民政府网站，2023年12月9日，http：//www.shandong.gov.cn/art/2023/12/9/art_189278_620844.html。

⑤ 《中国贸促会代表团访问所罗门群岛》，中华人民共和国驻所罗门群岛大使馆网站，2023年2月23日，http：//sb.china-embassy.gov.cn/chn/sgxw/202302/t20230223_ 11030142. htm。

门群岛高级别企业交流会，双方就农林牧渔、能源矿产、基础设施、信息通信、旅游等领域进行交流对接，此次交流会是落实双方合作文件的务实举措。① 2023 年，在双方共同努力下，中国与所罗门群岛双边货物进出口总额达到 37.6753 亿元人民币，相比 2022 年增长了 15.4%；所罗门群岛对华进口额为 16.2099 亿元人民币，相比 2022 年增长了 28.1%；所罗门群岛对华出口额为 21.4654 亿元人民币，增长率为 7.4%。②

中国继续向所罗门群岛提供不附加政治条件的经济技术援助，帮扶所罗门群岛减少贫困、改善民生，同所方分享中国式现代化带来的发展机遇，帮助所方实现发展振兴和长治久安。2023 年 3 月，为加强中国-所罗门群岛的发展合作，推动所罗门群岛实施全球发展倡议，以实现 2023 年可持续发展目标，国家国际发展合作署副署长一行实地访问所罗门群岛，并与总理秘书兼太平洋运动会国家主办机构（The National Hosting Authority，NHA）主席吉米·罗杰斯（Jimmie Rodgers）签署了《全球发展倡议谅解备忘录》，将中、所两国发展合作全面覆盖社会民生、医疗保健、基础设施合作、社会治理、文体、人力资源、研究所和智库交流等符合全球发展倡议愿景的领域。③ 由中国援建的太平洋运动会体育场馆按期完工并投入使用，发挥了巨大经济社会效益，成为中国与所罗门群岛发展合作的标志性工程。所罗门群岛国家规划和发展协调部长雷克森·拉莫法菲亚（Rexon Ramofafia）称："2023 年太平洋运动会体育场的建成证明了中国重视与所罗门群岛等小岛屿国的伙伴关系。"④ 中国与所罗门群岛的双边发展合作为发展中国家树立了

① 《中国-所罗门群岛高级别企业交流会在京成功举办》，中国国际贸易促进委员会网站，2023 年 7 月 12 日，https：//www.ccpit.org/a/20230712/20230712um76.html。
② 《2023 年 12 月进出口商品国别（地区）总值表（人民币）》，中华人民共和国海关总署网站，2024 年 1 月 18 日，http：//www.customs.gov.cn//customs/302249/zfxxgk/2799825/302274/302277/302276/5637013/index.html。
③ "China's International Development Agency Visits Solomon Islands"，Island Sun，March 26，2023，https：//theislandsun.com.sb/chinas-international-development-agency-visits-solomon-islands/.
④ "CIDCA Visits PM and Sign MOU with SIG"，Solomon Islands Government，March 21，2023，https：//solomons.gov.sb/cidca-visits-pm-and-sign-mou-with-sig/.

相互尊重、团结合作的良好榜样。

农业合作扎实推进。2023年9月，由商务部主办、农业农村部管理干部学院承办的"所罗门群岛农村发展培训班"对来自所罗门群岛农村发展部、工商部的20余名官员进行了为期三周的培训。本届培训班通过专题讲座、实地考察、专题交流等多种形式，使学员深入学习和了解了中国的农村发展经验。① 5月9日，中国-太平洋岛国农业合作示范中心落户江苏，并正式启用。为推进中国-太平洋岛国农业合作示范中心实体化运行，江苏省农业科学院院长易中懿一行应邀于10月21日至11月5日出访所罗门群岛等太平洋岛国。在所罗门群岛期间，易中懿一行与所罗门群岛农村发展部、马莱塔省、农业与畜牧所、所罗门群岛国立大学等开展深入交流，并就今后在农业领域开展技术合作达成共识。② 12月5日，为加强与所罗门群岛农业部门对接，切实解决所罗门群岛的农业生产技术需求，中国-太平洋岛国农业合作示范中心与所罗门群岛农村发展部联合举办农业技术线上培训会。此次培训会就木薯加工、水稻育种、蔬菜新品种新技术三个领域，对来自所罗门群岛农村发展部、农业与畜牧所、所罗门群岛国立大学、霍尼亚拉农场的20余名农业官员、科教人员和农场主开展培训，并就木薯装备应用、蔬菜栽培技术要点、水稻产业化推广等问题进行深入交流。③

卫生合作不断加强。2022年3月，为向所罗门群岛民众提供医疗健康服务，中国向所罗门群岛派出首支医疗队。④ 2023年3月，中国向所罗门群岛派出第二支医疗队。在所罗门群岛期间，中国医疗队深入所罗门群岛中部

① 《所罗门群岛农村发展培训班开班》，农业农村部管理干部学院（中共农业农村部党校）网站，2023年9月12日，http://www.gbxy.agri.cn/xwzx/pxdt/202309/t20230912_430898.htm。

② 《院长易中懿率团访问瓦努阿图、萨摩亚和所罗门群岛》，江苏省农业科学院网站，2023年11月13日，https://www.jaas.ac.cn/xww/nkyw/art/2023/art_cee69718c372425e8c6c2eeb7eee355e.html。

③ 《中国-太平洋岛国农业合作示范中心举办所罗门群岛农业技术线上培训会》，江苏省农业科学院网站，2023年12月8日，https://home.jaas.ac.cn/xww/nkyw/art/2023/art_f53d150c896e4c56abf2932fe3a0c6d2.html。

④ 《第一批援所罗门群岛中国医疗队抵达其首都霍尼亚拉》，中国新闻网，2022年3月24日，https://www.chinanews.com.cn/m/sh/2022/03-24/9710576.shtml。

省、马莱塔省和西部省三个偏远省份的基层社区，共开展 14 次巡回义诊和 19 次健康宣讲服务和学术交流，提供了 2040 余人次的医疗服务，极大满足了当地民众对医疗服务的需求。① 7 月，医疗队还在所罗门群岛国家转诊医院开设针灸门诊，累计治疗患者 4000 余人次。良好的疗效使针灸在当地获得广泛认可，中医针灸现已被纳入所罗门群岛国家康复与残疾人包容发展战略十年规划。② 8 月，所罗门群岛卫生部代表团访问贵州医科大学附属医院，双方签署中、所对口医院合作机制项目备忘录。所罗门群岛卫生部长考维克·托加马纳（Culwick Togamana）表示，这是继 2020 年新冠疫苗支援后中、所卫生合作的又一重大成就，希望中国与所罗门群岛未来开展持续性医疗合作。③ 同月，中国海军"和平方舟"号医院船首次访问所罗门群岛，向岛民提供了为期七天的医疗服务，并成为中所友谊的缩影。④

2023 年，中所关系不断深化和拓展，在各领域取得丰硕成果，中所关系进入新时代。尽管中、所正式建交只有短短四年，但两国关系友好，在各个领域的合作取得丰硕成果，走在了中国同太平洋岛国关系前列，成为不同大小国家和发展中国家团结合作、携手发展的典范。

结　语

2023 年，所罗门群岛呈现出积极发展态势，经济走出疫情影响，得到恢复和发展；成功举办第 17 届太平洋运动会；政局基本稳定，各项改革稳

① 《中国医疗队为所罗门群岛外岛义诊》，人民网，2024 年 1 月 2 日，http：//australia. people. com. cn/n1/2024/0102/c408038-40151224. html。
② 《雷衍东："小"银针搭建援外医疗"大"桥梁》，当代先锋网，2023 年 12 月 26 日，http：// www. ddcpc. cn/detail/d_ jiankang/11515116335195. html。
③ "Ministry of Health and Medical Services Signs MOU with Affiliated Hospital of Guizhou Medical University in China", SIBC, August 14, 2023, https：//www. sibconline. com. sb/ministry-of-health-and-medical-services-signs-mou-with-affiliated-hospital-of-guizhou-medical-university-in-china/#more.
④ 《中国海军"和平方舟"号医院船首访所罗门群岛》，人民网，2023 年 8 月 21 日，http：// paper. people. com. cn/rmrb/html/2023-08/21/nw. D110000renmrb_ 20230821_ 3-17. htm。

步推进；中所关系进入新时代，交流与合作不断拓展和深化。

2024 年，所罗门群岛仍将面临巨大考验。世界经济仍面临严峻的下行压力，所罗门群岛因国小财弱，经济发展仍将是所罗门群岛政府首先面对的重大课题。索加瓦雷曾四度出任总理，只有本届任满任期。无论大选后索加瓦雷是否连任，如何稳定政局，推进各项改革事业，仍将是新一届政府面临的巨大考验。

B.8
2023年汤加政治、经济、外交评析[*]

田肖红 罗昕然[**]

摘　要：　2023年，汤加政治局势出现动荡，针对首相胡阿卡瓦梅利库的不信任动议凸显了政治分裂，加快了汤加的民主政治改革步伐；汤加的反腐败工作以及打击人口贩运工作进展较为顺利。经济领域，在经历了火山爆发、基础设施的损坏与重建、航线的关闭与重启后，汤加的支柱产业旅游业逐渐得到恢复；农业方面，汤加政府制定了一系列措施，促进农业的现代化，为未来的粮食安全和经济发展做出了贡献。外交领域，汤加积极发展双边关系，并与多个国家建立了外交关系。受极端天气影响，汤加成为全球应对气候变化的积极呼吁者，不断在世界多边舞台发出自己的声音。

关键词：　汤加　不信任动议　旅游业　气候外交　中国-汤加关系

在世界政治经济一体化的大环境下，汤加作为太平洋岛国的一员，其政治稳定、经济发展以及与其他国家的关系对国家发展至关重要。2023年对汤加是充满机遇和挑战的一年，在政治、经济、外交等方面汤加都面临着复杂的发展形势。

---

[*] 本报告系山东省高等学校哲学社会科学研究项目"汤加王国现代国家建构研究"（项目编号：2024ZSMS190）的阶段性成果。

[**] 田肖红，博士，聊城大学太平洋岛国研究中心副研究员，聊城大学历史文化与旅游学院副教授，主要研究方向为世界近现代史、美国史和太平洋岛国问题；罗昕然，聊城大学太平洋岛国研究中心研究助理。

一 政治形势变化

针对首相胡阿卡瓦梅利库（Hu'Akavameiliku）的不信任动议是 2023 年汤加政治生活领域最重要的事件。对首相的不信任投票凸显政治分裂，围绕不信任投票的指控引发了多次司法审查。此外，2023 年，汤加在推进反腐败、打击人口贩运以及社会改革方面取得了重要进展。

（一）针对首相胡阿卡瓦梅利库的不信任动议

2023 年 8 月 22 日，汤加塔普（Tongatapu）第五选区的艾萨克·埃克（Aisake Eke）等 10 名议员提出对首相胡阿卡瓦梅利库的不信任投票（No-confidence vote，VONC），其中包括两名贵族议员努库勋爵（Lord Nuku）和图伊瓦卡诺勋爵（Lord Tu'ivakano）。该动议详细列出了针对胡阿卡瓦梅利库的一系列指控，主要涉及政府支出、管理不善、任命曾被判犯有贿赂罪的前国会议员以及未履行政府发展报告等，尤其对由胡阿卡瓦梅利库担任董事会主席的卢卢泰航空公司（Lulutai Airways）的不合理活动表示质疑。大多数议员所关注的问题是胡阿卡瓦梅利库处理国家预算的方式，议员皮维尼·皮乌卡拉（Piveni Piukala）称政府未能积极解决财政赤字问题。解决财政赤字的基本办法是削减开支，在之前的预算中，政府的差旅津贴预算为 1300 万潘加，但实际支出却增加到 2100 万潘加。皮乌卡拉称这是违法行为，法律规定政府只能增加 10% 或 130 万潘加，实际却增加了 800 万潘加。[①] 9 月 6 日，议会用了两天的时间宣读了长达 223 页对首相的 46 项指控和胡阿卡瓦梅利库的 46 点回应的报告。通过激烈的讨论，结果为 11 票赞成、14 票反对。对胡阿卡瓦梅利库的不信任动议的投票未能通过，胡阿卡瓦梅利库继续担任首相。[②]

---

① "Piukala Defends Vote of no Confidence, Has Backing of PTOA's NZ and Global Branches", Kaniva Tonga News, July 29, 2023, https：//www. kanivatonga. co. nz/2023/07/piukala-defends-vote-of-no-confidence-has-backing-of-ptoas-nz-and-global-branches/.

② "Hon Hu'Akavameiliku Remains Prime Minister", Prime Minister's Office, September 6, 2023, https：//pmo. gov. to/index. php/2023/09/07/hon-huakavameiliku-remains-prime-minister/.

对首相的不信任投票凸显了汤加的政治分裂。汤加议会由普通选民选出的17名人民代表和由33名世袭贵族选出的9名贵族代表组成。在汤加，贵族之间对立的情况十分罕见。贵族们一般是保守派和亲君主派，他们通常会在议会形成统一战线。针对胡阿卡瓦梅利库的不信任投票失败后，汤加议会中的党派和政治联盟发生了变化。胡阿卡瓦梅利库的前盟友前首相图伊瓦卡诺勋爵投票赞成罢免首相，过去强烈反对图伊瓦卡诺勋爵的汤加塔普人民代表马泰尼·塔普埃卢卢（Mateni Tapuelulu）和皮维尼·皮乌卡拉此时与图伊瓦卡诺勋爵结成统一战线，同时图伊瓦卡诺勋爵也是支持罢免首相的三名贵族代表之一。此外，政治分歧也跨越了家庭界限，皮维尼·皮乌卡拉支持罢免首相，而他的哥哥卫生部长赛亚·皮乌卡拉（Saia Piukala）则投反对票以支持首相。①

在议会制国家，不信任投票是确保政府问责制和响应能力的重要工具，对首相进行信任动议是宪法的内在政治机制，其目的是评估政府的表现。在不信任投票失败后，汤加反对党议员要求对首相不信任投票的议会程序进行司法审查。他们认为在不信任动议程序中必须进行辩论，但在对胡阿卡瓦梅利库的不信任听证会上，议长却要求议员们直接投票，无须辩论。每个议员都有权讨论在议会提出的动议，包括不信任动议。而这项辩论的权利则被剥夺，这有违汤加法律。② 此外，议员争议的内容还包括作为非国会议员的外交部长和财政部长是否有投票权。由于议会议长和议会对最高法院的裁决提出上诉，第一次司法审查已被暂时中止，最高法院驳回了议会对法院调查议会内部程序权限的质疑。③ 2023年10月23日，围绕不信任投票的指控引发

① "Tonga's No Confidence Vote against PM Spotlights Political Fracture", Pacific News Service, September 12, 2023, https://pina.com.fj/2023/09/12/tongas-no-confidence-vote-against-pm-spotlights-political-fracture/.

② "Independent MPs Seek Court's Intervention Over Blocked Deliberations on Prime Minister's Vote", Tonga Independent News, February 1, 2024, https://tongaindependent.com/politics/independent-mps-seek-courts-intervention-over-blocked-deliberations-on-prime-ministers-vote/.

③ "Legal Challenge: Judicial Review Targets Lord Speaker and Legislative Assembly", Tonga Independent News, February 1, 2024, https://tongaindependent.com/politics/legal-challenge-judicial-review-targets-lord-speaker-and-legislative-assembly/.

了第二次司法审查。

2024 年 2 月 2 日，根据汤加国王图普六世（Tupou Ⅵ）的决定，枢密院批准撤回对胡阿卡瓦梅利库的不信任案以及其对国防大臣的任命，并撤回对费基塔莫克罗阿·乌托伊卡马努（Fekitamoeloa 'Utoikamanu）外交大臣和旅游大臣的任命。2 月 6 日，代理首相萨缪·奎塔·瓦伊普卢（Samiu Kuita Vaipulu）发布媒体新闻稿，表示国王同枢密院的决定违反了宪法的规定，应保留两位大臣的职位。① 这些行动表明首相和国王之间的合作出现了重大的偏离。按照汤加的政治传统，内阁应是支持君主制的，但胡阿卡瓦梅利库内阁背离了传统，用法律对抗国王，反对解雇部长。除此之外，费基塔莫克罗阿·乌托伊卡马努还以外交部长的身份于 2 月底出席了由印度和澳大利亚主办的第七届印度洋论坛。汤加法律规定国王拥有任命和撤销内阁大臣的权力。若费基塔莫克罗阿·乌托伊卡马努继续以外交部长的身份代表国家，内阁便削弱了国王作为国家元首、宪法的最终保护者以及武装部队总司令的意义，胡阿卡瓦梅利库内阁将真正违背内阁支持君主制的使命。②

（二）推进反腐败工作

汤加政府近年来在打击腐败方面采取了一些措施，公职人员和国有企业领导人有时会因贿赂和其他不当行为而被追究责任。2020 年 2 月，汤加加入了《联合国反腐败公约》（United Nations Convention Against Corruption），标志着汤加在反腐败工作方面迈出了重要一步，但其反腐败机制仍较为薄弱。汤加虽然于 2017 年颁布了《反腐败专员法》（Anti-Corruption Commissioner Act），但尚未设立相关办公室以及反腐败专员。

为了提高政府部门的透明度并减少腐败，汤加立法议会于 2023 年 2 月 2 日通过了《2023 年反腐败专员修正案》（Anti-Corruption Commissioner Amendment

---

① "Media Release", Prime Minister's Office, February 6, 2024, https：//pmo. gov. to/index. php/2024/02/09/media-release-8/.

② "No Consequence to Rebelling against the King", Tonga Independent News, February 28, 2024, https：//tongaindependent. com/politics/no-consequence-to-rebelling-against-the-king/.

Bill 2023）。该修正案提出了两项规定，包括反腐败专员的资格以及录用条件，其中取消了只有符合条件的最高法院法官才能申请反腐败专员职位的要求，但仍规定申请人必须拥有在汤加或英联邦国家工作15年以上的执业律师资格。同时该修正案还取消了反腐败专员的薪酬和待遇应与最高法院法官类似的要求，并建议反腐败专员的薪酬由薪酬管理机构发放。该修正案的颁布为汤加设立反腐败专员铺平了道路。[①] 12月11日，汤加代表团出席了在美国亚特兰大举行的《联合国反腐败公约》缔约国会议（Conference of the States Parties，COSP），这是汤加自成为《联合国反腐败公约》第187个成员国以来首次参加COSP。汤加副首相萨缪·奎塔·瓦伊普卢强调了汤加与联合国毒品和犯罪问题办公室的持续合作，以加强汤加现有廉政机构，并通过在汤加立法机构成立反腐败常设委员会，助力执行《联合国反腐败公约》。[②]

（三）启动打击人口贩运和保护弱势移民国家行动计划

2018~2022年《全球人口贩运报告》（Trafficking in Persons Report，TIP Report）[③] 统计，汤加的人口贩卖情况十分严重，国内的外国劳工经常遭受贩卖和虐待。由于新冠疫情的流行以及边境的关闭，一些滞留澳大利亚和新西兰的汤加季节性劳工也受到克扣工资和超时工作等剥削。在2023年全球人口贩运报告中，汤加人口贩卖的等级由二级观察升级为二级。[④] 虽然汤加

[①] "Parliament Approves Anti-Corruption Commissioner Amendment Bill 2023", Parliament of Tonga, February 2, 2023, https：//www. parliament. gov. to/media-centre/latest-news/latest-news-in-english/1014-parliament-approves-anti-corruption-commissioner-amendment-bill-2023.

[②] "Tonga Attends Its First Conference of the State Parties of the United Nations Convention Against Corruption, Atlanta, United States of America 11-15 December 2023", Prime Minister's Office, January 11, 2024, https：//pmo. gov. to/index. php/2024/01/11/tonga - attends - its - first - conference-of-the-state-parties-of-the-united-nations-convention-against-corruption-atlanta-united-states-of-america-11-15-december-2023/.

[③] 《全球人口贩运报告》是由美国国务院监控和打击人口贩卖办公室所发布的对包括美国在内的188个国家和地区打击人口贩运的各项努力进行的全面客观的评估报告。

[④] 人口贩运报告分三个等级。一级：完全符合消除人口贩运的最低标准。二级：不符合最低标准，但做出改进遵守标准。二级观察：人口贩运的措施与该国人口贩运水平不相称，若次年这些国家未满足特定标准，将会被降为三级。三级：未能达到的最低标准，而且也没有为此做出重大努力。

政府尚未达到完全消除贩运的最低标准，但正在为此做出极大努力。这些努力包括自 2018 年以来首次启动贩卖人口调查，制定受害者身份识别和转送指南，向警方发布调查贩卖犯罪的指示，以及成立汤加移民技术组（National Technical Working Group）开展移民与可持续发展政策。[①]

2023 年 11 月 20 日，汤加政府与国际移民组织以及亚洲基金会共同合作，启动了汤加首个打击人口贩运和保护弱势移民国家行动计划。汤加外交部长费基塔莫克罗阿·乌托伊卡马努强调该计划的使命是促进政府与其他利益攸关方之间的合作关系。国家行动计划旨在预防和打击一切形式的人口贩运，包括支持和保护受害者，并重点关注预防、保护、起诉和合作关系四大支柱。[②]

（四）促进社会领域的改革

2023 年，汤加相继推出了基础设施建设、教育、医疗卫生等社会领域的一系列改革措施。

由于 2022 年洪阿哈阿帕伊岛火山爆发，火山灰凝固在电缆上并造成腐蚀，汤加已经发生了四次停电事故。为了解决居民的用电问题，汤加电力有限公司于 3 月份在汤加瓦瓦乌岛（Vava'u）启用了太阳能和电池储能系统，同时政府实行电价补贴，以降低家庭和企业的高昂电费。[③] 2023 年 7 月 26 日，汤加启动了由亚洲开发银行支持的外岛可再生能源项目资助的新迷你电网发电系统和配电网络。可再生电网的开通，将确保恶劣天

---

① "2023 Trafficking in Persons Report: Tonga", United States Department of State, 2023, https://www.state.gov/reports/2023-trafficking-in-persons-report/tonga/.

② "Tonga Launches First National Action Plan to Combat Trafficking in Persons with IOM Support", International Organization for Migration, November 22, 2023, https://roasiapacific.iom.int/news/tonga-launches-first-national-action-plan-combat-trafficking-persons-iom-support.

③ "Kingdom of Tonga Celebrates Major Milestone towards Renewable Energy Target with Commissioning of 'Eua Island 350kw Solar System and BESS (Tonga Renewable Energy Project)", Prime Minister's Office, March 6, 2023, https://pmo.gov.to/index.php/2023/03/06/kingdom-of-tonga-celebrates-major-milestone-towards-renewable-energy-target-with-commissioning-of-eua-island-350kw-solar-system-and-bess-tonga-renewable-energy-project/.

气下纽阿托普塔普（Niuatoputapu）有持续稳定的电力供应。该项目还资助修复尤亚岛（Eua）和瓦瓦乌岛的配电网络。① 12 月，汤加电缆公司签署了汤加第二条光纤国际电缆合同，该光纤国际电缆将在瓦瓦乌岛安装。

汤加政府对教育十分重视。自 1876 年以来，汤加一直实行小学义务教育，6～14 岁的儿童免费入学。2023 年，汤加教育研究所（Institute of Education，IoE）通过汤加教育支持活动（Tonga Education Support Activity，TESA）② 项目致力于开发小学课程的创新教学资源，营造具有吸引力的课堂氛围。汤加教育和培训部还制定了新的国家幼儿教育课程框架，改革早期学习系统。9 月，200 名幼儿教师接受了幼儿课程框架"海拉拉式寓教于乐"（Learning through play the Heilala way）培训。培训内容包括如何安排日常活动、在课堂上设立不同的游戏角色以及与孩子及其家长建立积极关系。③ 12 月 6 日，汤加首相胡阿卡瓦梅利库在《联合国气候变化框架公约》第 28 次缔约方大会（COP28）上强调气候变化导致全球教育危机，汤加政府将拨款 7000 万美元用于提高教育部门应对气候变化的能力，并进行弹性学校基础设施④建设和气候教育，为全球合作迈向有弹性的教育树立先例。⑤

汤加是世界十大肥胖率最高的国家之一，90% 的国民体重超标。2023

---

① "Tonga Opens Renewable Grid to Deliver Clean, Affordable Energy to Niuatoputapu", Asian Development Bank, July 26, 2023, https：//www.adb.org/news/tonga-opens-renewable-grid-deliver-clean-affordable-energy-niuatoputapu.

② 汤加教育支持活动（TESA）：2019 年年中开始，汤加教育和培训部（MET）与新西兰外交和贸易部之间的合作项目，旨在显著提高汤加小学生的识字和算术水平。

③ "Tonga Revamps Early Learning System Placing Play at the Centre", The Sector Early Education News, Job & More, September 7, 2023, https：//thesector.com.au/2023/09/07/tonga-revamps-early-learning-system-placing-play-at-the-centre/.

④ 弹性学校基础设施：指学校基础设施网络应对由危害事件引起的紧急情况或灾害并从中迅速恢复的能力。弹性学校基础设施可以在短时间内迅速恢复教育服务。

⑤ "Tonga PM Introduces BRACE Project：A Game-Changer for Climate-Resilient Education", December 6, 2023, Nepituno Tonga Online News, https：//nepituno.to/index.php/government/item/5098-tonga-pm-introduces-brace-project-a-game-changer-for-climate-resilient-education.

年4月13日，汤加政府发布了首份《汤加健康生活指南》（Tonga Guideline for Healthy Living），旨在帮助人们选择健康的生活方式，减少非传染性疾病的影响①，并通过增加医疗设备和人力资源的投入，提升医疗服务的质量。政府将通过世界银行的捐款修建新的瓦瓦乌医院以及汤加塔布瓦伊奥拉医院（Vaiola Hospital）的一所新护士学校。由于乳腺癌是汤加女性发病率最高的恶性肿瘤，政府还将为瓦伊奥拉医院购入一台新的X光机，确保医生能及早诊断出肿瘤，并让患者得到治疗。

二 经济形势变化

2022年，汤加洪阿哈阿帕伊岛火山爆发并引发了海啸，使汤加的旅游业遭受巨大打击。2023年，由于汤加的灾后重建工作得到了国际社会的广泛援助，加上疫情风险的降低、边境重新开放以及航班的恢复，其经济得到了一定程度的恢复。然而，严重的劳动力短缺和旅游设施受损造成的供应方面的限制，不仅阻碍了经济复苏，而且还加大了通胀压力。在这种背景下，2023年，汤加面临着灾后重建与短期内控制通胀的权衡。

（一）经济恢复缓慢

2022年，在经历了火山爆发的巨大冲击后，汤加边境的重新开放以及游客人数的回升推动了2023年的经济复苏。根据亚洲开发银行的经济报告，汤加2022年GDP增长率为-2.2%，2023年GDP增长率达到2.5%，并将在2024年进一步提高至3.2%。② 随着经济的恢复，汤加出现了供给的瓶颈以及通货膨胀的压力。由于澳大利亚与新西兰对季节性劳工项目的需求，汤加面临着劳动力短缺的问题，再加上汤加旅游设施重建工作进展缓慢，潜在的

---

① "Launching the Tonga Guideline for Healthy Living", Tonga Health Promotion Foundation, April 13, 2023, https：//www.tongahealth.org/news.

② "Growth in Tonga Projected to Reach 2.5% in 2023", Asian Development Bank, April 13, 2023, https：//www.adb.org/news/growth-tonga-projected-reach-2-5-2023-adb.

通胀压力仍然较大，核心通胀率自 2022 年 9 月以来没有任何下降迹象。汤加总体通胀率在 2022 年 9 月达到 14.1% 的峰值，此后在全球能源价格下跌和贸易伙伴经济体货币政策收紧的推动下，已下降至 2023 年 5 月的 6.6%。根据国际货币基金组织 2023 年 4 月发布的《世界经济展望》，汤加通货膨胀率从 2020 年的 0.4% 攀升至 2021 年的 1.4% 以及 2022 年的 8.5%，预计 2023 年将上升至 9.7%，最后在 2024 年回落至 4.8%。[①] 汤加严重依赖外国援助和汇款。2023 年汤加接收的汇款总额为 2.39 亿美元，占 GDP 的 43.7%。[②]

汤加是一个开放的小岛经济体，该国是《太平洋岛国贸易协定》（Pacific Island Countries Trade Agreement，PICTA）、《南太平洋区域贸易和经济合作协定》（South Pacific Regional Trade and Economic Cooperation Agreement，SPARTECA）和世界贸易组织（World Trade Organization，WTO）的成员。在贸易方面，汤加的进口额远远超过出口额，存在长期贸易逆差情况。2023 年第一季度汤加的进口总额为 1.6104 亿潘加，与上一季度相比小幅度减少。第一季度的贸易逆差为 1.5600 亿潘加，与上一季度的赤字相比下降了 12.2%。赤字下降是由于矿产品、加工食品、饮料以及烟酒的进口减少。从进口来源地看，亚洲和大洋洲是主要的进口产品来源地，来自这两个地区的进口额占进口总额的 73.1%。2023 年第二季度汤加的出口总额有所增长，进口总额有所减少。第二季度的贸易逆差为 1.3949 亿潘加，比上一季度下降了 10.6%。逆差减少的原因是矿产品和活畜产品进口减少，国内蔬菜产品出口增加。[③] 2023 年第三季度汤加的进口总额大幅度增长，出口总额有所下降。第三季度贸易逆差为 1.6111 亿潘加，和上一季度相比增加了 15.5%

① "Economic Outline of Tonga", International Trade Portal, November, 2023, https://www. lloydsbanktrade. com/en/market-potential/tonga/economy#haut-sticky.

② "Tonga: 2023 Article Ⅳ Consultation-Press Release and Staff Report", International Monetary Fund, November 3, 2023, https://www. imf. org/en/Publications/CR/Issues/2023/11/03/ Tonga-2023-Article-Ⅳ-Consultation-Press-Release-and-Staff-Report-541117.

③ "Quarter Report April-June 2023", Statistics Department Tonga, September, 2023, https:// tongastats. gov. to/download/351/2023/9672/trade-quarter_ 2-2023. pdf.

（见表1）。贸易逆差增加的原因是因汤加加工食品、烈酒、烟草以及车辆等设备的进口增加，活畜产品的出口减少。①

表1　2023年第一至第三季度汤加进出口情况

单位：万潘加，%

季度	进口			出口			贸易逆差
	总额	增长额	增长率	总额	增长额	增长率	
第一季度	16104	−2647	−14.10	504	−482	−48.80	15600
第二季度	14660	−1443	−8.96	711	206	40.79	13949
第三季度	16563	1902	12.96	452	−258	−36.33	16111

注：因四舍五入问题，数据与实际计算有一定出入。

资料来源："Foreign Trade Quarter Reports, January–March, April–June, June–September, 2023", Statistics Department Tonga, 2023, https：//tongastats. gov. to/statistics/economics/foreign-trade/#75-351-wpfd-2023-overseas-trade。

2023年，汤加被评估为受债务困扰的高风险国家。受极端气候的影响，汤加银行资产的风险不断增加，信贷规模持续扩大。银行向企业发放的信贷规模占12.5%，家庭贷款占1.2%。银行的不良贷款率从2021财年底的3.6%上升到2023财年第一季度的7.4%。不良贷款覆盖率从2021财年底的141.3%降至2023财年第一季度的99.3%。政府通过发展贷款计划为中小型企业及低收入家庭发放贷款。② 汤加的外币资产在过去五年中呈持续上升趋势。2023财年汤加外币资产达9.409亿美元，相比2022财年的8.782亿美元大幅增加。2021~2023财年，汤加的外币负债呈上升趋势，从2022财年的1.035亿美元增加到2023财年的1.401亿美元③（见表2）。

① "Quarter Report June – September 2023", Statistics Department Tonga, September, 2023, https：//tongastats. gov. to/download/351/2023/9918/trade-qtr3_ 2023_ report-final. pdf.

② "Tonga：Staff Concluding Statement of the 2023 Article Ⅳ Mission", International Monetary Fund, August 4, 2023, https：//www. imf. org/en/News/Articles/2023/08/04/tonga–staff–concluding–statement-of-the-2023-article-iv-mission.

③ "Annual Report 2022 – 2023", National Reserve Bank of Tonga, August, 2023, http：//www. reservebank. to/data/documents/Publications/AnnualReports/NRBT_AR_2023_-_ENG_-_Signed. pdf.

表2 2021~2023 财年汤加外币资产负债情况

单位：亿美元

年度	外币资产	外币负债
2021	7. 197	0. 701
2022	8. 782	1. 035
2023	9. 409	1. 401

资料来源："Annual Report 2022-2023", National Reserve Bank of Tonga, August, 2023, http: // www. reservebank. to/data/documents/Publications/AnnualReports/NRBT_ AR_ 2023_ -_ ENG_ -_ Signed. pdf。

（二）旅游业开始复苏

旅游业是汤加的经济支柱产业。2023 年，汤加的旅游业逐渐恢复，但由于火山爆发损坏了旅游设施，旅游业恢复速度较慢。2023 年 3 月，汤加取消了对抵达该国的外国游客提供新冠疫苗接种证明的要求，游客人数有所回升，但仍低于新冠疫情前的游客人数。2019 年疫情前汤加入境游客人数为 64591 人，在边境重新开放后的前 6 个月，汤加入境游客人数为 47699 人，比 2019 年前 6 个月的入境游客下降了 26. 15%。其中航空游客人数为 22836 人，比 2019 年前 6 个月的游客人数下降了 10. 72%[①]（见表3）。

表3 2019 年与 2023 年（1~6 月）汤加的入境游客人数

单位：人

年度	航空游客	返港居民	大型游轮	游艇	总计
2019	25577	22231	16143	640	64591
2023	22836	18253	6254	356	47699

资料来源："Tonga Tourism Marketing Initiatives", Tonga National Business Conference, October 4, 2023, https: //tnbc. to/wp-content/uploads/2023/10/4. -Marketing-Teisa-Tupou. pdf。

---

① "Tonga Tourism Marketing Initiatives", Tonga National Business Conference, October 4, 2023, https: //tnbc. to/wp-content/uploads/2023/10/4. -Marketing-Teisa-Tupou. pdf.

为了促进旅游业的发展，汤加政府采取了一系列措施，以吸引世界各地的游客到访汤加。

首先，复兴南太平洋邮轮。按照 2023 年度计划，将有 18 艘邮轮抵达汤加。2023 年 1 月 24 日，第一艘邮轮"名人日食"号（Celebrity Eclipse）载着 2600 多名游客抵达努库阿洛法（Nuku'alofa）的武纳码头（Vuna Wharf）。① 5 月 19 日，"星风"号（Star Breeze）游艇在新冠疫情发生四年后首次抵达汤加塔普参加游轮拉力赛。② 7 月 21～24 日，汤加旅游部长维利亚米·塔考（Viliami Takau）在塔希提（Tahiti）参加了第二届南太平洋帆船网络会议以及塔希提摩尔亚帆船会晤（Tahiti Moorea Sailing Rendez-Vous）。汤加旅游部指出游艇业在码头开发、供应以及其他商机方面大有可为，汤加的旅游观光项目也是为了让汤加国民重新认识到，汤加过去曾是一个帆船运动国度。在接下来的比赛项目中，汤加举行了"蓝水节"（Blue Water Festival）、世界弧形拉力赛（World Arc Rally）以及牡蛎拉力赛（Oyster Rally）。③ 10 月 30 日，第二艘邮轮"福伦丹"号（Volendam Docked）停靠武纳码头，并载有游客 1840 人。11 月 2 日，"诺丹"号（MS Noordam）抵达武纳码头，船上的游客购买了超过 500 千克的书籍并捐给学校图书馆。④ 12 月 21 日，2023 年最后一艘邮轮德国"爱达"号（SV AIDA）抵达武纳码头。

其次，重启海拉拉节（Heilala Festival）。2023 年 6 月 26 日，武纳码头的海拉拉村举办了 2023 年第 43 届海拉拉节，主题为"汤加我的王国"（Tonga My Kingdom）。海拉拉节是汤加每年举行的重大国家盛事之一，目的

---

① "First Cruise Ship for Nuku'alofa in 2023", Matangi Tonga, January 24, 2023, https://matangitonga. to/2023/01/24/first-cruise-ship-nukualofa-2023.

② "Cruise Rally Returns after Nearly Four Years", Matangi Tonga, May 19, 2023, https://matangitonga. to/2023/05/19/cruise-rally-returns-after-nearly-four-years.

③ "Tonga Tourism Attends Second Yachting Event in French Polynesia", Pacific Tourism Organisation, August 8, 2023, https://southpacificislands. travel/tonga-tourism-attends-second-yachting-event-in-french-polynesia/.

④ "MS Noordam Cruises from Vava'u to Tongatapu", Matangi Tonga, November 2, 2023, https://matangitonga. to/2023/11/02/ms-noordam-cruises-vavau-tongatapu.

是纪念国王陛下的诞辰。节日期间，汤加国民与海外的亲朋好友共同欢庆，吸引了世界各地的参观者。此次海拉拉节是新冠疫情发生后首次正式举办，活动包含了赞美之夜、产业与文化竞赛，从 7 月 4 日的花车游行到陶·普普阿（Ta'u Pupu'a）主持的古典音乐慈善音乐会，还有多元文化饮食节和人气十足的海拉拉选美。①

最后，汤加还制定了旅游业的服务标准。2023 年 8 月，汤加旅游部推出了名为"汤加标准"（Tonga Mark）的综合酒店评价体系，旨在推动旅游业可持续发展以及提高酒店的服务水平。通过实施"汤加标准"，旅游部能够跟踪所有类型酒店的质量和标准。旅游部的评审员每年对酒店进行星级评审，未达到标准的则不发放旅游执照。星级评定系统促进了企业和顾客之间的沟通，从而提高了服务质量。此外，与"汤加标准"密切相关的举措还包括在 2021 世界旅游日启动的汤加旅游业危机反应与复原战略（Tourism Crisis Response and Recovery Strategy，TCRRS）。该战略的目的是应对汤加的新冠疫情以及火山爆发。TCRRS 与太平洋旅游组织的新型冠状病毒复苏战略（COVID-19 Recovery Strategy）② 相配合，共同应对汤加旅游业所面临的危机。③

（三）大力发展农业

汤加农业规模小，作物品种单调，技术落后，产量不高。由于火山爆发，火山灰一度覆盖了汤加 99% 的国土，甘薯、果树等诸多农作物死亡。再加上 2023 年下半年厄尔尼诺现象导致汤加气候干旱严重，农作物产量大

---

① "Heilala Festival 2023 – Tonga's Royal Cultural Extravaganza Returns", Pacific Tourism Organisation, July 28, 2023, https://southpacificislands.travel/heilala-festival-2023-tongas-royal-cultural-extravaganza-returns/.

② 新型冠状病毒复苏战略：太平洋旅游组织于 2020 年 5 月所提出，旨在指导和支持 SPTO 及其成员的新型冠状病毒康复工作。

③ "Tonga Introduces 'Tonga Mark' Grading System for Accommodations", Pacific Tourism Organisation, August 13, 2023, https://southpacificislands.travel/tonga-introduces-tonga-mark-grading-system-for-accommodations/.

幅下降。2023 年 2 月，汤加农业、食品、林业部给农民分发了 1000 个采摘箱，以减少农民的损失。① 同时，为了保证农产品的质量，汤加推出了"植物检疫电子证书系统"（ePhyto System），允许出口商和农民通过海外生物安全机构获得电子植物检疫证书。5 月 18 日，农业、食品、林业部举办了"拯救我们的种子"培训，旨在实现汤加粮食安全的"太平洋生命种子"计划。② 此外，汤加农产品出口商倪氏贸易公司已开始试行农产品空运，确保新鲜优质的产品能够到达新西兰市场。

为了促进农业的可持续发展，必须加强农业科技创新，提高农作物产量并减少环境带来的负面影响。2023 年 11 月 7 日，墨尔本大学的多林·古普塔（Dorin Gupta）教授带领研究人员在哈韦卢洛托（Haveluloto）建立了名为"母地"（Mother Site）的研究基地，开发可持续农业集约化项目（Sustainable Agricultural Intensification Project，SAI），重点是改善传统农业实践。此外，汤加循环经济系统（Tonga CES）还准备开发一个零废物系统，为汤加提供可再生能源和食品，例如家禽和玉米，以便提高农业产量。③

三　外交局势变化

2023 年，汤加参与并举办了多场国际会议，在应对气候变化以及海洋可持续发展等问题上展示了一定的影响力。同时汤加成为多边外交的积极参与者，不仅积极参加区域和国际多边外交，而且在与周边国家及大国继续保持紧密关系的同时，又进一步加大了与中国的合作，使中汤关系成为发展中国家之间相互尊重、协调发展的典范。

---

① "Harvesting Bins for Farmers", Matangi Tonga, February 9, 2023, https：//matangitonga. to/2023/02/09/harvesting-bins-farmers.

② "Seeds Upskill Training for Farmers and Agricultural Reps", Matangi Tonga, May 18, 2023, https：//matangitonga. to/2023/05/18/seeds-upskill-training-farmers-and-agricultural-reps.

③ "Zero-waste System Plans to Produce Renewable Energy and Food for Tonga", Matangi Tonga, November 23, 2023, https：//matangitonga. to/2023/11/23/zero-waste-system-plans-produce-renewable-energy-and-food-tonga.

（一）汤加的气候外交

近年来，汤加越来越注重在全球气候正义运动中提升国际影响力。汤加是世界上第二个易受自然灾害影响的国家[①]，对气候变化影响有着切身感知。因此汤加也成为全球应对气候变化的积极呼吁者，不断在世界多边舞台上发出自己的声音，呼吁国际社会采取措施应对气候变化。

2022 年，由于汤加洪阿哈阿帕伊岛火山的爆发，汤加国内对于清洁用水有较高的需求。2023 年 3 月 28 日，汤加常驻联合国代表瓦因加·通（Va'inga Tōnē）在 2023 年联合国水事会议上提及气候变化和新冠疫情对水资源和基础设施的影响，并敦促其他国家投资水、环境卫生和个人卫生项目（Water，Sanitation，and Hygiene，WASH）。他还强调实现水和卫生领域可持续发展目标（Sustainable Development Goals，SDGs）的重要性。汤加代表团还参加了会议期间的会外活动，以寻求汤加用水问题的解决办法。[②]

2023 年 7 月，世界气象组织（World Meteorological Organization，WMO）宣布热带太平洋七年来首次形成厄尔尼诺现象。在全球变暖的大背景下，厄尔尼诺现象导致南太平洋区域气候异常，出现了大量热带气旋。为应对厄尔尼诺现象带来的极端天气，7 月 25 日，世界气象组织西南太平洋和东南印度洋热带气旋委员会和恶劣天气计划管理小组第 21 届会议在努库阿洛法召开。汤加首相胡阿卡瓦梅利库强调汤加支持世界气象组织提出的联合国"全民预警"倡议（Early Warnings for All initiative，EW4ALL)[③] 以及仙台减

① "Hon Prime Minister Meets the United Nations Assistant Secretary – General and Special Representative of the Secretary-General for Disaster Risk Reduction", Prime Minister's Office, October 21, 2023, https：//pmo. gov. to/index. php/2023/10/23/hon-prime-minister-meets-the-united-nations-assistant-secretary-general-and-special-representative-of-the-secretary-general-for-disaster-risk-reduction/.

② "The United Nation Water Conference 2023", Prime Minister's Office, March 28, 2023, https：//pmo. gov. to/index. php/2023/03/28/the-united-nation-water-conference-2023/.

③ "全民预警"倡议：2022 年 3 月启动，旨在确保全球每个人都能在 2027 年底之前通过救生预警系统免受恶劣天气、水灾或不利气候的影响。

震框架（Sendai Framework on Disaster Risk Reduction），[①] 同时提出世界气象组织应向大众传递灾害信息，并改进各国政府在热带气旋影响之前围绕宣布热带气旋紧急状态的早期行动做出的决策。[②] 汤加是首批实施该倡议的30个国家之一。此外，在日本的援助下，汤加在整个太平洋地区率先实施了全国预警系统。[③] 值得一提的是，汤加早在2021年就通过了《自然灾害风险管理法案》（Disaster Risk Management Act 2021，DRM Act 2021），该法案涵盖了灾害管理的所有阶段以及应对措施。

在第78届联合国大会期间，汤加还举办了一场气候流动峰会，汤加外交部长费基塔莫克罗阿·乌托伊卡马努提议建立太平洋岛屿共同体基金（Pacific Islands Communities Fund，PICF），以支持脆弱人群。[④] 2023年12月，汤加国王图普六世出席《联合国气候变化框架公约》第28次缔约方大会，强调了气候变化和灾害对小岛屿发展中国家（Small Island Developing States，SIDS）的严重影响，并敦促合作伙伴实施《太平洋繁荣伙伴关系》（Pacific Partnership for Prosperity，PPfP），开展全球气候合作，以应对SIDS面临的紧迫挑战。[⑤]

（二）汤加的海洋外交

2023年，汤加积极拓展国际海洋合作，与其他国家和国际组织在海洋

---

① 仙台减震框架：全称《2015~2030年仙台减少灾害风险框架》，于2015年3月在日本仙台举办的第三届联合国世界减少灾害风险大会上通过。目标是在未来15年内大幅减少灾害风险和生命健康以及个人、企业和国家的经济、社会、文化的损失。

② "Prime Minister Hu'Akavameiliku Open the 21st Session of the World Meteorological Organization Southwest Pacific and Southeast Indian Ocean Tropical Cyclone Committee Meeting in Nuku'alofa", Prime Minister's Office, July 25, 2023, https: //pmo. gov. to/index. php/2023/07/27/prime - minister-huakavameiliku - open - the - 21st - session - of - the - world - meteorological - organization - southwest-pacific-and-southeast-indian-ocean-tropical-cyclone-committee-meeting-in-nukual/.

③ "Early Warnings for All Panel Discussion", Prime Minister's Office, September 20, 2023, https: //pmo. gov. to/index. php/2023/10/09/early-warnings-for-all-panel-discussion/.

④ "Climate Mobility Summit Side Event", Prime Minister's Office, October 9, 2023, https: // pmo. gov. to/index. php/2023/10/09/climate-mobility-summit-side-event/.

⑤ "King Tupou Ⅵ's Royal Plea: Urgent Climate Action Needed for Pacific Nations at COP28", Prime Minister's Office, December 2, 2023, https: //pmo. gov. to/index. php/2024/01/10/king-tupou-vis-royal-plea-urgent-climate-action-needed-for-pacific-nations-at-cop28/.

领域建立了伙伴关系、推进开展实质性海洋项目及倡议等，通过合作寻求更多国际援助，助力解决自身发展难题。

周边海洋环境状况直接影响着汤加居民的身体健康和社会经济发展。汤加致力于关注海洋环境变化，加强对气候变化的应对，实现海洋可持续发展的目标。2023 年 3 月 2 日，汤加代理渔业部长佛赫勋爵（Lord Fohe）参加了在巴拿马举行的第八届海洋会议。佛赫勋爵强调对海洋空间进行规划，打击海洋污染、深海采矿以及海资源过度捕捞等行为。① 多年来，汤加代表团在汤加常驻联合国代表的领导下，积极参与各种会议。3 月 4 日，通过汤加在联合国总部长达 38 小时的不间断谈判，最终根据《联合国海洋法公约》（United Nations Convention on the Law of the Sea）达成了关于国家管辖范围以外区域海洋生物多样性养护和可持续利用的协定草案。汤加总检察长办公室高级检察官罗斯·莱斯利·考托克（Rose Lesley Kautoke）作为太平洋小岛屿发展中国家（Pacific Small Island Developing States, PSIDS）的首席谈判代表之一，与地区专家的默契合作确保了协定草案体现太平洋地区的特点及需求。②

2023 年 9 月 18 日，汤加首相胡阿卡瓦梅利库出席了联合国可持续发展高级别政治论坛（High-Level Political Forum on Sustainable Develoment）。胡阿卡瓦梅利库指出利用科学、技术、创新和数据（Science, Technology, Innovation, and Data, STID）实现可持续发展目标的重要性，并提出利用卫星监测进行海洋资源管理以及解决非法、无管制、未上报的捕捞问题。③ 胡

---

① "Tonga Joins World Leaders in Action Towards 30×30 and 100% Sustainably Managed Oceans", Prime Minister's Office, March 6, 2023, https://pmo. gov. to/index. php/2023/03/06/tonga-joins-world-leaders-in-action-towards-30x30-and-100-sustainably-managed-oceans/.

② "Intergovernmental Conference on an International Legally Binding Instrument Under the United Nations Convention on the Law of the Sea 1982", Prime Minister's Office, March 9, 2023, https://pmo. gov. to/index. php/2023/03/09/intergovernmental – conference – on – an – international-legally-binding-instrument-under-the-united-nations-convention-on-the-law-of-the-sea-1982/.

③ "High-Level Political Forum on Sustainable Development（SDG Summit）", Prime Minister's Office, September 18, 2023, https://pmo. gov. to/index. php/2023/10/09/high-level-political-forum-on-sustainable-development-sdg-summit/.

阿卡瓦梅利库在 12 月 2 日的世界气候行动峰会（World Climate Action Summit）上，宣布开启"蓝色太平洋繁荣"（Blue Pacific Prosperity）的目标，主张各国根据国情和能力对海洋进行 100% 有效的可持续管理。① 气候是海洋环境变化的重要影响因素，也是汤加等太平洋岛国面临的生存与发展挑战之一。9 月 26 日，在华盛顿举行的美国-太平洋岛国峰会期间的慈善界举行的早餐会上，胡阿卡瓦梅利库强调气候与海洋的关系和复原力至关重要，应引起全球的重视和关注，认为美国和太平洋岛国应在气候变化引起的海平面上升问题上相互合作。②

（三）积极活跃的双边外交

汤加是一个经济自给能力较弱的国家，经济社会发展严重依赖外部援助。因此在双边关系中，援助是一个重要的主题。2023 年是汤加双边外交活跃的一年，汤加与英国、美国、新西兰、澳大利亚、中国以及日本等国家双边互动频繁，还与越南、卢旺达等国家建立了外交关系。

1. 与中国交流合作密切

2023 年是中国与汤加建交 25 周年，两国关系取得了重要进展。中国为汤加提供了大量援助和投资，帮助汤加加快了经济社会发展步伐。同时，两国之间的文化、教育等领域的交流日益频繁。

中、汤两国积极开展交流活动，提升政治互信。2023 年 4 月 17 日，汤加王储图普托阿做客中国驻汤加大使馆，双方就中汤关系等进行友好交流。5 月 13 日，中国人民对外友好协会向汤加公主皮洛莱乌·图伊塔

---

① "Pacific Leaders Boldly United: Championing Climate Action, Planetary Stewardship, and Robust Food Systems for a Just and Sustainable Tomorrow", Prime Minister's Office, December 6, 2023, https://pmo. gov. to/index. php/2024/01/10/pacific – leaders – boldly – united – championing – climate–action–planetary–stewardship–and–robust–food–systems–for–a–just–and–sustainable–tomorrow/.

② "Meeting with Philanthropic Community, Washington D. C.", Prime Minister's Office, September 26, 2023, https://pmo. gov. to/index. php/2023/10/09/meeting–with–philanthropic–community–washington–d–c/.

（Pilolevu Tuita）颁发"人民友好使者"奖章和荣誉证书。① 10 月 27 日，庆祝中国与汤加建交 25 周年招待会在北京举行。中国人民对外友好协会副会长姜江表示，把中汤全面战略伙伴关系推向新的高度，并进一步拓展民间和地方交流渠道，搭建合作的平台。汤加驻华大使陶阿伊卡·乌塔阿图（Tauaika Utaatu）指出，相互尊重、恪守一个中国原则是汤中关系的政治基础。② 11 月 13 日，中国驻汤加大使馆举办了 2023 年度援外培训学员招待会。在中国参加农业、教育、医疗等方面培训的汤加政府官员和技术人员利用在华所学知识，为中汤友好合作贡献了力量。③

2022 年汤加火山爆发后，中国向汤加提供了大量援助。中方第一时间调动水、食品、防护用品以及救灾设备等应急物资交付汤加。此外，中国红十字会还向汤加提供了 10 万美元紧急人道主义现汇援助。④ 2023 年，中、汤两国继续在医疗卫生领域进行合作。7 月 31 日，中国海军"和平方舟"号医院船⑤抵达汤加首都努库阿洛法港，开启为期七天的友好访问并提供医疗服务。自"和平方舟"号医院船靠泊汤加努库阿洛法港以来，其单日最大手术量达 14 台，单日主平台最高诊疗量达 1105 人次，创下执行"和谐使命-2023"任务一个月来最高纪录。⑥ 基础设施援助方面，2022 年汤加火山爆发后，中国为汤加提供了首批灾后救援物资。2023 年 3 月 31 日，广

---

① 《中国人民对外友好协会授予汤加王国公主图伊塔"人民友好使者"荣誉称号》，澎湃新闻网，2023 年 5 月 13 日，https：//www. thepaper. cn/newsDetail_ forward_23069853。

② 《庆祝中国与汤加建交 25 周年招待会在京举行》，澎湃新闻网，2023 年 10 月 27 日，https：//www. thepaper. cn/newsDetail_ forward_ 25097799。

③ 《驻汤加使馆举行 2023 年度援外培训学员招待会》，中华人民共和国驻汤加王国大使馆网站，2023 年 11 月 13 日，http：//to. china－embassy. gov. cn/chn/sgxw/202311/t20231113_11178910. htm。

④ 《中方已向汤加提供现汇和物资援助 汤副首相：这是灾害发生后收到的首批应急救援物资》，新华网，2022 年 1 月 20 日，http：//www. news. cn/world/2022-01/20/c_ 1128284243. htm。

⑤ "和平方舟"号医院船：中国海军专门为海上医疗救护"量身定做"的专业大型医院船。自 2008 年入列以来，先后九次走出国门履行国际人道主义义务。2014 年和 2018 年，"和平方舟"号医院船两次来汤加执行人道主义医疗任务。

⑥ 《中国海军"和平方舟"号医院船在汤加刷新本次任务以来单日手术量和主平台诊疗量纪录》，新华网，2023 年 8 月 4 日，http：//www. xinhuanet. com/world/2023-08/04/c_ 1129786994. htm。

东省政府向汤加赠送了20台渔船发动机，极大地促进了汤加经济发展以及民生改善。① 6月7日，广东省向汤加政府援助了三辆皮卡车，以帮助汤加消防和紧急服务部门。② 中国还对汤加进行农业援助。3月14~15日，中国驻汤加大使馆代表走访中国援汤瓦瓦乌农业组，中国专家组在当地推广沼气技术和"猪—沼—菜"循环农业生产技术，并通过社群学校等进行技术推广，支持农业生态循环和可持续生产。中、汤两国为共建"一带一路"框架下双边农业现代化合作树立了典范。③ 同时，中国为汤加的教育事业做出了贡献。3月17日，中国向汤加拉文加马利亚学院（Lavengamalie College）捐赠了电脑和DVD播放器。6月22日，中国驻汤加大使馆和汤加-中国友好协会共同举办了中国大使助学金颁发仪式，给35名汤加学生颁发了助学金和奖学金。曹小林大使希望中国大使助学金能支持获奖学生更好完成高中学业，成为中汤友谊的桥梁和纽带，推动教育和文化交流。④

2. 加强与英、美的关系

汤加为英联邦成员。2023年5月3日，汤加首相胡阿卡瓦梅利库赴伦敦参加英国国王查尔斯三世的加冕典礼。在加冕典礼之前，胡阿卡瓦梅利库与英国印度-太平洋事务大臣安妮-玛丽·特里维廉（Anne-Marie Trevelyan）进行了会谈。胡阿卡瓦梅利库强调了教育对汤加的重要性以及汤加人在英国学习的机会的必要性，期待英国为汤加人提供在英国的就业机会。⑤ 此外，

---

① "Tonga Receives 20 Boat Engines from People's Republic of China", Prime Minister's Office, March 31, 2023, https://pmo. gov. to/index. php/2023/03/31/tonga - receives - 20 - boat - engines-from-peoples-republic-of-china/.

② "Handover Ceremony of Three Pick-Up Trucks from People's Republic of China", Prime Minister's Office, June 7, 2023, https://pmo. gov. to/index. php/2023/06/09/handover - ceremony - of - three-pick-up-trucks-from-peoples-republic-of-china/.

③ 《农业技术合作结出丰硕成果》，人民网，2023年3月31日，http://world. people. com. cn/n1/2023/0331/c1002-32654738. html。

④ 《驻汤加大使馆和汤加-中国友好协会举办助学金颁发仪式》，中华人民共和国驻汤加王国大使馆网站，2023年6月26日，http://to. china - embassy. gov. cn/chn/sgxw/202306/t20230626_ 11103479. htm。

⑤ "Hon Prime Minister Meets Minister of State for Indo-Pacific in London", Prime Minister's Office, May 8, 2023, https://pmo. gov. to/index. php/2023/05/15/hon - prime - minister - meets - minister-of-state-for-indo-pacific-in-london/.

在英联邦领导人会议上，胡阿卡瓦梅利库提出，在 2023 年被指定成为英联邦青年年（The Commonwealth Year of Youth）的同时，各位领导人应支持赋予青年权利，并坚定不移地支持英联邦的价值观。① 11 月 13 日，安妮-玛丽·特里维廉首次访问汤加。特里维廉强调了教育对汤加的重要性，增加了英联邦奖学金的数量以支持汤加教育，汤加与英国王室的长久友好关系得到确认。②

2023 年，汤加与美国关系有所加强。美国对汤加援助包括军事支持、派遣"和平队"志愿者③等。2023 年 4 月 5 日，"和平队"汤加 84 组入伍志愿者的入职仪式在福阿莫图（Fua'amotu）举行。5 月 9 日，美国宣布在汤加努库阿洛法正式开设大使馆。美国大使馆的开设象征着美汤关系开启了新篇章，并凸显了美国和印度-太平洋地区的伙伴关系。④ 7 月 25 日，美国国务卿安东尼·布林肯在努库阿洛法出席"和平队"的活动中表示，感谢汤加"和平队"成员所做的突出贡献。7 月 27 日，汤加首相胡阿卡瓦梅利库在努库阿洛法与布林肯举行了双边会议。布林肯表明美国希望加强两国的关系，并提出建立联系紧密、繁荣、和平、有韧性的太平洋地区的愿景。两国就经济发展、气候变化等一系列问题展开合作。⑤

3. 与澳大利亚、新西兰关系稳定发展

汤加与澳大利亚于 1970 年建交，澳大利亚是汤加的主要援助国。2023

---

① "Hon Prime Minister Urges Commonwealth Leaders to Work and Walk Together", Prime Minister's Office, May 8, 2023, https：//pmo. gov. to/index. php/2023/05/15/hon-prime-minister-urges-commonwealth-leaders-to-work-and-walk-together/.

② "UK Minister of State for Indo-Pacific Makes First Visit to Tonga", Matangi Tonga, November 14, 2023, https：//matangitonga. to/2023/11/14/uk-minister-state-indo-pacific-makes-first-visit-tonga.

③ "和平队"：1961 年成立，是由美国政府管理的一个小型独立机构，旨在帮助受援助国农业、社区、教育、医疗等方面的发展。

④ "Tonga Embassy Opening", United States Department of State, May 9, 2023, https：//www. state. gov/tonga-embassy-opening/.

⑤ "U. S. Secretary of State First Official Visit to the Kingdom of Tonga", Prime Minister's Office, July 27, 2023, https：//pmo. gov. to/index. php/2023/07/27/u-s-secretary-of-state-first-official-visit-to-the-kingdom-of-tonga/.

年1月4日，澳大利亚民众自发向汤加捐助了超过123万美元的捐款。① 2月3日，澳大利亚外交和贸易部南太平洋办公室主任埃文·麦克唐纳（Ewen McDonald）访问汤加。双方签订协议，澳大利亚将通过卢卢泰航空协助汤加政府服务前往瓦瓦乌的航班。② 双方还讨论了澳大利亚联邦警察和汤加警察之间长期的警务合作关系，澳大利亚同意为汤加警方的基础设施提供支持，共同应对跨国犯罪和贩毒等违法行为。6月13日，澳大利亚太平洋基础设施融资基金（Australia Infrastructure Financing Facility for the Pacific，AIFFP）代表团访问汤加，澳大利亚政府通过AIFFP为汤加提供基础设施融资，以及为汤加的债务提供预算支持。③

　　汤加与新西兰1970年建交，新西兰也是汤加的主要援助国，从1976年开始向汤加提供援助，后逐年增加。2023年2月6日，汤加王储图普托阿出席了新西兰举行的怀唐伊日（Waitangi Day）庆祝活动。汤加对新西兰多年来的援助特别是过去两年汤加面临火山爆发和海啸以及全球新冠疫情流行期间提供的援助表示感谢。新西兰政府则表示将会坚定不移地加强与汤加的伙伴关系。④ 5月8日，汤加首相胡阿卡瓦梅利库与新西兰总理克里斯·希普金斯（Chris Hipkins）举行了双边会议。双方就发展合作、被驱逐出境者、可持续蓝色经济以及劳动力流动发展合作进行了讨论。⑤

---

① "Australian Tongan Community Raises over ＄1.23 Million Pa'Anga Relief Funds", Matangi Tonga, January 4, 2023, https：//matangitonga. to/2023/01/04/australian-tongan-commuity-relief-funds.

② "Australia Assists Lulutai in Servicing Vava'u", Prime Minister's Office, February 3, 2023, https：//pmo. gov. to/index. php/2023/02/03/australia-assists-lulutai-in-servicing-vavau/.

③ "Australia Infrastructure Financing Facility for the Pacific（AIFFP）Delegation Visits Hon Prime Minister", Prime Minister's Office, June 12, 2023, https：//pmo. gov. to/index. php/2023/06/13/australia-infrastructure-financing-facility-for-the-pacific-aiffp-delegation-visits-hon-prime-minister/.

④ "Tonga-New Zealand Relations Strong, Honourable Prime Minister Says", Prime Minister's Office, April 20, 2023, https：//pmo. gov. to/index. php/2023/04/22/tonga-new-zealand-relations-strong-honourable-prime-minister-says/.

⑤ "Hon Hu'akavameiliku Discuss Key Issues with Prime Minister Hipkins in London", Prime Minister's Office, May 8, 2023, https：//pmo. gov. to/index. php/2023/05/15/hon-huakavameiliku-discuss-key-issues-with-prime-minister-hipkins-in-london/.

4. 巩固与日本的关系

汤加与日本于 1970 年建交，双方互设有大使馆。2023 年 2 月 23 日，汤加副首相萨缪·奎塔·瓦伊普卢参加了日本驻汤加大使馆举行的天皇生日庆祝活动，表示两国将通过第十届太平洋岛国论坛（Pacific Islands Forum，PIF）的筹备，实现一个更加繁荣的太平洋地区。5 月 26 日，日本政府向汤加渔业部捐赠了五辆丰田陆地巡洋舰（Toyota Land Cruiser）汽车，以帮助汤加在火山爆发和海啸后的恢复工作。8 月 24 日，汤加驻日本大使特维塔·苏卡·曼吉斯（Tevita Suka Mangisi）与日本基金会（Nippon Foundation）签署了一项协议，以便为汤加火山爆发及海啸造成的受灾项目提供资金支持。① 9 月 11 日，日本非项目援助（Non-Project Grant Aid，NPGA）向汤加捐赠了价值 150 万美元的紧急设备和物资。汤加政府希望这些设备和物资能加强人民的防灾能力，利用提供的设备定期进行疏散演习。②

5. 与多个国家建交

汤加的外交政策建立在与所有人为友、不与任何人为敌的基本原则之上，在继续促进双边和多边关系的同时探索与志同道合的国家合作并组建新的联盟。截至 2022 年底，汤加共与 77 个国家建立了外交关系。③ 2023 年，汤加与越南、卢旺达、罗马尼亚、塔吉克斯坦、波斯尼亚和黑塞哥维那建立了外交关系。2023 年 3 月 21 日，汤加常驻联合国代表瓦因加·通同卢旺达联合国代表团签署了联合公报，称两国同为英联邦成员，发展双边关系以及政府同民间的关系具有重要意义。④ 4 月 10 日，汤加同罗马尼亚建立外交关

---

① "Agreement Signed in Tokyo to Facilitate Agreed Recovery Projects", Prime Minister's Office, August 29, 2023, https：//pmo. gov. to/index. php/2023/08/29/agreement-signed-in-tokyo-to-facilitate-agreed-recovery-projects/.

② "Government of Japan Handover Equipment and Goods for Emergency through NPGA Project", Prime Minister's Office, September 11, 2023, https：//pmo. gov. to/index. php/2023/10/09/government-of-japan-handover-equipment-and-goods-for-emergency-through-npga-project/.

③ "Foreign Relations of Tonga", Wikipedia, the Free Encyclopedia, March 8, 2024, https：// en. wikipedia. org/wiki/Foreign_ relations_ of_ Tonga.

④ "Tonga and Rwanda Formalize Diplomatic Relations", Loop Tonga, March 30, 2023, https：// www. looptonga. com/tonga-news/tonga-and-rwanda-formalize-diplomatic-relations-118888.

系，推进双方文化交流。9月21日，汤加外交部长费基塔莫克罗阿·乌托伊卡马努与越南外交部长裴青山（Bui Thanh Son）在纽约签署了联合公报，表示两国将在旅游、气候变化以及水产养殖方面加强合作，在多边论坛上相互支持，发展东盟国家与太平洋岛国间的关系。① 10月2日，汤加王国代表瓦因加·通与波斯尼亚和黑塞哥维那驻联合国代表斯文·阿尔卡拉伊（Sven Alkalaj）签署联合声明称，双方就加强双边合作的潜力以及联合国内部的当前议题交换了意见，并强调共同应对气候变化。②

结　语

2023年，汤加在政治稳定、经济发展以及外交合作等方面取得了一定的成就。汤加是太平洋岛国中唯一实行君主立宪制的国家，自2010年以来汤加的国王和议会双重行政体制经历了多次重大考验。汤加曾在2012年、2017年和2021年提出过三次对首相的不信任动议，均未成功。2023年对胡阿卡瓦梅利库首相的不信任动议失败后，汤加国王图普六世撤回胡阿卡瓦梅利库和费基塔莫克罗阿·乌托伊卡马努的职务。然而胡阿卡瓦梅利库公然违抗国王的命令，扰乱了政府的顺利运作，引发国家和社会的动荡。胡阿卡瓦梅利库首相的不信任动议凸显了汤加政治局势的复杂性与敏感性。对此，保持议会与国王权力关系平衡，推动政治稳定与民主进程，是汤加未来发展的重要任务。由于汤加是世界上第二个最容易遭受自然灾害的国家，其经济体量小、抵御风险的能力薄弱，极端气候对其农业生产和旅游业的影响极大。面对这些挑战，汤加政府应努力采取应对措施，进一步加强抵御风险的能力，同时推动经济多元化，寻求新的经济增长点，加强与其他国家的经济合作，以实现共同发展。

---

① "Vietnam, Tonga Establish Diplomatic Ties | Politics", Vietnam Plus, September 22, 2023, https：//en. vietnamplus. vn/vietnam-tonga-establish-diplomatic-ties/268395. vnp.

② "Bosnia and Herzegovina and Kingdom of Tonga Establish Diplomatic Relations", N1, October 2, 2023, https：//n1info. ba/english/news/bosnia - and - herzegovina - and - kingdom - of - tonga - establish-diplomatic-relations/.

B.9
2023年斐济经济、政治发展评析

杨鸿濂　〔斐济〕阿诗文·拉吉　赵少峰*

摘　要： 　2023年，由于旅游业的强势复苏，斐济经济得以发展，但与此同时人民生活水平却与宏观经济出现了相悖的发展态势，民营经济乏力导致社会问题逐渐凸显，进而影响兰布卡政府对经济的产业布局。2023年是兰布卡领导的联合政府上台后第一个完整的执政年，由于执政理念与前任政府的政治遗产出现激烈冲突，斐济出现执政危机和政变风险。

关键词： 斐济　经济　政治　太平洋岛国　大酋长委员会

2023年，斐济经济发展较为强劲，得益于旅游业的利润稳步上升，与2022财年相比斐济实际国内生产总值增长8%。由西蒂韦尼·兰布卡（Sitiveni Rabuka）领导的联合政府[①]在经济上并无过多举措，旅游业的稳定表现成为经济复苏的坚实后盾，增值税恢复至15%对国内民生影响颇大，导致了一系列社会问题逐渐凸显。政治上，兰布卡政府开始清算前任政府的官员，对前总理乔塞亚·沃伦盖·姆拜尼马拉马（Josaia Voreqe Bainimarama）以及其重要政治盟友艾亚兹·赛义德-凯尤姆（Aiyaz Sayed-Khaiyum）进行了打

---

* 　杨鸿濂（Michael Honglian Yang），博士，南太平洋岛国亚洲研究院研究员、秘书长，聊城大学太平洋岛国研究中心特约高级研究员，主要研究方向为太平洋岛国区域发展；〔斐济〕阿诗文·拉吉（Ashwin Raj），南太平洋岛国亚洲研究院高级顾问、前斐济妇女儿童扶贫部常务秘书，斐济人权与反歧视委员会执行主任，东南大学博士研究生；赵少峰，博士，教授，聊城大学太平洋岛国研究中心主任，区域国别研究院执行院长，山东师范大学博士生导师，主要研究方向为区域国别、太平洋岛国和中外关系。

① 联合政府由人民联盟党（People's Alliance Party）、民族联盟党（National Federation Party）和社会民主自由党（Social Democratic Liberal Party）三党联合执政。

压性调查。同时新政府内部问题不断，新任部长与职业公务员之间磨合欠缺导致效率低下，关于联盟垮塌的传言不绝于耳，政治发展稍显混乱。代表斐济传统原住民势力的大酋长委员会得以重启。

一 斐济经济的发展

2023 年，到访斐济的澳大利亚和新西兰游客数量急剧攀升，几乎恢复到了新冠疫情之前的水平。[①] 这种强势反弹得到了斐济相关服务行业的配合，如住宿和餐饮服务、运输和仓储、批发和零售贸易，以及商业服务部门（主要是金融和保险部门）。与往年不同的是，本财年斐济经济增长的因素呈现了多元化的特征。除以上行业外，截至 2022~2023 财年末（2023 年 7 月），农业、制造业、建筑业和间接税净额也是推动本财年经济增长的主要因素。继 2022 年斐济国内生产总值（GDP）强劲反弹 20.0% 之后，2023 年预计增长率达到 8.0%。[②] 国际货币基金组织在 2023 年 3 月与斐济相关部门调研后得出的结论显示，2022 年斐济的实际 GDP 增长估计达到了 16.0%[③]（斐济国家储备银行截至 2022 年 7 月结束的 2022 财年数据显示为 15.6%[④]）。斐济经济的复苏进程基本符合根据综合因素评估的预期，但需要注意的是，由于全球经济持续碎片化及其对大宗商品价格的影响，考虑到旅游来源国需求增长疲软，以及熟练劳动力短缺等因素或使经济面临下

---

① 2018~2019 财年抵斐游客总数为 895137 人次。

② "Reserve Bank of Fiji August 2022–July 2023 Report", Reserve Bank of Fiji, Parliamentary Paper No. 22 of 2023, November 28, 2023, p. 17, https：//www. rbf. gov. fj/rbf – annual – report – august–2022–july–2023/.

③ "MF Staff Completes 2023 Article Ⅳ Mission to Fiji", Press Release No. 23/86, March 21, 2023, https：//www. imf. org/en/News/Articles/2023/03/21/pr2386–fiji–imf–staff–completes–2023–article–iv–mission–to–fiji.

④ "Reserve Bank of Fiji August 2021–July 2022 Report", Reserve Bank of Fiji, Paliamentry Paper No. 12 of 2022, March 28, 2023, p. 15, https：//www. rbf. gov. fj/rbf–annual–report–august–2021–july–2022/.

行风险，预计 2024 年经济将增长 3.8%，2025 年增长则进一步下降至3.0%。[1]

2022~2023 财年旅游业需求远远超出预期，同时，行业的良好表现对其他经济部门的积极溢出效应推动了斐济经济的迅速扩张。游客人数从上一财年的 309567 人大幅增加到 863480 人。与上一财年相似的是，大部分游客来自澳大利亚（132.6%，达到 422576 人次）、新西兰（236.4%，达到 209148 人次）和北美（160.0%，达到 110569 人次）。

在此影响下，旅游收入从同期的 2200 斐济元大幅升至 4.789 亿斐济元。[2] 经济的复苏同样体现在电力生产上，与上一个财年增长 8.8% 的数值相比，2022~2023 财年的电力生产增加了 9.4%，达到 1040101 兆瓦时。由于商业（用电占比为 16.0%）、工业（用电占比为 10.3%）和家庭（用电占比为 2.5%）消费者的需求增加，电力消耗也增加了 10.4%，达到 1010525 兆瓦时。然而，2022~2023 财年可再生能源发电比例下降至53.5%，而上一财年为 57.7%。[3] 与上两个财年相比，黄金开采的表现持续低迷，受制于技术问题和矿石质量下降等原因，产量下降了 21.4%，为 22459 盎司。黄金出口也再次下降了 14.8%，仅为 9430 万斐济元。2022~2023 财年木材行业在审计期间呈现全面下滑态势，与 2021~2022 财年相比，木材供应量下降了 34.6%，达到 289722 吨，木片产量下降了 41.2% 为 237268 吨，这主要是由于怀里基（−44.8%）和德拉萨（−26.3%）两个主要工厂的产量下降。同时，锯材产量小幅下降了 1.9%，达到 28826 立方米，这主要是由于锯材供应不足。此外，由于不利的天气条件限制了森林的砍伐

---

[1] "Reserve Bank of Fiji August 2021−July 2022 Report", Reserve Bank of Fiji, Paliamentry Paper No. 12 of 2022, March 28, 2023, p. 17, https://www.rbf.gov.fj/rbf−annual−report−august−2021−july−2022/.

[2] "Reserve Bank of Fiji August 2022−July 2023 Report", Reserve Bank of Fiji, Parliamentary Paper No. 22 of 2023, November 28, 2023, p. 17, https://www.rbf.gov.fj/rbf−annual−report−august−2022−july−2023/.

[3] "Reserve Bank of Fiji August 2022−July 2023 Report", Reserve Bank of Fiji, Parliamentary Paper No. 22 of 2023, November 28, 2023, p. 17, https://www.rbf.gov.fj/rbf−annual−report−august−2022−july−2023/.

进程，桃花心木产量下降了 27.7%，达到 31020 立方米。① 2022 年制糖业展现了积极的走势，2022 年压榨季结束时有 1638954 吨甘蔗，产出 155812 吨糖，糖产量和甘蔗收获量分别增长了 17.0% 和 15.6%。这一积极成果主要是因为没有发生自然灾害以及提高了压榨效率，从而提高了作物产量和产品质量。但自进入 2023 年压榨季至本财年结束（2023 年 6 月 19 日至 7 月 31日），受限于不利的天气条件，甘蔗收割减少了 14.9%，达到 503330 吨；食糖产量也下降了 25.7%，达到 41242 吨。②

在 2022~2023 财年，劳动力市场状况延续了上一财年的良好表现。根据斐济国家储备银行（RBF）职位广告调查，由于大多数行业（采矿和采石业除外）招聘意向有所改善，特别是社区、社会公共和个人服务上扬明显，职位空缺增加了 46.7%，达到 15363 个。批发零售贸易、餐饮酒店、制造业以及金融、保险、房地产和商业服务行业也都有所回暖。与此同时，雇员、雇主的登记情况及雇员、雇主对斐济国家公积金（FNPF）的缴款显著回升，表明斐济正规就业和收入水平正在得到提升。市场主要需求指标也反映了国内消费支出强劲，主因是国内增值税（59.0%）、海关进口增值税（34.2%）的增加以及政府征收的其他税款增加。增值税（VAT）净征收额增加了 52.7%，达到 10.081 亿斐济元。在 2022~2023 财年，车辆注册量下降了 9.8%，为 9932 辆，其中二手车登记量的下降（-25.0%）超过了新车登记量的增长（22.5%）。商业银行的新消费贷款增加了 6.9%（达到 13097亿斐济元），这得益于给私人、批发、零售、酒店和餐饮类别的贷款有所增加。③

① "Reserve Bank of Fiji August 2022-July 2023 Report", Reserve Bank of Fij, Parliamentary Paper No. 22 of 2023, November 28, 2023, p. 18, https://www.rbf.gov.fj/rbf-annual-report-august-2022-july-2023/.

② "Reserve Bank of Fiji August 2022-July 2023 Report", Reserve Bank of Fij, Parliamentary Paper No. 22 of 2023, November 28, 2023, p. 8, https://www.rbf.gov.fj/rbf-annual-report-august-2022-july-2023/.

③ "Reserve Bank of Fiji Augus t2022-July 2023 Report", Reserve Bank of Fij, Parliamentary Paper No. 22 of 2023, November 28, 2023, p. 18, https://www.rbf.gov.fj/rbf-annual-report-august-2022-july-2023/.

全国投资指标正在逐年恢复，继上一财年增长 48.9% 后，2022～2023 财年略有小幅上扬。用于投资的新增贷款增长了 25.7%，达到 7.788 亿斐济元。房地产和建筑行业贷款分别增加 25.0% 和 17.9% 是增长的主要原因。同一时期，向私人购买第二套住房（作为投资性房产）的新增贷款增加了 52.5%，达到 9090 万斐济元。然而出现反差的是，斐济国内水泥销售下降了 0.9%，达到 123225 吨，这主要是因为工厂出现机械问题导致产能下降。[①] 本财年商业银行的新增贷款增长了 14.6%，达到 4.428 亿斐济元，主要是由于对批发、零售、酒店和餐饮、个人、制造业和房地产行业的信贷有所增加。[②]

整体来看，经济的通胀压力有所缓解，2022～2023 财年总体通胀率平均为 2.7%，而上一财年为 3.1%。经济放缓主要是由于卡瓦饮品和燃料价格下降，但食品价格仍然很高，这也引发了一系列民生和社会问题。金融条件仍然有利于经济活动，截至 2023 年 7 月，广义货币为 106641 亿斐济元，年增长率为 6.7%，而 2022 年同期年增长率则为 6.4%。广义货币增长的原因是国内净资产（NDA）（9.3%）推动的，外国净资产（NFA）占比则仅为 1.4%，特别是，国内净资产的增长是在私营部门信贷（PSC）持续扩张的背景下（增长 5.4%）实现的，而外国净资产的增长虽然微乎其微，但受到其他外国资产（OFA）扩张（25.0%）的影响，呈现了较高的增长率。商业银行海外总部的其他预付款从 2550 万斐济元增长至 1.537 亿斐济元，活期存款从 1700 万斐济元增长至 6630 万斐济元。[③] 截至 2023 年 7 月底，银行资金的流动性良好，达到 25.087 亿斐济元。因此，商业银行未偿贷款的加

---

① "Reserve Bank of Fiji August 2022-July 2023 Report", Reserve Bank of Fij, Parliamentary Paper No. 22 of 2023, November 28, 2023, p. 18, https：//www. rbf. gov. fj/rbf－annual－report－august-2022-july-2023/.

② "Reserve Bank of Fiji August 2022-July 2023 Report", Reserve Bank of Fiji, Parliamentary Paper No. 22 of 2023, November 28, 2023, p. 19, https：//www. rbf. gov. fj/rbf－annual－report－august-2022-july-2023/.

③ "Reserve Bank of Fiji August 2022-July 2023 Report", Reserve Bank of Fiji, Parliamentary Paper No. 22 of 2023, November 28, 2023, p. 19, https：//www. rbf. gov. fj/rbf－annual－report－august-2022-july-2023/.

权平均利率在 2023 年 7 月降至 4.96%，较上年同期下降 45 个基点。2023 年 7 月新贷款利率下降 6 个基点至 5.10%。商业银行提供的现有定期存款利率也逐年下降，从 1.52% 降至 1.17%，而新定期存款利率则从 1.08% 上升至 1.40%。此外，储蓄存款利率从上一财年的 0.39% 下降至 0.38%。①

2022~2023 财年，财政赤字收窄至 8.394 亿斐济元，相当于 GDP 的 7.1%②，而上一财年的财政赤字为 12.233 亿斐济元，占 GDP 的 12.0%③，这得益于收入增加，特别是直接税和间接税的增长。2023~2024 财年，净赤字总额预计达到 6.391 亿斐济元，占 GDP 的 5.0%④，政府收入和支出预计都会扩大。截至 2022~2023 财年末，新任政府选前声称将缩小斐济债务规模的承诺得以兑现，政府债务占 GDP 的 82.3%⑤，略低于上一财年末的 89.9%，其中国内债务占政府债务组合总额的 52.1%。⑥

2022~2023 财年商品贸易逆差扩大了 34.7%，达到 44.647 亿斐济元（占 GDP 的 37.7%），高于上一财年的 33.155 亿斐济元（占 GDP 的 32.6%）。机械和运输、矿物燃料、各种制成品、饮料和烟草、食品和动物产品以及其他商品的流入增加，进口在财政年审计期间激增 32.3%，达到 69665 亿斐济元（占 GDP 的 58.8%）。同期出口总额增长 28.3%，达到 25017 亿斐济元（占 GDP 的 21.1%），主要是矿物燃料、润滑油及相关材料的再出口以及矿泉水、糖和其他食品的国内出口增加。⑦ 但出口产品种类的

---

① "Reserve Bank of Fiji August 2022-July 2023 Report", Reserve Bank of Fiji, Parliamentary Paper No. 22 of 2023, November 28, 2023, p. 19, https://www.rbf.gov.fj/rbf-annual-report-august-2022-july-2023/.

② 以 2022~2023 财年 GDP 值为基准。

③ 以 2021~2022 财年 GDP 值为基准。

④ 以 2022~2023 财年 GDP 值为基准。

⑤ 以 2021~2022 财年 GDP 值为基准。

⑥ "Reserve Bank of Fiji August 2022-July 2023 Report", Reserve Bank of Fiji, Parliamentary Paper No. 22 of 2023, November 28, 2023, pp. 18-19, https://www.rbf.gov.fj/rbf-annual-report-august-2022-july-2023/.

⑦ "Reserve Bank of Fiji August 2022-July 2023 Report", Reserve Bank of Fiji, Parliamentary Paper No. 22 of 2023, November 28, 2023, p. 19, https://www.rbf.gov.fj/rbf-annual-report-august-2022-july-2023/.

匮乏以及低产出的以粗加工产品为主导的出口结构仍然将使斐济处于长期的贸易逆差中。在服务贸易方面，2022 年旅游收入达 14.993 亿斐济元。2023 年前两个季度旅游收入达 10.054 亿斐济元，其中来自澳大利亚、新西兰、美国、太平洋岛国、欧洲和加拿大的旅游相关收入处于领先地位。

2022~2023 财年个人汇款额度仍然坚挺，增长了 23.2%，达到 11.723 亿斐济元，较上一财年增长 15.9%。从汇款组成部分来看，个人转账（22.3%）和员工薪酬（38.7%）在本财年均有所增长。① 在 2022~2023 财年审计末期，斐济元（FJD）兑换日元、澳元和新西兰元汇率分别实现了 3.3%、3.0% 和 0.3% 的上涨，但兑换欧元和美元汇率分别下降了 9.1% 和 1.8%。由于兑换欧元和美元汇率走弱，名义有效汇率（NEER）同期下降 0.08%。名义有效汇率的年度调整影响了实际有效汇率（REER），使其全年下降 4.8%，表明贸易竞争力有所增强。② 2022~2023 财年，外汇储备总额（斐济储备银行持有量）平均约为 34.377 亿斐济元，高于上一财年 31.866 亿斐济元的平均水平。外汇储备水平年内创历史新高，8 月份达到峰值为 36.297 亿斐济元，但到财年末逐渐下降至 35.557 亿斐济元。可投资储备占外汇储备总额的 85.8%，平均也达到 29.502 亿斐济元，高于上一年的 27.005 亿斐济元。③

在美国银行业动荡之后，对全球金融稳定风险担忧的论调给斐济央行的决策带来压力。收益率上升暂时给美国银行业和欧洲部分地区带来压力，央行通过协调一致的非常措施遏制了银行业动荡并减少了市场焦虑。鉴于全球经济形势的不确定性、经济衰退的担忧以及通胀率低于央行目标的速度，外汇储备管理面临的挑战仍然存在。2022~2023 财年的净外汇收入从上一年的

---

① 国际移动货币收款被斐济国家储备银行记录在"个人转账"类别下。

② "Reserve Bank of Fiji August 2022-July 2023 Report", Reserve Bank of Fiji, Parliamentary Paper No. 22 of 2023, November 28, 2023, p. 24, https://www.rbf.gov.fj/rbf-annual-report-august-2022-july-2023/.

③ "Reserve Bank of Fiji August 2022-July 2023 Report", Reserve Bank of Fiji, Parliamentary Paper No. 22 of 2023, November 28, 2023, p. 24, https://www.rbf.gov.fj/rbf-annual-report-august-2022-july-2023/.

2370 万斐济元增长至 8610 万斐济元的历史新高。收入的显著增长反映了央行货币政策收紧期间高收益投资的影响。[①]

在联合政府上台前，各反对党党魁均提出有必要削减国家负债的观点。从数据上来看，联合政府兑现了竞选承诺，但如果考虑到 GDP 的增长和本金及利息实际偿还情况，这种缩减微乎其微。由于多方因素，这种状况或将持续联合政府的整个任期。首先是债务额度过大，对于斐济这类经济体量较小的国家，高额债务给政府带来了极大的压力，特别是国家创收能力有限的情况下，偿还本金都显得力不从心，且部分贷款还需要支付利息。某些不利的债务条款会增加偿债成本，这些成本会侵蚀政府的预算，导致可用于基本服务和债务偿还的资金减少。但同时由于联合执政的负面影响，总理府决策需同时兼顾其他伙伴政党的利益，如社会民主自由党在联合谈判时提出的土著人事务部的定额拨款预算就是联合政府无论如何都无法削减的固定支出。而对于兰布卡的人民联盟党而言兑现其选前承诺同样重要，因此政府需要平衡各种优先事项，包括基础设施发展、医疗保健、教育和社会福利项目，这些项目都会与债务偿还产生冲突。此外，斐济目前的经济结构仍然是以旅游业为主要支柱产业，其他行业增长较为缓慢甚至是小幅受挫。高失业率、低生产率和低效的税收制度，也都是经济增长缓慢的主要因素。尤其是联合政府上台后，民族主义略有抬头，而且不确定的政治环境导致政策不一致及延迟实施必要的改革，从而影响经济增长和收入产生。部分印度裔斐济人和商人寻求海外移民机会，更是导致了斐济商业内循环规模萎缩。同时，斐济在国际贸易市场长期处于逆差，极易受到全球金融状况变化的影响，例如利率波动或投资者对新兴市场情绪的变化。

应对这些挑战可能需要采取全面的方法，包括财政纪律、经济改革和审慎的债务管理策略，但这些恰恰是联合政府所欠缺的。所以从以上因素来看，斐济公共债务无法在短期内得到大幅缩减，国家需要继续依赖外部融资来应

[①] "Reserve Bank of Fiji August 2022–July 2023 Report", Reserve Bank of Fiji, Parliamentary Paper No. 22 of 2023, November 28, 2023, p. 24, https：//www. rbf. gov. fj/rbf – annual – report – august-2022-july-2023/.

对各种突发情况和维持政府运营。维持高负债运营或许将持续到联合政府的整个任期结束。结合政府低效的管理手段以及缺乏有效的经济改革措施，且未来旅游市场即将进入瓶颈期来看，同时也考虑到大批量熟练技术工人被澳大利亚和新西兰吸引而引发的移民潮，斐济经济或许将迎来更大的挑战。

二　斐济政治发展评析

2022 年 12 月 23 日，西蒂韦尼·兰布卡宣誓就任斐济新一任总理，标志着斐济在 21 世纪首次实现了宪法规定的权力交接。获得组阁权后，政治上兰布卡政府开始清算前任政府的官员，对前总理乔塞亚·沃伦盖·姆拜尼马拉马以及其重要政治盟友艾亚兹·赛义德-凯尤姆进行了打压性调查。兰布卡政府对于由斐济优先党政府主导促成并通过的 2013 年新宪法表现出了诸多负面态度，由此引发了斐济新一轮由宪法改革引发的政治危机。作为首个完整执政年，2023 年新政府受到多方掣肘导致处理政务方面仍然面临诸多挑战，前任政府留下的公务员与新政府缺乏磨合，致使效率低下。

（一）军队的威慑

在过去的 40 年中，斐济发生了四次军事政变，兰布卡和他的主要竞争对手姆拜尼马拉马各领导了其中的两次——前者在 1987 年领导了两次，后者在 2000 年和 2006 年领导了两次。在整个选举周期中，对发生第五次政变危机的担忧一直居高不下。在此期间，两个主要竞选人都明确、公开地呼吁军队干预选举进程，但最终都没有成功。

第一次要求军队干预斐济选举是在计票期间。2022 年 12 月 15 日，斐济武装部队司令乔恩·卡洛尼伟（Jone Kalouniwai）在竞选活动遭到作弊控诉之后，拒绝了兰布卡的人民联盟党要求军方直接监督计票工作的请求。①

---

① "Fiji Military Says Will Not Intervene Over Election After Opposition Complaint", Reuters, December 17, 2022, https：//www. reuters. com/world/asia - pacific/fiji - military - says - wont - intervene-over-election-after-opposition-complaint-2022-12-16/.

随后，2022年12月17日，由斐济选举办公室公布的官方选举结果显示，兰布卡领导的人民联盟党和姆拜尼马拉马领导的斐济优先党都没有获得议会多数席位，二者需要争取小党派的支持以组建联合政府。经过三天的党派间谈判，人民联盟党宣布它已取得多数席位获得组阁权，但斐济优先党拒绝接受这一结果，并探讨采取宪法手段，试图推迟新政府宣誓就职。①

由澳大利亚、印度尼西亚、印度等国组成的观察员小组已经担心姆拜尼马拉马正在想方设法抵制和平的权力交接，而且兰布卡在2022年12月15日的请求已经引发了军事干预的担忧，紧张局势于2022年12月21日急剧升级。据部分媒体报道，选举紧张局势加剧了对印度裔斐济人的种族主义攻击，对此，姆拜尼马拉马和他忠心耿耿的警务处处长西蒂韦尼·齐利霍（Sitiveni Qiliho）正式要求军队离开军营，参与维护公共秩序。② 长期以来，姆拜尼马拉马一直把自己描绘成统一的斐济公民身份的保证人，因此默认自己是斐济庞大的印度裔斐济人和少数民族的捍卫者，反对民族主义的原住民斐济人（iTaukei）政府。③ 斐济优先党试图唤醒民众的记忆，尽管兰布卡在竞选期间坚称他的政府将代表各种背景的斐济人，并签署了一份谅解备忘录，承诺与民族联盟党（传统上得到印度裔斐济人的支持）合作，但兰布卡在1987年领导的政变旨在维护原住民斐济人的权利和传统特权④，姆拜尼马拉马在2000年和2006年发动政变的理由都是对种族和谐的担忧，动用军队的号召因为发生在敏感的大选期间，从而被部分民众理解为是粗暴干涉

① "Nothing to Concede-FijiFirst Says Election Can Only Be Decided in Parliament", RNZ, December 22, 2022, https：//www. rnz. co. nz/international/pacific – news/481243/nothing – to – concede-fijifirst-says-election-can-only-be-decided-in-parliament.

② Shalendra B. Singh, "Fiji's New Politics", The Interpreter, January 17, 2023, https：//www. lowyinstitute. org/the-interpreter/fiji-s-new-politics.

③ Mudaliar, Christopher, "Co-constituting Fijian Identity：The Role of Constitutions in Fijian National Identity", in Christine Agius, and Dean Keep (eds), The politics of identity：Place, Space and Discourse (Manchester, 2018；Manchester Scholarship Online, September 20, 2018), pp. 15 – 33, https：//doi. org/10. 7228/manchester/9781526110244. 003. 0002.

④ Navitalai Naivalurua, "People's Alliance and NFP Sign MOU to Work Together", Fijivillage, April 8, 2022, https：//www. fijivillage. com/news/Peoples – Alliance – and – NFP – sign – MOU – to – work – together-8x54fr/.

大选的行为，所以遭到了大量社交媒体用户讥讽和抵制。同时，卡洛尼伟司令公开拒绝了警务处长的请求，他重申了斐济军队将不会干涉政治并表明了斐济军队将尊重大选结果。最终，军队留在了军营，姆拜尼马拉马则做出了让步，兰布卡主导的联合政府于 2022 年 12 月 24 日宣誓就职。①

虽然军方在 2023 年大选中并未直接干预选举进程和结果，但这并不能完全说明军队放弃了对政府施加间接和幕后影响的历史惯例。尤其是斐济《2013 年宪法》赋予了斐济军队极为特殊的核心角色，造成了一种罕见的和令人困惑的局面，即一个国家的政变潜在发动者同时担任了反制机构的角色。② 兰布卡和姆拜尼马拉马在面对选举困局时不约而同地请求军事干预，这也是对军队在斐济政治进程中所处的特殊地位的认可。斐济前国会议员巴莱德罗卡德罗卡（Baledrokadroka）认为，斐济的政变并不是广泛而持续的公众不满情绪的延伸。政变是在个人之间进行私下秘密协商后发生的，然后这些人在军队中找到必要的人选来实施政变。③ 斐济精英之间这种"秘密磋商"的存在掩盖了斐济选举和政变阴谋的公开种族间性质，姆拜尼马拉马与军方的关系也是如此。作为一名原住民斐济人和前军官，姆拜尼马拉马在其促进种族间团结计划的核心中包含了将印度裔斐济人和较少的少数族裔纳入武装部队的承诺；然而，到他任期结束时，军队中 99% 的人仍然是原住民斐济人。④ 此外，姆拜尼马拉马在其任内监督并通过了斐济《2013 年宪法》，该宪法明确规定武装部队的任务是"始终确保斐济和所有斐济人的安

---

① "Rabuka Sworn in as Fiji Prime Minister after Close Election", Associated Press, December 24, 2022, https：//apnews. com/article/fiji－frank－bainimarama－a594a6f05697f2c847478cccef8bac 9d.

② Michael Runey, "Case Study：Fiji—Global State of Democracy 2023 Report", International Institute for Democracy and Electoral Assistance（International IDEA）, November 2, 2023, p. 3, https：//www. idea. int/publications/catalogue/case-study-fiji-gsod-2023-report.

③ Baledrokadroka, J. "The Super Confederacy：The Military in Fiji's Politics", The Round Table, 104（2）, 2015, pp. 127-135, https：//doi. org/10. 1080/00358533. 2015. 1017251.

④ Vijay Naidu, "Moving Towards a More Multiethnic Fiji Military Forces", Guns & Roses：Comparative Civil-Military Relations in the Changing Security Environment, Springer Nature Singapore, Chapter 7, 2019, https：//www. springerprofessional. de/en/moving－towards－a－more－multiethnic－fiji－military-forces/17632388.

全、国防和福祉"。① 这种条款本质上使军队的政变角色合法化，就像其单一民族的构成巩固了其作为斐济民主政治制衡机构的地位一样。②

所以在 2023 年即便军队没有粗暴干涉大选结果，但其存在仍然是高悬在联合政府头上的达摩克利斯之剑。2023 年 1 月，卡洛尼伟司令严厉批评联合政府将姆拜尼马拉马效忠者排挤在政府边缘的激进举措，指责联合政府采取"规避相关程序和程序的捷径"，这可能导致"长期的国家安全后果"。③ 随后不久，军方与兰布卡政府的内政部长蒂科杜阿杜阿（Pio·Tikoduadua）举行了会议，双方发表了致力于斐济民主的公开声明。在卡洛尼伟发表声明后，关于公开军事干预政治的讨论逐渐消退。④

（二）反对党的溃败

在过去的 17 年里，斐济的政局都由姆拜尼马拉马主导。2006 年 12 月，姆拜尼马拉马以斐济皇家军队（RFMF）司令的身份发动军事政变上台。他以独裁统治斐济，直到 2014 年恢复民主治理。在前两次选举（2014 年和 2018 年）中，姆拜尼马拉马保住了权力，尽管 2018 年的多数席位有所减少，但他领导的斐济优先党仍然以微弱的优势获得了独立组阁权。

情况在 2022 年 12 月 14 日的选举中被扭转。斐济优先党在议会 55 个席位中赢得 26 个席位，兰布卡领导的人民联盟党此前与比曼·普拉萨德（Biman Prasad）领导的民族联盟党签订联合竞选协议，同样获得了 26 个席位。这种势均力敌的局面被刚刚通过了 5% 准入门槛的社会民主自由党打

---

① Fiji's Constitution of 2013, Chapter 6, State Services, Part B. Discipline Force, 2013, p. 56, https：//www. constituteproject. org/constitution/Fiji_ 2013. pdf？ lang＝en.

② Baledrokadroka, J. "The Super Confederacy：The Military in Fiji's Politics", The Round Table, 104（2）, 2015, pp. 127-135, https：//doi. org/10. 1080/00358533. 2015. 1017251.

③ "Fiji Minister's Assurance After Military Leader Expresses Security Concerns", RNZ, January 18, 2023, https：//www. rnz. co. nz/international/pacific - news/482616/fiji - minister - s - assurance - after-military-leader-expresses-security-concerns.

④ Patricia O'Brien, "In Fiji, Bainimarama Suspended from Parliament Until 2026", The Diplomat, February 28, 2023, https：//thediplomat. com/2023/02/in-fiji-bainimarama-suspended-from-parliament-until-2026/.

破，社会民主自由党选择与兰布卡结盟，形成了全新的政治格局。斐济优先党自成立以来，首次成为议会中的反对党。自此，斐济新政治秩序的形态发生了巨大转变，而斐济优先党也开始昏招频出，导致了大面积的溃败。

当联合政府成立时，兰布卡在总理投票中仅以一票险胜，这说明在他的联盟中有一名议员投了反对票。兰布卡政府自称的"人民联合政府"内部虽然长期存在个人和政治敌意，但仍微妙地团结在一起，新政府立即系统地瓦解了姆拜尼马拉马广泛的权力基础。[①] 姆拜尼马拉马政府在临近大选前做出的多项关键公共服务任命接连被推翻，新政府发出的最后通牒是"辞职或被免职"，并对姆拜尼马拉马政府的主要人物展开调查，其中包括实际统治斐济的前副手艾亚兹·赛义德-凯尤姆。凯尤姆在新议会中的地位因违反他自己制定的宪法规则而受到威胁。2023 年 1 月 4 日，前总检察长凯尤姆被反对党领袖姆拜尼马拉马提名为宪法办公室委员会成员。根据《斐济宪法》第 132（1）条，宪法办公室委员会由总理、反对党领袖、总检察长、总统根据总理建议任命的两名人士和总统根据反对党领袖建议任命的一名人士组成。姆拜尼马拉马说，他特意提名凯尤姆是因为他们两人在委员会中具有最佳的代表性。而凯尤姆在与姆拜尼马拉马共同出席的委员会第一次会议中还在侃侃而谈试图维护自身的法律权威地位。"我们将强调所有已经开始的不正常现象，捍卫宪法任命，当然还有宪法。维护宪法和宪政对于一个真正的民主社会至关重要。我们必须捍卫这些价值观，也必须采取行动。"[②] 但斐济优先党犯了一个致命的错误，即根据《斐济宪法》第 63（1）（b）条规定，如果一名议员经其本人同意担任公职，则该议员的席位将空缺。所以，凯尤姆等于自动放弃了担任国会议员的资格。

---

① Patricia O'Brien, "In Fiji, Bainimarama Suspended from Parliament Until 2026", The Diplomat, February 28, 2023, https：//thediplomat.com/2023/02/in-fiji-bainimarama-suspended-from-parliament-until-2026/.

② Jale Daucakacaka, "Sayed-Khaiyum No Longer MP, Nominated to COC", FBC, January 4, 2023, https：//www.fbcnews.com.fj/news/sayed-khaiyum-no-longer-mp-nominated-to-coc/.

总理兰布卡提名的人选是宪法律师乔·阿普泰德（Jon Apted）和律师谭雅·万卡尼卡（Tanya Waqanika）。随后，万卡尼卡表示因为选择继续担任社会民主自由党管理委员会委员而辞去宪法办公室委员会的职务。同时，万卡尼卡要求凯尤姆也应立即退出宪法办公室委员会或斐济优先党。根据《斐济政党法》的规定，宪法办公室委员会成员在担任委员期间不得与注册政党有任何关联。该法第14（1）（a）条规定，公职人员无资格成为拟议政党或根据本法注册的政党的申请人或成员。该法还规定，公职人员不得参与可能损害或被视为损害其职务政治中立性的政治活动，或第14（1）（d）公开表示支持或反对任何拟议政党或根据本法注册的政党或选举中的候选人。① 2023年1月5日，姆拜尼马拉马宣布将凯尤姆移除出宪法办公室委员会。②

2023年前两周的政治清算步伐促使斐济军队司令卡洛尼伟发表了一份让人担忧的声明，卡洛尼伟提醒新政府，斐济军队的宪法义务是确保所有斐济人的"福祉"。但卡洛尼伟的声明遭到大众的指责，尽管他公开表现出对新政府的忠诚，但考虑到斐济的政变文化，他的声明仍然给斐济的政治发展蒙上阴影。然而，此后发生的事情表明军方已决定不再走这条灾难性的道路。而军方的威慑也没有阻挡联合政府对斐济优先党的清算。在凯尤姆被排除在议会之外后，2月13日，姆拜尼马拉马在议会讨论斐济总统的讲话时发表了不当的言论。内政部长皮奥·蒂科杜阿杜阿（Pio Tikoduadua）声称，姆拜尼马拉马使用了"诋毁和侮辱我们国家元首、总统阁下的言论……同时向军队的普通士兵发出呼吁"。该指控被提交给特权委员会，该委员会认定姆拜尼马拉马违反了条例。2月17日，斐济议会将姆拜尼马拉马停职三年至2026年2月。一个月之内，姆拜尼马拉马与凯尤姆共同打造的确保他们能够持续掌权的政治架构基本上已经成为历史，也宣告了二人的

---

① Apenisa Waqairadovu, "Waqanika to Leave COC, Calls on Sayed-Khaiyum to Do the Same", FBC, January 4, 2023, https：//www.fbcnews.com.fj/news/tanya-to-leave-coc-calls-on-sayed-khaiyum-to-do-the-same/.

② Ritika Pratap, "Sayed-Khaiyum out of COC", FBC, January 5, 2023, https：//www.fbcnews.com.fj/news/sayed-khaiyum-out-of-coc/.

政治生涯基本结束。这种摧枯拉朽的变化与斐济邻国萨摩亚所发生的事件有诸多相似①，但斐济优先党仍然重蹈了覆辙。

随后，宪法办公室委员会负责就人权和反歧视委员会主席和成员、选举委员会主席和成员、选举监督员、议会秘书长、公共服务委员会主席和成员、警务专员、斐济惩教署专员、斐济共和国军队司令、审计长和斐济储备银行行长的任命向总统提供建议并最终通过合法流程撤换。姆拜尼马拉马的原有执政班底被彻底瓦解。

（三）联盟的不稳定

即便联合政府成功地获得了执政权，但这对三个联合起来的政党来说获得的并不是压倒性的胜利。斐济优先党仍然是议会中席位最多的单一政党，这种潜在威胁对于联合政府来说，会让彼此之间的矛盾更加突出。2023 年，斐济内阁围绕执政联盟内部的紧张关系以及政策调整爆发了一些矛盾。

在联合政府的成立过程中，社会民主自由党力量最小，但是该党的选择决定了政府的走向。在党派联盟前的谈判中，社会民主自由党获得了职位分配、政策方向和资源分配等许诺。但新政府在清算前政府遗留问题上存在效率过低的问题，同时内阁需要面临公共债务等迫切的经济问题，联盟伙伴迟迟没有履行选举时的承诺。例如未授予其成员高级政治职位、内阁职位和关键的海外派遣职位。这种紧张关系导致联盟内部出现裂痕，对执政联盟的稳定性构成了挑战。② 其中，2023 年担任社会民主自由党副党魁的阿塞里·马塞沃·拉卓卓（Aseri Masivou Radrodro）与兰布卡的关系成为冲突的主旋律。

---

① 萨摩亚前总理图伊拉埃帕·萨伊莱莱·马利莱高伊（Tuila'epa Sa'ilele Malielegoi）于 2022 年被暂停议会议员资格两年，他实际上以一党制国家的形式统治了该国 23 年。其原因源于萨摩亚 2021 年 4 月选举后长达四个月的宪法危机。为了保住权力，图伊拉埃帕采取了一系列策略，阻止现任总理菲娅梅·内奥米·马塔阿法的政党（FAST）在赢得选举后接管权力。这场危机围绕着许多问题（例如议会中分配给妇女的席位数量），并涉及法院和国家元首办公室之间激烈的权力斗争。当萨摩亚最高法院做出有利于 FAST 的决定时，这场戏剧性的选举后争论终于结束了。图伊拉埃帕被迫辞去职务。

② Amb. Ian Kemish, "Fiji's Political Situation Remains Fragile Almost Six Months into New Government", Bower Group Asia, June 20, 2023, https://bowergroupasia.com/about/bowergroupasia/.

　　拉卓卓出生于斐济奈塔西里省的塞雷亚村，曾就读于索洛伊拉地区学校和维多利亚女王学校。随后，他在南太平洋大学学习金融，并于 2006 年获得工商管理硕士学位。曾担任公务员、经理，并在斐济体育委员会担任过各种管理职务。他还曾在多个董事会任职，包括斐济电力局（FEA）、斐济人控股集团（Fijian Holdings）、斐济电视台（Fiji TV）等。[1] 他于 2014 年加入社会民主自由党，并在 2014 年选举中以 2169 票当选斐济议会议员。[2] 最初被任命为交通和基础设施影子部长，2017 年被任命为影子经济部长。[3] 在 2018 年选举前夕，时任社民党领导人的兰布卡试图阻止他成为该党候选人，但在党主席奈伽马·拉拉巴拉乌（Naiqama Lalabalavu）干预后放弃。[4] 2018 年 3 月，他被认为是未来的社会民主自由党领导人。[5] 拉卓卓在 2018 年选举中再次当选[6]，赢得 2312 票。2020 年 7 月，他因使用议会津贴而受到斐济反腐败独立委员会的调查。[7] 2020 年 8 月，他参与竞选党魁，但输给了加沃卡。[8][9] 当社会

[1] Aseri Radrodro, "Vote 2018: Meet A Provisional Candidate-Aseri Radrodro", Fiji Sun, May 18, 2018, https://fijisun.com.fj/2018/05/18/vote2018-who-is-aseri-radrodro/.

[2] "Fiji 50-Member Parliament Announced at FMF Gymnasium", Fiji Sports Council, September 22, 2014, https://www.fijisportscouncil.com.fj/news/255-fiji-50-member-parliament-announced-at-fmf-gymnasium.

[3] Aseri Radrodro, "Vote2018: Meet A Provisional Candidate-Aseri Radrodro", Fiji Sun, May 18, 2018, https://fijisun.com.fj/2018/05/18/vote2018-who-is-aseri-radrodro/.

[4] Jyoti Pratibha, "Rabuka Backs Down, Radrodro Gets Ticket", Fiji Sun, December 6, 2017, https://fijisun.com.fj/2017/12/06/rabuka-backs-down-radrodro-gets-ticket/.

[5] Nemani Delaibatiki. "MP Aseri Radrodro Hitting Right Notes", Fiji Sun, March 14, 2018, https://fijisun.com.fj/2018/03/14/mp-aseri-radrodro-hitting-right-notes/.

[6] Talebula Kate, "2018 General Election: SODELPA Secures 21 Seats", Fiji Times, November 18, 2018, https://www.fijitimes.com.fj/2018-general-election-sodelpa-secures-21-seats/.

[7] Rosi Doviverata, "Probe on MPs: And Then There Were 9, FICAC Search SODELPA Party HQ", Fiji Sun, July 3, 2020, https://fijisun.com.fj/2020/07/03/probe-on-mps-and-then-there-were-9-ficac-search-sodelpa-party-hq/.

[8] Nemani Delaibatiki, "Four Expected to Give Rabuka Tough Fight for SODELPA Leadership", Fiji Sun, August 13, 2020, https://fijisun.com.fj/2020/08/13/four-expected-to-give-rabuka-tough-fight-for-sodelpa-leadership/.

[9] Nemani Delaibatiki, "SODELPA Leadership: Aseri Radrodro Outlines Policies That He Says Will Unify the Country in Bid to Lead in 2022 Poll", Fiji Sun, August 18, 2020, https://fijisun.com.fj/2020/08/18/sodelpa-leadership-aseri-radrodro-outlines-policies-that-he-says-will-unify-the-country-in-bid-to-lead-in-2022-poll/.

民主自由党于 2021 年分裂时，他留在该党并作为该党候选人参加 2022 年选举。[①] 他在 2022 年的选举中再次当选。[②] 2022 年 12 月 24 日，他被任命为兰布卡联合政府的教育部长。[③] 2024 年 1 月 19 日，矛盾最终爆发，他因无视终止斐济国立大学理事会成员的法律建议而被解除部长职务。[④][⑤]

从表面上来看，拉卓卓与总理兰布卡之间存在的问题集中在对于权威的认可度以及对党派协议的理解。但二人此前曾为翁婿关系，且拉卓卓曾因家暴事件对兰布卡的女儿施加了伤害。兰布卡表示，此前曾因差点杀死他的女儿，拉卓卓采取了斐济传统的道歉仪式马塔尼伽绍（matanigasau）。然而，兰布卡同时表示，马塔尼伽绍是斐济文化的组成部分，而不是现代治理和法律体系的内容，它绝不能被滥用，要使用符合现代方式的形式进行道歉。即便总理收到拉卓卓的马塔尼伽绍，也并不意味着他的罪行能够被赦免，因此他不会被复职为内阁部长。总理强调拉卓卓的不服从不是针对个人，而是对内阁、政府和国家机构及其法律法规，所以他将以平衡的观点考虑自己的行动，并平衡地看待联盟纪律、服从、忠诚度，以及纠正纪律行动对组织成员的必要影响。但此举引发了以社会民主自由党新任秘书长威利亚美·塔卡亚瓦（Viliame Takayawa）为代表的管理委员会的争论。管理委员会表示关注联合政府内部的情况以及对治理机制和法治应用的适当考虑。

此外，作为三党联盟中另外一个重要政党的民族联盟党也面临着本党支持者的质疑。即便兰布卡总理领导了与印度裔斐济人社区的和解工作，包括

① Nacanieli Tuilevuka, "SODELPA Is Here to Stay: Radrodro", Fiji Sun, August 2, 2022, https://fijisun.com.fj/2022/08/02/sodelpa-is-here-to-stay-radrodro/#google_vignette.

② Indira Singh, "Top 55 Confirmed", FBC, December 28, 2022, https://www.fbcnews.com.fj/news/fijian-elections/top-55-confirmed/.

③ Apenisa Waqairadovu, "Siromi Turaga Sworn in as New AG", FBC, December 24, 2022, https://www.fbcnews.com.fj/news/parliament/siromi-turaga-sworn-in-as-new-ag/.

④ Kelera Tuisawau, "Prime Minister Dismisses Minister for Education Aseri Radrodro for Insubordination", Fiji Sun, January 19, 2024, https://fijisun.com.fj/2024/01/19/prime-minister-dismisses-minister-for-education-aseri-radrodro-for-insubordination/.

⑤ Praneeta Prakash, "Rabuka Stands by His Decision on Radrodro", FBC, January 21, 2024, https://www.fbcnews.com.fj/news/rabuka-stands-by-his-decision-on-radrodro/.

对过去的错误进行历史性道歉，但支持者仍然对副总理兼经济部长比曼·普拉萨德没有坚定地为印度裔斐济人争取权利而感到不满。同时，新政府快速推进改革和政策调整也引发联盟内部的不满。一些联盟成员认为改革的速度过快，或者在未进行充分讨论的情况下就做出重大决策。这些分歧可能涉及政策执行的速度和范围。① 联合政府在解决这些矛盾以确保政府的稳定和有效治理方面，耗费了大量精力。

（四）大酋长委员会的恢复

作为世俗化斐济共和国的建立者和捍卫者，前总理姆拜尼马拉马最大的成就是一举将斐济历史悠久的传统宪法机构大酋长委员会废除。大酋长委员会于1876年成立，直至2012年3月首次被终止运作。② 这对于斐济人所信奉的太平洋哲学是一次沉重的打击，委员会的废除也让斐济原住民社会的道德体系遭到了破坏。虽然委员会的废除从西方哲学观和政治观的角度来看是一种进步，但同时也可被称为传统社会"礼崩乐坏"的源头。

2006年12月发动了军事政变的姆拜尼马拉马采取了两个步骤来废除大酋长委员会。首先他在2007年4月暂停了委员会的运作，但没有将其完全废除。③ 2008年2月，斐济临时政府宣布姆拜尼马拉马兼任土著事务部长，并任命其为大酋长委员会主席。作为主席，姆拜尼马拉马将根据省议会的建议任命所有其他成员，并有权对任何成员进行纪律处分、停职或解雇。④ 临

---

① Amb. Ian Kemish, "Fiji's Political Situation Remains Fragile Almost Six Months into New Government", Bower Group Asia, June 20, 2023, https：//bowergroupasia.com/about/bowergroupasia/.

② Vijay Narayan, "The First Great Council of Chiefs Meeting Will Take Place in May-President the Govt Does Not Seek to Place Indigenous Rights Above the Rights of Our Minority Ethnic Communities-Ratu Wiliame", Fijivillage, February 3, 2023, https：//www.fijivillage.com/news/The-first-Great-Council-of-Chiefs-meeting-will-take-place-in-May--President-r4xf85/.

③ "Address by PM Bainimarama After the Great Council of Chiefs Meeting", April 13, 2007, Fiji Government, https：//www.fiji.gov.fj/publish/page_ 8756.shtml.

④ Frederica Elbourne, "Bainimarama Is GCC Head", Fiji Times, February 19, 2008, https：//www.fijitimes.com.fj/story.aspx? id=81711.

时政府要求各省在 2008 年 7 月 15 日之前提交大酋长委员会的提名人。如果省份没有提供提名人，姆拜尼马拉马将亲自任命成员代表这些省份。[①] 2008 年 8 月 5 日，临时政府宣布大酋长委员会准备重新召开。该委员会由来自 14 个省份的三名酋长组成，并由当时的土著事务部长姆拜尼马拉马担任主席。[②] 但大酋长委员会仍然与姆拜尼马拉马发生了更加激烈的争论，因此在 2012 年 3 月 14 日，姆拜尼马拉马宣布总统拉图·埃佩利·奈拉蒂考（Ratu Epeli Nalatikau）"批准了正式废除大酋长委员会的法令"。他指责委员会"变得政治化，损害了斐济追求共同和平等公民的目标"。[③]

　　虽然大酋长委员会被认为是传统斐济社会的缔造者和最高权威机构，但实际上委员会的成立源自殖民者的遗产。在斐济签署 1874 年割让契约的前几年，巴乌岛（Bau，同时期斐济事实上的首都）成立了昆布纳（Kubuna）、布雷巴萨伽（Burebasaga）和托瓦塔（Tovata）联盟，所有这些邦联都接受巴乌领袖（Vunivalu kei Bau，巴乌大酋长之意）的最高领导。这种邦联的模式将部落战争时期松散的斐济各部团结到一起，变成了一个拥有共同领袖的国家。1874 年 10 月 10 日，拉图·萨空鲍（Ratu Cakobau）割让斐济成为英国王室的属地和殖民地。但在割让前的 1861 年，英国代表在经过了调研后得出结论，萨空鲍斐济王（Tui Viti）的头衔是自封的，并不被他的其他酋长普遍接受。于是 1862 年英国议会拒绝了萨空鲍的割让请求，因为他并没有割让斐济群岛的权力。[④] 然而，根据国际形势的变化，萨空鲍的第二次请求被维多利亚女王接受，斐济独立政府是威斯敏斯特模式下的一个半自治机构。斐济政府的最高领导层是大酋长委员会，该委员会将昆布纳、布雷巴

---

① "Provinces Given Deadline", July 10, 2008, http：//www.radiofiji.com.fj/fullstory.php? id=12394.

② Lice Movono, Banned for Almost Two Decades, Fiji's Great Council of Chiefs is Back and Pushing for Greater Influence, March 4, 2024, https：//www.abc.net.au/news/2024-03-04/fiji-great-council-chiefs-pacific-traditional-leaders/103532502.

③ The Prime Minister Hon. Sitiveni Rabuka's Remarks at the Opening of the Great Council of Chiefs Meeting, February 7, 2024, https：//www.pmoffice.gov.fj/the-prime-minister-hon-sitiveni-rabukas-remarks-at-the-opening-of-the-great-council-of-chiefs-meeting-27-02-2024/.

④ Mrs. Smythe (Sarah Maria), Sarah Maria Bland Smythe, "Ten Months in the Fiji Islands", Adegi Graphics LLC, 1999.

萨伽和托瓦塔联邦置于巴乌领袖的管辖之下。

该模式中的主要制度被英国殖民政府认可并用作间接统治的工具。这孕育和发展了酋长是所有人的安全以及斐济身份、土地和文化的守护者的形象。1970年10月10日，斐济成为独立国家时，巴乌领袖通过联盟党控制了国家的政治领导层。之后的政治变革和党派更迭，都没有动摇巴乌领袖是斐济最高酋长的制度。直至姆拜尼马拉马将斐济最高酋长（Bose Levu Vakaturaga）从斐济政治主流和1997年宪法根深蒂固的条款中删除，将土著（iTaukei）事务委员会纳入单一政府，并赋予土著事务部长任命土著人民代表担任土著事务委员会、土著土地信托委员会的董事会成员以及省议会主席的权力。

姆拜尼马拉马根据2013年的新宪法赋予公民平等权，并消除了斐济最高酋长精英阶层阻碍国家进步的政治野心。姆拜尼马拉马认为，利用种族和宗教来获取政治权力导致了1987年和2000年的政变。新宪法移除了对大酋长是所有人的安全以及斐济身份、土地和文化的守护者的认可。但即便如此，巴乌的势力仍然影响着这个国家的各个角落，议会每次开会时仍然还会拿着权杖"Tutuvi Kuta nei Radini Bau"①。斐济后殖民建设中"间接统治"的后果为巴乌设计的主要体系提供了平台，姆拜尼马拉马尚未完全拆除该体系，但其所为确实将巴乌的势力限制在了一定的范围内，让试图建立违背国家保护公共利益义务的君主制模式丢掉了民心基础。

在兰布卡重新掌权后，如何提升斐济原住民的地位也成了其所率领的人民联盟党和执政盟友社会民主自由党的共同诉求。2023年4月，总统维利亚姆·卡托尼韦雷（Wiliame Katonivere）确认大酋长委员会将于2023年5月回归并举行第一次会议。②重组仪式于2023年5月24日在巴乌岛举行。

---

① 直译为"巴乌女王的床罩"。通常，有地位的人的遮盖物是用一种叫做库塔（kuta）的精细编织的灯心草制成的，经过阳光的充分漂白，在寒冷的天气里用作毯子。因为保护他的女王免受伤害是萨空鲍的职责，他给他的权杖起了这个名字。

② Vijay Narayan, "The First Great Council of Chiefs Meeting Will Take Place in May –President the Govt Does Not Seek to Place Indigenous Rights Above the Rights of Our Minority Ethnic Communities – Ratu Wiliame", Fijivillage, February 3, 2023, https：//www.fijivillage.com/news/The-first-Great-CounciC-of-Chiefs-meeting-will-take-place-in-May--President-r4xf85/.

但大酋长委员会的重启引起了印度裔斐济人的紧张情绪，他们对代表印度裔斐济人利益的民族联盟党党魁普拉萨德提出了疑问。一部分斐济人因为经济疲软和民族主义抬头等趋势选择移民周边国家。截至2024年4月的数据显示，过去的18个月内，共有7万至8万名斐济人离开斐济，这大约占据了斐济总人口的8%。

结　语

2023年，斐济经济增长迅猛，但以旅游业为支柱产业的经济格局仍未改善。公共债务的偿还让新一届联合政府制定各部门预算时显得捉襟见肘。无论是来自军方的威胁还是联盟内部的矛盾，政治上的不稳定导致斐济经济进一步面临下行的高风险。因受到经济和政治的双重打击，部分斐济人不得不向周边国家寻求新出路，新的移民潮将导致斐济消费支出下降进而使经济活动水平下降，连锁反应会让斐济经济面临更大的挑战。如果不能迅速解决经济发展问题，联合政府也将在政治上陷入新的困局。

专题篇

B.10
2023年太平洋岛国区域组织发展论析[*]

石莹丽　顾毅华[**]

摘　要： 2023年，以太平洋共同体、太平洋岛国论坛为主的区域组织以及美拉尼西亚先锋集团等次区域组织延续太平洋共识模式，危机意识加剧，在环境、能源、卫生、粮食、人口、生物等领域全方位重视区域安全问题，并以《蓝色太平洋大陆2050战略》为突破口，应对气候变化态度坚决。只是受历史和地缘政治影响，太平洋地区始终无法走出大国竞逐的影子，贫困问题始终困扰着该地区。加之岛屿分散、岛小人少、网络覆盖率低、技术更新慢等现实问题，太平洋岛国在世界贸易活动中更加孤立。发挥区域组织的核心作用、抱团取暖、守护蓝色太平洋的夙愿还有一段很长的路要走。

关键词： 太平洋岛国　区域组织　次区域组织

---

　*　本报告系山东省社会科学规划研究项目"促进山东省与南太建交岛国民心相通的文化举措研究"（项目编号：19CZKJ03）的阶段性成果。

**　石莹丽，博士，聊城大学太平洋岛国研究中心研究员，聊城大学历史文化与旅游学院教授，主要研究方向为史学理论及史学史、太平洋岛国历史文化；顾毅华，聊城大学太平洋岛国研究中心研究助理。

近年来，气候变化是人类面临的最大威胁之一，作为气候变化最前沿的太平洋岛国应对气候变化的呼声日益高涨，也逐渐呈现出抱团取暖、集体发声、态度强硬的特点。以太平洋共同体、太平洋岛国论坛为主的区域组织和美拉尼西亚先锋集团、波利尼西亚领导人集团、密克罗尼西亚总统峰会三个次区域组织以《蓝色太平洋大陆2050战略》为突破口，表达了太平洋人民守护蓝色家园的强烈愿望。

一　太平洋岛国区域组织简介

太平洋岛国区域组织主要有太平洋共同体、太平洋岛国论坛、太平洋区域环境规划署以及美拉尼西亚先锋集团、波利尼西亚领导人集团、密克罗尼西亚总统峰会三个次区域组织。

（一）太平洋共同体

太平洋共同体（Pacific Community）成立于1947年6月6日。其时太平洋岛国尚未独立，因此这一组织的初创是当时在太平洋地区拥有属地和托管地的美国、英国、法国、澳大利亚、新西兰和荷兰六国政府共同签署《堪培拉协议》，宣布成立南太平洋委员会（South Pacific Commission）。1998年，该组织更名为"太平洋共同体"，其成员也由最初的六个逐步发展为27个。太平洋共同体在密克罗尼西亚联邦波纳佩州设有办事处，主要目标是支持改善沿海渔业管理、提高教育质量、提升太平洋地区复原力、改善远洋渔民管理等。2023年11月，威廉·卡斯卡（William Kostka）就任区域总监。据介绍，威廉·卡斯卡在项目管理和国际发展方面拥有超过20年的宝贵经验，在战略思维、政策分析和变革领导力方面业绩卓越。

（二）太平洋岛国论坛

太平洋岛国论坛（Pacific Islands Forum）于1971年8月在惠灵顿成立。时值斐济、萨摩亚、汤加、瑙鲁、库克群岛、澳大利亚和新西兰七个国家在惠灵顿召开南太平洋七方会议，"南太平洋论坛"正式成立。2000年10月，论坛更名为"太平洋岛国论坛"。目前论坛由18个成员、两个联系成员和11个特别观察员组成。其宗旨是：加强论坛成员间在航空、海运、贸易、电信、能源、旅游、教育等领域的协调与合作。论坛设有秘书处，总部在斐济首都苏瓦。随着论坛影响力的提升，论坛又逐渐衍生出论坛会后对话会（1989）、论坛经济部长会议（1997）、论坛贸易部长会议（1999）、论坛外交部长会议（2016）等。

（三）太平洋区域环境规划署

建立太平洋区域环境规划署（Secresariat of the Pacific Regional Enviroment Programme）的倡议于1992年9月在萨摩亚首都阿皮亚召开的南太平洋区域环境方案第一次会议上正式提出。次年6月16日，该组织正式成立。2023年6月16日，值该组织成立30周年之际，太平洋区域环境规划署举行了30周年庆典活动。目前该组织有21个成员，主要致力于气候变化抵御能力、岛屿和海洋生态系统以及环境治理等。具体到太平洋地区的复原力和可持续发展方面，该组织主要致力于实现四个区域目标：太平洋地区人民受益于增强的气候变化抵御能力；太平洋地区人民受益于健康和有复原力的岛屿和海洋生态系统；太平洋地区人民受益于废物管理和污染控制的改善；太平洋地区人民及其环境受益于环境治理的承诺和实践能力。

（四）太平洋岛屿学生应对气候变化组织

太平洋岛屿学生应对气候变化组织（Pacific Islands Students Fighting Climate Change）最早由来自八个太平洋岛国的27位学生于2019年成立，其核心是将人权纳入气候变化应对措施中。在共同利益的推动下，南太平洋大学的学生们肩负起一项使命，将他们对气候变化的担忧推向国际关注的前沿。

（五）次区域组织

除上述主要太平洋区域组织之外，太平洋地区还以传统意义上的三大岛群之名设有美拉尼西亚先锋集团、波利尼西亚领导人集团和密克罗尼西亚总统峰会三个次区域组织。

美拉尼西亚先锋集团（Melanesian Spearhead Group）是由美拉尼西亚国家斐济、巴布亚新几内亚、所罗门群岛和瓦努阿图组成的次区域组织，主要目的是推动地区经济发展，建立政治框架处理地区事务，协调在地区事务上的立场。1993年7月22日，美拉尼西亚国家签署了局部自由贸易协定，协定于1994年1月1日开始生效，标志着该集团的成立。目前集团所有成员均参加了《太平洋岛国贸易协定》《南太平洋区域贸易和经济合作协定》。因此美拉尼西亚国家的贸易自由化程度相对较高，也享有较多的经贸优惠政策。2007年，美拉尼西亚先锋集团被《国际法》认可，成为一个正式的国际组织。2008年，集团开始在瓦努阿图首都维拉港设立秘书处，由秘书长办公室和行政部、项目部、业务部组成。2019年9月，先锋集团向联合国提交了《美拉尼西亚先锋集团气候融资战略（2019~2021）》，成为全球第一个提交"基于需求的气候融资"具体方案的地区组织。[①]

波利尼西亚领导人集团（Polynesian Leaders Group）是一个国际性政府合作组织，由波利尼西亚的四个独立国家和八个自治领组成。2011年9月，时任萨摩亚总理图伊拉埃帕（Tuilaepa Sailele Malielegaoi）在奥克兰举行的太平洋岛屿论坛首脑会议期间发起了与汤加、图瓦卢、库克群岛和纽埃领导人的会晤。当年11月17日，上述国家在萨摩亚首都阿皮亚举行第二次会议，达成了正式成立波利尼西亚领导人集团的谅解备忘录。该集团目前没有固定的秘书处。2012年8月，波利尼西亚领导人集团在库克群岛拉罗汤加举行了第一次正式会议，之后领导人集团每年举行一次峰会。2019年以来，波利尼西亚群岛相继受荨麻疹和新冠疫情影响，领导人峰会几度推迟，其核心凝聚力和影响力与其初衷相去甚远。

密克罗尼西亚总统峰会的主要成员有密克罗尼西亚联邦、马绍尔群岛、

---

① 陈晓晨：《太平洋岛国次区域主义及其最近进展》，陈德正、赵少峰主编《太平洋岛国发展报告（2021）》，社会科学文献出版社，2022，第139页。

帕劳、基里巴斯和瑙鲁。该次区域的国家和地区"主要是美国自由联系国或属地"，因此，"该区域机制的一个重要议题就是处理与美国的关系以及由此衍生出来的问题"。①

二 太平洋岛国区域组织2023年工作回顾

经历了三年新冠疫情的侵扰，2023年，太平洋岛国各区域组织重振旗鼓，在环境保护、能源开发、数字化建设、性别平等以及教育质量等方面做了大量工作。

（一）太平洋共同体

2023年10月24~27日，太平洋共同体在新喀里多尼亚首府努美阿举办了第13届太平洋会议。包括美国、新西兰在内的23个成员以及国际组织、民间社团和地方团体成员等参加了会议。本次会议的主题是"气候变化与数字化转型之间的联系"。与会代表一致认为采用数字技术将使太平洋国家能够增强其复原力和适应能力。在"蓝色太平洋"这一共同目标的感召下，各成员强调亚太地区必须团结一致，相互信任，克服共同的挑战；强调必须与尊重太平洋价值观和积极促进所有太平洋人民安全的伙伴合作。作为特别观察员出席会议的欧盟代表再次强调，面对气候变化等日益严重的威胁，需要区域多边主义合作。会议期间，太平洋共同体与新喀里多尼亚政府签署了一项新的四年期伙伴关系协议，依旧将新喀里多尼亚作为太平洋共同体的总部。②

除上述会议外，2023年，太平洋共同体还在环境与能源、公共卫生、农林渔业、教育质量、妇女权利等方面做了大量工作。

---

① 陈晓晨：《太平洋岛国次区域主义及其最新进展》，陈德正、赵少峰主编《太平洋岛国发展报告（2021）》，社会科学文献出版社，2022，第145页。

② "Signing of the 2024-2027 Partnership Agreement Between the Government of New Caledonia and the Pacific Community（SPC）", Pacific Community, October 22, 2023, https：//www. spc. int/updates/news/joint - release/2023/10/signing - of - the - 2024 - 2027 - partnership - agreement-between-the.

1. 环境与能源

为了保护海洋资源，禁止过度捕捞，联合国将 2022 年定为"国际手工渔业和水产养殖年"。作为"国际手工渔业和水产养殖年"的一部分，太平洋共同体制定了《生态系统持久管理海洋区域项目》，旨在提升从业者对于海洋生物保护的认识水平，有效促进海洋捕捞的可持续性和海洋生物的多样性，提高抵御气候变化对渔业危害的能力。例如在瓦利斯和富图纳群岛，当地渔民、渔业部、太平洋共同体和合作伙伴共同开展了"海洋，我们的生命之源"活动，让当地渔民更好地了解海洋生态系统、资源状况及其变化，以及人类与渔业之间的相互作用。作为该活动的一部分，部分材料特意用瓦利斯语和富图纳语制作，并配有法语字幕，以推广当地语言并确保与当地社区更好地沟通。①

为了提升太平洋地区应对气候变化的能力，2023 年 2 月 27 日至 3 月 2 日，太平洋共同体太平洋气候变化适应和复原力建设项目在斐济组织了旨在"促进气候适应型社会的可持续实践的基准考察之旅"活动，由该地区 16 名复原力和教育专业人士参加。② 4 月，太平洋共同体与新西兰签署协议。新西兰承诺向太平洋共同体的气候变化旗舰计划投入 3000 万新西兰元，旨在通过汇集各个学科的科学知识，加强太平洋社区的复原力。③ 7 月，由瓦努阿图政府牵头、由太平洋共同体人权和社会发展部协助的国际法院气候变化咨询程序太平洋地区研讨会召开。9 月 11~15 日，太平洋共同体太平洋岛屿海洋

① Promoting Responsible Fisheries and Aquaculture in the Pacific Through Information and Awareness-raising Tools: International Year of Artisanal Fisheries and Aquaculture 2022, Pacific Community, https://www.spc.int/updates/blog/interactive-story/2023/01/promoting-responsible-fisheries-and-aquaculture-in-the.

② The First for the Pacific "A Bench Marking Trip Fostering TVET and Sustainable Practices to Climate-Resilient Societies", Pacific Community, March 13, 2023, https://www.spc.int/updates/news/2023/03/the-first-for-the-pacific-a-benchmarking-trip-fostering-tvet-and-sustainable.

③ The Pacific Community (SPC) and Aotearoa New Zealand Sign a Bold New Deal to Boost Climate Action Across the Pacific, Pacific Community, April 24, 2023, https://www.spc.int/updates/news/media-release/2023/04/the-pacific-community-spc-and-aotearoa-new-zealand-sign-a-bold.

科学和海洋管理会议在斐济召开。这次会议是太平洋地区召开的首次此类会议，汇集了来自26个国家和地区以及世界各地的海洋科学家、技术专家、政策制定者等200多名代表。会议以"我们的知识海洋"为主题。目标是：与所有相关国家利益相关者和合作伙伴讨论和确定太平洋海洋科学和管理的优先事项，为太平洋科学家提供平台，并确定关键科学焦点和科学问题的优先次序；评估太平洋岛屿国家和领土海洋综合管理的现状，达成共识并确定未来方向；分享将传统知识纳入科学项目和海洋管理的实际影响和应用实例；等等。[①]

2. 公共卫生

2023年，太平洋共同体继续加强临床服务，稳步推进《2023～2027年数字卫生战略》；根据太平洋非传染性疾病立法框架，继续致力于防治非传染性疾病工作。到2023年底，太平洋共同体已经培训了326名医护人员。通过太平洋非传染性疾病青年大使计划，吸引青年团体利用创意艺术来倡导非传染性疾病意识，宣传疾病预防，倡导健康生活方式[②]；与斐济岑斯博士医疗中心合作，为库克群岛、斐济、基里巴斯、马绍尔群岛、瑙鲁、所罗门群岛、萨摩亚、汤加和图瓦卢的私人和公共实验室管理人员提供了实验室质量管理体系和实验室改进流程培训。[③]

2023年4月25～27日，在斐济楠迪举行了由太平洋共同体和世界卫生组织联合主办的第14届太平洋地区卫生首脑会议。来自太平洋地区的16名常务秘书、首席执行官和同行人员参加了会议。会议内容涵盖卫生治理、卫生信息和数字健康、卫生人力资源、卫生保健融资、基础设施、非传染性疾

---

① Pacific Islands Conference on Ocean Science and Ocean, Pacific Community, September 11, 2023, https://pccos. spc. int/work-areas/projects/pacific-islands-conference-ocean-science-and-ocean-management.

② Youths Take Non-communicable Diseases Awareness to the Western Highlands in Papua New Guinea, Pacific Community, https://phd. spc. int/news/2023/06/youths-take-non-communicable-diseases-awareness-to-the-western-highlands-in-papua-new.

③ Evlyn Mani, Private-public Partnerships in Pacific Health, Pacific Community, https://www. spc. int/updates/blog/interactive-story/2023/11/private-public-partnerships-in-pacific-health.

病、全民健康覆盖、初级卫生、生殖、孕产妇、新生儿、儿童和青少年健康等。[①] 11 月 14~16 日，太平洋共同体秘书处在斐济楠迪主办了第四届太平洋护理和助产士会议，17 个太平洋岛国和地区参加。会议主题是"护士齐心协力：全球健康的力量"。会议讨论了临床治疗、全民健康覆盖和初级保健、突发卫生事件应对及健康信息管理等议题。[②]

3. 农林渔业

2023 年 3 月 9 日，太平洋农业和林业周举办。这是自新冠疫情发生以来关于太平洋地区农业和林业的首次会议。会议主题是"共同成长：改变太平洋农业和林业"，来自 22 个国家和地区的太平洋共同体成员参加了会议。本次会议除了讨论常规议题外，还有一份惊喜，就是太平洋数据中心交互式仪表板上线。[③] 7 月，太平洋共同体在汤加首都努库阿洛法举办首届汤加塔布遥感土地覆盖评估技能转让国家研讨会。研讨会汇集了来自相关部委的代表，讨论了有关土地覆盖监测、土地利用变化、森林砍伐、矿产资源以及其他可能对水安全、粮食安全、经济和社会发展产生影响的关键问题。[④]

4. 教育质量

为了进一步推动《2018~2030 年太平洋岛国教育框架》的实施，讨论该地区在实现教育优先事项方面的紧迫问题，2023 年 3 月 20~22 日，太平

① Pacific Heads of Health Focus on Key Health Issues, Pacific Community, https：//www.spc.int/ updates/blog/blog/2023/05/pacific-heads-of-health-focus-on-key-health-issues.

② Evlyn Mani, Nurses Together, A Force for Global Health, Pacific Community, https：//www. spc.int/updates/blog/blog-post/2023/11/nurses-together-a-force-for-global-health.

③ Eighth Regional Meeting of Pacific Heads of Agriculture and Forestry Services（Phoafs）9 March 2023, Nadi, Fiji Outcome Statement, Pacific Community, https：//spccfpstore1.blob.core. windows.net/digitallibrary-docs/files/5b/5b7fc9b068d17ae258234f1ade541bb6.pdf？sv=2015- 12-11&sr=b&sig=C31p7Pgmhe36sTwRJBob8f%2BhgF2vtTyjLmsO5eJ0w3s%3D&se=2024-09- 25T14%3A11%3A44Z&sp=r&rscc=public%2C%20max-age%3D864000%2C%20max-stale% 3D86400&rsct=application%2Fpdf&rscd=inline%3B%20filename%3D%22Final_8th_PHOAFS_ Outcome_statement_English.pdf%22. Pacific Community, March 9, 2023.

④ The Pacific Community（SPC）Hosts First DEP LCAST National Workshop in Nuku'alofa, https：//www.spc.int/updates/news/media-release/2023/07/the-pacific-community-spc- hosts-first-dep-lcast-national. Pacific Community, July 24, 2023.

洋共同体秘书处举行了为期一周的"聚焦太平洋岛国教育挑战与进步"主题活动。会议结束后，教育质量和评估计划项目组于3月23~24日召开了太平洋教育质量委员会第八次会议。① 5月25日，太平洋共同体在斐济发布了《2022年太平洋教育状况报告》。该报告仍然致力于与联合国教科文组织统计研究所和成员国合作，加强数据系统建设以及数据在整个太平洋地区政策和规划中的利用，并希望将太平洋岛国的教育进步纳入联合国教科文组织主导的全球讨论中。② 8月14~18日，来自15个太平洋岛国的代表在太平洋共同体教育质量和评估计划项目组召开的区域峰会上重新审视并重组了区域学校领导力标准。该标准曾于2012年获得太平洋教育系统负责人的认可。此次峰会上对该标准进行了重新审查，并希望太平洋地区的学校能够遵照标准进行持续改进。③

5. 人权与妇女工作

2023年"三八"妇女节期间，太平洋共同体多个部门主管参加了"在太平洋共同体项目中共同努力改善性别平等"的讨论，旨在实现"在太平洋地区为女性和女孩创造安全环境及与男性和男孩公平地分享资源、机会和决策"的目标。④ 11月4日，由太平洋共同体主办的太平洋人权电影节开幕，并且举办了为期六周的活动。电影主题涉及人权、体育、艺术与创意、移民、性别暴力等内容。⑤

---

① Five Days Focussing on Education, https://www.spc.int/updates/blog/blog/2023/03/five-days-focussing-on-education, Pacific Community, March 20, 2023.

② Bolstering the Pacific's Monitoring of the 2030 Sustainable Development Goal 4 Focusing on Education, Pacific Community, May 30, 2023, https://www.spc.int/updates/news/media-release/2023/05/bolstering-the-pacifics-monitoring-of-the-2030-sustainable.

③ Weaving New Strands to Strengthen the Pacific's School Leadership Standards, Pacific Community, August 23, 2023, https://www.spc.int/updates/news/media-release/2023/08/weaving-new-strands-to-strengthen-the-pacifics-school-leadership.

④ International Women's Day: Working Together Across All SPC Programme to Improve Gender Equality, Pacific Community, March 7, 2023, https://www.spc.int/updates/blog/director-general/2023/03/international-womens-day-working-together-across-all-spc.

⑤ Karine Gatellier, Pacific Human Rights Film Festival Inspires Positive Change Through Cinema, Pacific Community, https://www.spc.int/updates/blog/interactive-story/2023/12/pacific-human-rights-film-festival-inspires-positive-change.

6. 部长级会议

2023 年 5 月，太平洋能源和运输部长会议在瓦努阿图首都维拉港召开，来自 20 个太平洋国家的部长和代表通过了《埃法特成果声明》。本次会议还吸引了全球绿色增长研究所等 20 多个社会组织参加。会议重申气候变化仍然是蓝色太平洋地区面临的最大生存威胁；希望在太平洋地区优先采取以人为本的方法；认识到海洋能、地热能、生物能、垃圾发电、电动汽车等新兴技术的脱碳潜力，实现太平洋地区向无化石燃料的公正和公平的过渡；呼吁发达国家和主要排放国履行承诺，为太平洋地区减少对化石燃料的依赖做好准备。

（二）太平洋岛国论坛

2023 年 11 月 6~10 日，第 52 届太平洋岛国论坛在库克群岛的拉罗汤加举行，主题为"我们的声音、我们的选择、我们的太平洋之路"。14 个国家和地区元首、四个国家部长级代表参加了会议。会议重点关注国家安全、气候安全和经济安全，重申了《蓝色太平洋大陆 2050 战略》，阐述了 2050 战略计划的主要领域、具体目标和区域集体行动；批准了新的太平洋领导人性别平等宣言，重申了他们对性别平等和更广泛的社会包容优先事项的承诺。与会领导人表示将同心协力致力于实施《巴黎协定》，实现能源系统中的煤炭、石油和天然气向无化石燃料的过渡。会议还批准了《2023 年关于在与气候变化有关的海平面上升面前延续国家地位和保护人民的宣言》及其备忘录。①

此外，2023 年，太平洋岛国论坛在应对气候变化、确保女性权利、儿童教育问题等方面做了大量工作，具体如下。

1. 环境与能源保护

2023 年 2 月 7 日，太平洋岛国论坛秘书处发布了《2022~2023 年太平

---

① Leaders' Declaration on the Establishment of the Pacific Resilience Facility, https：//forumsec. org/sites/default/files/2024 - 02/Declaration% 20on% 20the% 20Establishment% 20of% 20the% 20Pacific%20Resilience%20Facility. pdf, pp. 1-2.

洋安全展望报告》。报告重申了《蓝色太平洋大陆2050战略》中有关的地区安全问题和趋势，指出气候变化仍然是该地区最大的安全威胁。[1] 7月26日，由太平洋岛国论坛与联合国开发计划署合作编写、联合国建设和平基金资助的"太平洋气候安全"项目负责的《太平洋气候安全评估指南》正式发布，这是太平洋地区应对气候变化挑战持续努力的一个重要里程碑。《太平洋气候安全评估指南》确定了太平洋地区气候安全的五个关键途径，揭示了气候变化对生计和蓝色经济、土地、粮食、水和健康安全、灾害和复原力问题、流动趋势和海洋边界、主权和地区稳定等方面的影响。[2]

2. 人权与妇女工作

在2023年度太平洋岛国论坛女性领导人会议上，太平洋岛国论坛女性领导人重申了加强性别平等、公平和社会包容的承诺，强调了包括气候变化和灾害对妇女儿童造成的影响与后果。[3]

3. 儿童与教育工作

2023年2月，15个太平洋岛国在斐济楠迪发表声明，批准《太平洋岛国儿童早期发展行动呼吁》第10项行动。包括：提高社区对气候变化和其他紧急情况影响的复原力和适应能力；促进幼儿发展与自然资源、环境和可持续发展领域之间的密切合作；致力于在全球气候讨论中加强对儿童早期发展的倡导，并呼吁建立全球绿色融资机制，为儿童早期发展计划和服务提供融资；等等。这也标志着《太平洋岛国儿童早期发展行动呼吁》获批五周年以来，太平洋岛国论坛对儿童工作的进一步重视。接着在2023年8月的太平洋岛国论坛经济部长会议上，与会部长们一致表示支持第10项行动，同意在规划气候行动和环境保护时考虑幼儿及其家庭的需求，并优先考虑幼

---

[1] Release: Climate Change Remains the Single Greatest Threat for Pacific—New Pacific Security Report, Pacific Islands Forum, February 7, 2023, https://forumsec.org/publications/release-climate-change-remains-single-greatest-threat-pacific-new-pacific-security.

[2] Release: New Pacific Climate Security Assessment Guide Will Put Boe Declaration into Action, Pacific Islands Forum, July 27, 2023, https://forumsec.org/publications/release-new-pacific-climate-security-assessment-guide-will-put-boe-declaration-action.

[3] 详见本文太平洋岛国论坛年度会议部分。

儿发展投资和规划，以建设太平洋社区的抵御能力，并将体现在《蓝色太平洋大陆 2050 战略》所有七个主题领域中。①

4. 年度论坛会

太平洋岛国论坛年度会议主要包括论坛官员委员会、经济部长会议、外交部长会议、贸易部长会议、女性领导人会议。8 月，太平洋岛国论坛经济部长会议在斐济首都苏瓦举行。包括澳大利亚在内的 18 个成员、准成员托克劳参加了会议，太平洋岛国论坛渔业局等区域组织出席了会议。论坛经济部长与私营部门和民间社会组织代表举行对话；审议了经济形势和前景的最新情况，特别是实际 GDP、通货膨胀和债务困境水平等关键经济指标；审议了区域和全球气候融资发展的最新动态，认识到气候变化的影响及建设基础设施复原力的必要性。② 9 月，论坛外交部长会议在斐济首都苏瓦举行。会议根据《蓝色太平洋大陆 2050 战略》审议了全球和区域战略趋势、气候危机、新的性别平等宣言及太平洋地区即将参加第 78 届联合国大会和联合国-太平洋岛国论坛峰会的筹备工作。会议还审议了近期召开的部长级会议成果，包括太平洋岛国论坛女性领导人会议、论坛经济部长级会议和论坛渔业局渔业部长级会议等。③ 8 月 31 日至 9 月 1 日，太平洋岛国论坛女性领导人会议在斐济苏瓦太平洋岛国论坛秘书处召开。包括澳大利亚、新西兰在内的 19 个国家和地区以及区域组织代表、联合国儿童基金会等作为发展伙伴出席了会议。论坛女性领导人指出，必须保持集体声音，倡导共同关心的问题，包括气候变化和灾害对妇女儿童造成的影响，支持通过商定程序提名太平洋岛国女性候选人参加即将举行的《消除对妇女一切形式歧视公约》、

---

① Reports：Forum Economic Ministers Meeting, FEMM 2023 Outcomes, Pacific Islands Forum, August 31, 2023, https：//forumsec. org/publications/reports－forum－economic－ministers－meeting－femm－2023－outcomes.

② Reports：Forum Economic Ministers Meeting, FEMM 2023 Outcomes, Pacific Islands Forum, August 31, 2023, https：//forumsec. org/publications/reports － forum － economic － ministers － meeting－femm－2023－outcomes.

③ Forum Foreign Ministers Meeting, Pacific Islands Forum, September 13, 2023, https：//forumsec. org/publications/release－climate－gender－ocean－2050－agenda－forum－foreign－ministers－head－suva.

《儿童权利公约》和《残疾人权利公约》委员会的选举。10 月，论坛贸易部长会议在斐济首都苏瓦举行。论坛成员更加认识到了太平洋地区地缘政治的复杂性和气候变化的紧迫性，强调了论坛成员需优先考虑贸易投资问题并重申了《蓝色太平洋大陆 2050 战略》。①

5. 论坛后对话会

2023 年 5 月 22 日，美国-太平洋岛国论坛领导人对话在巴布亚新几内亚莫尔斯比港举行。会议重申建立一个和平、和谐、安全、社会包容和繁荣、具有复原力的太平洋地区的共同愿景。5 月 29 日，韩国-太平洋岛国峰会在韩国首尔举行。双方就蓝色太平洋地区未来重要问题进行了开放和建设性对话。11 月 10 日，中国政府太平洋岛国事务特使钱波在库克群岛阿瓦鲁阿出席第 52 届太平洋岛国论坛对话会并发言。钱波阐述了中国发展同太平洋岛国关系的"四个充分尊重"政策，强调中国式现代化和高质量共建"一带一路"为岛国落实《蓝色太平洋大陆 2050 战略》带来重大机遇。中方愿同岛国加强发展战略对接，推动构建更加紧密的中国和太平洋岛国命运共同体。

（三）太平洋区域环境规划署

2023 年 6 月，太平洋区域环境规划署举行了为期两天的特别会议，讨论《努美阿公约》的审查建议。《努美阿公约》即《保护南太平洋地区自然资源和环境公约》，也称为《SPREP 公约》，于 1986 年通过，迄今仍适用于规划署的工作以及国家保护、管理和养护自然环境的活动。

2023 年 8 月，由世界气象组织和太平洋区域环境规划署共同主办的第六届太平洋气象理事会会议和第三届太平洋气象部长级会议在斐济举办。太平洋气象理事会批准了"太平洋气象准备"工程。该工程是太平洋区域环境规划署的第一项计划性工作，其实施主旨是强化机构能力，为其他工作领域提供经验方法。9 月，第 31 次太平洋区域环境规划署会议在萨摩亚首都

---

① Remarks：PIF SG Henry Puna at the Opening of the Forum Trade Ministers Meeting, Pacific Islands Forum, October 6, 2023, https：//forumsec.org/publications/remarks – pif – sg – henry – puna – opening–forum–trade–ministers–meeting.

阿皮亚召开，主题是"可持续、变革和复原力的蓝色太平洋"。11~12月，在《联合国气候变化框架合约》第28次缔约方大会期间，太平洋区域环境规划署为来自库克群岛等14个太平洋岛国的由1000余名代表组成的太平洋代表团提供了谈判技术建议和支持。

此外，太平洋区域规划署与太平洋共同体、太平洋航空安全办公室、南太平洋旅游组织签署了谅解备忘录。

（四）太平洋岛屿学生应对气候变化组织

2023年，该组织学生发起了一场引人注目的运动，敦促领导人在联合国大会上解决气候危机。他们的集体呼吁激起了太平洋国家的共鸣，并敦促联合国大会于2023年3月29日通过了一项开创性决议，澄清各国的气候义务，反思不采取行动的后果。该决议得到了130多个国家的支持，并寻求国际法院的意见。7月，由该组织推动的太平洋区域协作研讨会召开。会议汇集了该地区的法律和科学官员以及民间社会组织的代表，共同讨论制定如何减轻气候变化对太平洋岛国破坏性影响的战略。另外，太平洋岛屿学生应对气候变化组织还制定了《青年气候正义手册》，组织起草针对国际法院咨询意见的提交材料，并会将年轻人的观点纳入国际法院的咨询程序中。[1]

（五）次区域组织

2023年，美拉尼西亚先锋集团、密克罗尼西亚总统峰会以及波利尼西亚领导人集团三个次区域组织的主要工作如下。

1. 美拉尼西亚先锋集团

在太平洋岛国三大群岛中，美拉尼西亚群岛几乎占陆地面积的98%、人口的86%以及太平洋专属经济区面积的近一半。美拉尼西亚先锋集团也是三个次区域组织中唯一设有秘书处和签有自己区域内贸易协定的次区域组

---

[1] Kalpana Nizarat, Pacific Youth Centring Human Rights in Climate Change Responses, Pacific Community, August, 2023, https://www.spc.int/updates/blog/interactive-story/2023/08/pacific-youth-centring-human-rights-in-climate-changenge.

织，同时也是唯一制定有《保护传统知识和文化表达条约》、《执行外国判决的补救条约》以及《监护和抚养儿童条约》的次区域组织。另外，美拉尼西拉先锋集团还与太平洋岛国论坛签署了合作协议，支持新喀里多尼亚与周边岛国签署贸易协定，这就为该集团的日常工作提供了极大保障。3月，美拉尼西亚先锋集团庆祝成立35周年，瓦努阿图总理兼集团主席伊什梅尔·卡尔萨考（Ishmael Kalsakau）发表讲话，重申次区域组织存在的必要性以及与其他区域组织的合作态度，强调用美拉尼西亚文化和传统解决"美拉尼西亚方式"上的分歧，明确在气候变化问题上的立场，致力于推动区域内《2038年全民繁荣计划实施战略》以及《美拉尼西亚自由贸易协定》的修订工作。① 6月，美拉尼西亚先锋集团在瓦努阿图召开关于非关税措施和国际贸易安全促进研讨会，集团总干事伦纳德·洛马（Leonard Louma）出席会议并致辞。他重申了《2038年全民繁荣计划实施战略》，鼓励区域内贸易合作，提升非关税措施的法律监管和政策透明度，感谢太平洋共同体和欧洲联盟（欧盟）对美拉尼西亚先锋集团绿色贸易的支持和援助。② 7月，联合国亚太保护责任中心启动仪式在美拉尼西亚先锋集团秘书处正式启动，总干事洛马在致辞中强调，气候变化和海平面上升有可能导致美拉尼西亚人民大范围迁移。他希望通过加强与亚太保护责任中心的合作，共同应对挑战。③ 8月21日，第22届美拉尼西亚领导人峰会召开前夕，美拉尼西亚先锋集团外交部长会议在瓦努阿图召开，主题是：美拉尼西亚的相

---

① Remarks by MSG Director General on MSG Day, March 14, 2023, https：//msgsec. info/wp-content/uploads/Statements/2023-Mar-14-REMARKS-BY-MSG-DIRECTOR-GENERAL-ON-MSG-DAY. pdf, pp. 1-4.

② Speech by the MSG Director General Mr. Leonard Louma at Vanuatu's Second National Workshop on the MSG Green Trade Project and Joint Impact-Safe Workshop on Non-Tariff Measures (NTMSs) and International Trade Promotion, June 8, 2023, https：//msgsec. info/wp-content/uploads/2023/06/2023-June-08-Vanuatu-MSG-DG-Speech-Green-Trade-Workshop-Melanesian-Hotel. pdf, pp. 1-3.

③ Director General's Closing Statement During the "Launching Ceremony of the Responsibility to Protect (R2P) Framework for Action", July 25, 2023, https：//www. msgsec. info/wp-content/uploads/2023/07/2023-July-25-MSG-DGs-Closing-Statement_ R2P-Launch-Ceremony. pdf, pp. 1-3.

关性和影响力。总干事洛马在致辞中表示，美拉尼西亚国家正在经历由气候变化带来的威胁损失，美拉尼西亚国家需要在地缘政治竞逐面前保持清醒和独立。①

2023 年 8 月 23~24 日，第 22 届美拉尼西亚领导人峰会在瓦努阿图首都维拉港举行。会议签署和发布了《气候变化宣言》，批准和发布了《和谐、和平、相互尊重宣言》，支持公正地向无化石燃料过渡，强烈敦促日本不要将福岛核污染水排放到太平洋。会议领导人同意将新喀里多尼亚列入联合国非殖民化领土名单，注意到新喀里多尼亚加入美拉尼西亚自由贸易决定所面临的挑战，同意印度尼西亚参与美拉尼西亚的旅游开发。② 10 月 11 日，美拉尼西亚先锋集团参加了在印度尼西亚巴厘岛举办的首次世界群岛和岛屿国家 2023 年高峰论坛。太平洋地区区域组织仅有太平洋岛国论坛和美拉尼西亚先锋集团参加。这也凸显了美拉尼西亚先锋集团在次区域组织中的积极态势。此前，美拉尼西亚先锋集团总干事亦参加了在马达加斯加召开的群岛和岛国论坛高级官员会议，旗帜鲜明地强调蓝色经济理念、海洋及其生态系统与太平洋岛国人民健康之间的关系。③ 10 月 16 日，美拉尼西亚先锋集团召开了本年度第三次绿色贸易次区域研讨会。会议的一个重要议题是提出美拉尼西亚绿色贸易项目的分区域行动计划，各成员就分区域行动计划草案提出意见，特别是在美拉尼西亚次区域开始关于国际贸易和可持续发展的对话。④ 10 月 17 日，美拉尼西亚先锋集团在印度尼西亚举办了第二届近海渔

---

① MSG Director General Leonard Louma's Opening Statement Foreign Ministers Meeting（FMM），August 21，2023，https：//msgsec. info/wp－content/uploads/Statements/2023－Aug－21－DGs－remarks－at－the－Opening－of－the－Foreign－Ministers－Meeting. pdf，pp. 1－3.

② 22nd MSG Leader's Summit：MSG，Being Relevant and Influential，August 23－24，2023，https：//msgsec. info/wp－content/uploads/documentsofcooperation/2023－Aug－23－24－22nd－MSG－Leaders－Summit－Communique. pdf，pp. 1－8.

③ DG Remarks at AIS Ministerial，October 11，2023，https：//msgsec. info/wp－content/uploads/Statements/2023－Oct－11－DG－statement－at－AIS－Ministerial－in－Bali. pdf，pp. 1－2.

④ 3rd Sub-Regional Workshop on the MSG Green Trade Project，October 16，2023，https：//msgsec. info/wp－content/uploads/Statements/2023－Oct－16－MSG－DG－Speech－3rd－Sub－Regional－Workshop－on－the－MSG－Green－Trade－Project. pdf，pp. 1－2.

业培训班，旨在对沿海和近海渔业进行管理，确保蓝色经济可持续发展。①
11月20日，中国驻瓦努阿图大使李名刚会见美拉尼西亚先锋集团总干事洛
马。双方对本年度中国同先锋集团交流合作表示满意，并就下一阶段工作进
行深入探讨，李大使向洛马转交了中国政府向先锋集团秘书处提供的
援助。②

2. 密克罗尼西亚总统峰会

2023年2月13日，密克罗尼西亚联邦政府在帕利基尔主办了第21届
密克罗尼西亚总统峰会和第25届密克罗尼西亚群岛论坛，主题是"共同划
桨，建设更强大的密克罗尼西亚"。与会领导人就《苏瓦协定》的执行等议
题进行了一系列正式和非正式讨论。7月，密克罗尼西亚性别平等委员会主
持召开制定第一个密克罗尼西亚性别平等框架的战略规划会议。会议决定密
克罗尼西亚性别平等框架将在未来24个月内制定，并在2025年第26届密
西亚群岛论坛上提交给密克罗尼西亚领导人。③

3. 波利尼西亚领导人集团

与其他两个次区域组织相比，2020年底以来，波利尼西亚领导人集团
几乎没有大的动静。尽管如此，集团组织依然存在，只是领导人会议流于形
式。2023年11月6日，第52届太平洋岛国论坛在库克群岛召开。会议同时
安排了三场次区域会议，这也是2023年以来波利尼西亚领导人为数不多的
一次碰面。

---

① MSG Director General's Remarks at 2nd MSG/Indonesia Inshore Fisheries Training Programme,
October 17, 2023, https：//msgsec. info/wp-content/uploads/Statements/2023-Oct-17-DG-
Remarks-at-2nd-MSG-Inshore-Fisheries-Programme. pdf, pp. 1-3.

② 《驻瓦努阿图大使李名刚会见美拉尼西亚先锋集团总干事》，中华人民共和国外交部网站，
2023年11月21日，https：//www. mfa. gov. cn/zwbd_673032/gzhd_673042/202311/t20231122_
11185029. shtml。

③ Uniquely Micronesian-First Sub-regional Gender Equality Framework in Motion, Pacific
Community, July 24, 2023, https：//www. spc. int/updates/blog/blog/2023/07/uniquely-micro
nesian-first-sub-regional-gender-equality-framework-in.

三 2023年度太平洋岛国区域组织发展的特点

如今的太平洋岛国主权观念强、危机意识重，在大国之间的掣肘中寻找发展机会，在国际舞台上为自己发声。他们地处偏远，但在逐渐向世界的中心靠拢。2023年太平洋岛国区域组织的工作主要呈现出以下特点。

（一）机构设置完善，区域内号召力强

太平洋共同体、太平洋岛国论坛两个区域组织以及美拉尼西亚先锋集团次区域组织内部机构设置十分完善，各部门职能明确，工作效率高。同时，上述组织在区域内享有较高声誉，成员不仅涵盖太平洋地区所有岛国，亦吸引了域外大国及国际组织的参与。2023年8月，太平洋岛国论坛经济部长会议就有包括澳大利亚在内的18个成员、准成员托克劳以及亚洲开发银行、太平洋巨灾风险保险公司、联合国驻地协调员办公室、太平洋区域组织理事会、太平洋岛国论坛渔业局、太平洋共同体、南太平洋旅游组织和南太平洋大学等出席了会议。同样，在太平洋岛国论坛女性领导人会议上，除19个成员国代表参加会议外，还有太平洋共同体、太平洋岛屿发展计划、太平洋岛国论坛渔业局、太平洋区域环境规划署、南太平洋旅游组织和南太平洋大学作为区域理事会成员出席。联合国人权事务高级专员办事处、联合国国际儿童基金会、联合国人口基金、联合国驻地协调员和联合国妇女署作为发展伙伴出席。

（二）危机意识重，全方位治理区域安全

太平洋岛国面临多重安全问题，如政治、环境、海洋、粮食、人口、生物等。太平洋地区的发展是全方位的，危机意识也是全方位的。通过对2023年太平洋岛国区域组织和次区域组织发布的工作动态分析可知，该地区区域组织在推进环境污染治理、能源转换以及应对气候变化等新型安全危机的同时，也十分关注传统经济模式、公共卫生、妇女权益、儿童教育等问题。太平洋岛国已经意识到他们所面临的安全问题不仅是海平面上升等显性

危机，亦包括受地缘政治影响的政治安全等隐性危机。太平洋地区的区域组织在工作力度上明显地强化了区域边界和区域内的凝聚力。只是，太平洋岛国位置偏远、经济落后的先天不足使得该地区的区域组织一方面积极寻求区域话语权，另一方面又不得不高度依赖国际援助。这一尴尬处境使得各区域组织的工作心有余而力不足。

（三）延续太平洋共识模式，应对气候变化态度坚决

自1962年1月1日太平洋岛国第一个获得独立的国家萨摩亚开始，迄今60多年过去了，太平洋地区从独立走向发展、从域内走向域外，太平洋地区不仅成为外界关注的重心，其自身也在发展中不断觉醒。近年来，随着全球气候变化加剧，作为气候变化的前沿重地，太平洋岛国应对气候变化意识逐渐加强，无论是区域组织还是次区域组织，均利用一切机会为守护蓝色太平洋发声。在2023年7月召开的数字地球太平洋研讨会——汤加塔布遥感土地覆盖评估技能转让会议上，太平洋可再生能源和能源效率中心项目经理所罗门·菲菲塔（Solomone Fifita）表示：蓝色太平洋大陆98%是海洋，只有2%是陆地。这些海洋大国在管理自然资源和生物多样性、保障经济和生计以及确保可持续粮食系统方面面临着独特的挑战。太平洋所有权是任何地球观测倡议的最主要组成部分。[①]

（四）重视科技能力提升，强化数字化建设

随着全球气候变化加剧，太平洋岛国十分注重数字化建设。例如：2023年11月10日，太平洋共同体帮助纽埃推出了新的数字民事登记和生命统计系统，提高了纽埃政府人口统计工作效率。[②] 目前，太平洋共同体

[①] The Pacific Community（SPC）Hosts First Deplcast National Workshop in Nuku'alofa, Pacific Community, July 24, 2023, https：//www. spc. int/updates/news/media-release/2023/07/the-pacific-community-spc-hosts-first-dep-lcast-national.

[②] Alofi, SPC Supports Niue to Launch Digital Birth Registration, Pacific Community, November 10, 2023, https：//www. spc. int/updates/blog/2023/11/spc - supports - niue - to - launch - digital - birth-registration.

的数字资源建设相当丰富，其能源数据库现已可在线查阅，其中包括与能源获取有关的 1592 份出版物 224 份最新数据、116 项活动和 81 个项目的所有数据。

（五）区域内呼声高，力争在区域外发出更响亮的声音

2023 年 3 月，库克群岛、巴布亚新几内亚、萨摩亚、所罗门群岛和太平洋岛国论坛秘书处作为太平洋地区派代表参加了 3 月 8~10 日在奥地利维也纳举行的《联合国气候变化框架公约》第五次技术专家对话，并得到了《联合国气候变化框架公约》的支持。5 月 20 日，太平洋岛国论坛主席、库克群岛总理马克·布朗在日本举行的 2023 年七国集团峰会期间向七国集团阐述了共同应对多重危机，建设和平、稳定和繁荣世界的立场，以及共同努力建设一个有复原力和可持续发展的地球的声明。2023 年 5 月 22 日，太平洋代表团与印度总理莫迪共同参加在巴布亚新几内亚举办的第三届印度-太平洋岛国合作论坛。当天下午，太平洋岛国论坛全体领导人与美国国务卿安东尼·布林肯进行对话。5 月 29 日，太平洋领导人还参加了在韩国首尔举行的首届韩国-太平洋岛国峰会，与韩国总统尹锡悦会面，双方商定在海洋、气候、能源、网络、卫生领域建立全面安全合作关系。①

四 太平洋岛国区域组织面临的困境

目前，尽管太平洋地区的 14 个独立国家，太平洋共同体、太平洋岛国论坛等区域组织和美拉尼西亚先锋集团等次区域组织全方位运作太平洋地区的发展，但成效并不显著。太平洋岛国区域组织也出现了发展不均衡、许多倡议难以落地等问题，前景不容乐观。

---

① 韩枫、达乔、白云怡：《首届韩国-太平洋岛国峰会举行，专家：韩国还是迎合美国，但难见回报》，环球网，2024 年 5 月 31 日，https：//world. huanqiu. com/article/4D6wKw3Ay6r。

（一）走不出大国竞逐的影子，贫困问题无实质性改变

受地缘政治影响，太平洋地区始终与大国之间存在既独立又依赖的尴尬关系。他们一方面在经济上依靠美、澳、日等国的资助，另一方面又在不断宣示主权，尤其在海洋安全方面呼声越来越高。但由于地理位置偏远，岛小人少，可耕地较少，经济模式主要以传统农业、林业、渔业为主，目前14个太平洋岛国均属于发展中国家。2023年11月7日，在联合国贸易和发展会议新闻中心发布的《2023年最不发达国家报告：抵御危机的发展融资》报告中，全球有46个国家被列为最不发达的国家，太平洋岛国中的基里巴斯、所罗门群岛和图瓦卢位列其中。

（二）区域组织发展不均衡，缺乏高度一体化组织

纵观2023年度太平洋岛国区域组织和次区域组织的工作，太平洋共同体、太平洋岛国论坛、美拉尼西亚先锋集团一如既往地承担了区域内的主要工作。各区域和次区域组织以《蓝色太平洋大陆2050战略》为抓手，相互支持，既在区域内展现出凝聚力，又争取一切机会在国际舞台上发声。但密克罗尼西亚总统峰会、波利尼西亚领导人集团鲜有建树，区域组织发展不平衡势必影响到整个太平洋岛国的发展。目前太平洋地区有数百个地区组织，但没有一个可以达到欧盟那样高度一体化的组织。相反，该地区尚不及加勒比地区的一体化程度。[①] 事实上，太平洋岛国的显著特点就是各国经济规模小，就业机会有限，收入有限，可支配收入少，运输和劳动力成本高，岛屿间贸易往来不便。种种不利因素更加需要一个高度统一、统筹规划的区域组织，但目前来看短期内难有成效。

（三）口惠而实不至，许多倡议难以落地

2023年，太平洋区域组织和次区域组织在各项工作中展现了十足的信

---

① Charles Hawksley, Nichole Georgeou, "8 Small States in the Pacific Sovereignty, Vulnerability, and Regionalism", Thomas Kolnberger, Harlan Koff, *Agency*, *Security and Governance of Small States A Global Perspective*, Routledge, 2024, pp. 139-157.

心和努力。年度会议、部长级会议以及各部门会议众多，公开发布的会议文件、倡议也十分丰富。只是，相比广阔的太平洋地区，机构工作人员依然十分有限，单纯依靠社区、志愿者服务亦是难以承担，加之各岛国之间交通不便使得推行成本高，许多倡议难以落地，更无法下沉到最基层地区。从公开发布的会议文件和下沉活动来看，倡议力度与实际收益不成比例。当然，地理位置偏远，经济发展落后，岛屿众多，人口分散，的确使得这种尴尬境地短期内无法解决。但"到目前为止，对于蓝色太平洋的讨论并没有看到具体行动"。[①]

（四）数字化建设缓慢，日益远离世界经济中心

现代科学技术的进步的确拉近了人与人之间的距离，经贸往来更加便利，但其给人们带来的红利并非均等。尽管太平洋岛国也享有现代科技的红利，但明显远远落后于发达国家和地区。太平洋岛国是世界上地理位置最偏远的地区之一，即使离与它们最近的国家澳大利亚、新西兰的距离也有数百千米甚至上千千米，而且各岛国之间的距离或者每个岛国内部岛与岛之间的距离也相当远。例如，密克罗尼西亚联邦由 65 个有人居住的岛屿组成。基里巴斯的 21 个有人居住的岛屿总面积只有 811 平方千米。即使人口最多、土地面积最大的国家巴布亚新几内亚，由于崎岖的地形和道路基础设施有限，该国不同地区之间的交通也存在相当大的困难。岛屿分散、岛小人少的现状使得该地的网络覆盖、技术更新始终跟不上国际发展速度。这种技术进步上的先天不足让太平洋岛国在世界贸易活动中更加孤立。

总之，2023 年太平洋岛国重振旗鼓、蓄势待发，太平洋共同体、太平洋岛国论坛两个区域组织和美拉尼西亚先锋集团次区域组织一如既往地做了大量工作，在太平洋地区起到了核心作用。系列年度报告等数字材料的发布显示了该地区工作的细致周密以及各组织相互支持、抱团取暖的态度和决

---

① Charles Hawksley, Nichole Georgeou, "8 Small States in the Pacific Sovereignty, Vulnerability, and Regionalism", Thomas Kolnberger, Harlan Koff, *Agency*, *Security and Governance of Small States A Global Perspective*, Routledge, 2024, pp. 139-157.

心；各组织对于《蓝色太平洋大陆 2050 战略》的重视显示了该地区在应对气候变化、区域协同发展方面有了更深的理解；而在国际舞台上的频繁发声亦表达了该区域寻求政治独立、区域安全的决心。只是，呼声高、落地难的问题依然存在，摆脱地缘政治束缚、守护蓝色太平洋的夙愿还有一段很长的路要走。

B.11
2023年太平洋岛国海洋经济与海洋治理

林香红　魏晋　丁琪*

摘　要：　2023年，太平洋岛国海洋经济发展形势总体向好。渔业作为太平洋岛国最传统的海洋产业，延续平稳发展态势，围网是金枪鱼的主要捕捞作业方式。太平洋岛国重开边境，恢复旅游基础设施和航班，旅游业发展步伐加快，成为经济增长的主要驱动力。太平洋岛国的能源和运输部长共同商定海运部门未来的关键优先事项，致力于促进航运业可持续发展和脱碳。太平洋岛国深度参与全球海洋治理，关注海洋环境保护及气候变化综合应对、海洋生物资源可持续养护及管理、深海采矿治理规则制定、与域外大国涉海基建合作等，在国际社会积极表达其治理理念及立场主张。

关键词：　太平洋岛国　渔业　旅游业　航运业　海洋治理

2023年，太平洋岛国的海洋经济逐渐复苏回暖，渔业和航运业发展平稳，旅游业复苏步伐较快，海洋治理领域取得了一些新进展。本报告将重点分析太平洋岛国主要海洋产业的年度发展情况和海洋治理领域的新变化。

一　海洋经济发展情况

太平洋岛国位于浩瀚的太平洋中，海洋不仅为当地居民提供了丰富的食

---

*　林香红，博士，国家海洋信息中心副研究员，研究方向为海洋经济与海洋政策；魏晋，硕士，国家海洋信息中心助理研究员，研究方向为海洋政策；丁琪，中国水产科学研究院黄海水产研究所副研究员，研究方向为海洋渔业。

物，也为其提供了重要的经济来源。海洋渔业、旅游业和航运业是太平洋岛国的支柱性海洋产业，具体发展情况如下。

（一）海洋渔业

1.捕捞情况

太平洋岛国周围海域渔业资源丰富，渔业是太平洋岛国的主要经济来源。金枪鱼不是单指一种鱼，广义上的"金枪鱼"，泛指鲭科金枪鱼属、鲣属、鲔属、舵鲣属、狐鲣属和裸狐鲣属六个属的鱼类。中西部太平洋渔业委员会（WCPFC）于2023年11月发布《金枪鱼统计年鉴2022》（Tuna Fishery Yearbook 2022），该年鉴显示大部分太平洋岛国都开展渔业捕捞活动，2022年金枪鱼捕捞量已超过79万吨，占总捕捞量的比重超过99%，近几年围网是最主要的作业方式。

从统计数据来看，各国捕捞量差异明显。太平洋岛国金枪鱼捕捞量超过10万吨的国家三个，1万~10万吨的国家四个，1万吨以下的国家六个。其中，超过10万吨的国家，按照金枪鱼捕捞量排序，分别为巴布亚新几内亚21.826万吨，比上年增长约29%；基里巴斯19.508万吨，比上年增长约0.7万吨；瑙鲁10.6438万吨，比上年下降约1.4万吨（见表1）。

表1 2022年太平洋岛国渔业捕捞情况统计

国家	金枪鱼捕捞量（吨）	其他鱼类捕捞量（吨）	合计（吨）	金枪鱼捕捞量占比（%）
巴布亚新几内亚	218260	206	218466	99.9
基里巴斯	195080	1015	196095	99.5
瑙鲁	106438	28	106466	99.97
马绍尔群岛	88292	545	88837	99.4
瓦努阿图	74747	1975	76722	97.4
所罗门群岛	47427	418	47845	99.1
图瓦卢	41421	22	41443	99.9
斐济	9971	2077	12048	82.8
库克群岛	5883	99	5982	98.3

续表

国家	金枪鱼捕捞量 （吨）	其他鱼类捕捞量 （吨）	合计 （吨）	金枪鱼捕捞量 占比（%）
密克罗尼西亚联邦	4763	450	5213	91.4
萨摩亚	1947	134	2081	93.6
汤加	291	98	389	74.8
帕劳	24	4	28	85.7
合计	794544	7071	801615	99.1

资料来源：笔者根据 2023 年 11 月中西部太平洋渔业委员会（Western and Central Fisheries Commission，WCPFC）发布的"Tuna Fishery Yearbook 2022"整理和计算。

从捕捞品种来看，主要捕捞品种为鲣鱼（skipjack）、黄鳍金枪鱼（yellowfin）、大眼金枪鱼（bigeye）和长鳍金枪鱼（albacore）。其中，鲣鱼占金枪鱼总捕捞量的比重最大，超过 70%，其次是黄鳍金枪鱼，占金枪鱼总捕捞量的比重接近 23%（见表 2）。其他鱼类捕捞量较小，包括立翅旗鱼（black marlin）、大西洋蓝枪鱼（blue marlin）、条纹四鳍旗鱼（striped marlin）、剑鱼（swordfish）、大青鲨（blue shark）、丝鲨（silky shark）、远洋白鳍鲨（oceanic whitetip shark）、鲭鲨（mako sharks）等。

表 2　2022 年太平洋岛国主要捕捞品种捕捞量及占比情况

品种	捕捞量（吨）	捕捞量占比（%）
鲣鱼	561657	70.69
黄鳍金枪鱼	181778	22.88
大眼金枪鱼	30577	3.85
长鳍金枪鱼	20532	2.58

资料来源：笔者根据 2023 年 11 月中西部太平洋渔业委员会发布的"Tuna Fishery Yearbook 2022"整理和计算。

从作业方式来看，围网是太平洋岛国金枪鱼捕捞的主要作业方式。渔业捕捞的作业方式包括围网、延绳钓、竿钓三种。2022 年，围网捕捞量占金枪鱼总捕捞量的比重超过 94%，巴布亚新几内亚、基里巴斯和瑙鲁的捕捞量较大，其次是马绍尔群岛和瓦努阿图；延绳钓捕捞量占比接近6%，斐济的渔船数量最多，达到50艘，捕捞量最大，接近1万吨；只有所罗门群岛采用竿钓的作业方式，捕捞量占总捕捞量的比重不足0.2%（见表3）。预计2023年，将延续前几年的趋势，依然是围网的捕捞量最大，其次是延绳钓捕捞量，但二者差距明显。

表3　2022年按作业方式分太平洋岛国金枪鱼捕捞情况

单位：艘，吨

1. 延绳钓	渔船数量	长鳍金枪鱼	大眼金枪鱼	黄鳍金枪鱼	鲣鱼	合计
斐济	50	7418	426	2127		9971
所罗门群岛	47	2724	874	5470		9068
基里巴斯	14	2162	2707	2535		7404
瓦努阿图	46	3556	2117	578		6251
密克罗尼西亚联邦	31	1473	1375	1915		4763
巴布亚新几内亚	10	595	179	1779		2553
马绍尔群岛	23	150	1173	964		2287
萨摩亚	16	1450	127	370		1947
库克群岛	8	952	75	209		1236
汤加	6	52	24	215		291
帕劳	1		10	14		24
2. 竿钓	渔船数量	长鳍金枪鱼	大眼金枪鱼	黄鳍金枪鱼	鲣鱼	合计
所罗门群岛	4			59	1224	1283
3. 围网	渔船数量	长鳍金枪鱼	大眼金枪鱼	黄鳍金枪鱼	鲣鱼	合计
巴布亚新几内亚	37		2271	81077	132359	215707
基里巴斯	24		7935	22931	156810	187676
瑙鲁	15		3438	19852	83148	106438
马绍尔群岛	11		4136	10548	71321	86005
瓦努阿图	8		1686	13305	53505	68496
图瓦卢	6		1102	6521	33798	41421
所罗门群岛	10		362	11036	25678	37076
库克群岛	1		560	273	3814	4647

资料来源：笔者根据2023年11月中西部太平洋渔业委员会发布的"Tuna Fishery Yearbook 2022"整理和计算。

2. 管理情况

渔业的可持续发展关系到太平洋岛国居民的切身利益。其他国家渔船向太平洋岛国政府缴纳的捕鱼执照费一直是当地政府主要外汇来源之一。除了加强自身发展外，太平洋岛国积极寻求与国际组织开展合作，获得多元化的资金支持，保护渔业资源，打击 IUU（非法、不报告和不管制）捕捞活动，促进渔业可持续发展。此外，日本核污染水排海问题令多个太平洋岛国深表担忧。

巴布亚新几内亚（以下简称"巴新"）积极发展水产加工业。巴新计划在马当省、马努斯省等地建设海上产业区，并向邻国出售水产品，截至 2023 年 5 月底，巴新已向马当省海上产业区拨款 1 亿巴新基纳。2023 年 7 月，巴新政府在与菲律宾 RD 渔业集团签署谅解备忘录时呼吁，所有捕捞渔获物都要运回巴新进行加工。① 11 月，巴新总理詹姆斯·马拉佩（James Marape）与帕劳总统和所罗门群岛总理举行会谈，讨论渔业部门的发展战略。

基里巴斯被联合国列为最不发达国家之一，严重依赖外援和渔业收入。2023 年 5 月，基里巴斯和欧盟签署为期五年的《可持续渔业伙伴关系协定》新渔业议定书。未来五年欧盟船东将向基里巴斯提供捐款约 1800 万欧元，用于提升基里巴斯渔业和海洋资源开发部的能力，继续实施"可持续渔业政策"，提高渔民生活水平，加强渔业监视和管理能力，维持当地海产品消费和出口的食品安全标准，基里巴斯则允许欧盟渔船队恢复在其渔场的捕捞活动。该议定书也使基里巴斯成为第四个获准向欧盟出口海产品的太平洋岛国。在 2023 年英联邦贸易部长会议间隙，马尔代夫和基里巴斯政府共同主办了一场高级别早餐活动，重点讨论鱼类产品贸易中的可持续采购做法。②

此外，图瓦卢与非政府组织"全球海洋守护者协会"签署谅解备忘录，

---

① "Marape Describes Signing of Fisheries Agreement as a 'Historic Milestone' for PNG", Department of Information and Communications Technology, July 17, 2023, https://www.ict.gov.pg/19570/.

② 《小岛屿国家为可持续鱼类贸易铺平道路》，每日经济网，2023 年 7 月 7 日，https://cn.dailyeconomic.com/2023/07/07/59518.html。

对方承诺派遣海洋保护船"Allankay",帮助图瓦卢的执法人员。非营利组织"全球渔业观察"(Global Fishing Watch,GFW)与帕劳签署协定,将在全球渔业观察地图上公开该国的船舶跟踪数据,帕劳希望以此来提高帕劳水域渔业活动的透明度,减少海洋中的非法活动,GFW还将为帕劳制定国家渔业政策和海洋空间规划提供支持。

(二)旅游业

旅游业是太平洋岛国经济繁荣发展的重要驱动力,可持续旅游不仅可以带来经济繁荣,还可以提升区域联通水平,改善民众生计,提升社会福祉,保护当地的海洋生态环境。2023年8月,亚洲开发银行发布的《太平洋经济监测》显示,旅游业和基础设施支出的复苏继续推动该区域经济增长,2023年经济增长3.5%,2024年经济增长2.9%。[1] 在澳大利亚和新西兰等主要客源市场强劲的出境旅游推动下,2023年旅游人次较2022年显著增长。

巴布亚新几内亚推动文化旅游业发展。南太平洋旅游组织(SPTO)会议于2023年10月召开,巴新主办了南太平洋旅游组织大会、SPTO部长理事会会议,太平洋岛国的多位旅游部长进行了为期一周的讨论,巴新旅游、艺术和文化部长埃斯·亨利·伦纳德(Isi Henry Leonard)强调了文化旅游的必要性和当前旅游市场对真实文化体验的需求,此外他也强调了太平洋岛民在获得旅游业经济利益的同时,在保护自己的文化遗产方面所面临的挑战。[2]

旅游业成为斐济经济发展的重要驱动力。旅游业是斐济的主要收入来源,斐济共有421家获得许可的住宿供应商,客房总数超过12000间。[3]

---

[1] Asian Development Bank, "Pacific Economic Monitor", Asian Development Bank, August 2023, https：//www.adb.org/pacmonitor.

[2] 《巴布亚新几内亚旅游业成为经济驱动力》,每日经济网,2023年10月24日, https：//cn. dailyeconomic.com/2023/10/24/78125.html。

[3] 资料来源：https：//corporate.fiji.travel/statistics-and-insights/accommodation-reports。

2023 年斐济接待游客 929740 人次，比 2019 年增长 4%，其中大多数游客来自澳大利亚（47%）、新西兰（24%）和北美（13%），从出行目的来看，大多数游客（79%）是度假，其中 8% 是探亲访友，4% 是商务和会议。① 据《斐济时报》报道，斐济经济学家沙尼特·戈赛（Sharnit Gosai）表示斐济正处于经济发展新阶段，可期待通过旅游业和税收提振经济，斐济航空新增了航线运营机型，预计到 2024 年游客数量将达 100 万人次，旅游业收入将超过 20 亿斐元。② 香港理工大学和亚太旅游协会共同编写的《2023～2025 年亚太地区旅游目的地预测：斐济》显示，2025 年斐济入境游客市场游客量将超过 2019 年水平，太平洋地区的增长速度最快，而其他客源市场的增长率可能相对较低。③

基里巴斯利用其跨越国际日期变更线的地理优势，发展旅游业，提高国际知名度。基里巴斯是世界上唯一纵跨赤道且横越国际日期变更线的国家，旅游收入约占其国内生产总值的 20%，政府利用其跨越国际日期变更线，第一个进入 21 世纪的国家的地理优势，在岛上举行隆重的庆祝活动，发展旅游业。④ 基里巴斯最大岛屿圣诞岛是世界上最大的环状珊瑚岛，拥有世界著名的鸟类保护区和潜水场，每年有来自美国、西欧、澳大利亚和新西兰等地的游客来此观光。⑤

（三）航运业

海洋运输是太平洋岛国不可或缺的交通运输方式之一，大量的商品贸易需要依托海运完成。2023 年，太平洋岛国关注航运的可持续发展及如何实现

① 资料来源：https://corporate.fiji.travel/statistics-and-insights/visitors-arrival。
② 《专家称斐旅游业预期收入可观 经济发展前景看好》，中华人民共和国驻斐济共和国大使馆经济商务处网站，2023 年 11 月 22 日，http://fj.mofcom.gov.cn/article/sqfb/202311/20231103455846.shtml。
③ 资料来源：https://corporate.fiji.travel/statistics-and-insights/market-research。
④ 《这一岛国对中国公民免签！拥有世界最大环状珊瑚岛》，每日经济新闻，2023 年 9 月 28 日，https://www.nbd.com.cn/articles/2023-09-28/3040182.html。
⑤ 《基里巴斯国家概况》，中华人民共和国外交部网站，2024 年 10 月，https://www.fmprc.gov.cn/web/gjhdq_676201/gj_676203/dyz_681240/1206_681418/1206x0_681420/。

脱碳。第五届太平洋地区能源运输部长级会议于 2023 年 5 月在瓦努阿图首都维拉港举办，主题为"加速蓝色太平洋地区脱碳进程"，大多数太平洋岛国的能源和运输部长出席了本次会议，并共同商定了海运部门未来的关键优先事项，例如，调动适当的资源、财政、基础设施、技术和能力建设，为蓝色太平洋提供安全、有弹性、绿色、清洁、数字化、性别公平的海上运输。[①]

联合国贸易和发展会议每年对全球各国商船情况进行统计。从商船运力来看，按照船旗国（Flag of Registration）和船舶类型统计，以载重吨计，太平洋岛国的船舶以散货船和油轮为主，占比分别为 48.68% 和 35.73%；马绍尔群岛的散货船、集装箱船、普通货船和油轮的载重吨均位居太平岛国之首（见表 4）。

表 4 2023 年太平洋岛国商船规模（按船旗国统计）

单位：千载重吨

国家	散货船	集装箱船	普通货船	油轮	其他	合计
马绍尔群岛	147953	13045	1056	107062	30053	299170
帕劳	1389	52	918	2569	324	5252
库克群岛	631	0	136	977	241	1985
图瓦卢	578	51	128	326	865	1948
瓦努阿图	553	15	359	0	588	1516
纽埃	108	8	125	10	23	274
基里巴斯	82	0	63	62	49	256
巴布亚新几内亚	0	36	140	9	33	219
斐济	0	0	47	9	16	72
密克罗尼西亚联邦	0	0	22	10	25	57
汤加	0	3	23	0	6	32
萨摩亚	0	0	2	2	2	6
所罗门群岛	0	0	3	1	3	6
瑙鲁	0	0	0	0	2	2

注：所罗门群岛的数据分项不等于合计，可能是因为小数点保留问题。

资料来源：UNCTADSTAT，https：//unctadstat.unctad.org/datacentre/dataviewer/US. MerchantFleet。

[①] The Fifth Pacific Regional Energy and Transport Ministers' Meeting, "EFATE OUTCOME STATEMENT", May 11 - 12, 2023, https：//doe.gov.vu/images/Fifth_Pacific_Regional_Energy_and_Transport_Ministers_Outcome_Statement_-_12_May_2023_Final.pdf.

从商船价值占全球的比重来看，按船旗国统计，2023 年，马绍尔群岛拥有的商船队价值占全球的比重为 11.41%，是近五年来最高的一年，其他各国商船队占全球商船队价值的比重均不超过 1%（见表 5）。许多船舶公司选择在马绍尔群岛注册公司的原因在于，马绍尔群岛船舶可在短时间内办理船务公司和船舶注册登记，并有良好的国际口碑，注册马绍尔群岛船籍费用较低，可以降低运营成本，提高市场竞争力。

表 5　2019~2023 年太平洋岛国商船队价值占全球的比重（按船旗国统计）

单位：%

船旗国	2019 年	2020 年	2021 年	2022 年	2023 年
库克群岛	0.04	0.03	0.04	0.04	0.05
斐济	0.01	0.01	0.01	0	0
基里巴斯	0.01	0.01	0.01	0.01	0.01
马绍尔群岛	11.31	10.98	10.49	10.12	11.41
密克罗尼西亚联邦	0	0	0	0	0
瑙鲁	0	0	0		
纽埃	0.01	0.01	0.01	0.01	0.01
帕劳	0.04	0.04	0.04	0.06	0.11
巴布亚新几内亚	0.01	0.01	0.01	0.01	0.01
萨摩亚	0	0	0	0.01	0
所罗门群岛	0	0	0	0	
汤加	0	0	0	0	0
图瓦卢	0.1	0.09	0.09	0.08	0.11
瓦努阿图	0.25	0.19	0.15	0.11	0.15

注：部分数据不一定为零，因小数点保留所致。

资料来源：UNCTADSTAT，https：//unctadstat. unctad. org/datacentre/dataviewer/US. VesselVa lue ByRegistration。

班轮运输连通性指数（LSCI）可反映一个国家在全球班轮运输网络中的地位，各国能否进入世界市场很大程度上取决于其运输连通性。联合国贸易和发展会议按照季度统计各国班轮运输连通性指数，2006年第一季度的最高值为100。总体来看，太平洋岛国的班轮运输连通性指数不高。2023年四个季度，太平洋岛国中班轮运输连通性指数最高的国家是巴布亚新几内亚，四个季度均在11左右，略高于2022年第四季度，斐济、所罗门群岛、萨摩亚、汤加紧随其后，帕劳、库克群岛、纽埃、图瓦卢的班轮连通性指数较低（见表6），均在3以下。

表6 太平洋岛国班轮运输连通性指数（2022年第四季度至2023年第四季度）

国家	Q4 2022	Q1 2023	Q2 2023	Q3 2023	Q4 2023
巴布亚新几内亚	11.26	11.32	11.63	11.64	11.62
斐济	10.93	9.61	10.97	11.12	10.97
所罗门群岛	8.13	9.28	8.96	9.6	8.96
萨摩亚	8.63	8.76	8.61	8.38	8.38
汤加	7.84	8.02	8.1	8.1	8.1
瓦努阿图	7.35	7.37	7.58	7.58	7.58
马绍尔群岛	7.21	7.21	7.21	7.21	7.21
基里巴斯	6.2	6.2	6.35	6.35	6.35
帕劳	2.46	2.46	2.46	2.46	2.46
库克群岛	2.52	2.39	2.39	2.39	2.39
纽埃	2.04	2.04	2.04	2.04	2.04
图瓦卢	1.49	1.49	1.81	1.81	1.81

资料来源：UNCTADSTAT, https：//unctadstat.unctad.org/datacentre/dataviewer/US.LSCI。Index（Maximum Q1 2006=100）。

太平洋岛国的船舶维修基础设施日益老化，修造船市场有较大发展潜力。2023年斐济致力于寻找合作伙伴，打造区域造船和修船中心，斐济船舶和重工业有限公司已收到来自亚洲地区和澳大利亚的合作意向，希望在船舶维修和造船领域加强合作。①

---

① 《斐济将打造区域性修船和造船中心》，中华人民共和国驻斐济共和国大使馆经济商务处网站，2024年1月11日，http：//fj.mofcom.gov.cn/article/ddfg/tzzhch/202401/20240103465899.shtml。

此外，太平洋岛国领导人于 2023 年 12 月在《联合国气候变化框架公约》第 28 次缔约方大会（COP28）上发起"解锁蓝色太平洋繁荣"（Unlocking Blue Pacific Prosperity）倡议，贝索斯地球基金会（Bezos Earth Fund）宣布为该倡议提供 1 亿美元的赠款①，全球环境基金（GEF）首席执行官卡洛斯·曼努埃尔·罗德里格斯（Carlos Manual Rodriquez）宣布通过 Star GEF8 为太平洋岛国拨款 1.25 亿美元②，世界自然基金会太平洋分会表示愿意支持这一倡议③；联合国开发计划署于 2023 年 10 月表示将在巴新西新不列颠省设立蓝色经济企业孵化中心（BE-EIF），吸引商业和资本，推动当地环境和社会发展④。由此可见，发展海洋经济已成为各国的重要共识，并获得了多方支持，多渠道和多样化的资金有助于太平洋岛国实现经济繁荣和可持续发展目标。

二 海洋治理进展情况

南太平洋区域的战略地位持续提升，区域内形势合作与竞争并存，俄乌冲突、新冠疫情、政府换届选举等也给区域形势带来了诸多不确定性。在此背景下，太平洋岛国以海洋治理为抓手，积极参与全球海洋秩序构建、维护国家核心利益。

---

① "Bezos Earth Fund Pledges ＄100 Million to Support Pacific Islands' Initiative to Create the Largest Conservation Effort Ever", Bezos Earth Fund, December 3, 2023, https：//www.bezosearthfund.org/news-and-insights/bezos-earth-fund-pledges-100-million-to-support-pacific-islands-initiative-to-create-the-largest-conservation-effort-ever.

② "WWF-Pacific Poised to Support 'Unlokinh Blue Pacific Prosperity'", WWF, December3, 2023, https：//www.wwfpacific.org/？382237/WWF－PACIFIC－POISED－TO－SUPPORT－UNLOCKING－BLUE－PACIFIC－PROSPERITY.

③ "WWF-Pacific Poised to Support 'Unlokinh Blue Pacific Prosperity'", WWF, December3, 2023, https：//www.wwfpacific.org/？382237/WWF－PACIFIC－POISED－TO－SUPPORT－UNLOCKING－BLUE－PACIFIC－PROSPERITY.

④ 《联合国开发计划署计划在巴新设立蓝色经济企业孵化中心》，中华人民共和国驻巴布亚新几内亚独立国大使馆经济商务处网站，2023 年 10 月 31 日，http：//pg.mofcom.gov.cn/article/jmxw/202310/20231003450044.shtml。

（一）强调海洋环境保护及气候变化综合应对

太平洋岛国在长期的海洋生产实践活动中，认识到海洋是影响其生存与发展的重要载体，海洋生态环境及海平面上升直接威胁国家安全，为此其高度重视对周边乃至全球海域环境的保护，并在全球带头推动气候变化应对治理方案的制定与施行。2023 年，日本政府举行相关阁僚会议后正式宣布，将于 8 月 24 日至 9 月 11 日完成核污染水首轮排海作业①，遭到斐济、巴布亚新几内亚、马绍尔群岛等多个太平洋岛国的强烈反对。太平洋岛国基于"集体协商"原则，自核污染水排海作业前便持续通过太平洋岛国论坛向日方施加压力。2 月，太平洋岛国论坛轮值主席、库克群岛总理马克·布朗在与日本首相岸田文雄会谈时便重点谈及核污染水排海议题。② 5 月，首届韩国-太平洋岛国峰会在首尔举行，会议发表了《2023 韩国-太平洋岛国领导人宣言》，双方在会议上提出保护海洋生态环境不受放射性物质污染的重要意义。③ 7 月，太平洋岛国论坛轮值主席、库克群岛总理马克·布朗会见到访的国际原子能机构（IAEA）总干事拉斐尔·马里亚诺·格罗西（Rafael Mariano Grossi），太平洋岛国方面提出其区域内部对日本核污染水排海看法不一，但向日本及国际原子能机构要求继续进行"对话及参与"。在日本核污染水正式排海后，太平洋岛国仍持续开展外交交涉。11 月，太平洋岛国论坛发布《第 52 届太平洋岛国论坛领导人关于福岛多核素去除技术（ALPS）处理后的核污染水问题的联合声明》 （52nd PIF Leaders Statement on the

① Sakura Murakami and Tom Bateman，"Japan to Release Fukushima Water into Ocean from Aug. 24"，Reuters，August 23，2023，https：//www. reuters. com/world/asia – pacific/japan – release – fukushima–water–into–ocean–starting–aug–24–2023–08–22/.

② "Prime Minister Mark Brown Meets Japan Prime Minister Fumio Kishida in Tokyo"，Ministry of Foreign Affairs and Immigration Government of the Cook Islands，February 7，2023，https：// mfai. gov. ck/news–updates/prime–minister–mark–brown–meets–japan–prime–minister–fumio– kishida–tokyo.

③ "South Korea Hosts Its First Summit with Pacific Island Leaders"，Reuters，May 30，2023，https：//www. reuters. com/world/asia– pacific/south – korea – hosts – its – first – summit – with – pacific–island–leaders–2023–05–29/.

Fukushima ALPS-Treated Nuclear Wastewater Issue），建议日本将核污染水排放问题作为日本-太平洋岛国部长级会议常设议题，并与太平洋岛国每年就此开展政治对话，依据国际安全标准及 IAEA 独立监测确定安全问题。①

太平洋岛国由于海拔较低，其在应对气候变化方面显得格外脆弱，为此在国际社会大力倡导全球共同应对气候问题。2023 年 3 月，联合国大会通过瓦努阿图提交的"请求国际法院就各国在气候变化方面的义务提供咨询意见"决议草案，其旨在鼓励世界各国寻求更加大胆的气候行动，并要求国际法院就国家是否有"法律义务"保护人们免受气候变化影响发表意见，以及进一步阐明不作为应承担的法律后果。② 7 月，在瓦努阿图牵头下，斐济、瓦努阿图、基里巴斯、巴布亚新几内亚等 16 个太平洋岛国向国际法院气候变化咨询委员会提交了涉及维护气候问题正义的意见书，其依据瓦努阿图提出的草案文本为基础，指出在应对迫在眉睫的气候变化威胁时，世界各国都应跟随太平洋地区的脚步，若国际社会不团结起来应对温室气体排放威胁，小岛屿国家将首当其冲承受极端天气的冲击。该项由南太岛国领导的国际行动被誉为"气候正义的转折点"③。11 月，澳大利亚和图瓦卢在第 52 届太平洋岛国论坛领导人会议期间签署双边协议，协议涵盖气候变化、人员流动和安全三个合作领域，澳方将建立"太平洋建设信托基金"，投资于小规模的气候及灾害应对项目，并向针对图瓦卢的重大自然灾害、军事入侵等提供协助。④

---

① "STATEMENT: 52nd PIF Leaders Statement on the Fukushima ALPS-Treated Nuclear Wastewater Issue," Pacific Island Forum, November 9, 2023, https://forumsec.org/publications/statement-52nd-pif-leaders-statement-fukushima-alps-treated-nuclear-wastewater-issue.

② "General Assembly Adopts Resolution Requesting International Court of Justice Provide Advisory Opinion on States' Obligations Concerning Climate Change", United Nations Press, March 29, 2023, https://press.un.org/en/2023/ga12497.doc.htm.

③ "16 Pacific Island Countries Unite for Climate Justice", Pacific Community, July 24, 2023, https://www.spc.int/updates/blog/2023/07/16-pacific-island-countries-unite-for-climate-justice.

④ "Joint Statement on the Falepili Union Between Tuvalu and Australia, Australia Government Department of Foreign Affairs and Trade", November 9, 2023, https://www.dfat.gov.au/geo/tuvalu/joint-statement-falepili-union-between-tuvalu-and-australia.

（二）倡导和开展海洋生物资源可持续养护及管理

太平洋岛国历来将海洋生物资源利用作为其支柱型经济开发活动，通过捕捞作业及捕捞配额出售，获取其赖以生存的外汇资源。由于海洋生物资源具有高度洄游性，为此太平洋岛国对管辖水域及公海水域的生物资源治理方案均格外重视。

在太平洋岛国管辖水域内，各国在域外大国的协助下，开展海洋生物资源可持续管理，严厉打击 IUU 捕捞活动。2023 年 1 月，美国亚太安全研究中心举办"加强蓝色太平洋伙伴和太平洋岛国伙伴之间的共同理解：IUU 捕捞活动以及海域态势感知"研讨会，汇集来自澳大利亚、加拿大、德国、日本、韩国、新西兰、英国和美国等"蓝色太平洋伙伴"（PBP）国家和法国、印度等观察员国，以及太平洋岛国论坛秘书处、太平洋岛国论坛渔业局等机构的官员及代表，围绕当下面临的 IUU 捕捞和海域态势感知等挑战展开了讨论，探讨了区域优先事项和海域态势感知领域的合作机会。[①] 8 月，太平洋岛国论坛渔业局、太平洋岛国发起海上巡逻行动，其在澳大利亚国防军技术支持下，对多达 686000 平方千米范围内水域进行海上巡逻，保护瓦努阿图、图瓦卢、基里巴斯蓝色产业及海洋生物资源，打击在太平洋水域进行的 IUU 捕捞活动。9 月，美国-太平洋岛国论坛领导人发布关于重申美国-太平洋伙伴关系的声明，提出包括海洋与渔业在内的七大优先事项，承诺美方将支持太平洋岛国以可持续、包容、公平的方式管理和开发渔业，联合强化海上执法，共同打击 IUU 捕捞活动。[②] 11 月，美国白宫又发布《为

① "Strengthening Shared Understanding Among the Partners in the Blue Pacific and Pacific Islands： Illegal，Unreported and Unregulated Fishing（IUUF）and Maritime Domain Awareness（MDA）"，Asia-Pacific Center for Security Studies，January 26th，2023，https：//dkiapcss.edu/strengthening-shared-understanding-among-the-partners-in-the-blue-pacific-and-pacific-islands-div-class-mysubhead-illegal-unreported-and-unregulated-fishing-iuuf-and-maritime-domain-awareness-mda/.

② "U. S. -Pacific Islands Forum Leaders Statement on Reaffirming U. S. -Pacific Partnership"，The White House，September 25，2023，https：//www.whitehouse.gov/briefing-room/statements-releases/2023/09/25/u-s-pacific-islands-forum-leaders-statement-on-reaffirming-u-s-pacific-partnership/.

美国-太平洋岛国论坛伙伴关系注入活力》简报，强调美国与太平洋地区的伙伴关系至关重要，将继续加强区域机制，推进《蓝色太平洋大陆 2050 战略》的实施；重申美国在国家地位和海平面上升问题上的立场，支持一项新的具有法律约束力的塑料污染文书；致力于建设有弹性和安全的基础设施，加强数字连接；支持地区和平与安全，联合打击 IUU 捕捞。①

在国际公海水域，随着《国家管辖范围以外区域海洋生物多样性养护和可持续利用协定》（简称 BBNJ 协定）于 2023 年获得通过，太平洋岛国也积极投入公海渔业治理。9 月，在 BBNJ 协定开放签署后，澳大利亚、密克罗尼西亚联邦、斐济、帕劳、马绍尔群岛、萨摩亚、所罗门群岛、图瓦卢等多个太平洋岛国先后成为初始签署国。

（三）关注全球深海采矿及治理规则制定

太平洋岛国由于深海资源储量及国家发展水平不同，对深海采矿的态度也不尽相同。帕劳、巴布亚新几内亚、斐济、瓦努阿图等多数国家因历史失败经验、环保主义盛行等因素要求搁置深海采矿，但库克群岛、基里巴斯、瑙鲁等少数国家对此明确表示支持。部分南太区域非政府组织也有组织、有计划地反对深海采矿，先后以发起国际倡议、组织抗议集会等形式呼吁暂停作业。南太各国政界人士还组建名为"太平洋深海采矿议员联盟"的高级别政治联盟，其认为应建立区域性政治协调机制，以遏制太平洋区域的深海采矿。早在 2021 年，瑙鲁政府便致信国际海底管理局（ISA）理事会主席，提出瑙鲁政府担保的瑙鲁海洋资源公司计划提交"区域"内开发工作计划供理事会审议与核准，并由此触发所谓"两年规则"，即国际海底管理局应在两年之内（即 2023 年前）完成"区域内矿物资源开发规章"和相关规则、规章与程序的制定。7 月，国际海底管理局第 28 届第二期会议闭幕，会上理事会聚焦"区域内矿物资源开发规章"制定、无规章情况下处理开

---

① "Fact Sheet: Enhancing the U. S. - Pacific Islands Partnership", The White House, September 25, 2023, https://www.whitehouse.gov/briefing-room/statements-releases/2023/09/25/fact-sheet-enhancing-the-u-s-pacific-islands-partnership/.

发申请程序等重点事项展开讨论，决定在 2023 年 11 月形成开发规章单一文本，并在 2024 年 7 月评估调整制定工作，以期在 2025 年通过规章。①

此外，部分太平洋岛国还因对深海采矿的支持态度，与国际非政府环保组织产生严重冲突。2023 年 11 月，瑙鲁政府所属海洋资源公司（NORI）通报国际海底管理局称，其在 NORI-D 合同区域的许可勘探活动被绿色和平组织代表中断，当时其正在进行收集科学和环境数据及观测的勘探活动。NORI 声称，自 11 月 23 日以来，该组织一再无视与 MV Coco 勘探船保持安全距离的要求，多名代表擅自登上勘探船，并爬上船尾 A 架顶部。绿色和平组织则表示，这是一次"安全、和平的海上抗议"，是在行使"海上和平抗议的权利"。国际海底管理局对此事采取临时紧急措施，要求 NORI 提供一份详细报告，评估其自 11 月 23 日以来进行的勘探活动中断的后果，并请荷兰（绿色和平组织"北极日出"号船旗国）考虑在当前情况下，根据国际法和荷兰法律，有必要对该组织和"北极日出"号行为采取何种措施。②

（四）构建与域外大国的涉海基建合作机制

太平洋岛国认识到澳大利亚、美国、新西兰、日本等传统伙伴国，以及中国等新兴伙伴国均对参与区域海洋合作有着浓厚兴趣。各方地缘政治博弈使得南太区域备受全球瞩目，但同时也增加了区域分化及动荡不安的风险。为此，太平洋岛国在考虑域外大国合作提议时，将事先评估外部合作的安全性及区域信息敏感度，并综合考量任何合作提案后隐藏的地缘政治意图。2023 年 3 月，美国、日本、澳大利亚、密克罗尼西亚联邦、瑙鲁、基里巴斯等国政府代表举行会议，以共同商讨东密克罗尼西亚电缆项目合同最终细

---

① 《国际海底管理局第 28 届第二期会议闭幕》，中华人民共和国常驻国际海底管理局代表处官网，2023 年 8 月 1 日，http://isa.china-mission.gov.cn/xwdt/202308/t20230801_11120483.htm。

② 《2023 年 11 月 23 日至 12 月 4 日在克拉里昂-克利珀顿区 NORI-D 合同区发生的事件》，国际海底管理局官网，2024 年 3 月 19 日，https://www.isa.org.jm/wp-content/uploads/2024/03/2405417C.pdf。

节，并决定于近期正式启动项目的建设工作。该项目得到澳大利亚、日本和美国的支持，最终将为太平洋岛国铺设一条海底电缆，将密克罗尼西亚联邦的科斯雷州、基里巴斯的塔拉瓦岛、瑙鲁与密克罗尼西亚联邦波纳佩州现有的 HANTRU-1 电缆连接起来。东密克罗尼西亚电缆将提供更快、更可靠且更为安全的通信，为上述太平洋岛国的约 10 万居民提供优质服务。澳大利亚外交部代表表示，该项目表明美国、日本、澳大利亚有能力通过有效的伙伴关系，支持太平洋岛国实现可持续发展目标，提升当地民众的生活水平。① 5 月，"四方安全对话"（QUAD）领导人峰会在日本召开，会后联合声明承诺将加大对太平洋岛国的资源投入，支持其实施《蓝色太平洋大陆 2050 战略》，加强在弹性基础设施建设等领域合作。② 6 月，阿拉伯国家联盟和太平洋小岛屿发展中国家第二次部长级会议发表《利雅得宣言》，肯定了阿拉伯国家和太平洋小岛屿发展中国家坚定不移地致力于为其人民、文化和土地实现和平、和谐和持续繁荣所做出的努力，探讨将就基础设施建设等重点领域强化未来合作。③ 9 月，在第二届美国-太平洋岛国峰会期间，拜登总统承诺将向太平洋岛屿基础设施倡议拨款 4000 万美元，以构建弹性和安全的基础设施，并重申将继续与澳大利亚和日本合作支持东密克罗尼西亚电缆项目建设。④

---

① "Advancing Delivery of the East Micronesia Cable Project", USAID, March 17, 2023, https：//www. usaid. gov/pacific－islands/press－releases/mar－17－2023－advancing－delivery－east－micronesia-cable-project.

② "Quad Leaders' Summit Fact Sheet", The White House, May 20, 2023, https：//www. whitehouse. gov/briefing－room/statements－releases/2023/05/20/quad－leaders－summit－fact－sheet/.

③ "Ministerial Meeting of Arab League and Pacific Island States Issues Riyadh Declaration", Arab News, June 13, 2023, https：//www. arabnews. com/node/2320931/saudi-arabia.

④ "Remarks by President Biden and Prime Minister Mark Brown of the Cook Islands Before Meeting with Pacific Islands Forum Leaders", The White House, September 25, 2023, https：//www. whitehouse. gov/briefing－room/speeches－remarks/2023/09/25/remarks－by－president－biden－and－prime－minister－mark－brown－of－the－cook－islands－before－meeting－with－pacific－islands－forum－leaders/.

结　语

　　保护和可持续利用海洋及其资源、促进经济复苏和就业增长，是太平洋岛国的重要关切，气候变化和海平面上升等仍是太平洋岛国海洋经济发展面临的长期而严峻的挑战。2023年太平洋岛国的海洋经济发展形势总体向好，渔业延续平稳发展态势，仍是多个太平洋岛国重要的经济收入和外汇来源，但气候变化可能会对太平洋岛国周围海域的金枪鱼资源产生影响，进而影响当地的渔业收入，太平洋岛国正在研究和开发金枪鱼迁徙预警系统。旅游业也是多个太平洋岛国的重要经济支柱，2023年旅游业恢复和发展相对较快，对地区经济的贡献日益提升，发展可持续旅游是很多国家就业和经济发展的共同需求。2023年海运贸易往来更加密切，低碳环保和数字化是航运业发展的主流方向，但需要技术、资金和政策等多方面的支持。展望未来，新冠疫情带来的负面影响将持续减弱，蓝色经济部门有望开启太平洋岛国可持续增长的新时代。

　　2023年，太平洋岛国对全球海洋治理的参与日益深入，并以"蓝色太平洋"集体身份敦促国际社会接受其治理主张。太平洋岛国高度重视海洋环境保护及气候变化综合应对，持续谋划改善周边海洋生态环境，倡导世界各国应对气候变化威胁；夯实海洋生物资源可持续养护及管理，借力域外国家治理力量加强自身海洋资源管理；关注和推动深海采矿治理规则制定，牵头发起规章细则谈判；谨慎推动与域外大国的涉海基建合作，在保持外交自主性基础上，积极为区域发展谋求利益最大化。展望未来，在全球海洋秩序不断变革重塑的当下，太平洋岛国将充分利用海洋特色提升其在全球海洋治理领域的话语权和影响力。

B.12
2023年太平洋岛国中文教育发展评析

梁国杰 杨 茜*

摘 要： 2023年，中国与太平洋岛国的国际中文教育合作总体发展形势良好。斐济、巴布亚新几内亚、萨摩亚等国的孔子学院（课堂）发展顺利，基里巴斯、瓦努阿图、汤加等国的国际中文教育也取得了新进展。尽管太平洋岛国的国际中文教育规模依然偏小，但随着中国与太平洋岛国双边关系的提升和共建"一带一路"倡议不断推进，太平洋岛国的国际中文教育未来发展前景向好。下一步，太平洋岛国的国际中文教育应稳步拓展"中文+职业技能"项目；加强区域化国际化合作，探索线上中文教学模式与资源开发；创新建立"国际中文学校"合作机制；持续推进中文纳入太平洋岛国国民教育体系；推进扩大本土中文后备师资培养规模和加大培养力度。

关键词： 太平洋岛国 国际中文教育 孔子学院

太平洋岛国地区的国情状况复杂而特殊。太平洋岛国经济结构单一、脆弱性高，自我发展能力不足；部分岛国（如巴布亚新几内亚、所罗门群岛、斐济）政局不稳，部族冲突和政治暴乱、军事政变时有发生；整个太平洋岛国地区的自然灾害频发，有些岛国甚至存在几十年内被海水淹没的风险；大部分太平洋岛国的教育教学条件落后，基础教育辍学率较高，高

---

* 梁国杰，博士，大连大学外国语学院（区域国别学院）副教授，大连大学环印度洋岛国研究中心执行主任、小岛屿区域国别研究联盟（简称"岛盟"）秘书长，聊城大学太平洋岛国研究中心特约高级研究员，主要研究方向为区域国别学、应用语言学、国际中文教育与传播等；杨茜，硕士，大连大学外国语学院讲师，聊城大学太平洋岛国研究中心兼职研究员，主要研究方向为太平洋岛国社会与经济、跨文化传播等。

等院校数量少且办学水平较低；政府财政主要依靠外国援助。从经济实力和国际参与等基本情况来看，太平洋岛国的国际话语权基础薄弱，占全球GDP总量的比例几乎可以忽略不计，对世界经济的贡献率极低。① 对于严重依赖渔业和旅游业的小岛屿发展中国家来说，新冠疫情带来的直接健康损失与间接经济损失相互交织，并且加剧了气候变化的负面影响。② 近年来，太平洋岛国地震、火山、海啸和热带风暴频发，各岛国应对自然灾害能力亟待提升。尽管太平洋岛国地区的特殊国情对国际中文教育的发展有较大制约，2023年，中国与太平洋岛国的国际中文教育合作总体上呈现出良好的发展态势，斐济、巴布亚新几内亚、萨摩亚等国的孔子学院（课堂）总体发展顺利，在基里巴斯、瓦努阿图、汤加等国也取得了一定的新进展。

一 2023年太平洋岛国的中文教育需求保持上升趋势

2023年，太平洋岛国的中文教育需求继续保持上升趋势。自2018年以来，共有11个太平洋岛国先后同中国签署了共建"一带一路"合作文件。共建"一带一路"带来的互联互通需求，为太平洋岛国的国际中文教育发展注入了新动力，近年来取得了一些重要进展。例如，2021年9月，中国同瓦努阿图签署了《关于合作开展瓦努阿图中小学中文教育项目的谅解备忘录》，标志着瓦努阿图成为首个将中文教育纳入国民教育体系的太平洋岛国。2022年7月，中国与基里巴斯共同签署了《关于合作开展基里巴斯中文教育项目的谅解备忘录》，计划面向基里巴斯高中、高等教育及职业教育阶段开展中文教学和文化交流。2022年12月，中国与汤加王国共同签署《关于合作开展汤加王国中文教育项目的谅解备忘录》，支持汤方建设中文

---

① 徐秀军、田旭：《全球治理时代小国构建国际话语权的逻辑——以太平洋岛国为例》，《当代亚太》2019年第2期。
② 陈晓晨：《以"全球发展倡议"解答"时代之问"》，《光明日报》2022年1月18日，第16版。

教师队伍，为当地民众提供中文学习课程和中国文化体验活动，增进双方语言文化交流。此外，在 2023 年，南太平洋大学孔子学院及所属孔子课堂、巴布亚新几内亚科技大学孔子学院、萨摩亚国立大学孔子学院的中文教学活动均已恢复正常，开展了一系列中文教学、文化传播与国际交流项目。中国与太平洋岛国国际中文教育合作的这些进展充分反映出太平洋岛国地区中文教育需求的增长势头。2023 年 4 月，中国驻斐济大使周剑表示，积极学习中国语言和文化，有助于搭建文化交流的友谊桥梁，学习中文也加强了中斐之间的务实合作。[①]

2023 年太平洋岛国中文教育需求增长的深层原因在于，中国与太平洋岛国共建"一带一路"合作能够为当地中文学习者带来更多机会[②]，加强中文教育可以为太平洋岛国带来多方面的益处。[③] （1）太平洋岛国政府部门。发展中文教育有助于太平洋岛国政府加强与中国的双边友好关系，将有力促进文化外交，增强互通互信，并为相关部门与中方开展贸易、旅游、医疗、农渔技术、教育等领域交流与合作提供更多便利。（2）太平洋岛国高校和中小学校。加强中文教育有助于提升岛国高校的国际化办学水平，加深学生对中国社会与文化的了解，增加大学生赴华留学交流的机会，培养一批社会经济发展所需的中文人才；岛国中小学校的中文教育大部分都是中国援助性质，有助于加强学校师资力量，丰富教学资源，通过学习中文为广大中小学生提供认识世界的有力工具。（3）太平洋岛国当地企业。随着"一带一路"在太平洋岛国的深入推进，岛国企业同中方的经贸合作将愈加频繁，接受过中文教育的当地企业人才走上工作岗位，将有力促进双方的沟通、对接以及长期、深入合作，为双方带来可观的经济效益。（4）太平洋岛国社会民众。

---

① Salote Qalubau, "Ambassador Zhou Encourages Learning Chinese Language", Fiji Sun, April 21, 2023, https://fijisun.com.fj/2023/04/21/ambassador-zhou-encourages-learning-chinese-language/.

② 参见梁国杰、杨茜《太平洋岛国中文教育机构特色化发展路径探索——以萨摩亚为例》，陈德正主编《太平洋岛国研究》（第六辑），社会科学文献出版社，2022。

③ 参见梁国杰、杨慧等《太平洋岛国的中文教育现状与思考》，吴平等主编《太平洋岛国教育政策与语言教育研究》，世界知识出版社，2024。

通过中文教育可以使岛国普通民众加深对中国的了解，建立起情感交流的语言文化纽带，架起民心相通的友谊之桥，增进民间交流和互动，促进两国人民友好相处，提升岛国民众心目中的中国形象认知。（5）太平洋岛国华人华侨。加强中文教育有助于在华人华侨群体中传承中华文化传统，有效提升岛国华人华侨子弟的受教育质量，增强华人社会凝聚力和民族认同，加强与祖国的情感联系。

二 2023年太平洋岛国地区中文教育发展现状分析

2023年，在太平洋岛国国际中文教育需求增长背景下，除了在斐济、萨摩亚、巴布亚新几内亚已建成并运营的3所孔子学院和瓦努阿图、库克群岛、斐济的3所南太平洋大学孔子学院下设孔子课堂，以及办学历史较长的2所华校斐济逸仙学校、所罗门群岛中华学校外，太平洋岛国地区的其他一些高校和中小学校、华文学校、国际学校、幼儿园等机构也开设有中文课程，但教学规模一般都较小，多数学校只有1~2名中文教师或志愿者授课，中文学生数量也只有几十人。在前期调研基础上[1][2]，笔者根据调查和访谈制作并更新了《太平洋岛国开设中文课程机构简况》（见表1），基本上涵盖了各太平洋岛国现有的开展中文教育的各类学校和机构。

表1 太平洋岛国开设中文课程机构简况

国家	教育层次	学校名称	所在城市
斐济	高等教育	南太平洋大学 （The University of the South Pacific）	苏瓦、劳托卡
		斐济国立大学 （Fiji National University）	楠迪

---

① 参见梁国杰、杨茜《太平洋岛国中文教育机构特色化发展路径探索——以萨摩亚为例》，陈德正主编《太平洋岛国研究》（第六辑），社会科学文献出版社，2022。
② 参见梁国杰、杨慧等《太平洋岛国的中文教育现状与思考》，吴平等主编《太平洋岛国教育政策与语言教育研究》，世界知识出版社，2024。

续表

国家	教育层次	学校名称	所在城市
斐济	基础教育	逸仙学校 （Yat Sen Primary & Secondary School）	苏瓦
		苏瓦国际学校 （International School Suva）	苏瓦
		德拉芭小学（Draiba Primary School）	苏瓦
		安迪卡科宝高级中学（Adi Cakobau School）	苏瓦
		勒林纪念学校（Lelean Memorial School）	苏瓦
		中华学校（Zhong Hua School）	劳托卡
		楠迪国际学校 （International School Nadi）	楠迪
	学前教育	南太平洋大学附属幼儿园 （USP Educare）	苏瓦
萨摩亚	高等教育	萨摩亚国立大学 （National University of Samoa）	阿皮亚
	基础教育	阿皮亚小学（Apia Primary School）	阿皮亚
		瓦伊泰利-乌塔小学 （Vaitele-Uta Primary School）	阿皮亚
		圣安格利肯小学 （St. Anglican Primary School）	阿皮亚
		玛吉亚吉小学（Magiagi Primary School）	阿皮亚
		瓦伊瓦塞小学（Vaivase Primary School）	阿皮亚
		罗伯特·路易斯·史蒂文森学校 （Robert Louis Stevenson School）	阿皮亚
		萨摩亚受害者救助中心 （Samoa Victim Support Center）	阿皮亚
	特殊教育	萨摩亚国家残疾人培训中心 （Loto Taumafai Society National Disability Centre）	阿皮亚
巴布亚新几内亚	高等教育	巴布亚新几内亚科技大学 （Papua New Guinea University of Technology）	莱城
	基础教育	布图卡学园（Butuka Academy）	莫尔斯比港

国家	教育层次	学校名称	所在城市
瓦努阿图	高等教育	南太平洋大学艾玛芦校区 （USP Emalus Campus）	维拉港
	基础教育	维拉港中心学校 （Port Vila Central School）	维拉港
		维拉港东部学校 （Port Vila East School）	维拉港
		维拉港法语国际学校 （Lycée Louis Antoine de Bougainville）	维拉港
		马拉坡中学（Malapoa College）	维拉港
库克群岛	高等教育	南太平洋大学库克群岛校区 （USP Cook Islands Campus）	拉罗汤加岛
	基础教育	伊马努拉学校 （Imanuela Akatemia School）	拉罗汤加岛
		圣约瑟夫大学校 （St. Joseph School）	拉罗汤加岛
		努库特瑞中学（Nukutere College）	拉罗汤加岛
		阿皮尼考小学（Apii Nikao School）	阿瓦鲁阿
所罗门群岛	高等教育	所罗门群岛国立大学 （Solomon Islands National University）	霍尼亚拉
	基础教育 学前教育	中华学校（Chung Wah School）	霍尼亚拉
	基础教育	伍德福德国际学校 （Woodford International School）	霍尼亚拉
汤加	基础教育	汤加中学（Tonga High School）	努库阿洛法
		汤加学院（Tonga College）	努库阿洛法
密克罗尼西亚联邦	高等教育	密克罗尼西亚学院 （College of Micronesia-FSM）	帕利基尔
基里巴斯	基础教育	乔治五世国王与伊莱恩贝尔纳基学校 （King George V & Elaine Bernacchi School）	塔拉瓦
	基础教育	鲁鲁宝小学 （Rurubao Primary School）	塔拉瓦

（一）斐济的中文教育概况

斐济是太平洋岛国地区的国际中文教育"重镇"和"枢纽"，该国的国际中文教育无论在机构数量和历史积淀还是在学员规模等方面，都在太平洋岛国中处于领先地位。斐济建有太平洋岛国地区首所孔子学院和规模最大的全日制华文学校——逸仙学校。南太平洋大学孔子学院始建于 2012 年，本部位于斐济首都苏瓦的劳卡拉主校区（USP Laucala Campus），在斐济西部的南太平洋大学劳托卡校区（Lautok Campus）建有一所下设孔子课堂，斐济中国文化中心提供的中文培训课程也由南太平洋大学孔子学院承担。[①] 截至 2023 年，南太平洋大学孔子学院（含下设课堂）共有 7 名中文教师，无本土中文教师。

南太平洋大学孔子学院通过设立教学点或远程线上教学的方式满足南太平洋大学 14 个校区和所在国家的中文学习需求，开展中文学分课程以及中小学课程、社会中文班、行业中文培训、文化体验课等教学活动，举办 HSK 汉语水平考试和国际中文教师资格认证，提供中国教育、文化等方面的信息咨询，开展中国与太平洋岛国之间的语言文化交流活动等。[②] 逸仙学校的小学部与中学部均通过中国驻斐济大使馆选派中文教师，小学部现有 2 名公派中文教师，中学部也有 2 名公派教师，另有 2 名本土教师。在小学部，中文是必修课程。在中学部的九年级和十年级，中文为必修课程；在十一年级和十二年级，中文则为选修课。[③]

此外，斐济国立大学、劳托卡中华学校、苏瓦国际学校、楠迪国际学校等机构也开设有中文课程，但教学规模相对较小。

---

① 杨慧：《太平洋岛国汉语教育现状调查与分析——以斐济为例》，陈德正主编《太平洋岛国研究》（第五辑），社会科学文献出版社，2020。
② 杨慧、梁国杰：《南太平洋大学孔子学院发展回顾与展望》，《公共外交季刊》2022 年第 2 期。
③ 梁国杰、杨慧等：《太平洋岛国的中文教育现状与思考》，吴平等主编《太平洋岛国教育政策与语言教育研究》，世界知识出版社，2024。

（二）萨摩亚的中文教育概况

萨摩亚没有华文学校。从 2002 年起，中国每年选派 1 名中文教师（含连任）赴萨摩亚国立大学教授中文。从 2014 年开始，应萨摩亚中文教学需求，每年由原孔子学院总部向萨摩亚 3 所小学派遣中文教师各 1 名（含连任）。①

萨摩亚国立大学孔子学院正式成立于 2018 年 9 月，是太平洋岛国地区的第二所孔子学院，本部设在萨摩亚国立大学主校区（Le Papaigalagala Campus），位于萨摩亚首都阿皮亚的郊区。孔子学院在当地 3 所小学和 1 所中学设有中文教学点，还曾在萨摩亚海关和税务部、萨摩亚旅游局、萨摩亚警察总局，以及萨摩亚国家残疾人培训中心、萨摩亚受害者救助中心等开设短期中文班。② 截至 2023 年，萨摩亚国立大学孔子学院共有 3 名中文教师（含本土中文教师 1 名），学员数量共有 100 人左右。孔子学院在萨摩亚国立大学本部开设有 4 门中文学分课程供大学生选修，另开设有社区中文培训班，主要由本土中文教师任教。2023 年 7 月，萨摩亚国立大学的 40 名中文班学生获得中国大使奖学金。③

（三）巴布亚新几内亚的中文教育概况

长期以来，巴布亚新几内亚都没有华校或其他正规中文教育机构，各种华人社团承担着传承中华文化的责任，承担补习中文的功能。④ 巴布亚新几内亚科技大学孔子学院于 2021 年 2 月正式揭牌运营，孔子学院本部位于巴新第二大城市莱城，在首都莫尔斯比港的中国-巴新友谊学校·布图卡学园

---

① 参见梁国杰《太平洋岛国孔子学院建设面临的挑战和机遇——以萨摩亚为例》，陈德正主编《太平洋岛国研究》（第五辑），社会科学文献出版社，2020 年第 1 期。

② 参见梁国杰、杨茜《太平洋岛国中文教育机构特色化发展路径探索——以萨摩亚为例》，陈德正主编《太平洋岛国研究》（第六辑），社会科学文献出版社，2022。

③ Talaia Mika, "Fourty Students Get China-funded Scholarships", *Samoa Observer*, July 22, 2023, https：//www.samoaobserver.ws/category/samoa/104733.

④ 郭又新：《南太平洋岛国华侨华人的历史与现状初探》，《东南亚研究》2014 年第 6 期。

（Butuka Academy）设有孔子课堂。2023 年 8 月，中国教育部长怀进鹏率团访问布图卡学园，考察中文教育情况并见证教育部中外语言交流合作中心与布图卡学园签署选派教师协议。2023 年 11 月，巴新科技大学孔子学院的 18 名中文学生首次参加"汉语桥"团组访问中国。

截至 2023 年，共有 4 名公派中文教师在巴新科技大学孔子学院本部及下设教学点任教。巴新科技大学孔子学院共开设中文班 14 个，中文学生总数近千人。巴布亚新几内亚科技大学孔子学院在巴新科技大学开设的中文课程主要面向大学生、本校教职工和少量社会人士，包括零基础班和初级班。巴新科技大学孔子学院在布图卡学园教学点开设了面向中小学生的中文课程，设有 12 个班次，每周都有中文课。2023 年，在布图卡学园已有 800 余名中小学生在校学习中文。

（四）瓦努阿图的中文教育概况

瓦努阿图没有华文学校。从 2004 年开始，中国向瓦努阿图派遣中文教师。南太平洋大学艾玛芦校区孔子课堂于 2014 年 8 月成功举行首届汉语班开班仪式，2015 年 5 月正式揭牌成立。2021 年 9 月，中国教育部与瓦努阿图教育部达成一致，共同签署了《关于合作开展瓦努阿图中小学中文教育项目的谅解备忘录》，标志着中文教育被正式纳入瓦努阿图国民教育体系。根据谅解备忘录，教育部中外语言交流合作中心将选派中文顾问赴瓦努阿图，与瓦方联合研制瓦中小学中文课程、教学大纲、考试大纲等政策文件和框架体系，帮助瓦建设中文教师队伍，研发中文教材，共同开展瓦中小学中文项目教学质量的评估与监测，共同举办学术研讨活动等。

2023 年，瓦努阿图共有 3 名中文教师，中文教学和中国文化推广的主要机构是南太平洋大学艾玛芦校区孔子课堂和维拉港中心学校等。孔子课堂共开设 4 门面授学分课，2 门线上学分课。社会班教学分为初级、中级、高级三个级别，以及儿童班课程。孔子课堂还开设不同主题的文化课程，包括中国歌曲、中国厨艺、中医体验、太极拳、中国书画等。与此同时，孔子课堂教师还在当地中小学推广中文课程。此外，瓦努阿图还有 2 所国际学校开设有中文课程。

（五）库克群岛的中文教育概况

库克群岛的中文教学主要由南太平洋大学库克群岛校区孔子课堂开展，一般只有 1 名中文教师任教。在库克群岛教育部的积极推动下，孔子课堂在当地小学和中学开展中文教学也颇有成效。截至 2023 年，南太平洋大学库克群岛校区孔子课堂共开设有 4 门面授学分课和 2 门线上学分课；在大学校区内开展社会班教学初级、中级和高级课程，儿童班课程等；孔子课堂还开设中国文化类课程。孔子课堂在当地中小学校也开设有中文课程，主要包括伊马努拉学校（Emanuela Akatemia）、圣约瑟夫学校（St. Joseph School）、努库特瑞中学（Nukutere College）、阿皮尼考小学（Apii Nikao School）等。

（六）所罗门群岛的中文教育概况

2019 年 9 月，中国与所罗门群岛正式建立大使级外交关系。2022 年，中国与所罗门群岛签署了双边安全合作框架协议。随着中所双边关系的发展，国际中文教育在所罗门群岛的需求上升。近年来，仅在霍尼亚拉的中华学校就有华文教师 5 名左右，每年的在岗教师数量略有浮动。

所罗门群岛中华学校始建于 20 世纪 50 年代，是所罗门群岛教学质量较高的学校之一，主要由中国国务院侨办委托各地侨办选派华文教师赴所任教。中华学校包括幼儿园、小学、初中三个学段，采用英语授课模式，兼授中文课程。截至 2023 年，所罗门群岛中华学校共有在校生约 300 人，绝大多数是所罗门群岛当地学生，华人子弟约占 1/10。此外，所罗门群岛国立大学、伍德福德国际学校也开设有中文课程，但教学规模都比较小，一般只有 1~2 名中文教师授课。

（七）汤加王国的中文教育概况

截至 2023 年，汤加王国共有 2 所学校开设中文课程，一所是汤加中学

(Tonga High School)，另一所为汤加学院（Tonga College），这两所学校都是中等学校，分为初中部和高中部。汤加中学的中文教学大约开始于 2004 年，有 1 个公派教师岗位，中文教师由原孔子学院总部派遣，任期一般是 2~4 年。汤加中学曾有 1 名汤加本土中文教师，但近年来只有 1 名公派教师任教。汤加学院是一所中学男校，从 2019 年开始开设中文课，由学生自愿选修。汤加学院的中文教师由中国教育部国际合作与交流司遴选 1~2 人并派赴汤加任教，任期 1 年。2022 年 12 月，中国与汤加王国代表共同签署了《关于合作开展汤加王国中文教育项目的谅解备忘录》，汤加王国的中文教育未来有望得到进一步加强。

（八）密克罗尼西亚联邦的中文教育概况

密克罗尼西亚学院（College of Micronesia-FSM）是密克罗尼西亚联邦唯一的高等院校，也是唯一开设有中文课程的教育机构。密克罗尼西亚学院在位于波纳佩州的主校区开设有中文课，由原孔子学院总部派遣 1 名中文教师任教。据笔者的访谈，密克罗尼西亚学院从 2006 年左右开始设有中文课，性质为选修课，由该校的语言文学部（Language and Literature Division）负责管理。波纳佩州岛上华人数量不多，因此华人子弟的中文学习需求有限，社会上没有华校或中文班，中方公派教师一般会利用业余时间义务帮助几名华人子弟学习中文。

（九）基里巴斯的中文教育概况

基里巴斯的教育发展水平落后，除了南太平洋大学的分校之外，没有基里巴斯本国的国立大学，只有几所职业技术院校。虽然基里巴斯没有华文学校或正规的中文教育机构，但随着 2022 年 7 月中国同基里巴斯签署《关于合作开展基里巴斯中文教育项目的谅解备忘录》，面向基里巴斯各个教育阶段的中文教学和文化交流随即展开。2023 年，基里巴斯乔治五世国王与伊莱恩贝纳基学校和鲁鲁宝小学开始开展中文教学。

三　太平洋岛国的国际中文教育发展趋势及建议

（一）稳步拓展"中文+职业技能"项目

为了适应太平洋岛国的经济社会发展需求，推进共建"一带一路"倡议和全球发展倡议等，斐济、巴布亚新几内亚、萨摩亚等太平洋岛国积极开展了一系列"中文+职业技能"项目，将中文教学与职业技能教育密切结合起来，致力于培养具备一技之长的当地中文人才。例如，在斐济，旅游业是其社会经济发展的支柱产业，南太平洋大学孔子学院积极开发"中文+酒店培训"和"斐济友好政府官员中文培训"等特色课程，斐济国立大学开设有"旅游汉语"中文学分课程，主要针对旅游业从业者开设，旨在培养学员在酒店和零售业背景下与中国人口头交流的能力，并系统介绍中国语言、风俗和文化常识。在巴布亚新几内亚，菌草种植已从最初的东高地省扩展到8省16区，巴新科技大学孔子学院持续推进"中文+菌草技术"项目，让学员们既学习中文，又学习职业技术，致力于培养会说中国语言、懂中国文化、了解中国技术的复合型国际中文人才，积极服务当地社会、经济发展。在萨摩亚，萨摩亚国立大学孔子学院面向社会人员开展"中文+商务"社区培训课程，受到外方大学和当地民众的欢迎。

"中文+职业技能"培训项目符合太平洋岛国社会的实际人才需求，是传统的中文教学与文化活动的有益扩展，在未来还有很大的发展开拓空间，将成为太平洋岛国中文教育的一个重要增长点。未来，太平洋岛国地区的"中文+职业技能"教育资源支持、课程设置和师资培训应当予以加强。笔者建议孔子学院在当地大学应着重培养岛国经济社会发展所需的职业中文人才，按照分类培养的原则探索开发"中文+职业教育"特色课程，同时，尽可能满足学校之外的社会中文培训需求，开展定制式"中文+职业技能"社区课程。

（二）加强区域化国际化合作，探索线上中文教学模式与资源开发

在大部分太平洋岛国，由于通信技术相对落后，线上教学与国际化资源

共享一直是国际中文教育的一大短板。在太平洋岛国地区，南太平洋大学孔子学院是线上区域化国际化中文教育探索的主力，一直致力于加强联通协作，促进国际中文教育数智化发展与资源共享。

成立于 1968 年的南太平洋大学，是全球仅有的两所国际性区域政府共建大学之一，校本部位于斐济。南太平洋大学在斐济、瓦努阿图、库克群岛、所罗门群岛、汤加、萨摩亚、基里巴斯、马绍尔群岛、瑙鲁、纽埃、图瓦卢和托克劳这 12 个成员国和地区共设有 14 个分校区。通过网络信息技术和灵活的线上教学模式，南太平洋大学可以为各岛国的学生提供远程学习课程。南太平洋大学孔子学院在"三国四地"的办学格局基础上，国际中文教学覆盖南太平洋地区的 12 个国家和地区，总参与人数逾 10 万人次。据报道，2023年南太平洋大学孔子学院注册学员共计 641 人次，共开设各类课程 57 班次，总计 1889 个课时；开展文化活动 34 场，参与人数达到 9592 人。

南太平洋大学孔子学院的线上+线下、区域化+国际化探索，为其他太平洋岛国的中文教育发展提供了借鉴。2024 年 2 月 27 日，中国教育部中外语言交流合作中心与基里巴斯乔治五世国王与伊莱恩贝纳基学校就共建中文智慧教室正式签约，标志着南太平洋岛国首个中文智慧教室成立。随着岛国通信基础设施的改善和信息技术的发展，逐步走向数字化、信息化教学是太平洋岛国中文教育的发展趋势之一，有助于减少大部分岛国生源居住较分散、公共交通不便等因素给中文教育扩展带来的不利影响，同时有助于岛国中文学习者接触到更多优质、新鲜的线上教学资源，从而提高中文学习兴趣，改进中文教学效果。未来，中国教育部中外语言交流合作中心将继续与南太平洋地区国家及伙伴深化合作，运用数字教育技术赋能国际中文教育，大力推进南太平洋地区数字化、智能化中文教学水平提升。①

（三）创新建立"国际中文学校"合作机制

在太平洋岛国地区建立"国际中文学校"创新机制，应当成为新时代

---

① 《南太国家首个中文智慧教室正式签约》，教育部中外语言交流合作中心网站，2024 年 2 月28 日，http：//www.chinese.cn/page/#/pcpage/article? id=1776。

国际中文教育转型的新尝试，其具有很大的必要性和可行性。大部分太平洋岛国国际中文教育的发展受到多方面因素的制约，亟需创新国际合作办学机制，积极吸纳当地教育管理部门、中资企业、华人社团等资源支持，探索创新开办"国际中文学校"。

截至2023年，除了斐济苏瓦的逸仙学校和劳托卡的中华学校、所罗门群岛霍尼亚拉的中华学校、巴布亚新几内亚莫尔斯比港的中-巴友谊学校布图卡学园，其他11个太平洋岛国均未开设华文学校。创新建立"国际中文学校"合作机制，逐步走上国际中文教育市场化发展道路，是新时代国际中文教育拓展的题中应有之义，将在太平洋岛国地区成为对"孔子学院（课堂）"品牌和当地华校品牌的有益补充，既能满足当地华人华侨对中文学校的现实需求和期待，也能使中文教育真正在当地深入扎根社会大众，有助于实现新时代国际中文教育的可持续健康发展。要创办"国际中文学校"，应充分利用当地社会资源，加强与华人协会、商会等社团组织的合作。由于太平洋岛国当地的办学条件和水平普遍较差，建议充分发挥当地侨领、热心华商的作用和企业、社会组织的参与积极性，合力开拓国际中文学校办学渠道。

（四）持续推进中文纳入太平洋岛国的国民教育体系

近年来，越来越多的太平洋岛国将中文教育纳入国民教育体系。2021年9月，中国与瓦努阿图签署《关于合作开展瓦努阿图中小学中文教育项目的谅解备忘录》，标志着中文教育被正式纳入瓦努阿图国民教育体系。2022年7月，中国与基里巴斯签署《关于合作开展基里巴斯中文教育项目的谅解备忘录》。2022年12月，中国与汤加王国共同签署《关于合作开展汤加王国中文教育项目的谅解备忘录》。推动中文教育走进中小学校，进而纳入对象国国民教育体系，是国际中文教育事业的根本目标之一，在太平洋岛国地区将成为今后的一个重要发展趋势。

笔者认为，太平洋岛国的国际中文教育事业发展，宜采用"三步走"战略，将短期目标与长期目标相结合。第一，着力在大学建设好中文课程或中文辅修专业，进而建成中文主修专业或中文系。第二，在岛国中小学校开辟建设中文教育基地，打造本土化中文教材体系和中文教育评价体系。第三，优先在岛国首都及周边地区完善中文教育布局，为政府机构或行业协会提供中文培训以扩大社会影响，最终推动促成更多的岛国政府将中文教育纳入国民教育体系。

将中文教育纳入太平洋岛国国民教育体系面临的最大问题是中文师资紧缺，孔子学院当前亟需培养、补充本土中文师资，与外方大学合作共建中文专业，以实现国际中文教育可持续健康发展。因此，孔子学院在外方大学的主要目标应聚焦于建设中文专业或中文系，制定培养方案，打造中文专业课程体系。中文专业建设最重要的是构建合理的课程体系，适应当地中文人才培养需求，注重为当地大、中、小学中文教育发展储备中文师资。此外，应加强中小学中文教育基地建设，改善所在学校的中文教学条件。中小学阶段的中文教学虽然不能产生立竿见影的效果，但容易发挥规模效应和辐射作用，应注重培养学生的中文学习兴趣，为今后将中文教育纳入国民教育体系打下基础。大部分岛国中小学校的教学条件非常落后，教学设备和基本设施缺乏，有待加强投入予以改善。

（五）推进扩大本土中文后备师资培养规模和加大培养力度

太平洋岛国中文教育师资的主要来源可以分为五大类：孔子学院总部公派中文教师和志愿者、中国国务院侨办公派华文教师、中国教育部国际合作与交流司公派的援外项目中文教师、当地教育机构自雇的中文教师、有中国留学经历的本土中文教师。[①] 截至 2023 年，斐济南太平洋大学孔子学院、巴新科技大学孔子学院均无本土中文教师在岗，萨摩亚国立大学孔子学院仅有 1 名本土中文教师在岗。这反映出太平洋岛国本土中文教师严重短缺的突出问题，对于国际中文教育的可持续发展非常不利。因此，太平洋岛国本土

---

① 参见梁国杰、杨慧等《太平洋岛国的中文教育现状与思考》，吴平等主编《太平洋岛国教育政策与语言教育研究》，世界知识出版社，2024。

中文教师的培养应得到大力加强。

为了扩大本土中文后备师资培养规模和加大培养力度，太平洋岛国高校的中文专业建设亟待加强。笔者建议，立足太平洋岛国中文教育需求和教学条件等，在前期基础较好的高校（如南太平洋大学及其分校、巴布亚新几内亚环境与资源大学等）积极探索中文专业建设。例如，2023年4月，巴布亚新几内亚科技大学孔子学院提出与巴新环境与资源大学共建中文（旅游）专业的合作建议，双方达成了开设中文专业（旅游方向）的合作意向。据报道，巴新科技大学孔子学院将根据需要协助巴新环境与资源大学中文（旅游）专业的学科建设、课程设计和教学科研。2023年11月，在北京语言大学举行的太平洋岛国议员研讨班交流会上，所罗门群岛代表表示，中所合作备忘录签署后，将逐步在所罗门群岛的大学开设中文专业，培养更多语言人才。这些进展说明，在太平洋岛国高校建设中文专业，已具备一定的合作基础，关键还是在于可持续的中文师资储备和教学资源投入。

结　语

随着越来越多的太平洋岛国加入共建"一带一路"倡议，中国同太平洋岛国的经济交往和人文交流日益频繁，中文在国际上的影响力日益扩大，中文教育也在太平洋岛国地区越来越受到重视。虽然太平洋岛国的特殊国情和社会经济发展水平对国际中文教育的发展存在较大制约，但随着中国与太平洋岛国双边关系的提升，中文教育的未来发展前景向好。近年来，中国对太平洋岛国的了解和研究日益加深，在我国与太平洋岛国的国际中文教育合作过程中，既要做到开拓发展，又要做好需求分析和风险、效益评估，既要合理设定准入门槛，又要做好布局规划，以更好地服务于共建"一带一路"，推进在太平洋岛国地区践行"全球发展倡议"和"全球文明倡议"，促进文明交流互鉴和民心相通，助力构建人类命运共同体。

B.13
转向"印太": 2023年法国对太平洋岛屿地区政策评析*

田 耘 万寿宏**

摘 要: 2023年,法国政府对太平洋岛屿地区的政策展现出新的趋势和特点。在全球治理体系中,"印太"地区的重要性逐渐提升,法国通过"印太战略"的制定与调整,深化了在该地区的布局。法国的政策重点在于维护其海外领土的利益,同时关注气候变化、生物多样性保护等政治性领域,以提升软实力和国际形象。通过外交、军事、环境保护、文化和科技合作等多方面的努力,法国力图在太平洋岛屿地区增强影响力,并在"印太"地区重塑大国地位。然而,法国在推进政策时也面临地理距离、资源限制、与其他大国的竞争以及殖民历史带来的挑战和困境。

关键词: 法国"印太战略" 太平洋岛屿地区 软实力

随着"印太"地区国家在国际舞台上的话语权和经济活跃度的提升,该地区在全球治理体系中的重要性日益增强。自2018年以来,法国政府对"印太"地区的战略布局表现出高度重视和积极态度。法国总统马克龙自上任以来,一直将"印太"地区作为外交政策的重点。学者张骥、黎笑汐指

---
* 本报告系国家社会科学基金2023年度重大招标项目"大洋洲历史文献整理与研究"(项目编号:23VLS028)的阶段性成果。
** 田耘,博士,聊城大学太平洋岛国研究中心助理研究员,聊城大学历史文化与旅游学院讲师,主要研究方向为战后国际关系史;万寿宏,聊城大学太平洋岛国研究中心研究助理。

出，马克龙是"冷战"后最关注该地区的法国总统。① 2018 年他在悉尼花园岛海军基地演讲时就提出了"印太战略"的构想②，随后在公开场合多次强调了"印太"地区的重要性。自此，法国就"印太"（或亚太）地区出台了关乎多个方面的战略性文件。③ 2021 年 7 月，法国政府正式出台了《法国"印太战略"》（France's "Indo-Pacific Strategy"），并于 2022 年 2 月进行了调整和补充，这标志着法国在该地区的战略布局更加系统化、成熟化。随着法国外交战略近年来逐步转向"印太"，法国政府对太平洋岛屿地区的政策也相应表现出新的趋势和特点。2023 年，法国在整体对外战略中关于太平洋岛屿地区的需求是不断深化其在该地区的存在，深化与该地区国家的合作，增强其在该地区的影响力。法国采取了更为积极的态度，旨在通过加强外交活动和深化与该地区国家的合作关系，增强其在该地区的影响力。在法国的全球战略布局中，法国的"印太战略"虽然作为次级战略服务于其"平衡大国"战略④，但它在法国的"平衡大国"战略中扮演着重要角色。太平洋岛屿地区在法国的"印太战略"中虽然处于相对边缘的位置，但对法国来说，该地区的战略意义不容忽视。

一　法国对太平洋岛屿地区的政策特点

法国在太平洋岛屿地区的活动主要集中在维护其海外领土的利益，包括

---

① 张骥、黎笑汐：《法国印太战略中的自主身份塑造及其困境》，《当代世界》2023 年第 6 期，第 44 页。

② C. Raja Mohan, Rory Medcalf, Bruno Tertrais, "New Indo-Pacific Axis", The Indian Express, May 8, 2018, https://indianexpress.com/article/opinion/columns/emmanuel-macron-india-france-relations-paris-delhi-canberra-axis-malcolm-turnbull-narendra-modi-5167221/.

③ 2018 年的《法国的亚洲-大洋洲战略（至 2030 年）》（Stratégie Française en Asie-Océanie à l'horizon 2030）白皮书，2019 年的《法国与"印太"地区安全》手册（La France et La Sécurité en Indopacifique）和《法国"印太"地区防务战略》（La Stratégie de Défense Française en Indopacifique），以及 2021 年的《法国在"印太"地区伙伴关系》（France's Partnerships in the Indo-Pacific）等。

④ 陈奕蓉、邢瑞磊：《助推实力与地位：大战略视角下法国"印太战略"再定位》，《法国研究》2023 年第 4 期，第 17~38 页。

新喀里多尼亚、法属波利尼西亚和瓦利斯及富图纳群岛，这些地区对法国而言具有特殊的地缘政治和战略价值。尽管这些地区无法为法国带来巨大的经济利益，但法国通过在新喀里多尼亚和法属波利尼西亚设立的法国开发署（Agence Française de Développement，AFD），致力于推动当地的可持续发展，并加强与这些地区的联系。

法国在太平洋岛屿地区的政策不局限于维护海外领土，还体现在对低政治性领域的关注，如人道主义援助、气候变化和生物多样性保护等。这些政策举措有助于提升法国在该地区的软实力和国际形象，同时也服务于其长期的地缘战略目标，即在"印太"地区重塑法国的大国地位，并在国际舞台上发挥"平衡大国"的作用。

（一）对太平洋岛屿地区关注度显著提升

法国自 2018 年开始在"印太"地区展开了一系列战略部署，虽然最初对太平洋岛屿地区的关注并不十分突出，仅仅将其当作"应对区域挑战的合作伙伴，以及与澳大利亚和新西兰展开合作的重点组成部分"[1]，但随着区域形势的变化和海外领土独立呼声的增强，法国对该地区的关注度逐渐提升。特别是从 2022 年底开始，法国在太平洋岛屿地区的行动日益增多，着重塑造其"平衡大国"的形象。

在外交方面，法国积极开展历史性元首外交，加强与太平洋岛国的交流与合作。20 世纪 90 年代在该地区结束核试验后，法国在该地区的影响力有所减弱，因此近年来致力于改善与太平洋岛国的外交关系。2023 年 7 月，法国总统马克龙访问南太平洋，包括法国海外领土新喀里多尼亚以及瓦努阿图、巴布亚新几内亚等国。这是 60 年来法国总统首次访问该地区，彰显了法国"重返"南太的决心。此外，法国内政和海外领土部长杰拉尔德·达尔马宁（Gérald Darmanin）、外长卡特琳·科隆纳（Catherine Colonna）等高

---

① Ministry for Europe and Foreign Affairs, "France's Partnerships in the Indo-Pacific", France Diplomacy, April, 2021, https：//www.diplomatie.gouv.fr/IMG/pdf/en_ a4_ indopacifique_ 16p_ 2021_ v4_ cle4b8b46.pdf.

级官员也是在年内多次到访南太平洋地区。在萨摩亚，法国宣布设立大使馆，以促进与萨摩亚及法国海外领土的联系和交流，并推动法国参与设在阿皮亚的太平洋区域环境计划，旨在使其能够在该地区安全和气候变化等问题上发挥更关键的作用。① 同时，法国在区域性国际组织积极发挥作用。2023年12月4~6日，法国作为主席国在新喀里多尼亚首府努美阿（Nouméa）主办了第八届南太平洋国防部长会议（South Pacific Defence Ministers' Meeting, SPDMM），该会议创办10周年之际，首次在法国（海外领土）举办，此次会议汇聚了包括澳大利亚、汤加、新西兰和巴布亚新几内亚在内的7个成员国，共同探讨和加强在应对气候变化、解决区域性过度捕捞问题、安全和防务培训等关键领域的合作与协调。②

在军事方面，法国通过在海外领土的军事部署和行动不断增强其影响力。法国在太平洋岛屿地区的军事布局主要通过新喀里多尼亚国家武装部队和法属波利尼西亚武装部队（Armed Forces in French Polynesia，FAPF）这两支常设武装力量来实现。值得注意的是，这些军事力量并不以攻击性武器装备为主，而是更侧重于海军力量的建设，兵种构成相对单一（见表1）。由此可见，法国在该地区并没有明显的军事扩张意图，其军事存在的首要目的是确保海外领土的安全与稳定。除此之外，法国在人道主义援助和应对气候变化引发的自然灾害方面发挥着积极作用，这成为法国与太平洋岛国之间紧密联系的重要纽带。2023年，法国在军事和安全防务方面与太平洋岛国互动频繁，法国军方高级将领两度到访该地区。5月10日，法国"葡月"号导弹护卫舰（F734 Vendemiaire）载着500多名法国海军船员和官员在斐济苏瓦进行友好停靠；10月24日，法国海军中将洛朗·勒布雷顿（Laurent Lebreton）与汤加首相胡阿卡瓦梅利库（Hu'akavameiliku）进行双边会晤。

---

① Pacific Waves, "French Embassy in Samoa to Play Central Role on Regional Issues", Radio New Zealand, August 2, 2023, https：//www. rnz. co. nz/international/programmes/datelinepacific/audio/2018900809/french-embassy-in-samoa-to-play-central-role-on-regional-issues.

② Ministère des Armées, "［SPDMM 2023］Réunion des Ministres de la Défense du Pacifique Sud", Ministère des Armées, https：//www. defense. gouv. fr/spdmm-2023-reunion-ministres-defense-du-pacifique-sud.

在南太平洋国防部长会议召开期间，法国国防部长塞巴斯蒂安·勒科尔尼
（Sebastien Lecornu）与斐济外交部长皮奥·蒂科杜阿杜阿（Pio Tikoduadua）
签署了《部队地位协定》（Status of Forces Agreement），并且宣布在法国驻
斐济大使馆设立一个国防特派团（代表法国武装部队驻斐济，负责加强国
防政策和军事合作方面的交流）。该协定促进了法斐防务关系，并为双方防
务合作提供了活动框架，有利于双方互相访问、分享经验、科学研究和军备
领域的联合活动的开展。法国也将通过培训和支持行动向斐济共和国军队提
供咨询、紧急援助等。① 应对气候变化的自然灾害也是法国部署在南太平洋
地区军事力量的使命之一，新喀里多尼亚国家武装部队（French Armed
Forces of New Caledonia，FANC）于2023年内多次承担对受灾国的人道主义
救援任务：3月，瓦努阿图遭受"朱迪"和"凯文"两次飓风袭击后，法
国第一时间向瓦努阿图提供了救援物资；10月，热带气旋"罗拉"又再次
袭击瓦努阿图，法国除提供物资救援外，还从新喀里多尼亚基地调动了
"猎鹰-200"侦察机为其提供灾情观测援助。

表1 2023年法国在太平洋岛屿地区的军事力量部署

武装力量	新喀里多尼亚国家武装部队	法属波利尼西亚武装部队
驻军人数（人）	1650	1200
军舰（艘）	4	6
直升机（架）	4	3
运输机（架）	4	5
装甲车（辆）	31	0

资料来源：Ministère des Armées，"Forces de souveraineté"，https：//www. defense. gouv. fr/operations/
forces-prepositionnees/forces-souverainete。

在环境保护方面，法国一直关注太平洋岛屿地区的气候变化和生态保
护。气候变化所带来的海平面上升、海洋温度上升等挑战是太平洋岛国所面

① Embassy of France in Suva，"Signing of an Agreement on Defence Cooperation"，Ambassade de
France à Fiji；Kiribati，Nauru，Tonga et Tuvalu，December 8，2023，https：//fj. ambafrance. org/
Signing-of-an-agreement-on-defence-cooperation.

临的最现实和最紧迫的危机之一。在《联合国气候变化框架公约》第28次缔约方大会（COP28）上，太平洋岛国中多国代表就海平面上升、海洋塑料污染等气候和海洋问题向全世界发出警告，并呼吁世界各国遵守《巴黎协定》。在2023年3月30日召开的联合国大会上，法国支持瓦努阿图提出的关注小岛屿发展中国家的决议，该决议旨在获得国际法院关于各国对气候变化义务的意见。法国作为绿色气候基金的主要捐助者，每年为这些国家的气候行动提供60亿欧元，于2020～2023年成为该基金的第二大捐助者。①此外，法国与巴布亚新几内亚和欧盟在《联合国气候变化框架公约》第28次缔约方大会上共同发表了《在COP28上重点保护和持续利用高碳和生物多样性地区的伙伴关系宣言》（Partnership Focusing on the Conservation and Sustainable Use of High Carbon and Biodiversity Areas at COP28），致力于保护高碳和生物多样性地区，并承诺在2030年前保护30%的陆地和海洋生态，以及保护尚未开发的森林，停止毁林和防止森林退化，保持森林、气候和生物多样性的可持续发展和进行相关的培训和教育。法国还通过"国家一揽子"计划（Country Package），承诺在未来五年内为巴布亚新几内亚提供1亿美元的财政支持和相关技术支持。②

　　在文化、科技等软实力方面，法国积极加强与太平洋岛屿国家的联系。该地区三个法属海外领地及其前殖民地瓦努阿图都是法语国家组织（Organisation Internationale de la Francophonie, OIF）的成员。除澳大利亚和新西兰外，法国还在汤加、瓦努阿图、斐济和库克群岛建立了法语联盟（Alliance Française），这些机构不仅推广法语，还举办各种文化交流活动，

---

① Ministry for Europe and Foreign Affairs, "Climate-United Nations General Assembly's Adoption of the Resolution on the Climate Put forward by Vanuatu（March 30, 2023）", France Diplomacy, March 30, 2023, https：//www. diplomatie. gouv. fr/en/french－foreign－policy/climate－and－environment/news/article/climate－united－nations－general－assembly－s－adoption－of－the－resolution－on－the#:~:text＝The%20resolution%20draws%20attention%20to，States'%20climate%2Dchange%20obligations.

② "Partnership Focusing on the Conservation and Sustainable Use of High Carbon and Biodiversity Areas at COP28", France Diplomacy, December 2, 2023, https：//www. diplomatie. gouv. fr/IMG/pdf/20231212_ png_ political_ declaration_ eng_ cle82b318. pdf.

以增强法国在该地区的话语认同。在瓦努阿图，法国通过援建的方式重建和修建了小学、大学和法语学校，并派遣新喀里多尼亚国家武装部队在附近驻守。法国选取法属波利尼西亚作为2024年奥运会冲浪比赛的举办地，同样体现了其善于举办体育赛事，以谋求塑造共同价值观。

（二）对该地区海外领土的管控逐渐加强

2023年，法国显著提升了对南太平洋地区海外领土的关注程度，特别是在新喀里多尼亚问题上，法国政府从政治和经济层面加强了对该领土的掌控。随着新喀里多尼亚独立运动的声势日益壮大，法国与该地的联系更加密切。以卡纳克社会主义民族解放阵线（Front de Libération Nationale Kanake et Socialiste，FLNKS）为代表的新喀里多尼亚独立派政党并不承认2021年12月举行的第三次独立公投的结果，因此，法国收紧了对新喀里多尼亚镍矿的控制。新喀里多尼亚拥有丰富的镍矿资源，现有北部的科尼安博（Koniambo）矿和南部的戈罗（Goro）矿以及纳凯蒂矿三大矿场，其镍矿占全世界总量的30%~40%，储量位居全球第二。镍矿产业是新喀里多尼亚经济的重要支柱。镍出口占该地出口总额的90%，并为当地提供了1/5的就业机会。新喀里多尼亚的镍产业运行严重依赖于法国，法国也通过资金投入和政策调控等路径对该产业施加影响。

2023年，由于全球镍价下跌，新喀里多尼亚最大的镍企SLN（Société Le Nickel）公司出现负债缺口。2月，在其母公司埃赫曼（Eramet）拒绝提供支持的情况下，法国政府向其提供了4300万美元以避免破产。法国还将镍矿作为其控制新喀里多尼亚的手段之一，法国内政和海外领土部长达尔马宁在其3月份的南太之行中明确表示："如果新喀里多尼亚作为一个独立实体拒绝参与新的镍产业发展计划，法国将不会继续提供资金支持。"[①] 4月中旬，SLN公司关闭了其在普姆（Pumo）的矿场，影响了当地300多人的生

---

① "Minister Invites Parties for Talks on New Caledonia's Status", Radio New Zealand, March 14, 2023, https：//www.rnz.co.nz/international/pacific–news/485522/minister–invites–parties–for–talks–on–new–caledonia–s–status.

活就业，致使当地居民对未来就业形势感到恐慌，这引起了新喀里多尼亚北部省和普姆居民的强烈不满。作为回应，新喀里多尼亚政府主席路易斯·马普（Louis Mapou）于5月到访法国，进行了长达11天的访问，与法国总理伊丽莎白·博尔内（Elisabeth Borne）会面，并就该问题与埃赫曼公司进行了谈判。目前，新喀里多尼亚的镍矿产业面临严峻挑战，急需新的融资方案以维持运营。法国政府也在考虑对三大镍矿进行改革。

为强化海外领土对法国的依赖性，法国对其给予经济援助和财政支持。基于海外领土经济的脆弱性和常受自然灾害侵扰，医疗条件有限和教育资源不发达等情况，法国对此加以援助。2023年11月，法国政府帮助瓦利斯和富图纳群岛支付了其在努美阿医疗中心一年来约500万美元的医疗费用。[①] 法国还出台了2024年太平洋基金项目（Pacific Fund），该项目旨在加强法国太平洋地区海外领土的一体化，主要针对应对气候变化和预防灾害风险、卫生安全以及粮食和渔业资源管理项目。[②] 法国通过聚焦当地民生关切领域的精准援助，旨在强化海外领土民众对维持现有政治从属关系的认同基础。

（三）与美国、欧盟在该地区的关系愈加微妙

太平洋不仅是世界上最大、最深的大洋，其岛屿数量也是世界之最。然而，太平洋岛屿国家和地区以发展中国家为主，体量较小，实力较弱，在海洋治理问题上往往依赖域外大国的合作与援助。同时，随着地缘政治格局的演变，大国之间的战略竞争日益集中在太平洋地区。

在国际政治舞台上，美国自奥巴马政府时期便开始推行"亚太战略"，并在特朗普政府时期进一步发展为"印太战略"。随着中国在太平洋岛屿地

[①] Julien Mazzoni, "Paris Prendra en Charge une Partie de la Dette de Wallis-et-Futuna au Médipôle", France Info, November 14, 2023, https：//la1ere. francetvinfo. fr/nouvellecaledonie/paris - prendra-en-charge-une-partie-de-la-dette-de-wallis-et-futuna-au-medi pole-1443323. html.

[②] "Appel à projets Fonds Pacifique 2024", Ambassade De France en Nouvelle-zelande et Aux Îles Cook, December 1, 2023, https：//nz. ambafrance. org/Call-for-applications-Pacific-Funds-2024.

区的影响力逐步增强,美国加强了对该地区的策略布局和影响力施加。在这一过程中,法国在维持与美国政策一致性的同时,也在积极寻求外交政策的独立性,并探索与美国策略的互补性。2021 年 9 月,在美国的施压和诱导下,其盟友澳大利亚撕毁了与法国的"世纪合同"(Contrat du Siècle)潜艇合约,这一事件导致了法国与美国及"奥库斯"联盟(AUKUS)之间的信任危机。美国近年来持续加强"第二岛链"的建设,并对中国冲破"第二岛链"的"封锁"担忧。太平洋岛屿地区位于"第二岛链"与"第三岛链"之间,具有重要的战略价值。美国在太平洋岛屿地区的政策部署主要聚焦于应对中国的影响力,而非针对法国在该地区的核心利益——海外领土。为了加强在该地区的控制力和影响力,美国认识到与法国合作的必要性。2023 年 11 月,美国驻法国大使丹尼斯·鲍尔(Denise Bauer)对法属波利尼西亚进行了访问,表示法属波利尼西亚和新喀里多尼亚是处于地区重大利害的中心。美国计划通过和澳大利亚合作的谷歌跨太平洋海底数据电缆将法属波利尼西亚建设成太平洋新的互联网中心。不仅如此,美国还表达了将其总部位于日本的美国第七舰队的海岸警卫队加入"FRANZ"① 的希望。② 对于法国而言,与美国保持高水平的互操作性,以及在不断变化的国际环境中建立永久或临时战略联盟,是提升其全球影响力和在构建更稳定环境中发挥作用的关键。③

作为欧盟国家中唯一在太平洋岛屿地区拥有海外领土的国家,法国一直是欧盟在该地区合作的"急先锋"。欧盟在 2021～2027 年计划对太平洋

---

① FRANZ 是由法国、澳大利亚和新西兰三国于 1992 年 12 月签署的一项协定。该协定规定了三国以合作伙伴关系,以致力于人道主义捐赠为原则,共同协调和应对太平洋岛屿地区的飓风、火山爆发等自然灾害。FRANZ 的具体行动通常由三国的武装部队负责,任务包括调查受灾情况、运输救援物资等。

② Patrick Decloitre, "Paris-based US Diplomat Concludes French Pacific Tour, Stresses 'Vital Stakes' at Play", Radio New Zealand, November 1, 2023, https：//www.rnz.co.nz/international/pacific-news/501426/paris-based-us-diplomat-concludes-french-pacific-tour-stresses-vital-stakes-at-play.

③ 法国国防和国家安全总秘书处:《国家战略评估报告 2022 年》,Secrétariat Général De la Défence et de la Sécurité Nationale, November 28, 2022, https：//www.sgdsn.gouv.fr/files/files/Revue%20nationale%20strat%C3%A9gique%20-%20Chinois.pdf.

地区的发展援助总额约为 7.5 亿欧元，而法国计划在 2024~2027 年向太平洋地区提供 2 亿欧元（包括 1 亿欧元赠款）的发展援助①，显示了法国在该地区的积极作用和对区域合作的承诺。欧盟的主要目标与法国战略相一致，即促进安全与和平、有效的多边主义以及建立在法治、经济繁荣和促进全球共同利益基础上的国际秩序。尽管双方的出发点不同，欧盟在"印太"地区的首要关注为经济利益，维护南太地区的自由航行和地区与国家之间的关系稳定对欧盟的贸易至关重要。法国在确保其海外领土安全和防卫的同时，也尝试以"平衡大国"的身份维持地区秩序。两者都充分利用区域组织框架和自身在环保、经贸等领域的优势与太平洋岛屿国家展开多领域合作。2023 年 5 月 17 日，法国开发署和欧盟向斐济开发银行（FDB）提供了 700 万美元的贷款担保，双方共同签署了"EURIZ 贷款组合担保"协议，为斐济金融机构提供灵活、方便的价格风险分担机制，以促进具有高度发展影响的微型、中小型企业获得贷款。斐济副总理兼财政部长比曼·昌德·普拉萨德（Biman Chand Prasad）表示，该合作将大大增强斐济开发银行向斐济中小微企业提供贷款的能力。11 月 15 日，欧盟与非洲、加勒比和太平洋国家组织在萨摩亚阿皮亚签署《欧盟与非洲、加勒比和太平洋国家组织伙伴关系协定》（The Partnership Agreement between the EU and the Organisation of the African, Caribbean and Pacific States）（即《萨摩亚协定》），双方伙伴关系得到巩固。《萨摩亚协定》取代《科托努协定》，优先关注人权、民主和善政、社会发展和可持续经济增长，对建设具有韧性的环境和经济具有重要作用。②

---

① European External Action Service, "European Union Action in the Pacific", November 15, 2023, European External Action Service, https://www.eeas.europa.eu/sites/default/files/documents/2023/EU_ Action%20in%20the%20%20Pacific_ 2023-11. pdf.

② Fiji Govt/Pacnews, "Fiji Signs Historic Samoa Agreement with EU and OACPS", Pacific Islands News Association, November 16, 2023, https://pina.com.fj/2023/11/16/fiji-signs-historic-samoa-agreement-with-eu-and-oacps/.

二　法国对太平洋岛屿地区政策调整的动因分析

法国对太平洋岛屿地区的政策调整是在多重因素的合力作用下形成的。其中主要目的表现在增强其政治独立性和加强海外领土管控两方面。

（一）利用"缓冲"地带，增强政治自主

随着"印太"地区国家在国际舞台上的话语权和经济活跃度的提升，该地区在全球治理体系中的重要性日益增强。同时，中美之间的竞争也在"印太"地区愈加显现，使得这一地区成为两国博弈的主要"竞技场"。法国在2022年2月版的《法国"印太战略"》中将该地区称为"一个存在两极分化紧张局势和重大全球问题的地区"[①]。法国则希望平衡中美竞争不断加剧的"印太"地区，使这一区域的力量更加多元化。

作为"全球南方"中的小岛屿国家，太平洋岛国一体化程度日趋增强，要求尊重其主权独立和政治自由的声势渐涨。针对新殖民主义和霸权主义，其要求"加强对太平洋地区的领导、话语权和参与度，确保太平洋岛国的本土文化、价值观、优先事项和我们的集体利益得到认可和一致"[②]。此外，该地区与"印太地区"大国博弈中心较远，地缘政治紧张性相对较弱，中美两国在该地区冲突较少并多为间接性冲突。这为法国在"印太地区"彰显其"大国平衡者"身份提供了一个"缓冲"地带，有助于增强其外交独立和政治自主。法国与众多太平洋岛国一样，不愿卷入中美在该地区的战略竞争之中。面对中国在该地区日益增长的影响力和美国给出的"选边站"难题，法国在其关于"印太"地区的八个问题中明确表示，其"印太

①　Ministry for Europe and Foreign Affairs, "France's Indo-Pacific Strategy", France Diplomacy, February, 2022, https：//www. diplomatie. gouv. fr/IMG/pdf/en_dcp_a4_indopacifique_022022_v1-4_web_cle878143. pdf.

②　Pacific Islands Forum Secretariat, "2050 Strategy for the Blue Pacific Continent", Pacific Islands Forum, November, 2023, https：//forumsec. org/sites/default/files/2023 - 11/PIFS - 2050 - Strategy-Blue-Pacific-Continent-WEB-5Aug2022-1. pdf.

战略"并不旨在遏制中国，法国认识到中国是其在该地区的重要伙伴，也是在气候变化和卫生等全球性问题上开展合作的重要对象。然而，法国也意识到中国为其国际上的系统性竞争对手，法国和中国在地区军事力量部署和经贸方面都存在一定的竞争关系。[1] 法国正在积极重新寻找和中国合作的新状态，以平衡其与中美之间的关系，同时维护自身的国家利益和地区稳定。

（二）巩固海外领土，加强总体管控

纵观历史，法国曾在"印太"地区拥有众多殖民地，现如今仍保有七个海外省和海外领地及 165 万人口。法国作为海陆复合型国家，其专属经济区总面积高达 1018.66 万平方千米，位居世界第二，仅次于美国。[2] 法国专属经济区面积约占全球专属经济区总面积的 7%，而法国本土仅占世界陆地面积的 0.45%。法国 96%以上的专属经济区位于海外，这主要得益于法国在世界各地广泛分布的殖民地岛屿。法国的海外领地主要集中在太平洋和印度洋海域，得益于其在太平洋地区拥有的三个海外领地（法属波利尼西亚、新喀里多尼亚、瓦利斯和富图纳群岛），法国在太平洋的专属经济区占其可主张专属经济区总面积的 67.4%。[3] 法国在太平洋地区的三个海外领土为其提供了战略支点，使其能够在"印太"地区发挥影响力。作为昔日仅次于英帝国的殖民帝国，法国历来重视其海外领土的作用。2013 年，法国宣称其"政治和海洋影响力来自太平洋的属地"。[4] 作为欧盟中唯一在"印太"地区

---

① Ministry for Europe and Foreign Affairs, "Indo-Pacific: 8 Questions to Understand on France's Regional Strategy", France Diplomacy, January, 2023, https: //www. diplomatie. gouv. fr/en/country-files/regional-strategies/indo-pacific/indo-pacific-8-questions-to-understand-on-france-s-regional-strategy/#sommaire_ 5.

② "Espaces maritimes français", Portail des limites maritimes officielles françaises, May 16, 2023, https: //limitesmaritimes. gouv. fr/thematiques/espaces-maritimes-francais.

③ Serge Larcher, "La France dans le Pacifique: quelle vision pour le 21 siècle?" Sénat, January 25, 2013, https: //www. senat. fr/rap/r12-293/r12-293_ mono. html.

④ 北京外国语大学区域与全球治理高等研究院：《讲座：谁的地区秩序？太平洋岛国地区复杂的地缘政治》，2018 年 5 月 21 日，https: //argg. bfsu. edu. cn/info/1138/1204. htm。

拥有海外领土的国家，法国希望通过加强与该地区的合作，重塑其大国形象。

巩固海外领土对法国管控其他海外领土意义十分重大。法国拥有五个海外省及四个海外领地，这些海外领土为法国在国际局势中提供了重要的战略支撑。随着非殖民化浪潮和其他国家成功独立，部分海外领土的独立倾向愈加明显，其中以新喀里多尼亚的卡纳克社会主义民族解放阵线独立运动最为激烈。同时，法属波利尼西亚的非殖民化运动也崭露头角。2023 年 5 月，支持独立的穆泰·布拉泽森（Moetai Brotherson）当选为波利尼西亚总统，其在联合国特别政治和非殖民化委员会（第四委员会）会议上自称"以法属波利尼西亚总统的身份，代表所有法属波利尼西亚人，包括那些今天不希望独立的人要求独立"。① 虽然法国总统马克龙之前表示将取消对波利尼西亚非殖民化的"空椅子"（Empty Chair）政策，但法国代表在会中并未对此表示支持。② 这些独立运动加大了法国管控海外领土的压力，法国为了巩固所有海外领土，不得不对太平洋岛屿地区加大关注以防止个别海外领土独立进而引起其他领土陆续开始非殖民化运动的连锁反应。

三　法国在太平洋岛屿地区政策的制约因素

法国自推出"印太战略"以来，已经过去了近三年。然而，该战略在实施过程中所取得的成效并不如预期，特别是在太平洋岛屿地区的影响力扩张方面。经过深入分析，我们可以发现法国在该地区政策的推进受到了以下几个关键因素的制约。

① Patrick Decloitre, "France Ends 10-year Snub of UN Decolonisation Meetings on French Polynesia but Its Stance Remains Unchanged", Radio New Zealand, October 9, 2023, https://www.rnz.co.nz/international/pacific-news/499438/france-ends-10-year-snub-of-un-decolonisation-meetings-on-french-polynesia-but-its-stance-remains-unchanged.
② Patrick Decloitre, "France Ends 10-year Snub of UN Decolonisation Meetings on French Polynesia but Its Stance Remains Unchanged", Radio New Zealand, October 9, 2023, https://www.rnz.co.nz/international/pacific-news/499438/france-ends-10-year-snub-of-un-decolonisation-meetings-on-french-polynesia-but-its-stance-remains-unchanged.

（一）距离法国本土遥远，处于战略边缘

法国与太平洋岛屿地区之间的地理距离非常遥远，这使得法国在该地区的军事部署、政治影响力和经济合作都面临着较大的挑战。此外，由于太平洋岛屿地区并非法国的传统势力范围，法国在该地区的存在感相对较弱，这也使得其在推动政策和战略时处于较为边缘的位置。加之太平洋岛屿地区现已成为多个大国利益交汇的焦点，在此背景下，法国需要在维护自身利益的同时，考虑到与其他大国的关系，这无疑增加了政策推进的难度。

（二）自身实力难与战略目标相匹配

法国虽然是一个具有全球影响力的国家，但其在经济、军事等方面的实力与一些大国相比仍有一定差距。在太平洋岛屿地区，法国面临着来自其他大国的竞争和挑战，这要求法国投入更多的资源来维护其利益和影响力。然而，法国需要在全球范围内平衡其战略利益，这可能导致其在太平洋岛屿地区的资源投入不足，难以实现其战略目标。此外，太平洋岛屿地区的经济发展水平普遍较低，基础设施建设滞后，这限制了法国在该地区经济合作和投资的潜力。同时，法国自身也需要在有限的资源下平衡国内外的各项政策，这使得其在太平洋岛屿地区的投入相对有限。

（三）殖民历史导致国家形象受损

法国的殖民历史在太平洋岛屿地区留下了深刻的烙印，这段历史对法国在该地区的国家形象和外交关系产生了复杂而深远的影响。由于历史上的殖民统治经历，一些太平洋岛屿国家和地区对法国抱有一定的戒心和不满，这种情绪在一定程度上影响了法国与这些国家之间的互信和合作。在殖民时期，法国对太平洋岛屿地区的控制和统治往往伴随着文化同化政策，这可能导致当地文化和传统的削弱，从而在一定程度上损害了当地民众对法国文化的认同感。即使在殖民统治结束多年之后，这种文化上的影

响仍然存在，使得法国在推广其文化和价值观时面临更多的挑战。从 20 世纪 60 年代开始，法国在穆鲁罗瓦环礁和方加陶法环礁进行了一系列核试验。1975 年，法国虽然停止了在大气层的核试验，但是后又将核试验转入地下。核试验对该地区土壤和海洋环境造成了长期的污染和破坏，当地居民由于长期暴露在核辐射尘埃中，对其身体和心理造成的伤害持续至今。相比于英美等在该地区同样进行核试验的国家，法国在该地区的核试验结束最晚，其在 1995 年和 1996 年仍进行了一系列最终核试验，届时无核化主张在太平洋岛屿地区已较为流行，这使其在政治上遭到新独立岛国和南太平洋论坛的谴责。此外，殖民历史还可能影响当地民众对法国政策的接受度和信任度。一些太平洋岛屿国家和地区的民众可能对法国的意图和动机持怀疑态度，担心法国的合作和援助背后隐藏着重新施加影响和控制的目的。这种怀疑和不信任可能导致法国在推动经济合作、文化交流和发展援助等方面遭遇更多的阻力。

结　语

法国对太平洋岛屿地区的政策调整和影响力扩张是一个复杂而多维的过程，受到历史、地理、国际关系和内部政治等多种因素的影响。在"印太战略"的框架下，法国展现出了加强与太平洋岛屿国家合作、提升地区影响力的积极姿态。通过外交、经济、安全和文化等多个层面的努力，法国旨在维护其海外领土的利益，同时在该地区塑造其作为"平衡大国"的形象。

然而，法国在太平洋岛屿地区的政策实施面临一定的挑战和困境。地理距离的遥远、有限的资源投入、与其他大国的竞争以及殖民历史的影响，都对法国在该地区的政策效果构成了制约。此外，太平洋岛屿地区的国家和民众对于外来大国的影响力持有警惕态度，这要求法国在推进其政策时必须更加细致和敏感地考虑到地区的特殊性和多样性。

在未来，法国将继续寻求与太平洋岛屿国家的互利合作，同时在尊重地区国家主权和文化多样性的基础上，推动共同关心的全球性问题的解决，如气候变化、海洋保护和可持续发展等，旨在增强自身在"印太"地区的影响力。法国的太平洋岛屿地区政策将继续在国际舞台上发挥重要作用，其成效和影响值得持续关注和深入分析。

B.14
2023年新西兰对太平洋岛国政策论析

张　娟*

摘　要：　2023年新西兰经历总理大选、政府更迭，新政府延续以往政策继续谋求扩大新西兰对太平洋岛国的影响力。新西兰在发展援助、对外贸易、经济合作、移民政策等多个领域增强与太平洋岛国的经济联系；在国防战略方面发布首份《国家安全战略》，在此基础上又发布了《2023年国防政策和战略声明》《2023年未来部队设计原则》，对太平洋岛国采取更为积极主动的国防战略，并积极与"五眼联盟"建立伙伴关系；在气候援助方面继续增加对太平洋岛国的援助力度。

关键词：　新西兰　太平洋岛国　国防战略

2023年1月，新西兰总理杰辛达·阿德恩（Jacinda Ardern）宣布不参加2023年10月份的大选并于2月提前卸任。阿德恩所在的工党选举其党魁克里斯·希普金斯（Chris Hipkins）为阿德恩的继任者，2023年1月25日，希普金斯在新西兰议会大厦宣誓就任新西兰总理。随着南太平洋地区战略地位的不断上升，域内外大国加大争夺在该地区的影响，面对大国之间日益激烈的竞争，为应对不断变化和充满挑战的战略环境，2023年8月，新西兰发布了首份《国家安全战略》（Aotearoa's National Security Strategy：Secure Together Tō Tātou Korowai Manaaki），紧接着又发布了《2023年国防政策和战略声明》（Defense Policy and Strategy Statement 2023）和《2023年未来部

---

* 张娟，博士，聊城大学太平洋岛国研究中心副研究员，聊城大学历史文化与旅游学院副教授，主要研究方向为新西兰与太平洋岛国关系。

队设计原则》（Defense Policy Review：Future Force Design Principles 2023）两份文件。2023 年 10 月 14 日，新西兰举行了总理大选，希普金斯败选，国家党党魁克里斯托弗·卢克森（Christopher Luxon）成为新一任新西兰总理。虽然 2023 年新西兰经历大选政府更迭，但对太平洋岛国的政策仍然继承和发展其前任工党政府的政策。

一　加强经济联系，增加岛国对其经济依赖性

新西兰与太平洋岛国的经济联系包括官方援助、经贸往来、发起经济合作倡议、移民政策调整等多个层面，2023 年新西兰在这些方面继续发力，与太平洋岛国的经济关系进一步加强。

（一）保持官方援助

尽管官方发展援助在过去 10 年中稳步增加，但新西兰的官方发展援助与国民总收入的比例仍保持在 0.28% 或以下。就官方发展援助与国民总收入之比而言，新西兰在发展援助委员会国家中排名第 24 位。2022 年，新西兰的官方发展援助总额（5.376 亿美元）有所下降，占国民总收入的0.26%，而澳大利亚的援助占国民总收入的 0.2% 以下。[1] 与其他国家相比较，新西兰对太平洋岛国官方发展援助占国家国民总收入比例最大。表 1 展现了 2016~2023 年新西兰对太平洋岛国的援助总额占国民总收入的比例。2023 年新西兰的援助增加至国民总收入 0.34%。[2] 新西兰上一次援助占国民总收入的比例如此之高还是在 20 世纪 70 年代。

① Terence Wood, "Unlike Australia, New Zealand Aid Is Set to Rocket Upwards, Sort of", Crawford School of Public Policy ANU College of Asia & the Pacific, May 24, 2023, https：//devpolicy. org/nz-aid-budget-set-to-rocket-upwards-20230524/.

② Terence Wood, "Unlike Australia, New Zealand Aid Is Set to Rocket Upwards, Sort of", Crawford School of Public Policy ANU College of Asia & the Pacific, May 24, 2023, https：//devpolicy. org/nz-aid-budget-set-to-rocket-upwards-20230524/.

表1 2016~2023年新西兰对太平洋岛国的官方发展援助占国民总收入比例

单位：%

年份	2016	2017	2018	2019	2020	2021	2022	2023
比例	0.23	0.25	0.26	0.26	0.26	0.25	0.26	0.34

资料来源：Crawford School of Public Policy ANU College of Asia & the Pacific, https：// devpolicy.org/ nz-aid-budget-set-to-rocket-upwards-20230524/。

2023年，新西兰继续向太平洋岛国提供重要的发展援助，尤其着重提供有针对性的支持，重点提高其气候适应变化能力、经济复原力，以促进社会和平与稳定，着重关注基础设施、医疗保健、教育和治理等领域。

表2显示了2016~2023年新西兰对太平洋岛国援助金额（以新西兰元计，包括库克群岛）。由于2022年政府提出新的气候融资倡议，在目前的三年拨款预算基础上新西兰对太平洋岛国的援助在2023年度增加了33%。[1]

表2 2016~2023年新西兰对太平洋岛国援助金额

单位：百万新西兰元

年份	2016	2017	2018	2019	2020	2021	2022	2023
金额	755	887	963	991	1038	1006	1064	1416

资料来源：Crawford School of Public Policy ANU College of Asia & the Pacific, https：// devpolicy.org/ nz-aid-budget-set-to-rocket-upwards-20230524/。

2023年7月，新西兰外交和贸易部发布了《外交政策战略评估》，该文件强调建立一个和平、繁荣和有韧性的太平洋地区，维护新西兰的利益和影响。同时指出，新西兰尊重太平洋岛国国家主权，采取"太平洋复原力方法"，以太平洋岛国各国政府能够根据自己的目标、优先事项和利益，灵活、迅速地应对各种问题为前提对其进行援助，旨在减少太平洋岛国的贫

---

[1] Terence Wood, "Unlike Australia, New Zealand Aid Is Set to Rocket Upwards, Sort of", Crawford School of Public Policy ANU College of Asia & the Pacific, May 24, 2023, https：// devpolicy.org/nz-aid-budget-set-to-rocket-upwards-20230524/.

困，提高人民的生活水平，并促进该地区的可持续发展。《外交政策战略评估》中强调新西兰向太平洋岛国提供重要的发展援助。

（二）加强贸易合作并对移民政策进行更新

新西兰与发展中国家发展合作主要侧重于太平洋岛国。2023 年，通过贸易协定和经济合作，新西兰促进了与太平洋岛国之间的贸易和投资流动，为该地区的经济增长和创造就业做出了贡献。新西兰重视加强经济治理，确保太平洋岛国能够抵御新冠疫情的持续影响。太平洋岛国的旅游部门和政府财政由于疫情期间长期关闭边境而受到影响，经济通货膨胀，燃料和食品短缺，加之气候变化带来的恶劣影响，太平洋岛国经济如履薄冰。2022~2023年，新西兰向太平洋地区支付了 5.922 亿新西兰元的国际发展合作（IDC）援助资金，占其国际发展合作总支出的 61%。① 随着太平洋岛国边境的重新开放，新西兰向太平洋国家提供了 7350 万新西兰元的额外紧急预算支持帮助太平洋岛国的经济，以应对新冠疫情对经济造成的持续影响。② 与此同时，通货膨胀率上升对太平洋岛国也造成了额外的财政压力。边境重新开放后，新西兰调整了其太平洋地区贸易政策方针，重新将重点放在支持企业之间合作，并促进客户和主要市场重新建立联系上。随着边境重新开放、国际旅游业的恢复，以旅游业为经济支柱的太平洋岛国经济持续复苏。2023 年新西兰颁布了一系列移民改革政策，在边境重新开放期间优先予以太平洋岛国的商务旅客携带三年多次入境签证资格，以增加其旅行便利性。2023 年 10 月，新西兰政府发布公告，对移民政策进行多项更新，主要涉及绿色清单

① "MFAT's 2023 Strategic Foreign Policy Assessment- 'Navigating a Shifting World-Te Whakatere i tētahi ao hurihuri' ", New Zealand Government Department of Foreign Affair and Trade, July 10, 2023, https://www.mfat.govt.nz/en/media-and-resources/release-of-mfats-2023-strategic-foreign-policy-assessment-navigating-a-shifting-world-te-whakatere-i-tetahi-ao-hurihuri/.

② "MFAT's 2023 Strategic Foreign Policy Assessment- 'Navigating a Shifting World-Te Whakatere i tētahi ao hurihuri' ", New Zealand Government Department of Foreign Affair and Trade, July 10, 2023, https://www.mfat.govt.nz/en/media-and-resources/release-of-mfats-2023-strategic-foreign-policy-assessment-navigating-a-shifting-world-te-whakatere-i-tetahi-ao-hurihuri/.

（Green List）、季节性雇主（RSE）计划、合规访问和重建签证（Recovery Visa）。边境重新开放也为全面恢复认可季节性雇主计划铺平了道路。该公告中新西兰的园艺和葡萄种植行业适当提高了季节性就业 RSE 名额的上限，2023/2024 年度的认可季节性雇主计划上限提高至 19500 人，创下了自该计划实施以来的最高年入境人数，并帮助新西兰缓解严重的劳动力短缺问题。① 新西兰认可季节性雇主计划于 2007 年设立，旨在解决新西兰园艺和葡萄栽培行业季节性劳动力短缺问题，同时为太平洋岛国工人提供更多就业机会，使他们能够为自己、家人和更广泛的社区赚取收入，并发展技能。②

2023 年，随着太平洋岛国经济增长，新西兰从紧急预算支持转向与实现宏观经济和公共财政管理改革挂钩的预算支持。这种与改革挂钩的预算支持将确保太平洋岛国经济复苏的可持续性。2023 年 3 月，由新西兰外交与贸易部和新西兰劳工部联合主办的新西兰太平洋地区劳动力流动磋商会在奥克兰举行。来自太平洋岛国的八个国家的官员参加该磋商会。会议的目的是征求太平洋岛国对"区域经济一体化"方案的意见，并重新设计"加强太平洋地区劳动力流动"发展计划（由国际发展中心计划资助），以便确保太平洋地区的观点得到重视，从太平洋各国政府和更广泛的太平洋地区的角度了解利益相关者的主要问题并基于此设计政策和方案。

二　提升太平洋岛国在新西兰安全战略中的定位

由于地理位置的邻近性，新西兰一直认为其在确保太平洋岛国安全与稳定方面发挥着至关重要的作用。新西兰的战略观受其国家规模、地理位置、与大国的关系等方面的影响。新西兰唯一的真正邻国是澳大利亚，新西兰以其

---

① "Changes to Immigration Settings Announced", New Zealand Government Department of Immigration, September 23, 2023, https：//www. immigration. govt. nz/about-us/media-centre/news-notifications/changes-to-immigration-settings-announced.

② "Recognized Seasonal Employer (RSE) Scheme Research", New Zealand Government Department of Immigration, September 28, 2022, https：//www. immigration. govt. nz.

分散的岛屿与太平洋岛国相邻，它的很大一部分人口来自这些岛国，因此新西兰一直将安全战略重点放在太平洋岛国地区。新西兰政府长期以来与太平洋岛国以及国际合作伙伴共同应对包括跨国犯罪、海上安全和自然灾害在内的共同安全挑战。

（一）国防部发布三份重要文件

随着南太平洋地区战略地位的不断上升，许多大国开始加大在该地区的影响力，面对大国之间日益激烈的竞争，为应对不断变化和充满挑战的战略环境，新西兰2023年8月发布的《国家安全战略》、《2023年国防政策和战略声明》和《2023年未来部队设计原则》这三份文件概述了新西兰当前面临的挑战、应对不断变化的国际秩序的方针、军队的原则以及改进部队的方法。尤其是《国家安全战略》明确指出，新西兰军方目前的能力"没有处于相应水准"以应对不断增加的安全威胁和太平洋地区气候变化的影响，需进一步加强在太平洋岛国地区的外交政策和军事防御。[①] 总体而言，这些文件概述了新西兰面临的挑战和压力以及需要对军队进行投资，以"继续保护和促进新西兰的利益"。

国防部长安德鲁·利特尔（Andrew Little）表示，新西兰"面临着比几十年来更多的地缘战略挑战"，包括气候变化、恐怖主义、网络攻击、跨国犯罪、虚假信息和地区竞争。《2023年未来部队设计原则》更是指出："军队是为一个相对良性的战略环境而设计的，而《2023年国防政策和战略声明》指出的有来自太平洋地区战略竞争和气候变化的不利影响。因此，军队不适合应对未来的挑战。"[②] 这三份文件一起，为未来新西兰国防军的资

---

① "Aotearoa's National Security Strategy: Secure Together Tō Tātou Korowai Manaaki", Department of the Prime Minister and Cabinet (DPMC) of New Zealand, August 4, 2023, https://www.dpmc.gov.nz/publications/aotearoas-national-security-strategy-secure-together-tatou-korowai-manaakikorowai.

② "Defense Policy Review: Future Force Design Principles 2023", New Zealand Ministry of Defense, August 4, 2023, https://www.defence.govt.nz/publications/publication/defence-policy-review-future-force-design-principles-2023.

金、能力建设和采购决策制定了框架。

新西兰政府在《国家安全战略》中阐述了新西兰国家安全政策和提升总体战略能力、扩大战略影响辐射范围的具体举措，声称加大与周边国家以及国际社会的合作力度是为了应对地区安全挑战。① 新西兰将澳大利亚描述为其最关键的国防和安全伙伴，也是这个岛国"唯一的正式国防盟友"，新澳防务关系不断走近。因此在该战略报告中明确其在国家安全方面要实现的一个关键目标是与澳大利亚密切协调，以共同维护南太平洋区域的安全。②

（二）在太平洋岛国地区的国防战略转向更为积极主动

《国家安全战略》、《2023 年国防政策和战略声明》和《2023 年未来部队设计原则》这三份文件都表明新西兰在太平洋岛国地区的国防战略转向更为积极主动。

新西兰是南太平洋地区的重要国家，拥有一支少而精的部队，是该地区军事实力较强的国家。为了提升在南太地区的影响力，2018 年新西兰推出了所谓的"太平洋重置"政策，寻求与南太多国建立更紧密的防务关系，并将其作为国家外交和防务政策的核心。同时，新西兰也希望通过该计划，为其国防军人员在南太地区执行军事任务、向地区多国提供军事技能培训创造机会。《国家安全战略》是以"太平洋重置"政策为基础制定的，时间涵盖从 2023 年至 2028 年，涉及了战略竞争和基于规则的国际体系，新兴、关键和敏感技术，跨国有组织犯罪，经济安全，太平洋复原力和安全，海上安全，边境安全，网络安全，以及空间安全

---

① "Aotearoa's National Security Strategy：Secure Together Tō Tātou Korowai Manaaki", Department of the Prime Minister and Cabinet（DPMC）of New Zealand，August 4, 2023，https：// www. dpmc. gov. nz/publications/aotearoas－national－security－strategy－secure－together－tatou－korowai-manaakikorowai.

② "Aotearoa's National Security Strategy：Secure Together Tō Tātou Korowai Manaaki", Department of the Prime Minister and Cabinet（DPMC）of New Zealand，August 4, 2023，https：// www. dpmc. gov. nz/publications/aotearoas－national－security－strategy－secure－together－tatou－korowai-manaakikorowai.

等十几个核心问题。该战略强调了太平洋地区日益激烈的战略竞争问题以及气候变化对安全问题的影响,并清楚地表明了新西兰政府加强其在太平洋的外交政策和军事防御的意图。

新西兰首份《国家安全战略》制定了积极主动的国防政策方针,概述了新西兰将如何增加军费开支,以应对未来几十年在保卫国家方面的挑战和优先事项,并明确指出新西兰国防军将采取更"积极和目标明确"的方式提升其战备水平以"保护新西兰的利益,塑造新西兰的安全环境,特别关注太平洋地区的安全"。[①] 新西兰国防部长安德鲁·利特尔在公布该文件时指出,新西兰正面临数十年来未有的地缘战略挑战。他同时强调了气候变化和地区大国竞争带来的潜在风险,并声称为应对地区安全挑战,新西兰将增加国防预算,提升军队战备水平。《国家安全战略》还强调,气候变化是"对太平洋安全和福祉的最大威胁",并建议新西兰在太平洋岛国地区保持更稳定的存在,以支持应对气候变化的能力和复原力建设。在这种情况下,太平洋岛国需要更多的外部援助来应对危机。

《国家安全战略》明确指出,"中国的崛起是地缘政治变革的主要驱动力"。北京方面正变得"更加自信,更愿意挑战现有的国际规则和准则"。虽然文件中不愿意直接将中国列为威胁,并表示新西兰与中国的关系"意义重大","合作将继续对应对许多全球挑战至关重要",但该战略承认中国在太平洋岛国地区正在增加外交存在、经济合作、援助和基础设施建设。[②]因此,该战略强调新西兰应及早和审慎地采取行动,追求和保护新西兰的安全和防务利益,特别是保护太平洋地区的防务利益。

---

① "Aotearoa's National Security Strategy: Secure Together Tō Tātou Korowai Manaaki", Department of the Prime Minister and Cabinet (DPMC) of New Zealand, August 4, 2023, https://www.dpmc.gov.nz/publications/aotearoas-national-security-strategy-secure-together-tatou-korowai-manaakikorowai.

② "Aotearoa's National Security Strategy: Secure Together Tō Tātou Korowai Manaaki", Department of the Prime Minister and Cabinet (DPMC) of New Zealand, August 4, 2023, https://www.dpmc.gov.nz/publications/aotearoas-national-security-strategy-secure-together-tatou-korowai-manaakikorowai.

《2023年国防政策和战略声明》是以《国家安全战略》为基础制定的，明确指出在军事人员和新的军事装备上应该增加支出，以推动新西兰军队更具"战斗能力"，并扩大其在太平洋地区的活动。该声明建议新西兰在太平洋岛国地区保持更稳定的存在，以支持应对气候变化的能力建设和复原力。该声明认为，新西兰需要"作战能力强、可靠度高、部署能力出色的武装力量"以确保能够在需要的时间和地点做出应对，并指出军方需要提早行动来预防威胁，例如新西兰可以通过广泛的外部合作以及与合作伙伴的协调来增强自身存在感。该声明声称其主要目标是防止那些与新西兰价值观不同的国家在太平洋地区建立军事或准军事存在。①

《2023年未来部队设计原则》中同样也指出新西兰国防军当前的架构是为"相对温和的战略环境"设计的，因此无法应对未来的挑战。一个更具挑战性的环境意味着将需要更多地运用国防力量，而军方人员必须为一系列的紧急情况做好准备，包括武装冲突、人道援助和灾难救助。② 在国会讨论军方未来的新方向时，国防部长安德鲁·利特尔表示，太平洋地区令人担忧的活动包括"与新西兰太平洋安全利益和价值观不一致的国家建立持续的军事存在；军事或准军事支持的资源开采（特别是渔业）；甚至军事对抗或冲突"。

（三）与志同道合的国家建立伙伴关系

新西兰早在2021年就已发布了一份强硬的军事防御评估报告，并在2022年和2023年作为客人参加了北约峰会。《国家安全战略》的一个关键主题便是新西兰需要与"志同道合的国家"建立"伙伴关系"。这些国家主要是"五眼联盟"成员国和西方国家，包括澳大利亚、美国、英国、加拿

---

① "Defense Policy and Strategy Statement 2023", New Zealand Ministry of Defense, August 4, 2023, https：//www. defence. govt. nz/defense-policy-and-strategy-statement/.

② "Defense Policy Review：Future Force Design Principles 2023", New Zealand Ministry of Defense, August 4, 2023, https：//www. defence. govt. nz/publications/publication/defence-policy-review-future-force-design-principles-2023.

大、欧盟成员国、日本和韩国。新西兰在外交政策上与西方国家保持一致。中国是新西兰最大的贸易伙伴，按照美国或澳大利亚的标准，新西兰基本上与中国保持着良好的关系。但《2023年国防政策和战略声明》《2023年未来部队设计原则》《国家安全战略》这三份文件的措辞、整体基调和内容反映了一个历史性的转变。尤其是2023年大选后，新西兰政府开始对加入"奥库斯"表现出了较大的兴趣。这与其奉行"独立外交政策"相悖。

新西兰自20世纪80年代以来一直奉行无核化政策，因此美国暂停了根据澳新美条约对新西兰的义务，以报复当时执政的工党政府推行的无核政策。之后几十年来，新西兰一直奉行所谓的"独立外交政策"并以此为荣。新西兰认为"奥库斯"协议的合作内容严重损害了国际核不扩散机制，违背了《南太平洋无核区条约》精神，也破坏了东盟国家建立东南亚无核武器区的努力，并带来了核潜艇军备竞赛、导弹技术扩散等诸多方面的隐患和危害，给亚太地区乃至全球蒙上难以磨灭的"核扩散阴影"，因此对"奥库斯"协议一直持抵触态度。① 但是，随着地区安全形势和国内政治局势的不断变化，2023年3月，新西兰国防部长利特尔表示，新西兰正在考虑与"奥库斯"进行合作，"愿意探索"加入以先进技术为重点的"奥库斯"协议的新篇章，共同发展人工智能和网络战等先进技术，但合作内容不会涉及有关核技术的部分。② 利特尔的表态被舆论视为新西兰对待"奥库斯"协议立场松动的开端。之后《国家安全战略》、《2023年国防政策和战略声明》和《2023年未来部队设计原则》这三份文件的发布为新西兰加入"奥库斯"协议奠定了基础。在此之前，新西兰的立场一直是避免加入"奥库斯"协议：一方面是因为该协议涉及核问题，这将越过20世纪80年代无核政策设定的红线；另一方面，加入该协议将违背新西兰"独立外交政策"的精神。

① 《外交部：美英澳核潜艇合作破坏东盟国家建立东南亚无核武器区的努力》，新京报百家号，2023年6月6日，https://baijiahao.baidu.com/s? id=1767941188097273960&wfr=spider&for=pc。

② Rod Mcguirk, "Australia and New Zealand Leaders Seek Closer Defense Ties", Apnews, December 20, 2023, https://www.apnews.com/article/australia - newzealand - aukus - loxon albanese 6075738f5bca35319d63 761de9ab040e.

（四）致力于确保太平洋岛国有能力应对跨境安全威胁

2023年，新西兰政府与太平洋岛国政府进行了广泛的接触，继续努力确保与太平洋岛国的强有力的协作伙伴关系能够有效地共同应对太平洋地区的挑战。

随着全球发展前景日益复杂，南太平洋地区面临跨境安全威胁，新西兰通过协调一致的举措，在警务、海关和移民等方面制定战略、开展区域培训、共享情报和加强合作以增强区域执法能力来提高太平洋岛国应对威胁的能力，从而有助于加强岛国治理和改善民生状况，减少跨境安全包括恐怖主义、恶意网络活动、非正常移民、跨国犯罪和武器扩散等问题给新西兰带来的风险，维护了有利于新西兰利益和价值观的太平洋战略环境，保证了新西兰作为太平洋岛国首选和重要合作伙伴。

2023年6月14日，斐济和新西兰正式确定了军事合作框架，"在彼此领土内有效合作"，以促进两国之间的防务伙伴关系。新西兰国防部长安德鲁·利特尔在苏瓦与斐济国防部长皮奥·蒂科杜阿杜阿（Pio Tikoduadua）签署了《防务合作意向声明》（Statement of Intent）和《部队地位协定》（Status of Forces Agreement）两份文件。①《部队地位协定》概述了两国在信息交流、联合演习和救灾等领域加强合作的内容。利特尔称，这项协议反映了新西兰对其与斐济关系的重视，对于双方军队的有效合作非常重要。

三　继续增强对太平洋岛国气候变化援助

气候变化威胁着南太平洋岛国经济社会发展、人民健康和生存问题，受到国际社会的普遍关注，对其提供气候援助不仅是岛国的迫切要求，也直接关乎各国在全球治理层面的合作。新西兰与南太平洋岛国保持着密切而特殊

---

① Pita Ligaiula, "Fiji, New Zealand Sign Agreement to Boost Defense Ties", Pacific News Service, June 14, 2023, https://pina.com.fj/2023/06/14/fiji-new-zealand-sign-agreement-to-boost-defence-ties/.

的关系，一直是该地区第二大援助国，新西兰通过外交与贸易部、国防部实施了一系列气候援助方案，以减轻气候变化对南太平洋岛国经济和社会的影响。2022年新西兰积极调整气候援助政策，努力重塑与南太岛国之间的关系，由援助者与被援助者的关系向真诚与成熟的战略伙伴关系转变。随着大国博弈加剧，2023年新西兰的气候援助政策仍然延续并发展2022年政策。

2021年10月18日，新西兰时任总理杰辛达·阿德恩和气候变化部长詹姆斯·肖（James Shaw）在格拉斯哥联合国气候变化大会前夕宣布，加大对太平洋岛国的支持力度，因为这些国家处在气候变化的最前线，最需要支持。新西兰将气候变化援助资金增加四倍，并做出了"新西兰2022~2025年承诺"即在2022~2025年四年时间投入13亿新西兰元支持最易受气候变化影响的国家，帮助低收入国家保护人民生命、生计和基础设施免受气候变化的影响。① 同时新西兰政府承诺该13亿新西兰元气候援助资金至少有一半将用于支持南太岛国应对气候变化，包括开展清洁能源项目，建设对风暴更具抵御性的防风暴建筑，培育能够抵御干旱、洪水和害虫的农作物，并保护社区免受海平面上升和飓风的影响。②

2023年3月，四级热带气旋"朱迪"和"凯文"在72小时内相继袭击瓦努阿图，影响了当地约80%的人口，并造成了大范围的破坏、洪水和停电，所到之处满目疮痍。瓦努阿图约3/4的人口以农业为生，联合国粮食及农业组织（简称"粮农组织"）警告称，接踵而至的热带气旋将对农村生计产生潜在影响。通过提供与瓦努阿图灾后优先事项相一致的一揽子援助计划，新西兰为瓦努阿图国家灾害管理办公室提供了总价值达300万新西兰元的人道主义援助，其中包括人道主义救援物资、社会心理支持、非政府组织应对措施和早期恢复资金。2023年6月7日，斐济总理西蒂韦尼·兰布卡会见新西兰时

---

① "Supporting Climate Action in the Pacific", New Zealand Government, August 19, 2022, https：//www. beehive. govt. nz/release/supporting-climate-action-pacific.

② "Aotearoa New Zealand Intonational Climate Finance Strategy", New Zealand Government Department of Foreign Affair and Trade, August 21, 2022, https：//www. mfat. govt. nz/assets/ Aid/Climate-finance/International-Climate-Finance-Strategy-FINAL-16Aug22-low-res. pdf.

任总理克里斯·希普金斯并重申了"杜瓦塔伙伴"声明。希普金斯表示,新西兰将向斐济提供 1110 万新西兰元的气候变化援助,以帮助斐济应对气候变化带来的恶劣影响。[①]《蓝色太平洋大陆 2050 战略》(The 2050 Strategy for the Blue Pacific Continent) 指出:"蓝色太平洋大陆继续遭受气候变化的破坏性影响,需要及时获得大规模、有效和可持续的气候融资。"[②] 作为回应,新西兰加强了对该地区的气候援助,出台国际气候融资战略——《新西兰国际气候融资战略》(Aotearoa New Zealand International Climate Finance Strategy)。

该战略于 2022 年 8 月 16 日由新西兰外交部长纳纳亚·马胡塔(Nanaia Mahut)和气候变化部长詹姆斯·肖发布并启动阐明新西兰如何将其气候援助投资用于支持太平洋合作伙伴应对该地区气候变化带来的威胁。该战略旨在指导新西兰 2022~2025 年承诺的 13 亿新西兰元气候融资投资,其中该笔融资中的至少 50% 将用于南太平洋地区,帮助南太岛国大规模采取行动,最大限度减小气候变化带来的不利影响。[③] 该战略提供了一个指导框架,通过更具包容性的措施来加强新西兰的气候融资影响力。[④] 2023 年新西兰仍延续 2022 年的政策致力于确保太平洋国家提高抵御自然灾害和气候变化日益加剧的影响的能力。新西兰政府提供资金,通过太平洋岛国应急管理联盟继续加强太平洋区域一级的应急管理协调,并以《新西兰国际气候融资战略》为指导增加对新的国家灵活融资计划的投资,2023 年新西兰向太平洋岛国和地区总计提供 1.51 亿新西兰元气候援助资金(见表 3)。

---

① Sanjeshni Kumar, "New Zealand and Fiji Reaffirm Close Relationship, Announced NZ ＄11.1 Million Climate Change Support", PINA, June 7, 2023, https: //pina. com. fj/2023/06/07/ new-zealand-and-fiji-reaffirm-close-relationship-announced-nz11-1-million-climate-change-support/.

② "2050 Strategy for the Blue Pacific Continent", Pacific Islands Forum, July 14, 2022, https: // www. forumsec. org/wp-content/uploads/2022/07/2050StrategyfinalWebV. Pdf.

③ Hon Nanaia Mahut, "Launch of Aotearoa New Zealand's International Climate Finance Strategy", The Official Website of the New Zealand Government, August 19, 2022, https: //www. beehive. govt. nz/ speech/launch-Aotearoa-new - Zealand% E2% 80% 99s -international- climate finance-strategy.

④ "Aotearoa New Zealand International Climate Finance Strategy", New Zealand Government Department of Foreign Affair and Trade, August 21, 2022, https: //www. mfat. govt. nz/assets/ Aid/Climate-finance/International-Climate-Finance-Strategy-FINAL-16Aug22-low-res. pdf.

表3　2023年新西兰对太平洋岛国及地区气候援助金额及占比

单位：新西兰元

国家/地区	气候援助金额及占比
库克群岛	2091451.93 NZD（1.38%）
斐济	29087469.78 NZD（19.22%）
基里巴斯	7668091.82 NZD（5.07%）
马绍尔群岛	645924.94 NZD（0.43%）
密克罗尼西亚联邦	383003.97 NZD（0.25%）
瑙鲁	719247.78 NZD（0.48%）
纽埃	1005003.40 NZD（0.66%）
帕劳	457137.41 NZD（0.3%）
巴布亚新几内亚	8719569.20 NZD（5.76%）
萨摩亚	23080352.30 NZD（15.25%）
所罗门群岛	20571622.12 NZD（13.59%）
托克劳	1911958.76 NZD（1.26%）
汤加	5800963.63 NZD（3.83%）
图瓦卢	13411641.61 NZD（8.86%）
新喀里多尼亚	148205.91 NZD（0.1%）
瓦努阿图	8492234.53 NZD（5.61%）
法属波利尼西亚	148205.91 NZD（0.1%）
太平洋岛国其他地区	26992897.19 NZD（17.84%）
总计	151334982.19

资料来源：DevData，https：//t.co/kJjtAp6YYg。

结　语

共同的殖民历史和地理位置造就了新西兰与太平洋岛国之间的特殊纽带。2023年新西兰继续在太平洋岛国和地区扮演着监护者的角色并努力承担起作为地缘政治集团中最发达的经济大国的责任。2023年新西兰国防政策调整的驱动因素一方面来自新西兰强大的太平洋身份及其与该地区的紧密联系，太平洋地区的稳定和繁荣对新西兰国家利益有着直接影响；另一方面则是因为更多国家在太平洋地区进行竞争和施加影响力，新西兰在这一地区产生了一种"战略焦虑"。同时也充分反映了太平洋岛国的战略地位与气候变化问题的复杂性交织在一起，对南太岛国的气候变化援助成为各国利益交锋的主战场之一。

2023年日本对太平洋岛国政策论析

刘 璐*

摘　要： 2023年，在国际政治经济局势云诡波谲的大背景下，日本更加重视太平洋岛国地区的地缘政治格局，进一步加大对太平洋岛国的外交攻势，提高其在该地区的影响力。日本重点推动多国合作，加强对太平洋岛国地区的援助和发展合作，以增强日本在太平洋岛国的影响力。在外交政策方面，日本及其合作伙伴开始从双边协议转向多边主义，通过新的合作方式提升援助效率。在政府开发援助领域，日本通过建立更加有效的区域协调发展新机制以及包括人工智能在内的数字一体化带动太平洋岛国区域协同发展，致力于实现区域互联互通以加快推进太平洋岛国的一体化进程。在经济外交领域，日本更加注重经济发展的多层次连接性，以共赢的方式实现双方的经济增长。

关键词： 日本　太平洋岛国　地缘政治

在复杂动荡的国际局势大背景下，日本加大向太平洋岛国推销其"自由开放的印度-太平洋"（Free and Open Indo-Pacific，FOIP）战略（"FOIP战略"），使太平洋岛国成为实现"FOIP战略"的重要支点。日本更加强调通过多边合作的新模式加强对太平洋岛国的援助和发展合作。除此之外，日本更加重视在太平洋岛国推行一体化战略。

---

* 刘璐，博士，聊城大学太平洋岛国研究中心助理研究员，聊城大学历史文化与旅游学院讲师，主要研究方向为日本与太平洋岛国关系。

一 从双边协议转向多边合作，提升太平洋岛国在日本对外战略中的地位

2023 年 2 月 6 日，日本外务大臣林芳正与库克群岛总理马克·布朗（Mark Brown）等太平洋岛国论坛（Pacific Islands Forum，PIF）代表团成员在东京举行了首脑会晤。自 1971 年 8 月在新西兰惠灵顿举行第一届南太平洋论坛（PIF 的前身）以来，PIF 已发展成为太平洋国家领导人之间沟通的桥梁以及区域合作的核心。此次会晤双方领导人讨论了包括气候变化在内的环境安全和海平面上升等问题，并围绕太平洋岛国在 2022 年发布的《蓝色太平洋大陆 2050 战略》进行了交流。该文件是 2022 年太平洋岛国论坛领导人围绕政治领导力与区域主义、以人民为中心的发展、和平与安全、资源和经济发展、气候变化、海洋与环境、技术与互联互通这七大主要领域进行合作所制定的纲要。[①] 日方表示会继续发挥本国优势与太平洋岛国保持密切合作，今后将在气候变化领域重点加强对太平洋岛国的支援。关于气候变化导致的海平面上升问题，日方的立场是即使海岸线后退，日本也会继续维持根据《联合国海洋法公约》（United Nations Convention on the Law of the Sea，UNCLOS）所建立的现有基线。[②] 日本与太平洋岛国的合作早在 20 世纪 90 年代就已经开始，首届太平洋岛国峰会（PALM）于 1997 年举办，成为日本与太平洋岛国领导人之间的重要会晤平台。长期以来，日本一直将太平洋岛国峰会视作太平洋外交战略基石。随着该峰会国际影响力的不断上升，澳大利亚、新西兰、法属新喀里多尼亚，以及法属波利尼西亚也进入了受邀之列。由于日本对太平洋地区的外交战略长期缺乏明确的目

---

① "2050 Strategy for the Blue Pacific Continent", The Pacific Islands Forum, https://forumsec. org/sites/default/files/2023-11/PIFS-2050-Strategy-Blue-Pacific-Continent-WEB-5Aug2022-1. pdf.

② 日本外务省：「林外务大臣と太平洋诸岛フォーラム（PIF）代表団との会谈」，2023 年 2 月 6 日，https://www.mofa.go.jp/mofaj/press/release/press1_ 001276. html。

标，双方的合作主要侧重于渔业资源开发和发展援助，日本与该地区国家的双边关系发展十分缓慢。自 2016 年日本安倍内阁提出"FOIP 战略"以来，日本的外交战略有了新的变化。在国际局势复杂动荡的大背景下，日本不断加大对太平洋岛国的援助力度，促使该地区国家成为实现"FOIP 战略"的重要支点。近年来，日本十分重视利用太平洋岛国峰会这一平台向太平洋岛国推销其"FOIP 战略"，这也成为日本在国际舞台上争取政治盟友的重要方式。所谓"印太"是包括非洲大陆东岸、太平洋、印度洋及其连接纽带在内的广阔区域。南太平洋地区作为"印太"地区的重要组成部分，正在成为美日印澳"印太战略"的政策发力点。将太平洋岛国纳入日本的"FOIP 战略"，可以巩固其在东京维护所谓基于规则的国际秩序、抵消中国日益增长的影响力的努力中的地位。近年来，日本成为太平洋岛国发展援助的主要提供者和外交与安全合作伙伴，日本除了参与海上能力建设、人道主义援助和救灾外，还加强了该地区的海军外交和防务对话。[①] 在 2021 年 7 月 9 日召开的第九届太平洋岛国峰会上，太平洋岛国领导人对于日本提出的"FOIP 战略"表示支持，也欢迎日本在这一战略下对太平洋岛国做出贡献。2023 年 3 月，岸田文雄内阁发布了"FOIP 新计划"，即《为实现"自由开放的印度太平洋"的新计划》。该计划还指出日本会加强与美国、澳大利亚、印度、东盟各国、太平洋岛国、韩国、加拿大、欧洲国家等国的合作。日本将"印太"构想扩大到中东、非洲及中南美洲，并以共创精神推动各项措施。[②] 2023 年，日本对太平洋岛国的援助外交站在了新的历史起点，外交关系也朝着更深层的方向发展，日本更加重视多边合作的新模式。具体体现在三个方面。第一，日本通过与南太平洋岛国展开合作，试图构建

---

① Center for Asian Studies, "Japan and the Pacific Islands Countries Longstanding Strategic Interests, Recent Strategic Engagement", IFRI, March 17, 2023, https：//www.ifri.org/en/publications/notes-de-lifri/asie-visions/japan-and-pacific-islands-countries-longstanding-strategic.
② 日本外务省：「為實現「自由開放的印度太平洋（FOIP）」的新計畫」，2023 年 3 月，https：//www.mofa.go.jp/files/100495320.pdf。

印太地区的安全秩序，维护地区和平与稳定。日本不仅在军事领域提供支持与帮助，还着力加强对岛国的经济援助和发展合作，拉近彼此关系，为共同应对地区挑战奠定基础。第二，日本通过与美国、澳大利亚等盟友加强合作，共同削减中国在该地区的影响力。日本更加重视美日印澳"四方安全对话"（QUAD）以及 G7 峰会等多边合作机制，积极寻求合作伙伴共同携手深化与太平洋岛国关系，为遏制中国的崛起打下了坚实的基础，构筑了一道坚固的外部防线。第三，日本更加重视太平洋岛国基础设施建设，加强太平洋岛国通信往来，以此提升太平洋岛国克服其自身脆弱性的能力。

2023 年 1 月 23 日，日本首相岸田文雄在第 211 届例行国会上发表了面向新年度和国会开幕的施政方针演说。在谈到外交与安全保障问题时他表示外交的基轴是日美关系，今后将继续强化日美同盟的应对能力，为地区和平稳定及国际社会的繁荣做贡献。此外，日本会充分利用美日印澳"四方安全对话"，深化与亚洲、欧洲、大洋洲等国家的合作伙伴关系以早日实现"FOIP 战略"。① 2017 年以来，美日印澳机制下的"四方安全对话"重新开始活跃。"四方安全对话"是美国、日本、印度和澳大利亚之间的战略对话，主要以"印太"为合作地域，以推进海上安全合作与加强基础设施建设为主要合作内容，旨在通过四国间的协调行动，应对地区形势的显著变化，构建与维护符合自身利益的地区秩序。近年来，美日印澳"四方安全对话"机制呈现扩容趋势，更多、更广泛的安全议题被纳入机制会谈之中，以丰富"四方安全对话"机制的战略功能，同时四国还尝试拉拢"印太"地区的其他国家加入该机制下的议题合作之中。2023 年 5 月 20 日，G7 峰会在日本广岛举行。库克群岛总理应邀向各国领导人发表讲话，讨论在多重危机中共同努力建设和平、稳定和繁荣世界的价值，以及为建设一个有弹性和可持续的地球而共同

---

① 日本首相官邸：「第二百十一回国会におる岸田文雄内閣総理大臣施政方針演説」，2023 年 1 月 23 日，https：//www.kantei.go.jp/jp/101_ kishida/statement/2023/0123shiseihoshin.html。

努力的价值。与 G7 峰会同时举办的有第三届美日印澳"四方安全对话"。① 此次对话再次重申了四国首脑对实现"FOIP 战略"的坚定承诺，并誓言加强在地区内就基础设施、安全、气候、卫生和科技等领域的四方和多边合作。会后，四国领导人发表了《四方安全对话领导人战略声明》和《四方安全对话领导人联合声明》两份指导性文件。声明中四国领导人强调了太平洋岛国的战略地位，并承诺与太平洋岛国合作，关注太平洋地区的优先事项，包括气候行动、海洋健康、有韧性的基础设施、海事安全和金融诚信，并在每一步中予以指导。②

2021 年 12 月 12 日，日本外务大臣林芳正与美国国务卿和澳大利亚外长一起，抓住七国集团（G7）外长会议的机会，与密克罗尼西亚联邦、基里巴斯以及瑙鲁就"改善东密克罗尼西亚的电信连接"发表了联合新闻稿。为了加强该地区的电信基础设施和促进新的经济增长，日本、美国和澳大利亚将根据这三个岛国的要求共同援助电信海底电缆铺设项目的实施。日方表示今后将与美国、澳大利亚以及其他志同道合的国家合作继续支持"印太"地区优质基础设施的发展，以便早日实现"FOIP 战略"。③ 该项目是由日本、美国和澳大利亚三国共同合作推进，旨在铺设一条海底电缆，将密克罗尼西亚联邦的科斯雷州、瑙鲁以及基里巴斯的塔拉瓦岛与密克罗尼西亚联邦的波纳佩州现有的 HANTRU-1 电缆连接起来，为瑙鲁、基里巴斯和密克罗尼西亚联邦这三个太平洋岛国提供更快的互联网服务，使该地区的约 10 万居民获得更为紧密的联系。2022 年 7 月 26 日，来自六个国家的高级官员代表首次在线上举行理事会会议，讨论了关于互联网连接以及改善数字技术访问对于可持续发展的重要性，并表示今后会共同进行协调以及信息共享。澳

---

① The Pacific Islands Forum, "Release: Global Milestone as G7 Leaders Hear from Pacific Islands Forum Chair", May 21, 2023, https://forumsec.org/publications/release-global-milestone-g7-leaders-hear-pacific-islands-forum-chair.

② 日本外务省：「日米豪印首脳会合」，2023 年 5 月 20 日，https://www.mofa.go.jp/mofaj/fp/nsp/page1_ 001702. html。

③ 日本外务省：「東部ミクロネシアの通信連結性の改善についての共同報道発表」，2021 年 12 月 12 日，https://www.mofa.go.jp/mofaj/press/release/press6_ 001019. html。

大利亚、日本和美国三国政府表示会共同进行有效的融资安排，以确保在太平洋地区顺利实施该项基础设施建设。这一项目实施之后，密克罗尼西亚联邦、基里巴斯和瑙鲁将致力于通过实现电信部门的多样化和规范化以及保持高质量和安全的基础设施，最大限度地提高该项目带来的社会和经济效益。① 2023 年 3 月 8 日，日本国际协力机构国家发展合作司第一课企划官大沼和义出席了在堪培拉举行的"东密克罗尼西亚海底电缆项目"六国项目委员会第二次会议，来自澳大利亚、密克罗尼西亚联邦、日本、基里巴斯、瑙鲁和美国六个国家的高级官员首次面对面会晤，会议讨论并确认了项目的进展情况并最终确定了海底电缆安装合同的重要步骤。② 2023 年 10 月 19 日，国际协力机构国家发展合作司第一课企划官三谷正弘参加了"东密克罗尼西亚海底电缆项目"六国项目委员会第三次会议（线上），再次讨论并确认了项目进展情况。在此次会议上，来自日本、澳大利亚、美国、基里巴斯、瑙鲁和密克罗尼西亚联邦的代表与日本电力公司（NEC）签订了海底电缆采购合同，并对该项目系统设计的完成、电缆登陆点的工程招标工作以及制造和安装电缆所需的海洋调查工作进行了部署。③ 日、美、澳援建的海底电缆项目对太平洋岛国克服脆弱性发挥了重要作用，同时也加大了日、美、澳三国对该地区的影响力。海底电缆是支撑各国之间交流沟通和贸易往来的重要通信基础设施，同时也是数字经济时代各国参与全球经济社会活动的基石和载体，更是国际通信的主动脉以及扩展数字经济、数字文化，提高公共产品影响力的基础条件。由于全球海缆技术门槛高，建设难度大，产业集中度也很高，只有中、法、美、日等少数国家具备完整的产

---

① 日本外务省：「東部ミクロネシア海底ケーブル事業に関する第一回プロジェクト理事会を受けた共同報道発表」，2022 年 7 月 29 日，https：//www.mofa.go.jp/mofaj/press/release/press1_001006.html。

② 日本外务省：「東部ミクロネシア海底ケーブル事業に関する第 2 回プロジェクト理事会を受けた共同報道発表」，2023 年 3 月 8 日，https：//www.mofa.go.jp/mofaj/press/release/press1_001348.html。

③ 日本外务省：「東部ミクロネシア海底ケーブル事業に関する第 3 回プロジェクト理事会」，2023 年 10 月 19 日，https：//www.mofa.go.jp/mofaj/ic/cap1/page5_000485.html。

业链。随着全球形势的变化，这一很容易被公众忽略的海底重器，正显现出重要的战略性。日本、美国和澳大利亚三国对太平洋岛国地区进行援助的海底电缆项目旨在通过改善电信连接来对抗中国在该地区不断提升的影响力，也可以看出日本正在采取多样化的外交手段加大发展同太平洋岛国外交关系的力度，更加重视多边外交的互动。

二　提升在太平洋岛国的地位，推动地区一体化

相对于世界其他地区的一体化进程来说，太平洋地区发展程度不高，但速度十分迅猛，只有将太平洋岛国凝结为一个整体才能使其在国际舞台上发挥更大效力。PIF 成立以来，一直致力于促进太平洋地区的政治、经济、环保等不同领域的合作与一体化进程，然而近年来，PIF 这一太平洋地区最具影响力的区域组织却正经历一场重大危机。2021 年 2 月 9 日，帕劳、密克罗尼西亚联邦与瑙鲁、马绍尔群岛、基里巴斯一起宣布退出 PIF。2022 年 7 月 11 日，第 51 届 PIF 在斐济首都苏瓦举行。7 月 9 日，即在论坛开幕前一天，基里巴斯总统塔内希·马茂（Taneti Maamau）致信 PIF 秘书长告知其退出的决定。基里巴斯等太平洋岛国退出 PIF 这一事件表明太平洋岛国在气候变化、安全和经济发展等问题上存在分歧，同时也显示出该地区的整体化意识正在消退。在国际地缘政治竞争日益激烈的当下，整体化意识的衰退会削弱太平洋岛国作为一个整体的团结以及影响力，除此之外，它还可能对日本与太平洋岛国本身的外交产生重大影响。太平洋岛国主要分布在美拉尼西亚、密克罗尼西亚和波利尼西亚三大群岛上，不仅与世界上的主要大陆之间阻隔，甚至岛国与岛国之间也相距甚远，因此打破这种与世隔绝的地理状态，加强区域之间的合作交往，增强太平洋岛国自律性，推动地区一体化成为太平洋岛国的当务之急。

2023 年，日本着眼于增强其在太平洋岛国的地位，并以此推动地区一体化进程，着力塑造亚太发展新动能、新优势。具体表现在以下方面。第一，日本通过气候变化、供应链、生物多样性以及自然资源领域的区域协作

促进能源转型、推动亚太地区的可持续发展。第二，日本更加重视维护以世界贸易组织为核心的多边贸易体制，积极推进世贸组织改革，包括争端解决制度改革等，以妥善解决不公平贸易行为和经济胁迫问题，为建立亚太地区自由开放的经济秩序做出贡献。第三，日本更加注重发挥数字技术以及人工智能的作用以加强亚太地区的互联互通，实现有包容性且有韧性的经济增长。2023年3月，岸田文雄内阁发布的"FOIP新计划"指出太平洋岛国拥有连接日本与澳大利亚的海上航道，与从印度洋经南海到太平洋海上航道交错，是具有重要战略意义的地区。但是，由于地理位置分散，太平洋岛国也有其脆弱性。日本计划于2024年召开的PALM10，在气候变化、环保、海洋合作、联结性、数位、经济安全保障等各领域与太平洋岛国展开合作。①2023年11月16日，亚太经合组织（APEC）领导人首脑会议在美国旧金山举行。此次会议由美国总统拜登主持，主题围绕可持续性、气候和能源公正转型展开。日本首相岸田文雄出席了本次会议并发表讲话。哥伦比亚总统古斯塔沃·佩特罗（Gustavo Petro）以及斐济总理西蒂韦尼·兰布卡（Sitiveni Rabuka）也应邀出席。岸田文雄表示今后会与APEC内外的经济体密切合作，日本将重点关注气候变化、供应链、生物多样性以及自然资源领域的区域协作以促进亚太地区的可持续发展。2013年，在安倍晋三政权的推动下，日本政府建立了"国家安全保障会议"及"国家安全保障事务局"，这是日本内阁安全体制的一次重大变化。关于区域合作，日本国家安全保障会议出台的首份《国家安全保障战略》曾指出：日本作为一个海洋国家，特别是在亚太地区，必须通过自由贸易和竞争实现经济发展的自由贸易体制，保障稳定的、高度透明的、可预见的国际环境。② 显然，对于高度依赖海外经济发展的日本，推动区域合作是基于国家发展和安全战略的定位，保障开放的外部市场环境也是至关重要的。日本通过积极推动区域合作占据战略制高点，既

---

① 日本外务省：「為實現「自由開放的印度太平洋(FOIP)」的新計畫」，2023年3月，https：//www.mofa.go.jp/files/100495320.pdf。

② 国家安全保障会议：「国家安全保障戦略について」，2013年12月17日，https：//www.cas.go.jp/jp/siryou/131217anzenhoshou/nss-j.pdf。

可以扩大外部市场准入的利益，也可以树立开放与合作的国际形象。①

近年来，太平洋岛国地区正在经历着翻天覆地的变化，在从"亚太"向"印太"的视域转换过程中，太平洋岛国的战略地位获得了巨大的提升，日益受到国际社会的重视。随着"FOIP 战略"的提出，太平洋岛国对于日本的重要性也日益提高。而太平洋岛国由于岛屿众多，分布较为分散，资源条件及政治、经济、文化背景差异较大，不同群岛区之间以及不同岛国之间发展存在着巨大悬殊，同时经济上相互独立、国与国之间的联系相对较弱。因此，作为单独的经济体而言，太平洋岛国抗风险能力较为低下，经济发展波动较大，易受自然灾害、外部形势以及单一项目的影响。因此，太平洋岛国只有凝结为一个整体才能在国际舞台上发挥更大作用。2023 年以来，日本越来越重视推进太平洋岛国的一体化，通过建立更加有效的区域协调发展新机制以及包括人工智能在内的数字一体化带动区域协同发展，以提升其在太平洋岛国的地位。

三 注重多层次连接性，推动共赢式发展

当今，国际社会正处于历史性的转折时期，新兴国家与发展中国家的崛起使得权力平衡发生巨变，全球性的、伴随科技发展出现的问题层出不穷，不平等问题开始浮出水面，国与国之间的合作需求也正在增加。在这样的背景下，2016 年 8 月，日本时任首相安倍晋三在于肯尼亚召开的第六届非洲开发会议（TICAD Ⅵ）开幕式上发表了《自由开放的印度太平洋》演说，首次提出了"FOIP 理念"，该理念旨在通过创建一个自由开放的印度太平洋，提升亚洲与非洲之间的"连通性"，从而促进整个地区的稳定和繁荣，这也被认为是日本外交新战略的开始。② 而日本所指的"印太"地区也首次

---

① 高梓菁：《日本新区域合作战略探析》，《国际问题研究》2021 年第 6 期，第 113 页。
② 日本外务省：「TICAD Ⅵ開会に当たって・安倍晋三日本国総理大臣基調演説」，2016 年 8 月 27 日，https://www.mofa.go.jp/mofaj/afr/af2/page4_002268.html。

将非洲纳入其中，成为包括非洲大陆东岸、太平洋、印度洋及其连接纽带在内的广阔区域。2023年3月，日本外务省发布了"FOIP新计划"，该计划中将FOIP的核心理念确定为"自由"、"开放性"、"多样性"、"包容性"和尊重"法治"，这些理念在国际社会获得了许多共鸣，不但获得欧美国家的支持，也获得新兴国家和发展中国家的广泛认同。计划中还指出尤其要将促进和平以及解决与全球公共产品相关的问题纳入"FOIP战略"范畴，还要在"FOIP战略"一贯聚焦的连接性和海洋自由等领域也开始采取新的举措。对此，该计划提出了扩大FOIP合作的新的"四大支柱性措施"：一是"和平与繁荣"规则，二是"印太式"的课题应对，三是以南亚、东南亚与太平洋岛国地区为连接点构建"多层次连接性"，四是从海洋扩展到太空的安全保障和安全利用举措。其中，"多层次连接性"是FOIP合作的核心。所谓"多层次连接性"是指各国需在各方面建立交流，以实现整个地区有活力的发展，通过强化连接性举措，使区域内联系更为紧密。2023年，日本通过不断扩充各项举措谋求与太平洋岛国更高层次的外交关系，以此提升在该地区的影响力，对中国加以制衡。具体体现在以下方面。第一，日本针对太平洋岛国资源优势，积极探索公私合作模式、开发优势项目。第二，日本通过完善各种基础设施的一体化克服其脆弱性，如在帕劳建造国际机场、铺设海底电缆、支援能力建设等。第三，日本更加重视发挥日本国际协力机构（Japan International Cooperation Agency，JICA）这一执行机关的作用，不仅在官方层面进行外交关系的构建，而且通过民间的互动往来进一步加强两国之间的友好往来。

2003年，日本国际协力机构无偿援助帕劳修建了机场航站大楼以促进当地旅游业的发展。2000年以来，帕劳国际机场旅客吞吐量以年平均4%的速度递增，到2017年机场客容量已达到极限。对此，2019年，JICA宣布了协助帕劳对国际机场航站大楼进行扩建的计划。该计划是由日本双日株式会社、日本机场大厦株式会社（Japan Airport Terminal Corporation，JATCo）、日本海外交通·都市开发事业支援机构（Japan Overseas Infrastructure Investment Corporation for Transport & Urban Development，JOIN）向日本政府提出并由日本和帕劳政府共同签署完成的。① JICA 提供了约 3 亿日元的贷款用于建设新航站大楼和翻新旧航站大楼，历经三年的新建和改造，新的航站大楼于 2022 年 5 月正式启用。帕劳国际机场的修建是日本援助帕劳有史以来最大的基础设施开发项目，也是太平洋岛国首个公私合作（Public-Private Partnership，PPP）项目。② 由于帕劳公共交通有限，私家车依然是人们的主要交通工具，近年来游客数量的增加以及国际原油价格的飙升使得帕劳的公共交通建设迫在眉睫。2023 年 1 月 9 日，JICA 与帕劳政府共同签署了有关"环境友好型交通系统开发项目"的协议。JICA 推出该项目旨在帮助帕劳政府制定公共交通系统建设的总体规划以及协助相关试点项目的实施，以加强帕劳执行机构规划和建设环境友好型公共交通系统的能力。③ 由此可见，日本对太平洋岛国的政府开发援助（ODA）正在朝着多层次、全方位、宽领域方向发展。

近年来，日本与太平洋岛国间在官方与民间层面频繁互动、来往不断。日本利用 PIF、PALM 等平台，在 FOIP 的引领下借由 JICA 这一执行机构以 ODA 的形式谋求同各岛国建立更深层次的多边关系。这既有助于岛国改变其过于依赖域外大国的经济发展现状，增加对日本的好感度；也提升了日本在南太地区的影响力和话语权。此举可谓一石二鸟。

结 语

2023 年，日本以日美同盟为基石，致力于实现"自由与开放的印太"，

---

① 日本外务省：「「パラオ国际空港ターミナル拡张・運営事業」に対する海外投融資貸付契約の調印（プロジェクトファイナンス）：日本の空港運営ノウハウを活かしてパラオの観光産業発展に貢献」，2019 年 4 月 5 日，https：//www.jica.go.jp/Resource/press/2019/20190405_ 10.html。

② 日本外务省：「パラオ国际空港ターミナルが全面開業：日本の空港運営ノウハウを活かしてパラオの観光産業発展に貢献」，2022 年 5 月 9 日，https：//www.jica.go.jp/Resource/press/2022/20220509_ 30.html。

③ 日本外务省：「パラオ向け技術協力プロジェクト討議議事録の署名：環境に配慮した交通システムの構築を支援」，2023 年 1 月 10 日，https：//www.jica.go.jp/Resource/press/2022/20230110_ 41.html。

进一步提升美日印澳四边合作。随着"FOIP 新计划"的提出，日本将会进一步加强与美国、澳大利亚、印度、东盟各国、太平洋岛国、韩国、加拿大、欧洲国家等国的合作，同时会将"FOIP 战略"扩大到中东、非洲和中南美洲，以提升日本在国际舞台的影响力。① 因此，太平洋岛国对于日本而言具有重要的战略意义。日本通过强调地区连通性和可构建性进一步获得太平洋岛国的信任，提升对太平洋岛国的吸引力，以此实现"FOIP 战略"。2024 年，日本将举办第 10 届 PALM。由于受新冠疫情影响，上一届 PALM是以视频会议的形式召开的，此次峰会将是时隔六年领导人再次面对面进行会晤。第 10 届 PALM 日本将会围绕如何推进太平洋岛国地区一体化进程以及维护岛国自身发展进行讨论，此外，还会针对气候变化等全球性问题开展具体的合作。② 2023 年，日本对太平洋岛国的援助外交站在了新的历史起点，外交关系也朝着更深层的方向发展。日本不断加大对太平洋岛国的外交攻势，利用美日印澳"四方安全对话"机制以及 G7 峰会等区域组织开展多边合作。

---

① 《兰德公司：日本加大对太平洋岛国的外交攻势，有何盘算?》，华南理工大学公共政策研究院网站，2024 年 2 月 23 日，https：//ipp. scut. edu. cn/2024/0304/c36472a537785/page. htm。
② NHK：「「太平洋・島サミット」10 回目の会合 7 月 16 日から東京で開催へ」，2024 年 2 月 2 日，https：//www3. nhk. or. jp/news/html/20240202/k10014344471000. html。

B.16
首届韩国-太平洋岛国峰会评析[*]

孙雪岩 孙晶露[**]

摘 要: 2023 年首届韩国-太平洋岛国峰会引人注目,标志着尹锡悦政府"印太战略"的正式实施。尹锡悦政府明确宣布太平洋岛国为其关键伙伴,高调举行首届韩太首脑峰会,大幅度增加对太平洋岛国的援助,加强双方在气候变化、海洋安全、渔业及卫生健康方面的合作。韩国之所以举行首届韩国-太平洋岛国峰会及提升韩太关系,主要原因是:太平洋岛国地缘价值重要性日益凸显;韩国"全球枢纽国家"外交定位的驱动;自身经济利益的需要;美国的推波助澜。但是受制于多种因素,韩国对太平洋岛国外交政策的调整也面临着诸多挑战。

关键词: 韩国-太平洋岛国峰会 尹锡悦 "印太战略"

2023 年 5 月 29~30 日,首届韩国-太平洋岛国峰会 (Korea-Pacific Islands Summit[①]) 在韩国首尔举行,除密克罗尼西亚联邦领导人因该国遭遇飓风未参会外,巴布亚新几内亚、斐济、马绍尔群岛、所罗门群岛、图瓦卢、瓦努阿图、汤加、帕劳、纽埃、瑙鲁、基里巴斯、萨摩亚、库克群岛、法属波利尼西亚、新喀里多尼亚以及澳大利亚、新西兰领导人或代表均参加了峰会。这是韩国和太平洋岛国的首次峰会,也是韩国总统尹锡悦执政以来首次在韩举行的多边峰会,尹锡悦在峰会上宣称:"本次峰会的举办充分说

[*] 本报告系国家社会科学基金 2023 年度重大招标项目"大洋洲历史文献整理与研究"(项目编号:23VLS028) 的阶段性成果。

[**] 孙雪岩,聊城大学太平洋岛国研究中心副研究员,聊城大学历史文化与旅游学院副教授,主要研究方向为韩国与太平洋岛国关系、韩国外交政策;孙晶露,聊城大学太平洋岛国研究中心研究助理。

[①] 本文所涉外文译文及外文文献均直接援引自来源网站官方文本。

明了太平洋岛国论坛成为韩国'印太战略'的关键合作伙伴。"① 这显示了韩国对太平洋岛国政策进行了较大幅度的调整。

一 首届韩国-太平洋岛国峰会的筹备

韩国为首届韩国-太平洋岛国峰会的举办进行了精心的筹备工作,举行了多次会议,并成立了专门的韩国-太平洋岛国峰会筹备委员会。

2021年,在第四次韩国-太平洋岛国外长会议上,韩国与太平洋岛国达成了将韩国-太平洋岛国对话机制提升到首脑级别的协议。随后在2022年第五次韩国-太平洋岛国外长会议上,韩国与太平洋岛国外长决定在2023年举行第一次韩国-太平洋岛国峰会。随后,韩国-太平洋岛国峰会筹备委员会成立,该筹备委员会由韩国外交通商部长朴振(Park Jin)领导,由19个有关政府部门和组织的副部级和其他高级官员组成,筹备委员会在2022年12月21日举行了第一次会议,主要讨论了韩国-太平洋岛国峰会举行的方案。② 外交通商部长朴振出席筹备委员会第一次会议,并在开幕致辞中指出,太平洋岛国是韩国"印太战略"的核心合作伙伴,也是韩国申办2030年釜山世博会的重要伙伴。外交通商部长官期待韩国与太平洋岛国之间的首次峰会将大幅改善与太平洋岛国的关系,为韩国外交开辟新的前景。与会代表讨论了峰会筹备方案和机构间合作方式,并商谈了围绕峰会预备组织的专题活动。

2023年2月22日,在韩国首尔举行了"2023韩国-太平洋岛国峰会筹备办公室"成立仪式。③ 外交通商部长朴振、首尔市副市长金义承(Kim

---

① Lee Haye-ah, " Yoon, Pacific Island Leaders Agree to Further Cooperation on Climate Crisis, Development", Yonhap News Agency, May 29, 2023, https：//en. yna. co. kr/view/AEN20230 529003600315.

② "1st Meeting of Preparatory Committee for Korea-Pacific Islands Summit Takes Place", Ministry of Foreign Affairs, Republic of Korea, December 23, 2022, https：//www. mofa. go. kr/eng/brd/m_ 5676/view. do? seq=322131&page=1.

③ "2023 Korea-Pacific Islands Summit Preparatory Office Holds its Launching Ceremony", Ministry of Foreign Affairs, Republic of Korea, February 27, 2023, https：//www. mofa. go. kr/eng/brd/m_ 5674/view. do? seq=320783.

Eui-seung)、外交通商部副部长兼 2023 年韩国-太平洋岛国峰会筹备处处长崔永三（Choi Young-sam）、马绍尔群岛驻韩国大使特雷加·阿尔本·伊绍达（Tregar Albon Ishoda）、澳大利亚驻韩国大使凯瑟琳·雷珀（Catherine Raper）、法国驻韩国大使菲利普·勒福特（Philippe Lefort）、巴布亚新几内亚驻韩国大使馆临时代办海伦·艾茨（Helen Aitsi）、新西兰驻韩国大使馆临时代办朴正民（Park Jeong-min）、国务调整室外交安保政策局局长朴基俊（Park Gi-jun）、釜山世博会申办委员会对外合作科科长李泰源（Lee Tae-won）等人参加了该仪式。外交通商部长朴振强调："此次峰会是韩国与太平洋岛国之间的首次首脑会议，也是现政府的首次多边首脑会议，将成为实施印度太平洋战略的分水岭。"① 朴振还要求相关国家的大使、韩国政府相关部门、筹备处等共同努力，实现韩国与太平洋岛国关系的巨大飞跃。

2023 年，第七届韩国-太平洋岛国高官会在斐济召开，会议强调了在双方共同关心的领域加强接触与合作的关键优先事项，包括气候变化、灾害风险和韧性力、海洋治理、海洋事务、渔业、人文交流、可持续经济发展和《蓝色太平洋大陆 2050 战略》等，同时讨论了即将举行的首届韩国-太平洋岛国峰会的安排。会议由韩国外交通商部副部长崔永三和库克群岛外交移民部秘书长赫尔曼（Tepaeru Herrmann）共同主持，"我们今天的会议是一个加强我们在共同优先事项和对我们地区乃至世界重要问题上的合作和理解的机会，"赫尔曼在其致辞中说，"我们可以一起为今年 5 月成功举行韩国-太平洋岛国峰会奠定基础，为有效的伙伴关系提供成果和行动，最终建立我们地区的复原力、可持续性、和平与繁荣"。②

---

① "2023 Korea-Pacific Islands Summit Preparatory Office Holds its Launching Ceremony", Ministry of Foreign Affairs, Republic of Korea, February 27, 2023, https：//www. mofa. go. kr/eng/brd/m_ 5674/view. do? seq＝320783.

② "Release：Senior Officials Prepare Pacific Leaders Meeting with Korea", Pacific Islands Forum Secretariat, March 25, 2023, https：//forumsec. org/publications/release - senior - officials - prepare-pacific-leaders-meeting-korea.

二 首届韩国-太平洋岛国峰会的主要内容及特点

2023 年 5 月 29 日，首届韩国-太平洋岛国峰会在韩国首尔举行，会议的主题为"携手共荣：加强与蓝色太平洋的合作"。当天，韩国与太平洋岛国论坛各成员国举行了两场领导人会议，双方决定提升双边关系，在气候变化、公共卫生健康、海上安全、海洋渔业等领域扩大和深化合作，共同发表《2023 韩国-太平洋岛国领导人宣言》（2023 Korea-Pacific Islands Leaders' Declaration：A Partnership in Pursuit of Freedom，Peace and Prosperity for a Resilient Pacific）① 和《促进自由、和平与繁荣的太平洋行动计划》② （Action Plan for Freedom, Peace and Prosperity in the Pacific）等文件。《2023 韩国-太平洋岛国领导人宣言》分为序言和六个章节。六个章节分别为"韩国-太平洋岛国伙伴关系：自由、和平与繁荣的太平洋""太平洋区域合作""合作共创和平太平洋""合作建设繁荣和富有韧性的太平洋""全球事务合作""下一届峰会"，全文共计 34 条。其核心内容为韩国与太平洋岛国努力维护地区和平稳定，为打造繁荣昌盛、实现可持续韧性发展的太平洋，设定各相关领域的合作方向。5 月 30 日，参加峰会的双方领导人一同前往韩国港口城市釜山，参观计划申办 2030 年世博会的场地，并出席相关活动。具体而言，本届峰会有如下特点。

（一）韩国-太平洋岛国合作机制升级，由部长级会议升格为首脑峰会

韩国与太平洋岛国合作机制开始升级。1995 年，韩国成为太平洋岛国论坛对话国。2011 年，韩国-太平洋岛国高官会（the Korea-Pacific Islands

---

① "2023 Korea-Pacific Islands Leaders' Declaration：A Partnership in Pursuit of Freedom，Peace and Prosperity for a Resilient Pacific"，The Pacific Meteorological Council，May 29，2023，https：//www. president. go. kr/download/647538e7a22ab.

② "Action Plan for Freedom, Peace and Prosperity in the Pacific"，Pacific Islands Forum Secretariat，May 29，2023，https：//forumsec. org/sites/default/files/2025 - 01/Annex% 20 -% 202023% 20ROK-Pacific%20Islands%20Action%20Plan_ FINAL. pdf.

Senior Officials' Meeting)、韩国-太平洋岛国外长会（the Korea-Pacific Islands Foreign Ministers' Meeting）机制建立。截至 2023 年 3 月，韩国-太平洋岛国外长会已经举办五届，韩国-太平洋岛国高官会已举办七届。从 2011 年开始，韩国与太平洋岛国建立了部长级定期会晤机制，到 2023 年以元首外交为特点的首届峰会举办，韩国同太平洋岛国合作机制实现升级。首届韩国-太平洋岛国峰会举办期间，韩国与纽埃正式建交。至此，自韩国 1970 年与汤加建立了外交关系以来，韩国已与全部 14 个太平洋岛国正式建立了外交关系，完成了对该地区外交的全覆盖。以峰会为契机建立首脑会晤机制，将提升韩国与太平洋岛国的整体互动层级。首脑外交一般起着战略引领作用，首脑峰会机制的建立，将为韩国和太平洋岛国全方位、宽领域、长周期的战略合作指明方向，进一步推动执行及达成相关共识的落实。

（二）将韩国对外地区发展合作规划与太平洋岛国共同制定的《蓝色太平洋大陆2050战略》对接，厚植合作优势，合作趋向全面综合

韩国力图将其"印太战略"与太平洋岛国的《蓝色太平洋大陆 2050 战略》的愿景和优先事项相对接，发挥韩国在技术和互联互通等主要优先领域的优势，提高与太平洋岛国的发展合作实效。核心目标为各方努力维护地区和平稳定，为打造繁荣昌盛、实现可持续韧性发展的太平洋，设定各领域的合作方向。《2023 韩国-太平洋岛国领导人宣言》指出，会议的主要目的是"扩大太平洋岛国论坛和韩国之间的《蓝色太平洋大陆 2050 战略》和韩国的'印太战略'之间的联系，成为有效应对全球挑战和共同繁荣的关键伙伴"。[1]《促进自由、和平与繁荣的太平洋行动计划》将韩国与太平洋岛国之间的合作重点放在三个优先领域。[2] 第一个优先事项为"韧性"，即加强

---

[1] "2023 Korea-Pacific Islands Leaders' Declaration: A Partnership in Pursuit of Freedom, Peace and Prosperity for a Resilient Pacific", The Pacific Meteorological Council, May 29, 2023, https://www. president. go. kr/download/647538e7a22ab.

[2] "Declaration and Action Plan of the 1st Korea-Pacific Leaders' Summit", Pacific Islands Forum Secretariat, May 29, 2023, https://forumsec. org/publications/report-declaration-and-action-plan-1st-korea-pacific-leaders-summit-2023.

气候和抗灾能力，建设未来可持续发展；第二个优先事项为"强化"，即通过能力建设，增强和挖掘太平洋岛国的发展潜力；第三个优先事项是"振兴"，即在后疫情时代，通过复兴互联互通进一步加强韩国与太平洋岛国之间的伙伴关系。双方商定在海洋、气候、能源、网络、卫生等多个领域，建立全面安全合作关系。

（三）加强与太平洋岛国的气候变化应对合作

应对气候变化问题是本次峰会的主题之一。韩国继续加强对太平洋岛国的环境保护和气候变化问题进行援助，打造其外交优势。尹锡悦在峰会上宣布帮助最容易受气候变化威胁的太平洋岛国寻求应对气候变化和推动清洁能源转型的具体方案。在应对气候变化方面，韩国具有一定优势。韩国主导创立的国际组织——全球绿色增长研究所（Global Green Growth Institute，GGGI）影响力日渐提升，而且联合国绿色气候基金（GCF）秘书处也设在韩国。全球绿色增长研究所对太平洋岛国向绿色低碳经济转型和应对气候变化一直提供资金和技术支持。韩国通过韩国-太平洋岛国论坛合作基金（RPCF）力推正在纽埃、马绍尔群岛、库克群岛、图瓦卢、帕劳实施的"韩国-太平洋岛国气候预测服务"项目（Korea-Pacific Islands Climate Prediction Services Project，ROK-PI CliPS)[1]，以提升太平洋岛国气候预测能力，并力图逐步把该项目服务范围扩大到所有太平洋岛国和地区。

在气候变化问题上，韩国表示了对太平洋岛国立场的支持。"关注到太平洋岛国论坛领导人宣布太平洋地区进入气候紧急状态，双方领导人将共同努力落实《巴黎协定》，以减轻和适应气候变化的影响，气候变化仍然是太平洋岛国地区人民生计、安全和福祉面临的最大威胁。双方领导人重申有必要加大应对气候变化的雄心和实施力度，将全球变暖控制在比工业化前水平

---

[1] "Republic of Korea-Pacific Islands Climate Prediction Services Project"，The Pacific Meteorological Council，March 2018，https：//www.pacificmet.net/sites/default/files/inline-files/documents/SON%202021%20forecast.pdf.

高 1.5℃的水平，并加强发达国家为发展中国家应对气候变化提供资金、技术转让和能力建设支持的努力。"① 太平洋岛国也赞赏韩国为到 2030 年将温室气体排放量减少 40%、到 2050 年实现碳中和所做的努力。

（四）加强海洋、渔业和可再生能源开发合作

海洋、渔业和可再生能源开发是双方探讨的重要问题之一。韩国致力于打造"海洋强国"战略，大力发展海洋新产业。太平洋岛国虽是海洋大国，但其海洋资源开发受制于资金、人才匮乏等现实问题。韩国和太平洋岛国在海洋和渔业领域具有互补互利关系。韩国政府支持太平洋岛国的海事和渔业基础设施的发展，加强与太平洋岛国论坛渔业局技术合作，打击非法捕捞活动。韩国已在密克罗尼西亚联邦设立了韩国南太平洋海洋研究中心（The Korea-South Pacific Ocean Research Center，KSORC）。在双方签订的《促进自由、和平与繁荣的太平洋行动计划》中，韩国将在斐济设立"韩国-斐济海洋渔业合作中心"，探索海洋领域的新项目，支持现有项目的运营，并进行研究和开发。此外，为了加强太平洋岛国的海洋和渔业能力，将扩大韩国-斐济海洋渔业合作中心的范围。韩国将在斐济马孔艾岛（Makogai）重建海洋研究站，加强资源可持续经营等各领域的研究合作。同时，韩国将推进利用人工鱼礁增加渔业资源、通过海草和盐沼管理蓝碳等海洋生态系统恢复事业。本次峰会上韩国还对太平洋岛国努力保护其所在海域的行为表示大力支持。"两国领导人将共同努力推进有效养护和管理海洋资源，保护太平洋地区的海洋生态系统和环境。领导人将寻求通过渔业和水产养殖、海洋可再生能源和海洋环境监测领域的能力建设，在该地区建立可持续的海洋环境和资源管理体系。"② 韩国承诺将通过

① "2023 Korea-Pacific Islands Leaders' Declaration：A Partnership in Pursuit of Freedom，Peace and Prosperity for a Resilient Pacific"，Office of the President of the Republic of Korea，May 29，2023，https：//www. president. go. kr/download/647538e7a22ab.

② "2023 Korea-Pacific Islands Leaders' Declaration：A Partnership in Pursuit of Freedom，Peace and Prosperity for a Resilient Pacific"，Office of the President of the Republic of Korea，May 29，2023，https：//www. president. go. kr/download/647538e7a22ab.

开发和安装用于远程监测非法捕捞活动的船舶探测模块，以帮助太平洋岛国应对该地区非法捕捞行为。

韩国还表示将帮助太平洋岛国培养海洋水产人才。韩国承诺启动培养海洋水产领域的博士项目，并推进渔业资源管理政策等多个领域的教育。韩国还将推进培养太平洋岛国海洋工程师和观察员的邀请培训计划，特别是，韩国将培养太平洋岛国女性航运及海事专业人士，使其在航运领域发挥积极作用。

另外，在峰会发布的联合声明中，韩国与太平洋岛国达成一致意见，即海洋应远离放射性废物，同时对国际协商和科学评估的必要性达成共识，对日本计划将福岛核电站的核污染水排入海洋表示了担忧。"韩国与太平洋岛国领导人重申了关于保持海洋和海洋资源免受放射性废物和其他放射性物质造成的环境污染的重要性的共同观点。在这方面，双方领导人强调确保国际协商、国际法以及独立和可验证的科学评估对于保护和保全海洋水域和资源的重要性。"[1]

（五）加大对太平洋岛国的援助力度

2022 年，在经济合作与发展组织（OECD）发展援助委员会的 30 个成员国中，韩国的对外援助金额排名第 16 位。2022 年 12 月，韩国发布的"印太战略"指出，韩国将加大对外发展援助的力度，以达到"世界前十的水平"。韩国外交部从 2008 年开始，每年向设在斐济苏瓦的太平洋岛国论坛（PIF）提供 110 万~120 万美元的资金，其中一半用于气候变化研究，另一半用于旅游和企业。[2] 但目前，韩国的对外援助传统上仍然集中在东南亚和南亚，对太平洋岛国的援助不到韩国援助总额的 1%。在首届韩国-太平洋

---

[1] "Declaration and Action Plan of the 1st Korea-Pacific Leaders' Summit", Pacific Islands Forum Secretariat, May 29, 2023, https://forumsec.org/publications/report-declaration-and-action-plan-1st-korea-pacific-leaders-summit-2023.

[2] "A Bright Future for Korea in the Pacific Islands", Korea JoongAng Daily, November 10, 2019, https://koreajoongangdaily.joins.com/2019/11/10/industry/A-bright-future-for-Korea-in-the-Pacific-Islands/3070085.html.

岛国峰会上，尹锡悦承诺，到 2027 年将其对太平洋岛国的官方发展援助（ODA）资金增加 1 倍，达到 3990 万美元（约合 530 亿韩元）；加强为应对气候变化提供资金、技术和其他援助的努力；通过韩国对外合作基金（Economic Development Cooperation Fund，EDCF）向巴布亚新几内亚港口建设项目提供高优惠贷款；在所罗门群岛、斐济和马绍尔群岛实施绿色能源项目；加强海上安保能力建设；支持基础设施建设和能力建设，以改善信息通信技术互联互通。

（六）加强与太平洋岛国在全球事务层面的合作

太平洋岛国虽为小国，但在联合国等国际组织中一贯一致对外发声，形成一股强大的力量，被多数国家视为是不可多得的"票仓"。本次峰会，韩国也希望在国际舞台上得到太平洋岛国的大力支持。太平洋岛国也提出加强双方在全球事务上的合作。2023 年，韩国竞选 2024~2025 年任期联合国安理会非常任理事国以及韩国釜山申办 2030 年世博会，太平洋岛国论坛予以支持。韩国对澳大利亚申办 2026 年与太平洋岛国合作举办《联合国气候变化框架公约》第 31 次缔约方大会也表示支持。

三 韩国对太平洋岛国政策调整的动因

首届韩国-太平洋岛国峰会的举行表明韩国对太平洋岛国政策及韩国外交政策的重大调整，太平洋岛国在韩国"印太战略"棋局中起着不可或缺的独特作用。

韩国总统尹锡悦及外长朴振在首届韩国-太平洋岛国峰会前夕及峰会举行期间数次强调，太平洋岛国是韩国"印太战略"的关键合作伙伴。实际上，长期以来，地狭人稀的太平洋岛国游离于韩国的外交关注范围。囿于地缘及自身利益的考量，冷战后韩国外交重心落脚于东北亚，秉持"四强外交"路线，无论是金大中时期的"四强协调外交"、卢武铉时期的"均衡者外交政策"、李明博时期的"全球外交"、朴槿惠时期的"中等强国外交"，还是文在寅时期的"新南方政策",韩国对于远在南太平洋的太平洋岛国均无明确定位。当然,李明博与朴槿惠时期,韩国与太平洋岛国关系有了进一步发展,李明博推行"全球外交",力图通过"能源外交"、"贡献外交"和"文化外交"拓展韩国的外交空间,在其执政期间,韩国-太平洋岛国高官会和韩国-太平洋岛国外长会机制建立。朴槿惠就职演说中谈及韩国"将与美国、中国、日本、俄罗斯及亚洲和大洋洲等区域内国家增进互信"。①

尹锡悦政府的"印太战略"试图将韩国外交版图拓展到朝鲜半岛和东北亚之外,加强与东南亚、南亚、大洋洲、非洲、欧洲和拉美等地区国家之间的合作。太平洋岛国也明确写进尹锡悦政府的官方战略文件。在 2022 年底,韩国政府发布《自由·和平·繁荣的印度太平洋战略》报告,即韩国版"印太战略",该战略报告基于对韩国国家定位的重新规划,阐述了韩国处理双边问题、朝核问题、加强全球合作等外交事务的方略,被称为"韩国外交政策史的分水岭"。②"印太战略"专门提及太平洋岛国,"韩国正在加强与共享太平洋的太平洋岛国的接触。太平洋岛国面临的气候变化挑战是人类必须共同承担的任务。为支持执行《蓝色太平洋大陆 2050 战略》这一太平洋岛国的长期发展战略,我们将与太平洋岛国开展更广泛的合作,满足太平洋岛国在气候变化、卫生、海洋和渔业以及可再生能源等领域的需求。我们还将通过蓝色太平洋伙伴(PBP)扩大对太平洋岛国的支持,这是一项由志同道合的伙伴发起的倡议,旨在就太平洋岛屿优先事项进行合作"。③2023 年 4 月 26 日,尹锡悦与拜登共同发表的美韩联合声明中也明确表示,美韩双方将加强在东南亚与太平洋岛国地区的合作,"美韩两国首脑承诺,为促进包括可持续发展、能源安全、优质基础设施投资在内的高品质透明投

---

① 《"四强外交"是韩国外交传统》,《长江日报》2013 年 4 月 2 日,第 22 版。

② 한국 외교, 한반도 탈피…"인도·태평양 전략" 첫 공식화, December 29, 2022, https://www.joongang.co.kr/amparticle/25129670.

③ The Government of the Republic of Korea, "Strategy for A Free, Peaceful, and Prosperous Indo-Pacific Region", Ministry of Foreign Affairs, Republic of Korea, December 2022, p. 19, https://www.mofa.go.kr/eng/brd/m_ 5676/view.do? seq = 322133.

资，将增进与东南亚和太平洋岛屿国家的合作"。① 这也预示着太平洋岛国在韩国外交格局中的地位发生变化。到首届韩国-太平洋岛国峰会时期，太平洋岛国在韩国外交格局中的定位则更为清晰。韩国对太平洋岛国政策调整的动因，大致有以下几点。

（一）太平洋岛国的战略重要性日益凸显

冷战时期，美苏争霸的重心在欧洲，远离国际舞台中心的太平洋岛国被视为地处偏远的微弱力量而不为人所重视。21 世纪是"太平洋世纪"，在当今以印度洋-太平洋视野来看，太平洋岛国占据了大洋中央区位，尤其是美国与其他国家在"印太"区域战略竞争加剧，使太平洋岛国在世界政治中的曝光度大增，改变了边缘地带国家的地位，太平洋岛国在国际政治中的地位与战略价值日益凸显。包括美国、澳大利亚、德国、日本、印度在内的诸多国家在拟定各自的"印太战略"时，均将太平洋岛国纳入其中。太平洋岛国虽为小国，但在联合国等国际组织中一致对外发声，形成一股强大的力量，被视为不可多得的"票仓"。从政治利益方面来看，太平洋岛国在联合国和其他国际组织的投票权为韩国所看重。同时，该地区扼守美洲至亚洲的海上运输线，位于世界东西、南北两大战略通道的交会处，为两大洲海空航线的必经之处。另外，太平洋岛国虽是陆地小国，但是属于海洋大国，拥有 2300 多万平方千米的海洋专属区，蕴藏着丰富的矿产资源与渔业资源。而且，在全球海洋治理时代，在气候变化、生物多样性保护、海洋治理、可持续发展等全球治理议题上，太平洋岛国借助自身优势，以主张"生存权"获得了国际社会的关注和共情，并且从自身利益出发形成治理理念以影响国际规则，掌握了远超自身实力的话语权，成为全球治理中不可忽视的存在。

---

① "United States-Republic of Korea Leaders' Joint Statement", The White House, May 21, 2022, https：//www. whitehouse. gov/briefing-room/statements-releases/2022/05/21/united-states-republic-of-korea-leaders-joint-statement/.

（二）与韩国实施"全球枢纽国家"理念，推行"印太战略"，提升其全球形象与影响力的目的相符合

尹锡悦政府加强对太平洋岛国的重视与韩国整体外交战略的转向密切相关。韩国的"全球枢纽国家"（Global Pivotal State）的对外战略构想及韩国的"印太战略"都展现出强烈的全球取向。尹锡悦政府的外交理念与韩国综合国力的提升有着一定的关联。2021 年，韩国 GDP 总量为 1.81 万亿美元，列世界第十位①，为东亚地区第三大经济体。2021 年 7 月 2 日，联合国贸易和发展会议（UN Trade and Development，UNCTAD，简称"贸发会议"）在瑞士日内瓦举行第 68 届贸易和发展理事会会议，认定韩国为发达国家。韩国也成为自 1964 年联合国贸发会议成立以来首次由发展中国家晋级为发达国家的国家。韩国在联合国会费预算与维和费用的分摊中，仅次于七国集团国家和中国，位列第九。韩国综合实力的增长为尹锡悦政府实施"全球枢纽国家"理念和推行"印太战略"奠定了基础，尹锡悦政府试图将韩国外交版图拓展至朝鲜半岛和东北亚之外，频频发力，力图在全球事务中发挥更大作用。韩国外交部表示，维持和平稳定的印度-太平洋地区对韩国实现"下一个飞跃"至关重要，并指出，"印太"地区拥有世界 65% 的人口，占世界经济总量的 62%，截至 2021 年，该地区分别占韩国出口总额的 78% 和进口总额的 67%。② 位于其中的太平洋岛国对韩国的重要性也日益凸显。太平洋岛国是目前韩国力所能及且有一定前期基础，可以在较短时间内取得一定成效的地区，"花小钱，办大事"，韩国"印太战略"以太平洋岛国为突破口，能够迅速树立其"全球枢纽国家"的形象，提升其在全球的影响力。

---

① "World Bank National Accounts Data and OECD National Accounts Data Files", World Bank, https：//data. worldbank. org/indicator/NY. GDP. MKTP. CD？locations＝KR.

② "Washington, Beijing Respond to Korea's Own Indo-Pacific Strategy", The Korea Times, December 28, 2022, https：//www. koreatimes. co. kr/www/nation/2023/07/113_ 342575. html.

（三）维护韩国自身经济利益的需要

韩国提升其与太平洋岛国的关系也出于实际的经济利益考量。太平洋岛国是海洋大国，对全球航运通道和海洋经济至关重要。韩国是世界第六大海洋经济大国，与太平洋岛国合作前景广阔。韩国拥有庞大且不断增长的商业船队，在全球150多个国家的600多个港口停靠，其经济60%依赖海外贸易。据统计，2010年，韩国逾99.6%的进出口货物是通过海运运输的，同一年度，韩国98%的能源进口由船舶进行供应。[①] 尹锡悦在竞选总统时承诺要促进韩国航运业和造船业的发展，并将韩国提升为"海洋强国"。[②] 太平洋岛屿地区拥有世界上最大的金枪鱼渔场，韩国的远洋捕捞船队自1958年以来一直在那里捕鱼，根据太平洋岛国论坛成员控制的许可证计划，到2021年韩国捕捞了25.5226万吨。[③] 太平洋岛国地区的油气资源、深海矿产以及可替代性再生能源对于资源和能源匮乏的韩国也充满吸引力。

（四）美国"印太战略"的影响

中国"一带一路"倡议虽然促进了太平洋岛国的经济社会发展，为太平洋岛国的发展注入新的活力，带来了实实在在的好处，但在美国看来，"一带一路"倡议在该地区对美国等构成实质性竞争。2022年2月，拜登政府发布了《美国的印太战略》报告，在报告的承诺、战略和行动计划等部分，提及太平洋岛国共有13次之多。[④] 2022年9月，美国在美国-太平

---

① Sukjoon Yoon, "South Korea: An Emerging Maritime Middle Power", Euan Graham, Henrick Z. Tsjeng, Navigating The Indo-Pacific Arc, S. Rajaratnam School of International Studies, November 1, 2014, pp. 104-105.

② Sunny Um, "President-Elect Wants South Korea to Become Maritime Power", Maritime Fairtrade, April 11, 2022, https://maritimefairtrade.org/president-elect-south-korea-maritime-power/.

③ "Pacific Islands, in Spotlight, to Push Climate Change in South Korea Summit", U.S. News, May 27, 2023, https://www.usnews.com/news/world/articles/2023-05-27/pacific-islands-in-spotlight-to-push-climate-change-in-south-korea-summit.

④ The White House, "Indo-Pacific Strategy of the United States", The White House, February 2022, https://www.whitehouse.gov/wp-content/uploads/2022/02/U.S.-Indo-Pacific-Strategy.pdf.

洋岛国峰会举办之后发布《美国太平洋伙伴关系战略》，宣布与太平洋岛国共同构建太平洋伙伴关系、开展战略合作，以共同应对日益严峻的气候危机和地缘政治形势。美国在太平洋岛国地区对中国采取的策略就是"拉小圈子"进行围堵，强调盟友之间的有效协同，优势互补，相互联结，挤压中国的外部空间。如在太平洋岛国地区，就有美国组建的"五眼联盟"、美日印澳"四方安全对话"（Quadrilateral Security Dialogue，QUAD）、美英澳"三边安全伙伴关系"（AUKUS）和包括美韩同盟的多双边机制存在。韩国也急于参与美国、澳大利亚、日本、新西兰和英国成立的"蓝色太平洋伙伴"以及美日印澳"四方安全对话"机制。尹锡悦政府的外交政策展现出较为强烈的亲美取向，希望通过加强美韩同盟搭便车，通过"印太战略"把韩国的战略地平线拓展到朝鲜半岛以外。对美国来说，太平洋岛国地区是中国"一带一路"建设最具特色的区域之一，故美国竭力遏制中国与太平洋岛国关系发展。而美国由于资金等力量的不足，对盟友也更为倚重。韩国的经济体量与影响对美国"印太战略"和施压与围堵中国所起到的支撑和策应作用正是美国所急需。韩国版"印太战略"与美国版"印太战略"的对接势在必行，而太平洋岛国是双方战略对接的焦点。

结　语

透过首届韩国-太平洋岛国峰会可以看出，尹锡悦政府日趋加强韩美同盟关系，将韩国外交版图拓展至朝鲜半岛和东北亚之外，力图在国际社会中发挥中枢作用，谋求成为"全球枢纽国家"。当前，韩国主要矛盾与核心问题仍然集中于朝鲜半岛问题和东北亚区域。韩国现政府对朝鲜、俄罗斯政策比较强硬，未来有可能导致朝鲜半岛局势进一步紧张。一旦东北亚地区局势恶化，尹锡悦政府的"全球枢纽国家"构想将大打折扣，其对太平洋岛国政策有可能遭遇波折。虽然韩国在峰会上宣称要大幅增加对太平洋岛国的援助力度，到2027年援助资金翻一番，但是，韩国的援助传统上主要集中在东南亚和南亚。韩国也一直未能兑现联合国在国际援助中要求的占国民经济总收入的 0.7% 的目标。2021 年，韩国对太平洋岛国的援助还不到其援助总额的 1%，与同为中等强国的澳大利亚相比，韩国的援助差距巨大。2021 年，韩国对巴布亚新几内亚的援助总额为 140 万美元，澳大利亚则为 5.865 亿美元；韩国对斐济的援助额为 560 万美元，澳大利亚为 1.94 亿美元；韩国对所罗门群岛的援助额为 80 万美元，澳大利亚为 1.378 亿美元；韩国对瓦努阿图的援助额为 50 万美元，澳大利亚则为 0.901 亿美元。[1]

韩国推出"印太战略"及加强对太平洋岛国的关注均与美国的支持相关联。太平洋岛国最为关注的是包括气候治理、海洋治理、可持续发展等在内的非传统安全与发展议题，而美国等西方国家关注的则是传统安全议题，旨在将中国挤出太平洋岛国地区。大部分太平洋岛国希望远离地缘政治干扰。所罗门群岛总理索加瓦雷在韩国-太平洋岛国峰会期间认为，峰会宣言的第五段内容提到了韩国"印太战略"，有涉及地缘政治因素的嫌疑。[2] 虽然该峰会宣言获得通过，但并非完全协商一致通过，所罗门群岛对宣言提出了质疑。在国际格局和地区态势发生剧烈变动之际，韩国在内外因素影响之下，对太平洋岛国政策进行了相应调整。总体看来，韩国对太平洋岛国政策的调整，主要是尹锡悦政府意在提升韩国的国际影响力，同时也是迎合美国"印太战略"的需要。其未来走向有待进一步观察。

---

[1] Cameron Hill, "Aiming for the Top Ten: Korea's Aid", Devpolicy Blog, June 1, 2023, https://devpolicy.org/aiming-for-the-top-ten-koreas-aid-20230601/.

[2] Sanjeshni Kumar, "No Geopolitics: Solomon Islands PM Explains Stance for Rejecting the Korea-Pacific Islands Forum Leaders' Summit Declaration", PINA, June 16, 2023, https://pina.com.fj/2023/06/16/no-geopolitics-solomon-islands-pm-explains-stance-for-rejecting-the-korea-pacific-islands-forum-leaders-summit-declaration/.

中国-太平洋岛国关系篇

B.17

2023年中国-太平洋岛国关系回顾与前瞻[*]

赵少峰 李友怡[**]

摘 要： 2023年是"一带一路"倡议提出十周年，中国与"21世纪海上丝绸之路"南线的太平洋岛国关系蓬勃发展。中国与太平洋岛国高层及各级别交往频繁，元首外交依然活跃。第三届中国-太平洋岛国政党对话会等活动成功举办，标志着双方对话合作机制日益完善。省市间的地方合作助推中国同太平洋岛国合作走向纵深。中国通过援建机场、公路、港口等，以互联互通方式促进太平洋岛国经济发展，同时在粮食安全、气候变化、可持续发展等涉及太平洋岛国长久发展的核心问题上积极推进合作。作为中国大周边外交的重要组成部分，未来双方将扩大合作领域，打造更加紧密的中国-太平洋岛国命运共同体。

---

[*] 本报告系中国海洋发展基金会、中国海洋发展研究会重点项目"域外大国与太平洋岛国国际合作机制研究"（项目编号：CODF-AOC202306）的阶段性成果。

[**] 赵少峰，博士，教授，聊城大学太平洋岛国研究中心主任、区域国别研究院执行院长，山东师范大学博士生导师，主要研究方向为区域国别、太平洋岛国和中外关系；李友怡，聊城大学太平洋岛国研究中心研究助理。

关键词： 太平洋岛国　"一带一路"倡议　气候变化

2023年，俄乌冲突持续、巴以矛盾再起，全球通胀压力持续存在，世界各国面临重重挑战。美国在亚洲竭力构建排他性阵营，试图组建小利益集团。在这一国际格局演变背景下，亚太地区排除诸多干扰，区域合作不断取得进展，整体局势相对平稳，和平发展、合作共赢是主流。中国与太平洋岛国的合作持续深化，双方共同致力于构建互利共赢的合作新局面。中国积极推动"一带一路"倡议实施，与太平洋岛国展开更加广泛而全面的对话，共同应对气候、能源、粮食等多重挑战，在农业合作、基础设施建设、医疗卫生等领域取得显著成果。

一　高层政治互动频繁，政治互信加深

2023年，中国与太平洋岛国高层政治互动日益频繁，在第三届"一带一路"国际合作高峰论坛、中国-太平洋岛国农渔业部长会议以及"一带一路"自然灾害防治和应急管理国际合作部长论坛等大型活动上，都看到了太平洋岛国领导人的身影，这不仅提升了双方政治互信，也促进了双方的多领域合作。党和国家领导人与瓦努阿图、密克罗尼西亚联邦等太平洋岛国领导人通过高层会谈，为下一步各领域交流合作奠定了坚实的政治基础。

中国国家主席习近平向太平洋岛国当选领导人表示祝贺，并会见太平洋岛国领导人。2023年1月27日，国家主席习近平致电鲍勃·达达埃（Bob Dadae），祝贺他当选并连任巴布亚新几内亚（简称"巴新"）总督。[①] 10月17日，国家主席习近平在人民大会堂会见来华出席第三届"一带一路"国际合作高峰论坛的巴新总理马拉佩、所罗门群岛总理索加瓦雷。11月，习近平主席赴美国旧金山出席亚太经合组织第三十次领导人非正式会议，其间会见斐济

---

① 《习近平致电视贺达达埃当选连任巴新总督》，中华人民共和国外交部网站，2023年1月27日，https：//www.mfa.gov.cn/web/gjhdq_676201/gj_676203/dyz_681240/1206_681266/xgxw_681272/202301/t20230127_11014994.shtml。

总理兰布卡。习近平主席强调，中国发展同太平洋岛国关系坦坦荡荡，没有私心，不针对第三方。①

中国政府重视发展与太平洋岛国关系，加强与太平洋岛国关系。2023 年 2 月，钱波卸任中华人民共和国驻斐济共和国特命全权大使职务。2 月 2 日，新任中国驻斐济大使周剑在斐济总统府向斐济总统卡托尼韦雷递交国书，转达了习近平主席对卡托尼韦雷总统的亲切问候和新春祝福。② 自 3 月 3 日起，中国政府太平洋岛国事务特使钱波开展对太平洋岛国的友好访问。4 月 6 日，钱波特使集体会见汤加驻华大使乌塔阿图、斐济驻华大使坦吉萨金鲍、密克罗尼西亚联邦驻华大使西瓦斯、萨摩亚驻华大使马里纳、瓦努阿图驻华大使赖岳洋以及太平洋岛国论坛驻华贸易投资专员马托。不久，钱波对密克罗尼西亚联邦、瓦努阿图、汤加、萨摩亚和基里巴斯进行工作访问，会见各国领导人，转达中方领导人对瓦努阿图日前遭受飓风灾害的诚挚慰问，并出席基里巴斯的"独立日"庆典活动。在库克群岛阿瓦鲁阿（Avarua）出席第 52 届太平洋岛国论坛有关活动期间，钱波会见库克群岛总理、太平洋岛国论坛轮值主席布朗。钱波在会上阐述了中国发展同太平洋岛国关系的"四个充分尊重"政策，即：充分尊重岛国主权和独立，坚持大小国家一律平等；充分尊重岛国意愿，坚持共商、共建、共享、共赢；充分尊重岛国民族文化传统，坚持和而不同、美美与共；充分尊重岛国联合自强，支持岛国落实《蓝色太平洋大陆 2050 战略》，为建设一个和平、和谐、安全、包容、繁荣的蓝色太平洋做出贡献。钱波强调，中国式现代化和高质量共建"一带一路"为岛国落实《蓝色太平洋大陆 2050 战略》带来重大机遇。③

---

① 《习近平会见斐济总理兰布卡》，中华人民共和国外交部网站，2023 年 11 月 17 日，https://www1.fmprc.gov.cn/web/ziliao_674904/zt_674979/dnzt_674981/xjpfmgjxzmyshwtscxytjhzzdssclldrfzshy/zxxx_136234/202311/t20231117_11182172.shtml。

② 《驻斐济大使周剑向斐济总统卡托尼韦雷递交国书》，中华人民共和国驻斐济共和国大使馆网站，2023 年 2 月 2 日，http://fj.china-embassy.gov.cn/sgxw/202302/t20230202_11018337.htm。

③ 《中国政府太平洋岛国事务特使钱波出席太平洋岛国论坛对话会》，中华人民共和国外交部网站，2023 年 11 月 13 日，https://www.mfa.gov.cn/web/wjdt_674879/sjxw_674887/202311/t20231113_11178993.shtml。

党际交往是发展国家关系的重要组成部分。习近平主席在中国共产党与世界政党高层对话会上的主旨讲话中强调，"以建立新型政党关系助力构建新型国际关系，以夯实完善全球政党伙伴关系助力深化拓展全球伙伴关系"①，受到了与会各国政党高层的高度评价。在第三届中国-太平洋岛国政党对话会上，太平洋岛国各政党政要对中国共产党的执政成果给予高度评价，充分肯定其在与太平洋岛国的党际交往中取得的积极成果，愿推动太平洋岛国发展战略与共建"一带一路"倡议对接。近年来，随着政党对话机制日趋完善，政党交往也更加密切。2023年8月19日，中国驻斐济大使周剑出席斐济第二大执政党、民族联盟党建党60周年庆祝活动。10月23～29日，中共中央对外联络部副部长率中共代表团访问基里巴斯、所罗门群岛，分别会见关爱基里巴斯党主席阿坦尼博拉、所罗门群岛"我们的党"领袖、政府总理索加瓦雷等。12月12～15日，全国人民代表大会外事委员会副主任委员郝平率团访问汤加，会见汤加首相胡阿卡瓦梅利库（Hu'akavameiliku），并同汤加议会代理议长图伊哈安加纳就双边关系、人文交流、加强立法机构交往等交换意见。

中国同太平洋岛国间省市互动更为频繁，地方合作领域不断拓展。中国-太平洋岛国防灾减灾合作中心在广东省设立后，充分发挥广东省独特优势，更加精准、有效帮助岛国，成为共同打造防灾减灾南南合作的新典范。② 2023年5月19日，海南省同所罗门群岛伦贝尔省（Runbel）举行视频交流会，会上介绍海南自由贸易港最新发展情况，并提出推动海南与伦贝尔省自贸区和产业园区务实合作。在2023亚太海洋渔业产业发展论坛的开幕仪式上，海南两家企业分别与瓦努阿图当地公司达成合作意向，中国国际贸易促进委员会海南省委员会与南太平洋渔业协会（The North

---

① 《习近平在中国共产党与世界政党高层对话会上的主旨讲话》，中华人民共和国中央人民政府网站，2023年11月15日，https：//www.gov.cn/xinwen/2023－03/15/content_5746950.htm。

② 《中国政府太平洋岛国事务特使钱波出席中国-太平洋岛国防灾减灾合作中心启用仪式》，中华人民共和国外交部网站，2023年2月23日，https：//www.mfa.gov.cn/wjdt_674879/sjxw_674887/202302/t20230223_11030470.shtml。

Pacific Fisheries Commission，NPFC）签订合作备忘录。根据合作协议，海南企业计划在瓦努阿图投资 6 亿元人民币，开展渔业、椰子产业等加工业务。① 8 月 30 日、9 月 2 日，山东省在斐济和基里巴斯举行推介会，山东省农业农村厅、商务厅，聊城市，中国-太平洋岛国应对气候变化合作中心，中国援基医疗队参加活动，山东省相关企业在现场设展推介。11 月 29 日，山东省委常委、常务副省长率山东省政府代表团访问巴布亚新几内亚、所罗门群岛和萨摩亚，全面推介山东经济社会发展成就与合作机遇。② 聊城市积极开展与太平洋岛国地区的友好交流，先后与汤加瓦瓦乌群岛（Vava'u）、基里巴斯比休岛市（Betio Town Council）、瓦努阿图维拉港市（Port Vila）、斐济楠迪市（Nadi）正式缔结友好城市。11 月 16 日，中国驻斐济大使周剑主持召开中国浙江省与斐济合作座谈会。斐济妇女、儿童和减贫部长塔布娅代表斐济政府热烈欢迎浙江省副省长率团访问斐济，表示此访掀开了斐浙合作的新篇章，期待在乡村振兴等方面学习浙江经验。③

向太平洋岛国人民全面介绍中国建设成就和经验，为中太友好合作和共同发展增进了解奠定民意基础。2023 年 3 月 15 日，中国驻斐济大使周剑举行"两会"专题媒体学者见面会，全面宣介中国"两会"成果，深入阐释全过程人民民主和中国发展成就，重点介绍了中国与斐济关系、高质量共建"一带一路"、中国同太平洋岛国关系等情况，阐明在台湾问题、日本核污染水排海问题上的原则立场。④ 太平洋岛国主流媒体广泛深入报道"两会"专题媒体学者见面会情况，斐济第一大报《斐济太阳报》以《中国对斐济和太平洋岛国抱有最大诚意》为醒目标题，用整版进行报道，斐济电视台

① 《2023 亚太海洋渔业产业发展论坛海口开幕》，中国新闻网，2023 年 12 月 2 日，https：//www. hi. chinanews. com. cn/hnnew/2023-12-02/694719. html。

② 《山东省政府代表团访问巴新所罗门群岛萨摩亚》，山东省人民政府网，2023 年 12 月 9 日，http：//www. shandong. gov. cn/art/2023/12/9/art_ 189278_ 620844. html。

③ 《周剑大使主持召开浙斐合作座谈会》，中华人民共和国驻斐济共和国大使馆网站，2023 年 11 月 17 日，http：//fj. china-embassy. gov. cn/sgxw/202311/t20231117_ 11182445. htm。

④ 《周剑大使举行"两会"专题媒体学者见面会》，中华人民共和国驻斐济共和国大使馆网站，2023 年 3 月 17 日，http：//fj. china-embassy. gov. cn/sgxw/202303/t20230317_ 11043411. htm。

播放了周剑大使宣介画面。中国驻所罗门群岛大使李明在所罗门群岛主流媒体《岛屿太阳报》《所罗门星报》刊登署名文章《相互尊重、平等相待，携手迈进中所关系新时代》。9 月 22 日，中国驻汤加使馆举办国庆 74 周年招待会，会上介绍了新中国踏上独立自主建设现代化伟大征程所取得的巨大成就、中国共产党二十大确定的使命任务等，以中汤建交 25 周年为契机，分享中国式现代化带来的机遇，造福两国人民。瓦努阿图外交部长纳帕特就中国与瓦努阿图关系公开发表题为《瓦中关系健康繁荣》的正式声明，表示中国是瓦努阿图实现发展目标的重要合作伙伴，是永远被珍视的朋友。①

在涉及重大国际关系和地区问题上，中国阐明严正立场，对长远规划和发展中国与太平洋岛国的关系意义重大。巴布亚新几内亚、瓦努阿图、斐济、所罗门群岛等国家以《中方强烈反对核污染水排海》为题刊发中方关于日本政府启动核污染水排海的严正立场的报道。2023 年 3 月 13 日，中国驻所罗门群岛大使李明在《岛屿太阳报》发表题为《全球安全倡议：实现和平与发展的中国方案》的署名文章，宣介"全球安全倡议"及中方在乌克兰问题上的立场。② 针对台湾驻斐济机构在斐济散播的涉台谬论，中国政府驻外使馆进行了有力驳斥，在多个场合强调一个中国原则。周剑大使在《斐济太阳报》发表题为《台湾从来不是一个国家》的署名文章，重点阐述台湾问题历史经纬和中方原则立场。周剑大使在拜会斐济总理兼外长兰布卡时强调，一个中国原则是中斐关系的政治基础，台湾问题事关中国主权和领土完整，正如斐济 300 多个岛屿没有一个可以割让一样。③ 2023

---

① 《外交部发言人就中瓦关系相关问题答记者问》，中华人民共和国驻瓦努阿图大使馆网站，2023 年 1 月 31 日，http：//vu. china-embassy. gov. cn/sgdt/202301/t20230131_ 11016847. htm。

② 《驻所罗门群岛大使李明在所媒体发表署名文章〈全球安全倡议：实现和平与发展的中国方案〉》，中华人民共和国外交部网站，2023 年 3 月 13 日，https：//www. mfa. gov. cn/web/ zwbd_ 673032/wjzs/202303/t20230314_ 11040609. shtml。

③ 《周剑大使在斐济主流媒体发表署名文章〈台湾从来不是一个国家〉》，中华人民共和国驻斐济共和国大使馆网站，2023 年 5 月 13 日，http：//fj. china-embassy. gov. cn/sgxw/202305/ t20230513_ 11076898. htm。

年1月12日，巴新政府宣布关闭"巴新驻台湾商务代表处"。① 瓦努阿图副总理兼外长塞里玛雅就台湾问题发表官方新闻公报，重申瓦努阿图政府坚持一个中国原则。基里巴斯总统马茂、萨摩亚代理国家元首勒·马米阿在接受中国新任大使递交国书时都表达了将继续恪守一个中国原则。

警务合作走深走实。2023年12月8日，第二次中国-太平洋岛国执法能力与警务合作部级对话在北京举行。对话会上，北京、福建两地视频连线举办了中国-太平洋岛国警务培训中心揭牌仪式，中国国务委员、公安部长王小洪宣布中国-太平洋岛国警务培训中心正式成立。② 中国秉持"四个充分尊重"，坚守"专业、高效、友好"和"公开、透明、善意"的原则，助力提升岛国专业执法、打击犯罪、指挥行动能力。③ 此次对话会将"让合作更专业、更高效、更友好，让岛国更安全"确定为部级对话永久主题。

二　深化"一带一路"合作框架建设，密切经贸关系

2023年是"一带一路"倡议提出十周年。在"一带一路"倡议下，中国与太平洋岛国的经贸合作不断加深，基础设施建设、农业技术交流及投资贸易合作等领域成果显著。这不仅促进了双方的经济发展，也为太平洋岛国的可持续发展提供支持。④ 第三届"一带一路"国际合作高峰论坛的成功举办，表明中国继续深化共建"一带一路"和"全球发展倡议"框架下的各领域合作。2023年，中国继续加强"一带一路"倡议与《蓝色太平洋大陆

---

① 《中方对巴新政府宣布关闭"巴新驻台湾商务代表处"表示高度肯定和赞赏》，新华网，2023年1月12日，http://www.news.cn/world/2023-01/12/c_1129277862.htm。
② 《中国-太平洋岛国警务培训中心正式揭牌》，福建省人民政府外事办公室网站，2023年12月12日，https://wb.fujian.gov.cn/zwgk/gzdt/zwyw/202312/t20231212_6329739.htm。
③ 《第二次中国-太平洋岛国执法能力与警务合作部级对话举行 王小洪与萨摩亚警察部部长法乌阿诺共同主持》，人民网，2023年12月9日，http://world.people.com.cn/n1/2023/1209/c1002-40135144.html。
④ "China's Presence in Pacific Is Development-oriented", PINA, September 4, 2023, https://pina.com.fj/2023/09/04/chinas-presence-in-pacific-is-development-oriented/.

2050 战略》、"斐济 20 年国家发展规划"、"基里巴斯 20 年发展规划"、"蓝色繁荣密克罗尼西亚"、巴新的"2030 年发展战略"等政策对接，拓展农渔业、基础设施、贸易投资、旅游等各领域合作，推动中国与太平洋岛国关系行稳致远，共同推动双方共建"一带一路"合作高质量发展。

"一带一路"倡议下中国与太平洋岛国的合作体现在应对气候变化、投资、贸易、减贫、农业、基础设施建设等各个领域。2023 年 2 月 15 日，"一带一路"自然灾害防治和应急管理国际合作机制首次协调人会议以线上线下相结合的方式在北京举行，所罗门群岛代表应邀出席，着力推动区域、次区域合作。① 3 月 23 日，周剑大使拜会太平洋岛国论坛秘书长普那，就中国同太平洋岛国论坛和太平洋岛国合作、应对气候变化问题等交换意见，围绕加强"一带一路"倡议和"全球发展倡议"同《蓝色太平洋大陆 2050 战略》的对接进行交流，进一步丰富中国同岛国全方位合作内涵。② 2023 年中国援建了瓦努阿图塔纳岛和马勒库拉岛公路、纽埃环岛公路升级项目和密克罗尼西亚联邦国家会议中心项目等一批关键基础设施项目，其中所罗门群岛国家宽带基础设施项目是中国港湾工程有限公司海外首个通信项目，在所罗门群岛 9 个省建设 161 个基站以及配套的通信设备安装。③ 此外，中国同所罗门群岛政府正式签署《中华人民共和国政府和所罗门群岛政府民用航空运输协定》，与纽埃、巴新共同发布《数字经济和绿色发展国际经贸合作框架倡议》，通过中国国际进口博览会、中国进出口商品交易会等平台为萨摩亚企业进入中国市场搭建桥梁，加强同各太平洋岛国在贸易投资、基础设施等领域的交流合作。

---

① 《"一带一路"自然灾害防治和应急管理国际合作机制首次协调人会议举行》，中华人民共和国中央人民政府网站，2023 年 2 月 19 日，https://www.gov.cn/xinwen/2023-02/19/content_5742139.htm。

② 《周剑大使会见太平洋岛国论坛秘书长普那》，中华人民共和国驻斐济共和国大使馆网站，2023 年 3 月 24 日，http://fj.china-embassy.gov.cn/sgxw/202303/t20230324_11048441.htm。

③ "Solomon Islands Broadband Infrastructure Project Launches This Week", Pacific Tenders, July 21, 2023, https://www.pacifictenders.com/sb/solomon - islands - broadband - infrastructure - project-launches-next-week.

通过合作建设低碳示范区，实施减缓和适应气候变化项目，开展能力建设培训项目，中国为太平洋岛国应对气候变化提供切实帮助。在中国国务院总理李强和巴新总理马拉佩见证下，中国生态环境部长黄润秋和巴新国家活动部长贾斯汀·特卡琴科（Justin Tkachenko）在北京共同签署关于合作建设应对气候变化南南合作低碳示范区的谅解备忘录，中国援助巴新1.5MW+0.5MW光储一体项目、200套太阳能路灯、1套雨水净化设备，共同编制低碳示范区建设方案，共同建设塔里低碳示范区，帮助巴新提升应对气候变化能力。① 中国同巴新合作建设应对气候变化南南合作低碳示范区项目、中国-基里巴斯应对气候变化南南合作物资援助项目、开展中瓦联合观测站二期气象站建设等，这些都是落实习近平主席提出的应对气候变化南南合作"十百千"倡议和"一带一路"应对气候变化南南合作计划的具体举措。中国自然资源部海啸预警中心依托国家海洋预警预报业务平台，实时跟踪分析全球海底地震和海啸监测数据，向汤加群岛海域、斐济群岛以南海域、新喀里多尼亚海域、新几内亚海域发布了海啸信息，为太平洋岛国提供海洋灾害预警预报服务。②

为落实第二届中国-太平洋岛国外长会上"打造六大合作平台"的要求，中国与太平洋岛国开展全方位务实合作。2023年5月，中国-太平洋岛国农业合作示范中心揭牌仪式在江苏省农业科学院举行，这是2023年度中国-太平洋岛国农渔业部长会议的一项重要议程。自2022年批准成立以来，中国-太平洋岛国农业合作中心与南太平洋大学、萨摩亚海平线有限公司等合作，派员赴巴新、斐济和瓦努阿图开展实地调研，了解太平洋岛国的农业发展现状和技术需求。③ 5月9日，中国-太平洋岛国农渔业部长会议在南京举行，本次会议构建了新时期中国-太平洋岛国农渔业全方

---

① 《中国-巴新关于合作建设应对气候变化南南合作低碳示范区的谅解备忘录在京签署》，中华人民共和国生态环境部网站，2023年10月19日，https：//www.mee.gov.cn/ywdt/hjywnews/202310/t20231019_1043581.shtml。

② "China, Pacific Island Countries Jointly Tackle Challenge of Climate Change Under BRI", Global Times, October 17, 2023, https：//www.globaltimes.cn/page/202310/1300011.shtml.

③ 《中国-太平洋岛国农业合作示范中心》，江苏省农业科学院网站，2023年5月19日，https：//home.jaas.ac.cn/xww/nkyw/art/2023/art_96f73a7f754042e2b8e5345b1ff08bb0.html。

位合作平台，助力岛国农渔业可持续发展，对双方更好保障粮食安全，促进海洋保护和可持续利用，加快实现农业现代化具有重要意义。① 2023年，中国－太平洋岛国减贫与发展合作中心、中国－太平洋岛国菌草技术示范中心围绕妇女、儿童和减贫领域开展项目培训与合作。4月24日，以汤加王国副首相兼司法大臣萨缪·瓦伊普卢（Samiu Vaipulu）为首的第十批太平洋岛国政治家联合考察团一行参访中国自然资源部海岛研究中心，就共建"中国－太平洋岛国防灾减灾合作中心海洋防灾减灾分中心"提出合作建议，在海洋防灾减灾与应对气候变化、海洋资源开发与经济可持续发展等领域开展务实合作。② 建立中国－太平洋岛国防灾减灾合作中心是中国着眼岛国现实需要，帮助岛国提高防灾减灾能力的实际行动，也是落实习近平主席提出的"全球安全倡议"、推动构建更加紧密的中国－太平洋岛国命运共同体的又一重要举措。

经贸合作是推动中国与太平洋岛国关系不断前进的重要力量。据中国海关总署数据，2023年中国与太平洋岛国贸易总额达113亿美元。其中：中国与瓦努阿图进出口额为1.38亿美元，相较2022年，同比增长32.4%；与萨摩亚双边货物进出口额为1.2亿美元，同比增长1.3%；与库克群岛双边货物进出口额为1674万美元，同比增长37.4%。巴布亚新几内亚为中国在太平洋岛国地区的最大贸易与投资伙伴，2023年中国与巴新共进行了10000次商品进出口贸易往来，金额总计44.53亿美元，占比超过中国与太平洋岛国总贸易额的1/3。③ 6月，中国银行代表处在巴新设立，至此中国银行境

---

① 《中国－太平洋岛国农渔业部长会议举行》，人民网，2023年5月10日，http：//politics. people. com. cn/n1/2023/0510/c1001-32682307. html。

② 《第十批太平洋岛国政治家联合考察团参访海岛中心》，自然资源部海岛研究中心网站，2023年4月25日，http：//ircmnr. com/art. do？id=1631。

③ 数据来自中华人民共和国海关总署2023年1~12月发布的《2023年贸易指数》，http：//gdfs. customs. gov. cn/customs/302249/zfxxgk/2799825/302274/myzs75/zgdwmyzs/4909089/index. html。

外服务网络已覆盖63个国家和地区。[①] 2023年，中斐贸易额达4.27亿美元，斐济成为中国在南太平洋建交岛国中的第二大贸易伙伴，中斐签署《关于加强发展合作 推动落实全球发展倡议的谅解备忘录》和经济技术合作协定两份双边合作文件。[②] Abacus'simpay微信支付和智慧旅游项目推动微信支付成功落地斐济，为用户提供移动支付服务和智慧旅游方案支持。8月20日，中国驻巴新大使曾凡华应邀出席中国与巴新首次商业直航货运包机欢迎仪式。为尽快实现稳定供电，中资投资埃德武水电站同巴新电力公司合作，开创性地使用直航包机运送设备，此次深圳至巴新首都莫尔斯比港直航包机由顺丰航空承运[③]，系顺丰航空开通的首条大洋洲货运航线，使巴新首都区比预期提前2个月发电，有效缓解了供电紧张状况。[④] 此外，中国海口至萨摩亚阿皮亚定期直飞航线在5月28日正式开通，萨摩亚政府与海南航空控股股份有限公司签署《海口—萨摩亚航班包机协议书》。[⑤] 商业直航货运包机、定期直飞航线都促进了中国与太平洋岛国之间的人员、货物往来。

三 文化交流密切，人文合作不断深入

中国与太平洋岛国之间的文化交流和人文合作日益密切。2023年11

---

① 《曾凡华大使出席中国银行巴新代表处开业庆典》，中华人民共和国驻巴布亚新几内亚独立国大使馆网站，2023年6月2日，http：//pg.china-embassy.gov.cn/xwdt/202306/t20230602_11089001.htm。

② 《周剑大使到任拜会斐济副总理兼贸易、合作社、中小企业和通讯部长卡米卡米加》，中华人民共和国驻斐济共和国大使馆网站，2023年3月17日，http：//fj.china-embassy.gov.cn/sgxw/202303/t20230317_11043413.htm。

③ "China to Help PNG"，PINA，October 23, 2023，https：//pina.com.fj/2023/10/23/china-to-help-png/.

④ 《曾凡华大使出席中巴新首次商业直航货运包机欢迎仪式》，中华人民共和国驻巴布亚新几内亚独立国大使馆网站，2023年8月21日，http：//pg.china-embassy.gov.cn/xwdt/202308/t20230821_11129740.htm

⑤ 《中国至萨摩亚直飞航线首航》，中国新闻网，2023年5月28日，https：//www.chinanews.com.cn/cj/2023/05-28/10015215.shtml。

月，在联合国教科文组织第42届大会期间，首届中国—太平洋岛国教育部长大会在法国巴黎召开，中国教育部长怀进鹏和太平洋岛国各国教育部长或代表、联合国教科文组织代表出席会议。在当前全球教育发展面临挑战与机遇的背景下，中国希望与太平洋岛国携手通过STEM教育合作培养创新人才，通过数字教育平台分享优质资源，开展以可持续发展为主题的绿色教育，为各国教育发展注入新动能。

中国高校同太平洋岛国学校建立机制化对话平台，加强校际合作，联合培养高端人才，加强人才国际交流。所罗门群岛国立大学是太平洋岛国地区知名高校，多年来培养了大批人才。2023年5月11日，中国海洋大学与所罗门群岛国立大学在线签署合作谅解备忘录。访华的所罗门群岛渔业与海洋资源部长吉罗分别在霍尼亚拉、青岛两地出席签约仪式。此系中所高校间首个合作谅解备忘录，标志着两国教育合作迈出新的步伐。中国愿积极支持所罗门群岛国立大学与中国有关高校建立联系，加强交流，共同搭建两国教育文化合作平台。① 中国驻斐济大使周剑到任拜会斐济土著事务、文化、遗产和艺术部长瓦苏（Iferemi Vasu），双方就加强人文领域交流合作交换了意见。中国高度重视两国人文交流，与斐济文化遗产部门、斐济博物馆、国家档案馆等保持着良好合作关系。② 8月30日，聊城大学、南太平洋大学在斐济联合举办第三届小岛屿国家可持续发展高层论坛，论坛围绕科学技术、人文交流、人才培养在应对气候变化领域的作用展开对话交流。

中国以孔子学院为平台，深化与加强同太平洋岛国的中文教育合作。语言是人类重要的交际工具，是国家优秀文化的载体。聊城大学与萨摩亚国立大学合作设立孔子学院，开展中文培训项目，截至2023年已有超1000人次

---

① 《李明大使出席中国海洋大学与所罗门群岛国立大学合作谅解备忘录线上签约仪式》，中华人民共和国驻所罗门群岛大使馆网站，2023年5月16日，http://sb.china-embassy.gov.cn/sgxw/202305/t20230516_11078489.htm。

② 《周剑大使到任拜会斐济土著事务、文化、遗产和艺术部长瓦苏》，中华人民共和国驻斐济共和国大使馆网站，2023年3月8日，http://fj.china-embassy.gov.cn/sgxw/202303/t20230309_11038116.htm。

在孔子学院学习汉语。[1] 2023 年 5 月，巴新国防部在国防部培训中心举行中文培训班开班仪式，重启因疫情中断三年的巴新军事留学项目，巴新科技大学孔子学院院长张显计划利用一年时间，以日常交际为主题，在教授语言知识的同时介绍中国历史文化。此外，中国同瓦努阿图合作开展瓦努阿图中小学中文教育项目，斐济国立大学将汉语列入课程体系，基里巴斯将在塔拉瓦部分高中开展中文教育试点，斐济南太平洋大学孔子学院还举行了第 22 届"汉语桥"世界大学生中文比赛斐济赛区预选赛。8 月，聊城大学与萨摩亚国立大学成立聊城大学-萨摩亚国立大学联合研究中心，打造中萨教育文化交流合作平台。

中国文化在南太平洋地区传播的内容日趋丰富、传播主体不断扩大、传播形式日趋多样。由斐济中国文化中心、南京市文化和旅游局、斐中友好协会共同举办的"茶和天下·雅集"斐济系列活动，在瓦努阿图国家会议中心举办的首场"狮舞功夫佛山风"艺演，山东省德州市杂技团对密克罗尼西亚联邦进行的友好访问演出都展现了中华文化的深厚底蕴，助推太平洋岛国人民对中华文化的认知和了解，增进友好感情。同时，文化传播主体越来越灵活。2023 年 4 月，中国驻密克罗尼西亚联邦大使馆举办"感知中国"开放日活动，波纳佩岛中心学校（PICS）师生一行 40 余人来访。[2] 瓦努阿图全国酋长委员会主席帕拉苏瓦出席第五届中国国际茶博会，斐济赴华留学生宣布成立"茶和卡瓦同学会"，这些都促进了中国与太平洋岛国文化交流。2 月 14 日，周剑大使走访斐济中国文化中心，作为南太平洋地区唯一一家中国文化中心，中心立足斐济，面向南太，以丰富多彩的形式介绍中华优秀传统文化。中国驻太平洋岛国各使馆每至佳节，会联合举办音乐会、书法展、新年演出、纪念邮票发行仪式等多样的文化活动，展现新时代中国发

---

① 刘宾、李维滨：《中国社会科学报发布聊城大学太平洋岛国中文教育研究成果》，聊城大学网站，2023 年 6 月 27 日，https：//www.lcu.edu.cn/ztzx/mtld/511701.htm。

② 《驻密联邦使馆面向波纳佩岛中心学校师生举办"感知中国"开放日活动》，中华人民共和国驻密克罗尼西亚联邦大使馆网站，2023 年 4 月 27 日，http：//fm.china-embassy.gov.cn/xwdt/202304/t20230427_ 11067540.htm。

展面貌，给太平洋岛国人民留下了深刻印象。

中国发挥太平洋岛国官方主流媒体的宣传作用，增进双方媒体间的深度合作。《斐济太阳报》是斐济的第一大报，《斐济时报》是斐济创刊的首份报纸，在太平洋岛国地区拥有众多读者，影响广泛而深远。2023年2月15日、16日，周剑大使先后走访斐济太阳报社、斐济时报社，听取关于报社发展历史、办报理念和运营模式的介绍。周剑表示，中国是最大的发展中国家，尊重斐济等地区国家人民自主选择的发展道路，奉行面向全体斐济人民的友好政策，希望报社继续秉持客观、平衡、公正的新闻原则，向斐济和岛国人民介绍一个真实、立体、全面的中国，推动中国与太平洋岛国媒体交流互鉴。① 10月，聊城大学承办中国-太平洋岛国媒体交流活动，来自斐济、汤加、巴新、瓦努阿图等国家的媒体来中国参访交流，并前往中国的媒体机构现场考察。

四 践行官方发展援助承诺，扩大技术支持

中国和太平洋岛国都是发展中国家，应该在南南合作框架内加强互帮互助。② 中国在同太平洋岛国打交道时真正做到了平等相待、互帮互助、聚焦发展③，在文化、教育、卫生、体育、旅游、地方合作等领域对太平洋岛国展开全方位的发展援助，扩大技术支持范围，为太平洋岛国的自主发展提供了有力支撑。

中国理解太平洋岛国在气候变化问题上的特殊处境和重大关切，高度重视气候变化全球治理。2023年3月24日，中国政府援助斐济应对气候变化南南合作物资交接仪式在苏瓦举行，根据中斐2022年5月签署的《关于应

---

① 《周剑大使走访〈斐济时报〉》，中华人民共和国驻斐济共和国大使馆网站，2023年2月17日，http://fj.china-embassy.gov.cn/sgxw/202302/t20230217_11026259.htm。

② 《习近平：中国的太平洋岛国政策秉持"四个充分尊重"》，新华网，2023年7月10日，http://www.news.cn/2023-07/10/c_1129741529.htm。

③ 《中国真诚帮助太平洋岛国提高自主发展能力》，国家国际发展合作署网站，2023年7月17日，http://www.cidca.gov.cn/2023-07/17/c_1212245221.htm。

对气候变化南南合作物资援助的谅解备忘录》，此次交接物资包括 4300 套 LED 路灯灯头、50 支灯杆和 2000 套家用太阳能电源系统。这有助于斐政府落实"户户有电"承诺，让斐济 2000 多户家庭上万人受益。① 4 月 11 日，中国向基里巴斯援助 5000 套户用光伏发电系统和 300 吨筑海堤用水泥，为基里巴斯人民解决用电问题和海水侵蚀问题提供帮助。② 此外，中国积极开展承办培训项目，提升应对气候变化人才技能。中国生态环境部主办，中国海洋大学海洋碳中和创新研究中心承办为期两周的国际培训班，以应对气候变化风险与海洋环境保护为主题，设置 12 个主题课程，包括考察研学、文化体验等多种形式，为来自斐济、基里巴斯、密克罗尼西亚联邦、所罗门群岛、瓦努阿图、巴布亚新几内亚、库克群岛等 7 个太平洋岛国的 31 名官员和学者开展培训，培训学员应对气候变化风险意识，提升海洋环境保护管理水平。③ 10 月 31 日至 11 月 12 日，聊城大学承办"应对气候变化南南合作-气候变化风险、适应与能力建设培训班"。12 月，中国-太平洋岛国应对气候变化合作中心举办"2023 携手太平洋岛国应对气候变化对话会"。聊城大学承办的第二届中国-太平洋岛国应对气候变化培训班结业，来自巴布亚新几内亚、基里巴斯、斐济、萨摩亚、密克罗尼西亚联邦、所罗门群岛和斯里兰卡等 7 个国家的 25 名学员，在聊城大学接受为期 10 天的培训。

中国以提升岛国发展能力为目标，开展科研合作与农业技术推广。中国援助萨摩亚农业技术，援助汤加瓦瓦乌农业组的大棚蔬菜种植、生猪养殖等农业合作项目持续推进。中国与瓦努阿图开展多项农业渔业合作项目，如援建瓦努阿图农学院，开设蔬菜、水稻种植技术培训班，合资设立中瓦渔业公司等。2023 年 3 月 22 日，中国-太平洋岛国菌草技术示范中心在斐济正式

<hr />

① 《周剑大使出席中国政府援斐济应对气候变化南南合作物资交接仪式》，中华人民共和国驻斐济共和国大使馆网站，2023 年 3 月 25 日，http：//fj. china-embassy. gov. cn/sgxw/202303/t20230325_ 11049106. htm。

② 《中国一批应对气候变化南南合作项目援助物资将于近期起运》，中国新闻网，2023 年 4 月 12 日，https：//www. chinanews. com. cn/cj/2023/04-12/9988396. shtml。

③ 《2023 年应对气候变化风险与海洋环境保护国际培训班在山东青岛结业》，中国新闻网，2023 年 11 月 28 日，https：//www. chinanews. com. cn/sh/2023/11-28/10119229. shtml。

启用，斐济农业部同菌草项目组在斐共同组织了44场培训，参训人员多达1700多人。双方着力推进蘑菇生产商业化，支持青年妇女利用菌草作为牲畜饲料，并向其他太平洋岛国推广该技术。① 6月，中国首次在塔拉瓦举办基里巴斯椰子生产与加工技术海外培训班。培训为期三周，通过课堂教学和现场实践等方式，第一次将中国椰子生产和加工经验带到基里巴斯，让基里巴斯的学员学习椰子新品种培育选育、田间定植与苗期管理、综合加工及废弃物利用和病虫害防控等方面技术。② 提高椰子生产能力和出口产品多元化是基里巴斯20年发展规划重点领域，中国通过赴华培训、在线培训等方式，为基里巴斯培训学员超过100人次，助力基里巴斯实现20年发展规划目标。③ 聊城大学实施了在汤加的"南太平洋岛国种养技术研究与示范项目"，积极培育和推广适应旱涝台风等多种气候变化的农作物。未来，中国将继续与太平洋岛国深入开展农业技术联合研究，基于各岛国农业实际情况和发展规划，为太平洋岛国不同类型、不同规模的农业从业者提供丰富多样的科技支撑，推动当地农业提质增效。

为帮助太平洋岛国提升医疗服务能力，中国在太平洋岛国开展广泛的医疗援助行动。中国向基里巴斯援助了第二批医疗物资，主要包括医用床、紫外线消毒灯、轮椅等共计300余件，现场同时交接了中方援助基中央医院的一批厨房设备，包括冰箱、消毒柜、操作台等，主要用于基里巴斯首都塔拉瓦中央医院及诊所，改善首都病患集中、医疗资源不足等情况。④ 2023年3月24日，中国政府援助斐济抗疫物资交接仪式在苏瓦举行，此次仪式移交

---

① 《中国-太平洋岛国菌草技术示范中心正式启用》，国家国际发展合作署网站，2023年3月22日，http：//www. cidca. gov. cn/2023-03/22/c_ 1211740934. htm。

② "Coconut Farming Bridges China-South Pacific Friendship, 'Most Effective Way' to Improve Local People's Lives", Global Times, May 27, 2022, https：//www. globaltimes. cn/page/202205/1266717. shtml.

③ 《基里巴斯椰子生产与加工技术海外培训班开班式在塔拉瓦举办》，中华人民共和国驻基里巴斯共和国大使馆网站，2023年6月8日，http：//ki. china-embassy. gov. cn/sgdt/202311/t20231129_ 11189024. htm。

④ 《驻基里巴斯大使唐松根出席中国援基第二批医疗物资交接仪式》，中华人民共和国外交部网站，2023年2月24日，https：//www. mfa. gov. cn/web/zwbd_ 673032/wshd_ 673034/202302/t20230226_ 11031640. shtml。

的物资于 2022 年 5 月、7 月先后分两批抵达苏瓦，主要包括抗原检测试剂、医用口罩、防护服、防护面屏、红外测温枪和帐篷等共计 50 余万件。从医疗队"送医上岛"到"和平方舟"号医院船赴斐，从援建纳乌瓦医院到举办医护培训班，成千上万的斐济人民从中受益。[①]"和平方舟"号向太平洋各岛国提供免费医疗服务[②]，在基里巴斯当地开展的诊疗已达 6633 人次（其中主平台门诊 5095 人次，前出医疗分队诊疗 1538 人次），体检 94 人次，实施剖宫产、白内障、腹腔镜胆囊切除等手术 20 例，收治住院 13 人次，开展 CT、DR 等辅助性检查 2331 人次。同时，"和平方舟"号官兵在访问期间与基里巴斯各界进行广泛深入交流，和当地医务人员开展影像医学、急救医术等学术交流 9 次，展示、传授拔火罐、针灸、艾灸等传统中医技术；赴基里巴斯老人协会、社区、学校开展外事文艺表演 6 场次、文体交流 3 场次、义诊 3 场次，赠送相关文体用品；赴条件艰苦的北塔拉瓦外岛提供医疗服务，参访 3 所校园并与师生交流。[③]

2023 年是中国援外医疗队派遣 60 周年。中国先后向所罗门群岛、瓦努阿图、基里巴斯、巴新、汤加等国派出援助医疗队，多支医疗分队赴所罗门群岛国家转诊医院、复临安息日教会、白河社区、阿达琉社区、恩盖拉岛等地进行联合坐诊或巡诊，并在瓦努阿图遭受飓风和地震后，实现中国援助瓦努阿图医疗队的交接轮换。具体包括：贵州省选派的首批中国援所罗门群岛医疗队服从命令按时出征；广东南方医科大学附属南方医院组建赴所罗门群岛巡诊医疗队，积极做好对所罗门群岛当地病患手术治疗及培训工作；在所罗门群岛开展科洛科洛社区诊所项目，在力所能及的范围

①《周剑大使出席中国政府援斐济抗疫物资交接仪式》，中华人民共和国驻斐济共和国大使馆网站，2023 年 3 月 25 日，http：//fj. china - embassy. gov. cn/sgxw/202303/t20230325 _ 11049105. htm。

②"China's Peace Ark：Building Bridges with Pacific Island Nations"，Nanyang Technological University，October 23，2023，https：//www. rsis. edu. sg/rsis - publication/rsis/chinas - peace - ark - building - bridges - with - pacific - island - nations/.

③《"和平方舟"跨越太平洋 中基友谊再续新华章》，中华人民共和国驻基里巴斯共和国大使馆网站，2023 年 7 月 23 日，http：//ki. china - embassy. gov. cn/sgdt/202311/t20231129 _ 11189029. htm。

内支持所罗门群岛农村偏远地区卫生、教育、供水等民生事业。中国驻巴新大使曾凡华和巴新卫生部秘书长奥斯本·利科（Osborne Liko）代表两国政府签署《中华人民共和国政府和巴布亚新几内亚独立国政府关于派遣中国医疗队赴巴布亚新几内亚工作的议定书（2023~2028年度）》，为两国医疗合作奠定基础。2023年12月7日，山东省援助基里巴斯第3批医疗队的5名队员启程前往基里巴斯执行为期1年的援外医疗任务，截至2023年山东省累计派出医疗队2批8人次。①

中国同太平洋岛国在安全领域积极开展多种形式的交流与合作，促进安全防控能力建设，深化全面战略伙伴关系。2023年6月28日，中国向所罗门群岛捐赠新一批警用物资，并建设警务仓储中心。中国援助所罗门群岛法医解剖实验室，成为所罗门群岛历史上首个法医实验室，有力提升了所警察部队调查勘验能力和所国家转诊医院医疗诊断鉴定水平。周剑大使与斐济军队司令卡洛尼伟少将就进一步推进中斐两军友好关系、深化两军务实交流合作交换意见，并于10月5日见证了首次中斐两国海军舰艇联合演练。2023年，中国人民解放军海军"戚继光"舰先后开始对巴新、斐济等太平洋岛国的友好访问，完成多批次共计7000余名海军院校学员航海实习，300余名中国海军学员和多国海军人员随舰在海上开展多科目教学实践训练。舰上有来自5个国家的10名外籍军官与中国海军学员混编统管、同班施训，还首次邀请2名斐济海军军官跟训。②

太平洋岛国城镇化发展水平普遍较低，基础设施建设需求较大。针对互联互通水平落后、基础设施薄弱等问题，中国援纽埃环岛公路升级项目、中国援斐济苏瓦多功能体育馆维修项目、中国援瓦塔纳公路二期项目和马勒库拉岛公路二期项目进展如火如荼。中国民营企业投资建设的巴新埃德武水电

---

① 《出征！第3批援基里巴斯中国医疗队出发执行援外任务》，中国-太平洋岛国应对气候变化合作中心网站，2023年12月7日，https：//rcpic.lcu.edu.cn/f/information/news/detail/f9cb4acb3ed44118927d9e3fa40867b4。

② 《周剑大使出席海军戚继光舰甲板招待会》，中华人民共和国驻斐济共和国大使馆网站，2023年10月7日，http：//fj.china-embassy.gov.cn/sgxw/202310/t20231023_11165933.htm。

站是近年来中巴新经贸投资合作又一成功范例；正在建设的总统府、外交部、财政部办公大楼将助力瓦努阿图政府部门提高为人民服务的能力。中国驻所罗门群岛大使李明在出席所罗门群岛"聚焦2023"旅游年会时表示，积极支持所罗门群岛发展"体育旅游""生态旅游"。中国援建的太平洋运动会主体育场馆对所罗门群岛2023年11月太平洋运动会的顺利举办具有里程碑意义。① 中国为所罗门裔斐济人社区安装太阳能路灯，承建所罗门群岛的蒙达国际机场航站楼项目，有效支持所罗门群岛提升基础设施建设水平。在帮助所罗门群岛吸引国际游客和外来投资的同时，以实际行动证明中国是所罗门群岛等太平洋岛国值得信赖的伙伴。

中国将太平洋岛国的诉求作为重要关切，在关键时刻为太平洋岛国提供力所能及的帮助。在瓦努阿图、斐济遭受飓风灾害后提供大量救灾物资，如帐篷、水处理设备、太阳能灯、大米等，向受灾社区捐赠小型农具和体育器材。在教育领域，通过设立中国大使助学金、中国政府奖学金，支持萨摩亚学生赴华留学等方式支持太平洋岛国的教育事业。截至2023年7月，太平洋岛国有86名学生在华学习，新录取的10名学生也已在2023年9月赴华。② 中国向瓦努阿图全国酋长委员会援助大批物资、开展援斐济苏瓦多功能体育馆维修项目以及捐赠摩托车给所罗门群岛首都霍尼亚拉市等，仅为中国向太平洋岛国提供援助的一个侧面。这一系列举措进一步深化了中国同太平洋岛国之间的友好关系，充分体现了中国与太平洋岛国是真朋友好兄弟好伙伴。

结　语

回顾2023年，中国与太平洋岛国通过高层对话、政党交往，不断拓展

---

① "China Hands over ＄5m Security Equipment and Materials to Solomon Islands Police for the Pacific Games", PINA, October 31, 2023, https：//pina. com. fj/2023/10/31/china-hands-over-5m-security-equipment-and-materials-to-solomon-islands-police-for-the-pacific-games/.

② 《驻萨摩亚大使巢小良出席第三届"中国大使奖学金"颁奖仪式》，中华人民共和国驻萨摩亚独立国大使馆网站，2023年7月24日，http：//ws. china-embassy. gov. cn/sgxw/202307/t20230724_ 11116940. htm。

合作领域，推动经济复苏，实现减贫脱贫、粮食安全、绿色发展、数字经济、应对气候变化等领域的务实合作。中国-太平洋岛国农业合作示范中心、中国-太平洋岛国警务培训中心等机构的正式启用，体现了中国将向太平洋岛国提供更加广泛的支持和帮助，也证明中国对太平洋岛国做出的援助承诺得到一一落实。通过开展应对气候变化培训，提供各类技术和资金支持，中国在帮助建立更具有气候韧性的南太平洋地区发挥了关键作用。2024年1月，瑙鲁与中国恢复外交关系，不仅标志着两国关系开启了新篇章，也象征着中国与太平洋岛国关系迈入新阶段。中国真心实意地向太平洋岛国提供援助，不附加任何政治条件，为岛国社会和人民带来了实实在在的利益，获得了太平洋岛国的认可。在高层引领下，南太平洋地区的"一带一路"互联互通建设得到有效推进，树立了共建"一带一路"合作典范，共同谱写了中国-太平洋岛国友好合作新篇章。

附　录
2023年太平洋岛国大事记

林　娜[*]

1月

7 日　山东省聊城市与瓦努阿图维拉港市正式签署友好合作关系城市协议书。双方表示将以此次签约为契机，建立互动常态化、互访周期化渠道，推动更宽领域对接合作，加强更高水平民间往来，充分利用中国-太平洋岛国应对气候变化合作中心平台优势，提高应对气候变化能力，打造友城新典范。

12 日　美国与马绍尔群岛代表在洛杉矶签署了谅解备忘录。11 日，美国与帕劳代表签署了谅解备忘录。美媒称，美国政府希望以此推动接下来与这两个太平洋岛国续签《自由联系条约》（Compact of Free Association，COFA），从而使得美国能够在未来 20 年仍然在这些国家获得军事特权。

12~13 日　澳大利亚总理安东尼·阿尔巴尼斯（Anthony Albanese）对巴布亚新几内亚进行了为期两天的国事访问，并与巴布亚新几内亚总理詹姆斯·马拉佩（James Malape）在莫尔斯比港举行了首次年度领导人对话。两国总理同意就双边安全条约的谈判达成一项联合承诺声明，双方还发表了第

＊　林娜，博士，聊城大学太平洋岛国研究中心副研究员，聊城大学外国语学院副教授，主要研究方向为日本与太平洋岛国关系、日本外交政策。

四次年度领导人对话《联合声明》。

18日　斐济举行中国农历兔年生肖邮票及首日封发行仪式。这套邮票及首日封由斐济中国文化中心和斐济邮政有限公司联合推出。

27日　中国国家主席习近平致电鲍勃·达达埃（Bob Dadae），祝贺他当选连任巴布亚新几内亚第11任总督。

29日　《斐济时报》报道，斐济新任总理西蒂韦尼·兰布卡（Sitiveni Rabuka）近日宣布了终止和中国在2011年签署的警务合作谅解备忘录，并要求在警察部队工作的相关中国人员离开。对此，兰布卡给出的解释是，中、斐两国的制度不一样，斐济热衷于和制度相近的国家合作。

30日　斐济总理西蒂韦尼·兰布卡收到了基里巴斯总统塔内希·马茂（Taneti Maamau）的信，马茂信中表示"基里巴斯愿意重新加入太平洋岛国论坛"。这一结果与20日兰布卡访问基里巴斯，并与基里巴斯总统马茂会谈，力促基里巴斯重返太平洋岛国论坛的努力有关。

31日　小岛屿国家联盟（Alliance of Small Island States，AOSIS）召开特别全体会议宣布，该联盟的领导权正式从加勒比岛国安提瓜和巴布达移交给太平洋岛国萨摩亚。

2月

1日　美国驻所罗门群岛大使馆在关闭30年后重新开放。美国曾在所罗门群岛设立大使馆五年，1993年将大使馆关闭。

2日　日本首相岸田文雄在东京与密克罗尼西亚联邦总统戴维·帕努埃洛（David W. Panuelo）举行会谈。帕努埃洛在最后的联合声明中指出，密克罗尼西亚联邦人民和政府对日本在重大问题上的透明度和支持表示感谢。帕努埃洛称其本人非常感谢日本对核污染水排海问题所做的透明而实质性的说明，并表示密克罗尼西亚联邦人民对这个问题已经不再感到恐惧和担忧。

7日　太平洋岛国论坛（Pacific Islands Forum，PIF）继任主席国库克群

岛总理马克·布朗（Mark Brown）率论坛代表团赴东京会见日本首相岸田文雄和有关领导人，表达了太平洋国家对日本排放核污染水入海的关切。岸田文雄与布朗举行会谈，将两国关系定位为"在太平洋结成的重要伙伴"，双方确认了为实现"自由开放的印度太平洋"战略而合作。岸田文雄介绍了福岛第一核电站核污染水排海计划，承诺不会采取危及太平洋岛国人民生活、造成不良影响的排海形式。

7 日 所罗门群岛马莱塔省省长丹尼尔·苏达尼（Daniel Suidani）在省议会的不信任投票中被罢免。2021 年 11 月，所罗门群岛首都霍尼亚拉发生骚乱，苏达尼被视为幕后煽动者之一。

8 日 日本外务大臣林芳正与马绍尔群岛外交与贸易部长基特兰·卡布阿（Kitlang Kabua）举行会谈，就福岛第一核电站核污染水排海问题寻求理解。马绍尔群岛经历过欧美国家的核试验，十分担忧放射性污染。

9~10 日 太平洋岛国风情展暨岛国青年人才交流活动在聊城市古城区边界美术馆举行，从文化、经济、风俗人情、自然环境等方面展示了基里巴斯、密克罗尼西亚联邦、萨摩亚、所罗门群岛等太平洋岛国的民俗风情。

23 日 中国-太平洋岛国防灾减灾合作中心在广东省江门市正式启用，该合作中心由中国外交部、应急管理部、自然资源部和广东省政府共同建设，是中国-太平洋岛国在防灾减灾领域成立的第一个多边合作平台。

24 日 太平洋岛国论坛特别领导人非正式会议在斐济闭幕。即将离任的论坛轮值主席斐济总理兰布卡发表声明说，论坛各国领导人重申，日本应以科学及数据指导其核污染水排海的决定。新一任论坛轮值主席库克群岛总理布朗在新闻发布会回答中央广播电视总台记者提问时表示，太平洋岛国论坛将邀请国际原子能机构参与日本核污染水排海问题的相关审议，以确保向太平洋地区排放核污染水所采取的任何行动都是安全的。

3月

4~12 日 基里巴斯内政部长布图·巴特里基（Boutu Bateriki）一行到

访山东，依次访问了青岛、济南、济宁、聊城的相关高校与企业等。

9日　中国政府太平洋岛国事务特使钱波访问瓦努阿图，分别会见总统尼克尼克·武罗巴拉武（Nikenike Vurobaravu）、总理伊什梅尔·卡尔萨考（Ishmael Kalsakau）、副总理萨托·基尔曼（Sato Kilman）、外长约坦·纳帕特（Jotham Napat），并会见美拉尼西亚先锋集团总干事伦纳德·洛马（Leonard Louma），中国驻瓦大使李名刚参加了有关活动。钱波特使转达了中方领导人对瓦日前遭受飓风灾害的诚挚慰问，通报中方对瓦救灾援助相关举措，强调中瓦是守望相助、患难与共的好朋友、好伙伴，中方将继续根据瓦方实际需要，为瓦灾后重建提供力所能及的支持和帮助。瓦方衷心感谢中方在瓦困难时刻再次及时伸出援手，表示患难见真情，中国永远是瓦可以依赖的好兄弟。

16日　由贵州医科大学附属医院选派的临床检验中心、心血管内科、泌尿外科、肾内科、针灸科、行政后勤等八名队员组成第二批援所医疗队，启程赴所罗门群岛，进行为期一年的医疗援外任务。相对于首批医疗队，第二批援所中国医疗队增派了针灸医师和泌尿外科医生。

16日　中国政府援助瓦努阿图飓风紧急救灾物资抵达瓦努阿图首都维拉港。瓦总理伊什梅尔·卡尔萨考和中国驻瓦大使李名刚等出席交接仪式。

18~22日　日本外务大臣林芳正访问所罗门群岛和库克群岛。在所罗门群岛，林芳正向总理梅纳西·索加瓦雷（Manasseh Sogavare）递交了首相岸田文雄表明强化双边关系的亲笔信，到访了太平洋岛国论坛渔业局（Forum Fisheries Agency，FFA），视察了所罗门群岛海上警察总部及巡视船、哑弹处理设施等。在库克群岛，林芳正参观了最大的综合医院拉罗汤加医院与日本援建的第一个消防署。

19~21日　中国国家国际发展合作署代表团访问所罗门群岛。合作署副署长拜会所总理索加瓦雷，就深入推进双边发展合作进行了沟通。访问期间代表团还视察了由中国政府资助的国家体育场等关键基础设施项目。

20日　萨摩亚总理菲娅梅·内奥米·马塔阿法（Fiame Naomi Mata'afa）在澳大利亚首都堪培拉发表讲话说，美国及其外交伙伴对"印太"地区创造了新的"叙事",将印度洋和太平洋合并为一个大型战略区域,作为华盛顿与北京的一部分战略竞争;批评美国在没有与该地区协商的情况下改变其在太平洋地区的战略语言,并补充说中美政府之间日益激烈的竞争是"一个不容错过的机会"。

21日 美国印度-太平洋地区协调员库尔特·坎贝尔(Kurt Campbell)抵达所罗门群岛,拜访所总理索加瓦雷,并举行了一场新闻发布会。

22日 中国-太平洋岛国菌草技术示范中心揭牌启用仪式在斐济首都苏瓦举行,中斐政府官员、中国驻斐济大使周剑、太平洋岛国驻斐济使馆代表以及中资企业和华侨华人代表等应邀出席。当天,中国国家国际发展合作署与斐济总理办公室签署关于加强发展合作、推动落实全球发展倡议的谅解备忘录,以及中斐政府间经济技术合作协定。

23日 中国驻斐济大使周剑对太平洋岛国论坛秘书处进行礼节性访问,太平洋岛国论坛秘书长亨利·普纳(Henry Puna)表示欢迎。自1990年起,中国成为该论坛对话伙伴,与论坛各成员建立了良好的双边和多边外交关系。

24日 中国地震台网正式测定,北京时间24日21时01分,斐济群岛(南纬20.20度,西经176.35度)发生5.6级地震,震源深度为300千米。

24日 首批援所罗门群岛中国医疗队完成援外医疗任务,载誉回国。一年来,医疗队队员在艰苦的条件下创造性开展工作,建立医疗队生活驻地和医院工作阵地,推动所罗门群岛卫生部出具了授权医疗队针灸科医生在所开展针灸治疗的行政许可,授权中方捐赠药品在所合法使用的决定等两个重要法律文件。首批援所中国医疗队还帮助该国建立了首个肾内科专业小组,提供慢性病检测干预等医疗服务。医疗队被国家卫生健康委通报表扬,荣获"2022年卫生援外工作表现突出集体"称号。

24日 Abacus' Simpay微信支付和智慧旅游项目发布会在斐济首都苏瓦举行,中国驻斐济大使周剑、斐济副总理兼旅游和民航部长维利亚姆·加沃卡(Viliame Gavoka)应邀出席并致辞。Abacus' Simpay作为Abacus金融科技公司研发的智能支付平台,于2023年1月与微信支付平台开展合作,推动微信支付成功落地斐济，为用户提供移动支付服务和智慧旅游方案支持，受到当地商户和消费者欢迎。

4月

1 日　第 12 批中国援巴布亚新几内亚医疗队前往巴新中部莫罗贝省首府莱城残障中心，为当地残障人士进行义诊。

6 日　中国政府太平洋岛国事务特使钱波集体会见汤加驻华大使陶阿伊卡·乌塔阿图（Tau'aika 'Uta'atu）、斐济驻华大使马纳萨·坦吉萨金鲍（Manasa Tagicakibau）、密克罗尼西亚联邦驻华大使文森特·西瓦斯（Vincent Sivas）、萨摩亚驻华大使卢阿马努韦·马里纳（Luamanuvae Mariner）、瓦努阿图驻华大使赖岳洋（Nguk Yang Dennis Nai）以及太平洋岛国贸易与投资专员署贸易专员莫纳·马托（Mona Mato）。钱波特使同各位使节就中国同岛国关系、各领域交流合作等深入交换意见。

8~19 日　南方医科大学南方医院泌尿外科专家组一行五人赴所罗门群岛开展泌尿外科微创手术。这是广东时隔三年，再次组织医疗专家组赴南太平洋岛国开展"送医上岛"医疗巡诊。

14 日　中国外交部副部长马朝旭在斐济首都苏瓦分别会见斐济议会议长奈卡马·拉拉巴拉夫（Naiqama Lalabalavu）、副总理马诺阿·卡米卡米加（Manoa Kamikamica）、总理府助理部长萨久萨·图布纳（Sakiusa Tubuna）。马朝旭表示，新形势下中方愿同斐方在相互尊重核心利益的基础上，加强互利合作，把两国关系推向前进。此外，马朝旭还会见了太平洋岛国论坛秘书长亨利·普纳，就中国和太平洋岛国关系等深入交换意见。

18 日　中国援纽埃环岛公路升级项目开工仪式在纽埃首都阿洛菲市举行。纽埃总理道尔顿·塔格拉吉（Dalton Tagelagi）和中国驻纽埃大使王小龙出席，纽埃内阁及议会要员、中国驻新大使馆及驻新中资企业代表和项目单位员工、当地各界代表及双方媒体记者等 100 余人参加了活动。

20~22 日　中国政府太平洋岛国事务特使钱波访问汤加，分别会见汤加首相胡阿卡瓦梅利库（Hu'akavameiliku）、外交大臣费基塔莫埃洛阿·乌托伊卡马努（Fekitamoeloa' Utoikamanu），就双边关系、务实合作及共同关心的国际地区问题同汤方深入交换意见。

24 日 中国国家主席习近平在人民大会堂接受基里巴斯驻华大使蒂阿博、萨摩亚驻华大使马里纳、瓦努阿图驻华大使赖岳洋、新西兰驻华大使毛瑞（Grahame Morton）等 70 位驻华大使递交国书。

24～25 日 中国政府太平洋岛国事务特使钱波访问萨摩亚，分别会见萨摩亚总理兼外长菲娅梅、议长帕帕利·里奥·泰乌·马西帕乌（Papalii Li'o Taeu Masipau）、外交贸易部首席执行官斯密，就双边关系、务实合作及共同关心的国际地区问题同萨方深入交换意见。

25 日 中国外交部副部长谢锋会见来华参访的斐济妇女、儿童和减贫部长琳达·塔布娅（Lynda Tabuya），就业、生产力和产业关系部长辛格（Hon Agni Singh），以及教育部长阿塞里·拉德罗德罗（Aseri Radrodro）。双方就中斐关系深入交换意见。谢锋表示，中方重视发展中斐关系，愿同斐济新政府在相互尊重彼此核心利益的基础上，加强发展战略对接，深化务实合作，实现共同繁荣。塔布娅部长等重申斐济坚持一个中国政策，高度赞赏中国发展和减贫成就，表示斐方愿继续深化同中国的全面战略伙伴关系。

27 日 中国驻斐济大使周剑会见太平洋岛国贸易与投资专员署贸易专员莫纳·马托（Mona Mato）一行，双方就加强中国和太平洋岛国经贸投资合作进行了深入交流。

28 日 中国政府援助瓦努阿图的第二批救灾物资通过海运方式顺利运抵瓦首都维拉港。瓦总理伊什梅尔·卡尔萨考、卫生部长瑞克·查马克·马赫（Rick Tchamako Mahe）、青年和体育发展部长汤姆克·内特乌内（Tomker Netvunei）、中国驻瓦大使李名刚等到港口迎接并出席物资交接仪式。

5月

8 日 所罗门群岛卫生和医疗服务部社区康复司在刚刚结束的全国康复

与残疾规划咨询会上通过了《所罗门群岛康复战略计划2022~2031》和《所罗门群岛残疾人包容发展政策2023~2031》，中医针灸首次被纳入该国国家规划中。

9日　中国-太平洋岛国农业合作示范中心揭牌仪式在江苏省农业科学院举行。农业农村部副部长、江苏省副省长、中国政府太平洋岛国事务特使，以及11位太平洋岛国的农渔业部长出席了揭牌仪式，太平洋岛国驻华使节，相关国际组织代表，国内地方农业管理部门、科教机构和相关企业代表等150余人参加了活动。该中心作为中国打造的同南太岛国合作的六个新平台之一，将高质量助力太平洋岛国农业发展、民生改善，为推动携手构建更加紧密的中国同太平洋岛国命运共同体贡献力量。

9日　2023年中国-太平洋岛国农渔业部长会议在南京举行。中共中央政治局委员、国务院副总理刘国中出席开幕式并致辞，太平洋岛国农渔业部长及驻华使节，联合国粮农组织等国际组织代表，国内相关部委、有关省市农渔业部门代表等共约150人参加了开幕式。会议发布了《南京共识》和《共同行动计划》。

9日　美国在汤加首都努库阿洛法正式开设美国大使馆。美国国务院发言人马修·米勒（Matthew Miller）在一份声明中称，随后将有更多外交人员及资源进驻，包括可能任命美国驻汤加大使。

10~13日　所罗门群岛、巴布亚新几内亚、基里巴斯、库克群岛代表团应邀访问山东省青岛市，围绕远洋渔业、海洋人才培养等领域，深入探讨开展多边合作，其间，还开展座谈交流活动，并实地考察了青岛港前湾港区自动化码头、聚大洋藻业集团、城阳佳垦草莓产业项目、平度新河镇草编产业项目、尚好科技冻干果蔬精深加工产业项目，参观考察了中国水产科学研究院黄海水产研究所、青岛啤酒博物馆等。

15日　广东省与所罗门群岛瓜达尔卡纳尔省在广州举行了结好协议签署仪式。这标志着中国与所罗门群岛的第一对省级友城诞生。

16~17日　所罗门群岛瓜达尔卡纳尔省省长弗朗西斯·萨德（Francis M. B. Sade）一行到广东省江门市五邑中医院参观考察。萨德表示，此次来广东省江门市的行程意义非凡，希望得到广东省江门市人民政府的大力支持和帮助。首站即到医院考察，是基于目前瓜达尔卡纳尔省医疗资源相对紧缺，居民看病就医存在急难愁盼问题，期望与江门市五邑中医院在医疗方面有更多的合作、交流。

萨德一行到访中山市。先后参观了孙中山故居纪念馆、华农水培蔬菜南朗基地、翠亨新区规划馆以及古镇星光联盟全球品牌灯饰中心，了解中山市在粤港澳大湾区中的区位优势、人文历史和产业情况。

17日 中国国家国际发展合作署副署长会见所罗门群岛渔业和海洋资源部长内斯特·吉罗（Nestor Ghiro），国际发展合作署地区二司司长等参加。国际发展合作署署长表示，在两国领导人战略引领下，双方政治互信不断增强，各领域务实合作成果丰硕。中方愿同所方共同努力，积极落实两国领导人共识，高质量共建"一带一路"，推动落实"全球发展倡议"，使发展合作成果更好惠及两国人民。吉罗表示，中国是所最信赖的合作伙伴，感谢中方为所经济社会发展和民生改善提供的宝贵支持和帮助，愿学习中国发展成功经验和先进技术，欢迎中方更多企业到所投资，不断拓展渔业领域合作。双方还就具体合作项目等交换意见。

18日 中国国家主席习近平致电韦斯利·西米纳（Wesley W. Simina），祝贺他就任密克罗尼西亚联邦第十任总统。

20日 由斐济中国文化中心、南京市文化和旅游局以及斐中友好协会共同举办的"茶和天下·雅集"活动走进斐济首都苏瓦，让遥远的岛国人民得以近距离感受中国茶文化的魅力。

22日 印度总理纳伦德拉·莫迪（Narendra Modi）出访巴布亚新几内亚，并与巴新总理马拉佩共同主持第三届印度-太平洋岛国合作论坛（FIPIC）峰会。这是印度总理首次访问巴新，也是印度时隔八年后重启与南太岛国的峰会。莫迪向太平洋岛国表示，他们可以将印度视为一个可靠的发展伙伴，因为印度尊重他们的优先事项，并将以符合人类价值观的方式开展合作。

22日 美国国务卿安东尼·布林肯（Antony Blinken）抵达巴布亚新几

内亚，参加第三届印度-太平洋岛国合作论坛峰会，并与该国签署防务合作协议。此后美军可以随意进出该国的机场与港口，畅行无阻地使用巴新军事基地。巴新国内由此引发多场大规模抗议游行。

22 日 帕劳总统萨兰格尔·惠普斯（Surangel Whipps Jr.）和美国国务卿布林肯正式续签《自由联系条约》。密克罗尼西亚联邦将于 23 日与美国续签《自由联系条约》。根据协定，美国将在未来 20 年向帕劳、密克罗尼西亚联邦、马绍尔群岛提供总计约 65 亿美元的资金，并保留对这些岛屿国家的"防御责任"。而美国可以在这三个国家的领土内派驻军事力量。

23 日 第 22 届"汉语桥"世界大学生中文比赛斐济赛区预选赛在斐济首都苏瓦举行。本次比赛由中国教育部中外语言交流合作中心和中国驻斐济大使馆主办、南太平洋大学孔子学院承办，分中文演讲和才艺展示等环节。13 名参赛选手围绕"天下一家"主题，讲述自己学习中文的经历以及对中国文化的理解。经过激烈角逐，来自南太平洋大学的莉莉·滕罗科（Lily Teunroko）摘取桂冠，将代表斐济前往中国参加 2023 年的总决赛。

24~29 日 基里巴斯议会体育特别委员会主席莫阿纳塔·伊恩塔阿克（Moannata Ientaake）率议会体育特别委员会代表团访问广东省，依次到访佛山、广州等地。在佛山，代表团先后前往南海区西樵镇、九江镇，实地考察了飞鸿馆、岭南功夫文化体验馆、黄飞鸿狮艺馆、九江双蒸博物馆和九江龙舟训练基地，听取佛山优秀传统文化和群众体育事业发展情况介绍，并现场体验舞狮和龙舟两项运动。在广州，代表团考察了奥绅体育文化公园，座谈了解广东体育产业发展及青少年体育培训。其间，代表团参访了唯美康 BPC 生物质运动地板项目。

26 日 萨摩亚中央银行（Faletupe Tutotonu o Samoa）为庆祝萨摩亚独立 60 周年发行一张面额为 60 塔拉的纪念钞。正面是该国现任总理菲娅梅·内奥米·马塔阿法的肖像，背面是现任总理的父亲、萨摩亚首任总理马塔阿法·穆利努乌二世（Mataʻafa Mulinuʻu Ⅱ）当年国家独立日降下新西兰国旗的场景。

28 日 2023 年"文化中国·水立方杯"中文歌曲大赛斐济赛区比赛在

位于首都苏瓦的斐济中国文化中心落幕。共有 53 名选手在现场或线上参赛。本次比赛以"再欢聚，更美好"为主题，由斐济华星艺术团、斐济中国文化中心和南太平洋大学孔子学院主办。

28 日　当地时间凌晨 2 时 10 分（北京时间 27 日 21 时 10 分），HU435 航班从中国海口美兰国际机场起飞，飞往萨摩亚的阿皮亚法莱奥洛国际机场，标志着海南联合航空旅游集团携手海南航空执飞的海口往返萨摩亚阿皮亚定期直飞航线正式开通。该航线是中国与萨摩亚的首条直飞航线，也是海南与南太平洋岛国首次通航。该航线首航后每周六执飞，次日返航。

29~30 日　首届韩国-太平洋岛国峰会在首尔举行，韩国总统尹锡悦与太平洋岛国论坛成员国领导人共同出席。据韩联社报道，双方商定在海洋、气候、能源、网络、卫生等领域建立全面可持续安全合作关系，韩方还将加大对太平洋岛国经济发展的支持力度。以此为契机，韩国与纽埃决定正式建立外交关系。

29 日~6 月 3 日　基里巴斯议会体育特别委员会主席莫阿纳塔·伊恩塔阿克（Moannata Ientaake）率议会体育特别委员会代表团访问福建省福州、泉州和厦门市，参观了福建省青少年体育学校、鼓楼区青少年校外体育活动中心等教育机构，考察了匹克体育有限公司、卡尔美体育公司等体育运动用品企业。在闽期间，代表团还参观了三坊七巷、泉州海外交通史博物馆、洛阳桥和鼓浪屿，了解了福建深厚的历史底蕴和多彩的文化内涵。

6月

6 日　日本外务省宣布，为支援太平洋岛国完善基础设施，日本、美国和澳大利亚三国将提供资金，在密克罗尼西亚群岛地区铺设约 2250 千米的海底光缆，力争 2025 年前后铺设完毕。报道称，海底光缆将连接密克罗尼西亚联邦、瑙鲁和基里巴斯三国，项目价值约 132 亿日元（约合 6.7 亿元人民币）。

8~9 日　第二批中国援助基里巴斯医疗队在基里巴斯北塔拉瓦岛为民

众进行义诊。这是中国医疗队首次前往基里巴斯首都塔拉瓦以外地区出诊。北塔拉瓦岛近 150 名村民接受了医疗队的诊疗服务，涉及内科、外科、儿科、皮肤科及妇科。

10~12 日　基里巴斯卫生和医疗服务部长森特·伊森特昂（Tinte Itinteang）在基里巴斯驻华大使蒂阿博的陪同下率团一行九人到山东中医药大学附属医院、山东省康复医院、山东大学齐鲁医院等访问交流，并分别进行了座谈。

14~19 日　基里巴斯议长坦加丽基·里特（Takariki Lethe）应邀率领议会代表团到访广东省，依次访问了佛山、广州的相关企业和高校。在佛山，代表团参访了顺德联塑班皓光伏五沙生产基地、美的集团总部等，考察佛山企业创新发展情况。在广州，代表团到访广州中医药大学，参观了广东中医药博物馆并进行中医诊疗体验。主要商讨事宜是经贸合作。

30 日　为了备战年底在所罗门群岛举行的太平洋运动会，所罗门群岛的 80 名运动员和教练员将于 7 月上旬前往中国训练。中国驻所罗门群岛大使馆在位于所首都霍尼亚拉的体育场为他们举行了出征仪式。该体育场为中国援建。

30 日　中国外交部副部长马朝旭会见瓦努阿图统一运动改良党主席夏洛特·萨尔维（Charlot Salwai）率领的议会代表团。马朝旭欢迎萨尔维一行访华，赞赏瓦方为推动中瓦全面战略伙伴关系发展做出的贡献，表示 2023 年是中瓦建交 41 周年，中方愿同瓦方共同努力，推动两国关系迈上新台阶。萨尔维表示瓦方高度重视发展对华关系，坚持一个中国政策，希望同中国进一步加强各领域合作，推动瓦中关系取得更大发展。

7月

3 日　由广船国际有限公司建造的中国海军"和平方舟"号医院船起航，远赴包括所罗门群岛在内的五国进行访问，为当地人民提供免费的常见疾病诊断和治疗。

4 日 在援所罗门群岛中国医疗队的协助下，所罗门群岛国家转诊医院康复理疗科正式开设针灸门诊。

7 日 由山东省政府联合中国人民对外友好协会、中华全国青年联合会、中国宋庆龄基金会共同主办的 2023 国际青年交流大会在山东省济南市开幕，全国政协副主席杨震，瓦努阿图共和国议长瑟勒·西米恩（Seoule Simeon），巴布亚新几内亚前总理彼得·奥尼尔（Peter O'Neill），山东省委书记、省政协主席，省人大常委会副主任、党组书记出席开幕式并致辞。

7 日 在所罗门群岛脱离英国独立 45 周年纪念日演讲中，所罗门群岛总理索加瓦雷强调了基础设施建设对本国的重要意义，并高度赞赏中国。

9~15 日 应中华人民共和国国务院总理李强邀请，所罗门群岛总理索加瓦雷对中国进行正式访问。此次中国之行是中所 2019 年正式建交后，所罗门群岛总理时隔四年再度访华。

10 日 中国国务院总理李强在人民大会堂同来华进行正式访问的所罗门群岛总理索加瓦雷会谈。会谈后，两国总理共同见证签署发展合作、贸易、基础设施建设、民航、教育、警务、海关、气象等多项双边合作文件。当日下午，索加瓦雷向人民英雄纪念碑敬献花圈。

10 日 中国国家主席习近平在人民大会堂会见来华进行正式访问的所罗门群岛总理索加瓦雷。双方共同宣布，中国和所罗门群岛正式建立新时代相互尊重、共同发展的全面战略伙伴关系，并发表《联合声明》。

10 日 中所两国签署了《中华人民共和国政府和所罗门群岛政府民用航空运输协定》（以下简称《协定》）。《协定》是建立中、所两国间航空联系的根本法律依据。《协定》的签署将为两国发展民航关系、便利双方航空公司开通航线航班或开展商务合作等奠定法律基础，有利于促进中所及中国与太平洋岛国之间的经贸合作与人员往来。

10~13 日 中国政府太平洋岛国事务特使钱波访问基里巴斯，分别会见基总统兼外长塔内希·马茂、议长坦加丽基·里特等，就双边关系、务实合作及共同关心的国际地区问题同基方深入交换意见。钱波并出席基独立日庆典活动。

11 日 中共中央政治局委员、中央外办主任王毅在北京出席所罗门群岛驻华使馆开馆仪式，同所罗门群岛总理索加瓦雷共同为使馆揭牌。

15 日 执行"和谐使命-2023"任务的中国海军"和平方舟"号医院船抵达基里巴斯首都塔拉瓦，开始对基进行为期七天的访问并提供医疗服务。据悉，"和平方舟"号医院船执行此次"和谐使命-2023"任务，将先后赴基里巴斯、汤加、瓦努阿图、所罗门群岛、东帝汶五国进行访问并分别开展为期七天的人道主义医疗服务。这是"和平方舟"号医院船第九次执行"和谐使命"任务，也是中国海军舰船首次访问基里巴斯。

15 日 中国政府太平洋岛国事务特使钱波访问库克群岛，分别会见库协理外长艾利卡纳、外交移民部秘书长赫尔曼，就双边关系、中国同太平洋岛国关系及共同关心的国际和地区问题同库方深入交换意见。

19 日 2023 年美拉尼西亚艺术文化节（MACFEST）在维拉港开幕，主题为"重建美拉尼西亚的未来"。该活动由美拉尼西亚先锋集团（MSG）组织，成员包括斐济、新喀里多尼亚卡纳克社会主义民族解放阵线、巴布亚新几内亚、所罗门群岛和瓦努阿图。

25 日 在国务院国有资产监督管理委员会大力支持下，中国外交部成功组织系列活动"驻华使节步入国企"第五场活动"步入中国中铁"。约 100 位驻华使馆及国际组织驻华代表机构人员出席，其中包括萨摩亚等 12 国驻华大使，12 位临时代办，1 位国际组织驻华代表。

25 日 斐济总理兰布卡称，本来计划 27~28 日出席成都第 31 届世界大学生夏季运动会开幕式，并进行对华访问，但因摔倒导致头部受伤，不得不取消原定的访华行程。

26 日 美国国防部长劳埃德·奥斯汀（Lloyd Austin）访问巴布亚新几内亚，双方签署了一项《随船观察员协议》（The Shiprider Agreement）。根据这份协议，美国海岸警卫队可以代表巴新当局进行海上执法，而且在这一过程中不需要巴新法律官员作为随船观察员。截至目前，美国以打击海上犯罪与非法捕鱼为名，已经先后与 11 个太平洋岛国签署了《随船观察员协议》。

26日 太平洋岛国论坛发布《太平洋气候安全评估指南》。该指南由太平洋岛国论坛与联合国开发计划署（UNDP）合作编写，由联合国建设和平基金资助的"太平洋气候安全"项目负责。该指南确定了太平洋地区气候安全的五个关键途径，揭示了气候变化对各个方面的影响，包括：生计和蓝色经济、土地、粮食、水和健康安全、灾害和复原力削弱、流动趋势和海洋边界、主权和地区稳定。

8月

4日 所罗门群岛卫生部长考维克·托加马纳（Culweick Togamana）率所罗门群岛卫生部及国家转诊医院相关负责人在贵州考察。代表团参观了贵州医科大学附属医院、贵州中医药大学、苗医药博物馆以及贵州的乡镇卫生院等，进一步了解了贵州的医疗服务能力和建设水平。代表团表示，中所建交以来，贵州援所罗门群岛医疗队为当地百姓提供了很多有效帮助，不仅开展诊疗服务，还带教培训当地医生、开展巡诊义诊等，提升了当地医生的医疗技术能力，也为挖掘整理传统医学资源提供启迪和借鉴。访问期间，双方签订了《中国贵州医科大学附属医院和所罗门群岛国家转诊医院深化交流合作谅解备忘录》，将共建中所中医针灸中心和中所泌尿微创外科中心。

12~18日 中央军委联合参谋部副参谋长率团赴斐济出席"印太"国防军司令会议并访问斐济。

14日 所罗门群岛国家议会反对党成员、前总理霍尼普维拉（Rick Houenipwela）率团参观中国援建的太平洋运动会体育场馆项目。中国驻所罗门群岛大使李明陪同。

15日 斐济19名学生获颁2023年中国政府奖学金。他们表示，将珍惜赴华留学机会，刻苦学习，为斐济发展和斐中合作贡献力量。

16日 据美国地质调查局地震信息网消息，瓦努阿图索拉岛附近海域于格林尼治时间16日12时47分发生里氏6.5级地震。震中位于南纬13.88度、东经167.16度，震源深度为193千米。

19 日　正在执行"和谐使命-2023"任务的中国海军"和平方舟"号医院船驶抵所罗门群岛霍尼亚拉港，开始为期七天的访问并开展医疗服务。所罗门群岛是本次任务的第四站，这是"和平方舟"号医院船首次访问所罗门群岛，也是中国海军舰船首次访问该国。

30 日　第二届小岛屿国家可持续发展高层论坛在斐济首都苏瓦举行。本次论坛以"科学、技术与人文在应对气候变化领域的应用"为主题，由聊城大学主办，聊城大学太平洋岛国研究中心、斐济南太平洋岛国亚洲研究院联合承办，聊城市对外友好协会协办。斐济教育部长阿塞里·拉德罗德罗、中国驻斐济大使周剑，以及来自澳大利亚、斐济、斯里兰卡和中国科学院、中国科学院大学、华东师范大学、聊城大学的专家学者共 50 余人参加本届论坛。与会人士纷纷表示，希望推动中国与太平洋岛国共建蓝色伙伴关系。

9月

4 日　东南亚国家联盟同环印度洋区域合作联盟及太平洋岛国论坛，在印度尼西亚首都雅加达召开的第 43 届东盟峰会及系列会议期间签署合作备忘录，共谋合作与发展。

5 日　瓦努阿图新任总理萨托·基尔曼表示，将"重新审视"上任总理伊什梅尔·卡尔萨考与澳大利亚签署的安全合作协议。基尔曼为人民进步党领袖，9 月 4 日刚被选举为总理。

5 日　巴布亚新几内亚总理詹姆斯·马拉佩和以色列总理本雅明·内塔尼亚胡（Benjamin Netanyahu）在耶路撒冷共同主持巴布亚新几内亚驻以色列大使馆的开馆仪式。巴勒斯坦和约旦等国强烈谴责。据路透社报道，多数国家选择在以色列特拉维夫设置大使馆，目前只有美国、科索沃、危地马拉和洪都拉斯将大使馆设在耶路撒冷。

6 日　汤加立法议会对首相胡阿卡瓦梅利库进行不信任动议投票，结果以 14 票对 11 票被否决，胡阿卡瓦梅利库仍然是汤加的领导人。据称，该动议由汤加塔布省议员埃克提交，其中罗列了对首相的 46 项指控，包括其腐败、管理不善和未履行发展承诺等。

8 日　丹麦参选联合国安全理事会成员特别代表霍尔格·尼尔森（Holger K. Nielsen）拜访斐济外交部助理部长莱诺拉·凯雷克雷塔布阿（Lenora Qereqeretabua）时表示，丹麦致力于在气候变化、可再生能源以及与小岛屿发展中国家等相关问题上加强对斐济的支持。凯雷克雷塔布阿阐明了斐济等小岛屿发展中国家因气候变化而面临的挑战，强调通过绿色气候基金等倡议加强双方合作，推动可持续发展。

21 日　汤加与越南首次建立外交关系。汤加外交部长费基塔莫埃洛阿·乌托伊卡马努和越南外交部长裴青山（Bui Thanh Son）在纽约出席了两国驻联合国使团团长签署《汤加与越南建交联合公报》的仪式。

22 日　所罗门群岛总理索加瓦雷在第 78 届联合国大会一般性辩论发言中，高度赞赏了中所合作。他表示同中国的发展合作更符合国家需求，并指出中方是所主要的基础设施合作伙伴。同时要求日本停止核污染水排海，称这种行为是对全球信任和团结的打击。

23 日　布干维尔自治政府（Autonomous Bougainville Government，ABG）强烈反对在巴布亚新几内亚议会进行独立公投时对议员进行无记名投票。据称，莫尔斯比港政府正在推动进行无记名投票。

25 日　2023 世界友城论坛暨友好省州领导人大会在山东济南开幕。在主题推介环节，密克罗尼西亚联邦科斯雷州副州长阿尔西·奈纳（Arthy G. Nena）表示，"我们虽然跨越着太平洋，但海洋并没有将我们分开，而是紧密团结在了一起，让我们共同努力，让我们的海洋更蓝，家园更美"。据悉，奈纳一行此次到访了山东青岛、济南、聊城等地。

25~26 日　美国总统拜登邀请 18 位太平洋岛国领导人，出席在白宫举行的第二届美国-太平洋岛国峰会。所罗门群岛总理索加瓦雷和瓦努阿图总理基尔曼因故缺席。拜登在峰会上承诺为太平洋岛国提供 2 亿美元资金，协助太平洋岛国应对气候变化和改善基础设施建设，并宣布与库克群岛和纽埃正式建立外交关系。

26日　亚洲基础设施投资银行（AIIB）发布消息，在埃及沙姆沙伊赫召开第八届理事会年会期间，批准所罗门群岛加入亚投行。

27日　所罗门群岛总理索加瓦雷回应缺席在美国举行的第二届美国-太平洋岛国峰会原因，称不愿再任由美国说教。

28日　萨摩亚成为签署《国家管辖范围以外区域海洋生物多样性养护和可持续利用协定》的七个太平洋岛国之一。密克罗尼西亚联邦是第一个签署该条约的太平洋岛国。经过15年的谈判，斐济、帕劳、马绍尔群岛、萨摩亚、所罗门群岛和图瓦卢陆续签署。该协定旨在保护海洋、促进公平公正、应对环境退化和气候变化以及防止公海生物多样性丧失。

10月

6日　瓦努阿图议会通过不信任动议投票罢免9月刚上任的总理萨托·基尔曼，以无记名投票方式选举夏洛特·萨尔维为新任政府总理。萨尔维曾于2016~2020年担任过该国总理。

10日　斐济以"多样性中的团结"为主题庆祝独立53周年。

15~19日　来华参加"第二期太平洋岛国外交官培训项目"的太平洋岛国外交官一行16人访问山东。代表团成员由基里巴斯外交部礼宾司司长雷蒂·安吉玛鲁（Reti Angimaru）、汤加外交部政策司亚洲事务主管玛塞拉·卡拉纽瓦卢-福托菲利（Marcella Kalaniuvalu-Fotofili）等来自基里巴斯、汤加、斐济、萨摩亚、巴布亚新几内亚、瓦努阿图、密克罗尼西亚联邦、所罗门群岛八个国家的16位青年外交官组成。代表团访问了青岛、济宁、济南、聊城四市，参访了渔业、港口、新能源汽车制造、新农村建设、中国-太平洋岛国应对气候变化合作中心等项目及历史文化古迹。

16~19日　巴布亚新几内亚总理詹姆斯·马拉佩应邀出席第三届"一带一路"国际合作高峰论坛，并对中国进行正式访问。

16日　在中国和巴布亚新几内亚两国元首共同见证下，国家发展和改革委员会主任郑栅洁与巴新有关部门主要负责人分别签署共建"一带一路"、经济发展领域交流合作、可持续发展合作、能源合作等四份合作文件。

16 日 美国与马绍尔群岛正式续签《自由联系条约》，为期 20 年。根据该协定，美国将向马绍尔群岛提供价值 23 亿美元的经济援助。同时，美国仍然能够在该国获得军事特权。

17 日 中国国家主席习近平在人民大会堂会见来华出席第三届"一带一路"国际合作高峰论坛并进行正式访问的巴布亚新几内亚总理马拉佩，双方发表《中华人民共和国和巴布亚新几内亚独立国联合声明》。

17 日 中国政府太平洋岛国事务特使钱波会见应邀来华出席第三届"一带一路"国际合作高峰论坛的斐济副总理兼旅游和民航部长维利亚姆·加沃卡，双方就中斐关系等深入交换意见。

19 日 瓦努阿图外商投资促进局（VFIPA）正式发布外商直接投资在线注册系统（https：//registry. investvanuatu. vu/register）。外商直接投资在线注册系统是一个线上注册工具，投资者可以在线注册提交申请、完成相关支付手续，同时瓦努阿图外商投资促进局的工作人员也得以更加方便、快捷地对投资相关的申请手续进行线上处理。

20 日 太平洋岛国"汉语+船员技能+养殖技术"培训项目在泉州师范学院举行开班仪式，福建省人民政府外事办公室、泉州海事局、泉州教育局、中泉公司代表出席，来自萨摩亚、基里巴斯、斐济、巴布亚新几内亚、汤加等五个太平洋岛国的六名学员参加开班仪式。此次培训由福建省外办、泉州师范学院共同实施，为期八周，旨在加强福建省与太平洋岛国在减贫领域的合作，提升岛国民众减贫技能。

25 日 斐济中国文化中心联合敦煌研究院举办了"中国故事"系列讲座之《世界的敦煌》。讲座由敦煌研究院学术委员会主任委员赵声良博士担纲，分别就敦煌文化的世界性、国际敦煌学研究、敦煌研究院的历史与发展等内容与中斐听众进行了精彩的分享和交流。斐济政府部门、文化艺术机构，南太平洋大学孔子学院，福运集团、中国烟建等中资机构和企业，华助中心、斐济华人文体协会等侨界社团，新老华人华侨，斐济茶与卡瓦同学会，苏瓦逸仙学校和苏瓦国际学校学生等近百人参加本次讲座。斐济中国文化中心"中国故事"系列讲座旨在讲好中国故事，传播中国声音，让斐济人民感受和认识真实、立体、全面的中国，加深中、斐两国文化交流。

30 日　巴布亚新几内亚总理马拉佩在莫尔斯比港会见中共中央对外联络部副部长郭业洲率领的中共代表团。双方一致认为，中国和巴新作为好朋友、好伙伴、好兄弟，应夯实政治互信，拓展合作领域，造福两国人民。

11月

4 日　中国外交部副部长马朝旭在上海会见来华出席第六届中国国际进口博览会的斐济副总理兼对外贸易合作和中小企业部长马诺阿·卡米卡米加（Manoa Kamikamica）。马朝旭表示，中方愿同斐方一道，扩大各领域交往合作，推动两国关系健康稳定向前发展。

7 日　瓦努阿图 29 名国会议员签署并提交了一份对总理夏洛特·萨尔维的不信任动议，此时他就任瓦努阿图第 27 任总理仅一个月零一天。这项不信任动议已被登记，并计划在 14 日的特别议会会议上进行辩论，有 28 名签署者呼吁召开这次特别会议。最后该动议获得通过，瓦努阿图在三个月内选出第三任总理。

7~11 日　第 52 届太平洋岛国论坛领导人峰会在库克群岛首都阿瓦鲁阿举行。会议由太平洋岛国论坛轮值主席、库克群岛总理马克·布朗主持，主题为"我们的声音、我们的选择、我们的太平洋之路"。会议重点围绕《蓝色太平洋大陆 2050 战略》的实施方案、气候变化、海洋环境、相关核问题、劳动力流动与安全等议题展开多轮对话和讨论。日本核污染水排海问题也成为焦点议题之一。会议通过了《太平洋区域气候流动框架》，为政府规划和管理气候流动性问题提供了实用指导。据路透社报道：巴布亚新几内亚、瓦努阿图和所罗门群岛领导人未出席该峰会，由部长代为出席；新西兰候任总理克里斯托弗·卢克森（Christopher Luxon）表示不会参加本次峰会。

8 日　中国-太平洋岛国海洋防灾减灾合作研讨会在福建省平潭综合实验区召开。与会嘉宾共同见证了中国-太平洋岛国防灾减灾合作中心海洋防灾减灾合作分中心正式启用。研讨会上，国家海洋信息中心与中国海洋发展基金会联合发布了《气候变化下小岛屿国家海平面上升状况（2023）》。自然资源部海岛研究中心与太平洋岛国发展论坛签署合作协议，国家海洋环境预报中心与所罗门群岛气象局签署海啸预警合作谅解备忘录。

8 日　中国政府太平洋岛国事务特使钱波在库克群岛首都阿瓦鲁阿出席第 52 届太平洋岛国论坛有关活动期间，会见库克群岛总理马克·布朗。钱波介绍了第三届"一带一路"国际合作高峰论坛取得的丰硕成果，祝贺库方成功举办论坛领导人会议，表示中方高度重视发展中库关系，支持岛国联合自强，愿在"一带一路"框架内推动双方合作取得更多成果，造福岛国人民。中方将根据岛国的需求，建立中国与太平洋岛国合作平台。

8 日　第二次中国-太平洋岛国执法能力与警务合作部级对话在北京举行，所罗门群岛、汤加、基里巴斯、瓦努阿图、巴布亚新几内亚、库克群岛代表团团长出席并发言。对话会上，北京、福建两地视频连线举办了中国-太平洋岛国警务培训中心揭牌仪式。

9 日　首届中国-太平洋岛国教育部长会在联合国教科文组织第 42 届大会期间于法国巴黎召开，中国教育部长怀进鹏和来自库克群岛、斐济、基里巴斯、纽埃、巴布亚新几内亚、萨摩亚、所罗门群岛、汤加、瓦努阿图等国教育部长或代表、联合国教科文组织代表出席会议。

10 日　瓦努阿图部长会议已同意要求总统尼克尼克·武罗巴拉武解散议会。该决定是自上次举行提前选举仅一年多以来做出的。瓦努阿图持续的政治不稳定导致三年内更换了四位总理。《瓦努阿图宪法》第 28（3）条指出"共和国总统可根据部长会议的建议解散议会"。

10 日　太平洋岛国论坛领导人在第 52 届太平洋岛国论坛领导人会议上确认备受争议的瑙鲁前总统巴伦·瓦卡（Baron Waqa）为该地区组织的新任秘书长。据报道，因有人对提名瓦卡担任论坛下一任秘书长质疑，瑙鲁新当选总统戴维·阿迪昂（David Adeang）和瓦卡率领的整个瑙鲁代表团在该论坛全体会议结束后就离开了库克群岛。

11 日　由中国生态环境部应对气候变化司主办、中国-太平洋岛国应对气候变化合作中心承办的"应对气候变化南南合作——气候变化风险、适应与能力建设培训班"结业典礼暨文艺会演在聊城大学举行。本次培训班共邀请到来自巴布亚新几内亚、基里巴斯、斐济、萨摩亚、密克罗尼西亚联邦和斯里兰卡等国的 23 名学员参训。培训为期两周,共开设 19 个专题理论讲座,开展了六个现场案例教学、14 次文化体验和浸润式中华优秀传统文化学习活动。讲座围绕气候变化、灾害评估、生态系统碳循环、气候变化与水资源保护、碳收集利用与储存以及太平洋岛国气候与海洋治理等前沿领域展开。培训期间,还举办了以气候变化减缓与适应为主题的对话交流活动,参训学员与来自复旦大学、山东大学、山东省科学院和聊城大学的专家围绕气候变化对太平洋岛国的影响、中太携手应对气候变化的路径等展开了富有成效的探讨和交流。

15 日 基里巴斯对华免签政策正式落地生效。即日起,持外交、公务、普通护照(有效期在六个月以上)赴基旅游、短期访问的中国公民可免签入境、过境,每 12 个月累计在基停留不超过 90 天。如单次在基停留超过 30 天,需向基移民局申请延长停留期,延期时长最多 60 天。中国驻基里巴斯大使馆提醒,基对华免签政策目前仅适用于赴基旅游、短期访问的中国公民。赴基工作、投资、学习、研究的中国公民,需提前申请相应类型签证,未取得许可在基开展上述活动将面临处罚。

15 日 瓦努阿图总统尼克尼克·武罗巴拉武与政治领导人举行会议后表示,拒绝解散议会的请求。该国即将再次举行提前选举,距 2022 年 10 月上次提前选举仅一年多。获得议会多数议员支持的反对派团体撤回了对总理夏洛特·萨尔维及其少数派政府的不信任动议。这一系列史无前例的事件是在瓦努阿图政治严重不稳定的背景下发生的,瓦努阿图三年内更换了四位总理。

16 日 中国国家主席习近平在旧金山会见斐济总理兰布卡。

16 日 欧盟与非洲、加勒比海和太平洋岛国地区国家签署了《萨摩亚协定》(The Samoa Agreement)。该协定将接替《科托努协定》(The Cotonou Agreement),成为未来 20 年欧盟与 79 个国家关系的新法律框架。其中包括

47 个非洲国家、16 个加勒比国家和 15 个太平洋国家以及马尔代夫共和国。该协定旨在加强欧盟和非加太国家共同应对全球挑战的能力。

19 日 第 17 届太平洋运动会在所罗门群岛首都霍尼亚拉正式开幕。这是该国首次举办太平洋运动会。本届太平洋运动会的口号是：挑战、庆祝、团结——通过体育促进团结，以运动的盛事庆祝所罗门群岛和太平洋地区的文化多样性。太平洋运动会每四年举办一次，是大洋洲最重要的体育赛事。举办这一届运动会的体育场馆不仅是中国与所罗门群岛 2019 年建交后的第一个大型成套经济技术合作项目，也是中国与所罗门群岛共建"一带一路"倡议的重要成果。应所罗门群岛政府邀请，中国全国人大常委会副委员长蔡达峰率团出席运动会开幕式。

28 日 由中国海洋大学承办的 2023 应对气候变化风险与海洋环境保护国际培训班结业典礼在中国海洋大学崂山校区举办。此次培训班由生态环境部主办，中国海洋大学海洋碳中和创新研究中心承办，青岛市人民政府外事办公室协办，为期两周。国际培训班以应对气候变化风险与海洋环境保护为主题，开设了 12 个主题课程，邀请知名学者授课，同时为学员们定制了六条考察参观线路、两次国学课堂和两次中国文化研学，丰富和加强学员应对气候变化风险与海洋环境保护的相关知识和意识，为太平洋岛国更好地提升应对气候变化和海洋保护能力提供助力。来自斐济、基里巴斯、密克罗尼西亚联邦、所罗门群岛、瓦努阿图、巴布亚新几内亚、库克群岛共七个太平洋岛国的 31 名官员和学者参加培训。

12月

7 日 第三批援基里巴斯中国医疗队五名队员启程前往基里巴斯首都塔拉瓦执行为期一年的援外医疗任务。山东自 2022 年起开始承担援基里巴斯医疗任务，目前累计派出医疗队两批八人次。本次援基里巴斯中国医疗队包括急诊、麻醉、血液内科、放射医学、超声医学等专业，队员来自山东大学第二医院、山东省立医院、山东大学齐鲁医院德州医院、滨州市中心医院、滨州医学院烟台附属医院。

11日　中国新任驻所罗门群岛大使蔡蔚鸣抵所履新。

15～20日　来自巴布亚新几内亚、斐济、萨摩亚、基里巴斯、汤加等太平洋岛国的六名青年在参加了由福建省人民政府外事办公室主办、泉州师范学院承办的太平洋岛国"汉语+船员技能+养殖技术"培训后，赴龙岩市、福州市和平潭综合实验区参访，深入了解南岛语族历史文化以及福建省与太平洋岛国交流合作情况。

18日　日本与斐济签署援助额为4亿日元的"政府安全保障能力强化支援"（Official Security Assistance，OSA）项目。日本为斐济海军提供用于警戒监视的警备艇、救助艇等，以完善该国海上安保体系，提升灾害应对能力。"政府安全保障能力强化支援"是日本于2023年4月推出的新援助项目，与仅限非军事领域的政府开发援助（ODA）项目不同，该项目向拥有所谓"共同价值观"发展中国家的军队提供援助，以支持受援国提高军事实力与安全保障能力。

18日　由中国铁建中国土木工程集团有限公司承建的瓦努阿图公路项目二期马勒库拉段的移交仪式在马勒库拉岛举行。瓦努阿图总理萨尔维表示，新公路标志着两国合作关系上升到新高度。

20日　当地时间9时29分（北京时间7时29分），一架搭载130余名旅客的中国南方航空（简称"南航"）CZ5055航班平稳降落在巴布亚新几内亚的莫尔斯比港国际机场，标志着南航广州至莫尔斯比港直飞航线正式开通。即日起，南航将每周执飞一班广州往返莫尔斯比港航线。

21日　帕劳总统惠普斯要求美国在帕劳永久部署"爱国者"防空导弹系统，但这一提议在帕劳引发争议。该国参议院议长霍肯斯·鲍勒斯（Hokkons Baules）表示，这不符合帕劳作为一个独立国家的历史。11月下旬，帕劳参议院通过了一项决议，拒绝永久部署美国"爱国者"防空导弹系统。

27日　中国外交部礼宾司副司长李响接受所罗门群岛新任驻华大使巴雷特·萨拉托（Barrett Salato）递交国书副本。

Abstract

In 2023, the political situation in the Pacific island region remained generally stable. General elections were held in the Federated States of Micronesia, Vanuatu, Nauru, the Marshall Islands, and French Polynesia. Among these, Vanuatu experienced frequent changes in its prime ministers, leading to domestic turmoil and political crises. Following the COVID−19 pandemic, the economies of Pacific island nations gradually rebounded. The tourism and construction sectors emerged as significant drivers of economic recovery. However, uncertainties in economic growth were exacerbated by regional conflicts, high inflation, and climate crises. At the societal level, Pacific island nations continued to grapple with issues such as illicit drug trafficking, food crises, and disparities in education, leading to escalating social tensions. In response, Pacific island nations leveraged geopolitical competition to expand cooperation and deepen relations, with the aim of maximizing their own development interests. In response to the pressing issue of climate change, Pacific island nations employed a novel diplomatic approach, dubbed "New Pacific Diplomacy", to advance the climate change agenda on the global stage.

At the regional level, New Caledonia and French Polynesia encountered setbacks in their pursuit of independence from France. Negotiations for the new constitutional status of New Caledonia stalled, casting doubt on the independence process. In May 2023, following the inauguration of a new president in French Polynesia, France pledged to abandon its "Empty Chair" policy towards French Polynesia, yet did not respond to its independence demands. The postponement of the independence referendum in the Bougainville region of Papua New Guinea has exacerbated the sustained surge in independence sentiment in the area. Despite numerous consultations, substantive progress has yet to be made, adding new uncertainties to Bougainville's independence process. In 2023, regional organisations such as the Pacific Community and the Pacific Islands Forum assumed an increasingly prominent role on the international stage. These organisations advocated for Pacific island nations, undertaking extensive work in areas such as environmental protection, energy development, and digitalisation. Through mutual support and bridging past divides, these regional organisations were committed to safeguarding the "Blue Pacific" and promoting sustainable development and prosperity in the region.

The Pacific island region has become a focal point of competition and cooperation for various countries. Various countries, including the United States, Australia, New Zealand, France, India, the Republic of Korea, and Japan, are engaged in diplomatic, economic, security, and cultural efforts to strengthen their control over the region's politics, economy, culture, and ideology. This is being done in order to expand their influence in Pacific island nations. In May, India hosted the third India-Pacific Island Countries Cooperation Forum Summit (FIPIC), while the Republic of Korea hosted its inaugural summit with Pacific island leaders. In July, French President Macron embarked on a "historic" tour of the South Pacific, visiting New Caledonia, Vanuatu, and Papua New Guinea. In September, the second U.S. −Pacific Islands Leaders Summit was held. Japan established diplomatic missions in Kiribati and New Caledonia. Australian and New Zealand leaders conducted visits to Pacific island countries.

In 2023, The Pacific island countries faced both opportunities and challenges in politics, the economy, society, and international relations. Through high-level dialogues and party exchanges, China and Pacific island nations expanded cooperation areas and promoted economic recovery. They engaged in practical cooperation in poverty alleviation, food security, green development, digital economy, and climate change, bringing China-Pacific island relations to a new level. In the context of intensified global geopolitical competition and economic headwinds, comprehensive cooperation between China and Pacific island nations serves their common interests. Pacific island nations must actively advance the "Look North" policy and align the "Blue Pacific Plan" with China's "the Belt and

Road" Initiative. Furthermore, they should strengthen communication and coordination on major issues, and conduct extensive cooperation at all levels and in all fields. In accordance with the principles of equality and mutual benefit, they should establish a comprehensive, broad-ranging, and multi-level cooperative relationship. This will enhance the efficiency of cooperation and facilitate new contributions to regional peace, stability, and development.

Keywords: Pacific Island Countries; "The Belt and Road" Initiative; Post-pandemic Era; Sub-regional Cooperation

Contents

I General Report

Abstract: In 2023, the political situation in the Pacific island region remained stable, with a sense of national independence among island governments and peoples. However, there were occasional instances of unrest in certain areas. Economic recovery continued across the island nations, but development prospects faced obstacles such as a lack of a unified economic structure, inflationary pressures, and tense geopolitical situations. Social welfare concerns, such as drug proliferation, food crises, and high unemployment rates, persisted in some countries. On the international stage, Pacific island countries maximised their national interests by leveraging bilateral and multilateral partnerships. In 2023, relations between China and the Pacific progressed steadily, with active promotion of alignment between Pacific island countries and China's "The Belt and Road" Initiative and the "Blue Pacific Plan" . Cooperation areas were expanded and cooperation levels were enhanced, ushering in a new phase of relations.

Keywords: Pacific Island Countries; Political Situation; Economic Situation; China–PICs Relations

II Topical Reports

B.2 Comment on Political Situation in Pacific Island

Countries in 2023 *Wang Zuocheng, Wang Yusheng / 020*

Abstract: In 2023, the political election situation in the Pacific island countries is generally stable though some countries are in turmoil. Pacific island countries have stepped up their pursuit of autonomous governance with some bright spots in gender politics and anti-corruption. However, some Pacific island countries have experienced tribal conflicts and violence due to historical and tribal reasons. The Bougainville issue and the issue of voting rights reform in New Caledonia are going on. The political modernization process of the Pacific island countries has been tortuous, and political uncertainty and social unrest in the Pacific Island Countries still not to be underestimated with the intensification of the game between major powers.

Keywords: Pacific Island Countries; Political Election; Indigenization

B.3 The Economic Situation of Pacific Island Countries in 2023

Zhu Xuan, Li Haoyu and Sun Jianuo / 038

Abstract: In 2023, the expected regional growth rate of Pacific island countries is 3.5%, achieving steady economic recovery. The tourism industry of Fiji and Samoa has recovered strongly, returning to the level before the COVID-19 epidemic. Papua New Guinea's mineral and oil and gas development production has declined, and its economic growth rate is lower than expected. The Solomon Islands have accelerated mineral development and infrastructure construction, recovering from negative growth in 2022 to medium growth in 2023. In terms of fiscal and finance, Pacific island countries have actively promoted policy adjustments, reduced fiscal deficits and government debts, shifted from loose financial policies to tight financial policies. Looking back at 2023, Pacific island countries have positive achievements in economic growth and fiscal balance, laying the foundation for sustainable economic development.

Keywords: Pacific Island Countries; Economic Situation; Tourist Resources; Inflation; Migrant Labor

B.4 Pacific Island Countries Foreign Relations Situation in 2023

Lin Duo, Ning Tuanhui / 055

Abstract: In 2023, the diplomatic situation among the Pacific island countries is mainly centered upon two themes, internal unity and great power games. Kiribati's return to the Pacific Islands Forum has repaired the rift in South Pacific regionalism, which has given rise to the rich outcome of the 52nd PIF Leaders' Summit. South Pacific Regionalism has also been tested by issues such as Japan's nuclear-contaminated water discharge into the sea. The Melanesian Spearhead Group played a leading role in regional diplomatic activities. The two MSG major powers Papua New Guinea and Fiji have continued to increase their influence in the region and beyond. The increasingly institutionalized cooperation between China and the Pacific islands countries continued to blossom, while the United States, guided by its strategy of comprehensive competition against China, continues to exploit the South Pacific as a battleground for containing China's influence. As Asian and European powers significantly increased their engagement in the Pacific Islands, major power rivalry in the south pacific became more and more normalized, setting a tone for regional diplomatic activities.

Keywords: South Pacific Regionalism; Melanesian Spearhead Group (MSG); China-Pacific Islands Countries Cooperation; Major Power Rivalry

III   Countries Reports

B.5   Analysis of the Political, Economic, and Diplomatic
Development Situation in Papua New Guinea in 2023

Lu Qinghong / 077

Abstract: In 2023, the overall development of Papua New Guinea will present a situation where challenges and opportunities coexist. The domestic political situation in Papua New Guinea is complex, and social security is still facing challenges. By building a police force and actively solving the Bougainville issue, the Malape government has won the recognition and support of all parties and further consolidated its ruling position. The ruling party focuses on launching the fourth medium-term development plan to win the support of international organizations, and accelerate the development of localized economic construction and improve GDP through infrastructure construction and expansion of foreign trade cooperation, so as to further alleviate economic pressure. In terms of diplomacy, the Prime Minister of Australia, the Secretary of State of the United States, the President of France, the Secretary of Foreign Affairs of the United Kingdom, etc. will visit in 2023, and the United States, the United Kingdom, Japan, India, etc. will further expand cooperation with Pakistan and New Pakistan. The tripalateral security partnership built by Pakistan and Australia, the United Kingdom and the United States forms interaction and docking, showing pluralistic diplomatic tendencies. In promoting the high-quality development of the Belt and Road Initiative, China has strengthened cooperation with Papua New Guinea. In the ever-changing geopolitical landscape, Pakistan and New New Countries have constantly flexibly adjusted their diplomatic strategies to maintain a balance among major powers and achieve their own development.

Keywords: Papua New Guinea; Political Situation; Economy; Foreign Relations

B.6 An Overview of Palau's Political, Economic and
Diplomatic Development in 2023

Li Defang, Sun Xuemei / 092

Abstract: There were great challenges in the political, economic and diplomatic fields in the Republic of Palau in 2023. In the political field, the government led by Whipps Jr. signed the Review Agreement of COFA with the United States. However, the U. S. Congress didn't ratified the agreement in 2023. At the same time, the deficit of Civil Service Pension Plan and the shortage of public service funds has been further aggravated public service crisis of the government. In economy, economic recovery was weak, the trend of negative economic growth has not been reversed, and tourism industry has not recovered to the expected. In diplomacy, Whipps Jr. visited traditional friendly countries such as USA and Japan, Palau has also welcomed the return visit of delegations from USA and Japan. Moreover, Palau received a large amount of aid from allies, and fruitful results with USA and Japan in military diplomacy. The climate diplomacy by the Whipps Jr. government also made the voices of Palau heard for many times on the world stage.

Keywords: The Republic of Palau; The Review Agreement of COFA; Tourism; Climate Diplomacy

B.7 The Economic and Political Situation of the Solomon Islands
and the Relationship Between China and the Solomon
Islands in 2023 *Zhang Yong, Xu Anran* / 124

Abstract: In 2023, the Solomon Islands' economy resumed growth, the political system maintained dynamic orderliness and continuity, and the relationship between China and the Solomon Islands maintained a positive momentum of steady development. Earnings from the 17th Pacific Games and related industries partially mitigated the downward pressure on the economy from weak domestic demand and inflation. Due to the long-term impact of the coronavirus pandemic and the 2021 Honiara riots, Sogavare's government postponed the national elections until 2024, while improving the electoral system by adjusting the Electoral Commission, improving legislation, and improving the electoral system. In July 2023, Solomon Islands Prime Minister Sogavare visited China, and the leaders of the two countries reached important consensus on bilateral relations and issues of common concern, and China and Solomon Islands formally established a comprehensive strategic partnership of mutual respect and common development in the new era.

Keywords: Solomon Islands; 17th Pacific Games; Political Situation; China-Solomon Islands Relations

B.8 A Review of the Kingdom of Tonga's Politics, Economy and Diplomacy in 2023

Tian Xiaohong, Luo Xinran / 138

Abstract: The political situation in the Kingdom of Tonga was volatile in 2023. The no-confidence motion against Prime Minister Hu'akavameiliku highlighted political divisions and accelerated the pace of democratic political reforms in the Kingdom of Tonga. In addition, Tonga's anti-corruption efforts and the fight against human trafficking were Progressed well. In the economic field, after the volcanic eruption, the damage and reconstruction of infrastructure, the closure and restart of air routes, Tonga's pillar industry tourism has gradually recovered. In the agricultural field, the Government of Tonga has formulated a series of measures to promote the modernization of agriculture, and contribute to future food security and economic development. In the field of diplomacy, the Kingdom of Tonga has actively developed bilateral relations and established diplomatic relations with a number of countries. Affected by extreme weather, the Kingdom of Tonga has become an active advocate for the global response to climate change, constantly making its voice heard on the world multilateral stage.

Keywords: Tonga; Motion of No Confidence; Tourism; Climate Diplomacy; China-Tonga Relations

B.9 Analysis of Fiji's Economic and Political Development in 2023

Yang Honglian, Ashwin Raj and Zhao Shaofeng / 162

Abstract: In 2023, due to the strong recovery of the tourism industry, Fiji's economy has developed significantly. However, at the same time, people's living standards have developed in a direction inconsistent with the macroeconomics. Social problems caused by the weak private economy have gradually become prominent, which in turn has affected Fiji's economy. The card government's industrial layout of the economy. 2023 is the first full year of power for the coalition government led by Lambuka after taking office. Due to the fierce conflict between the governing philosophy and the political legacy of the previous government, Fiji is facing a governance crisis and the risk of a coup.

Keywords: Fiji; Economy; Politics; Pacific Island Countries; Great Chief Council (GCC)

Ⅳ Special Reports

B.10 Analysis of the Development of Regional Organizations in Pacific Island Countries in 2023

Shi Yingli, Gu Yihua / 183

Abstract: In 2023, regional organizations led by the Pacific Community, the Pacific Islands Forum and the sub-regional organizations of the Melanesian Pioneer Group continued the Pacific Consensus model, increased the awareness of crisis, paid attention to regional security issues in the fields of environment, energy, health, food, population and biology, and took the Blue Pacific Continent 2050 Strategy as a breakthrough. Tough on climate change. However, due to the influence of history and geopolitics, the Pacific region has always been unable to step out of the shadow of great power competition, and the problem of poverty has not changed substantially. In addition, the scattered islands, small number of people on the islands, low network coverage, slow technological update and other practical problems make Pacific island countries more isolated in world trade activities. They still have a long way to go before they can give full play to the core role of regional organizations, keep warm together, and protect the blue Pacific Ocean.

Keywords: Pacific Island Countries; Regional Organizations; Sub-regional Organizations

B.11　An Analysis of the Development of Marine Economy and Ocean Governance in Pacific Island Countries in 2023

Lin Xianghong, Wei Jin and Ding Qi / 206

Abstract: In 2023, the overall situation of marine economic development in Pacific island countries was positive. Fisheries, as the most traditional marine industry in Pacific island countries, continued to develop steadily, with purse seining being the main method of tuna fishing. Pacific island countries have reopened borders, restored tourism infrastructure and flights, and accelerated the pace of tourism development, which has become a major drive for economic growth. The Ministers of Energy and Transportation in Pacific island countries have jointly agreed on key priorities for the future of the maritime sector, focusing on promoting sustainable development and decarbonization of the shipping industry. Pacific island countries have also been deeply involved in global ocean governance, focusing on Marine environmental protection and comprehensive response to climate change, sustainable conservation and management of Marine living resources, formulation of rules for deep-sea mining governance, cooperation with major countries outside the region on maritime infrastructure, and actively expressing their governance ideas and positions in the international community.

Keywords: Pacific Island Countries; Fishery Industry; Tourism; Shipping Industry; Ocean Governance

B. 12　Analysis on the Development of Chinese Education in

　　　　Pacific Island Countries in 2023

Liang Guojie, Yang Qian / 224

Abstract: In 2023, the overall development of international Chinese education cooperation between China and Pacific island countries is in a good situation. Confucius Institutes (and Confucius Classrooms) in Fiji, Papua New Guinea, Samoa and other countries are developing smoothly, and new progress has been made in international Chinese education in Kiribati, Vanuatu, Tonga and other Pacific island countries. Although the scale of international Chinese education in Pacific island countries is still small, with the improvement of bilateral relations between China and Pacific island countries and the continuous progress of the "Belt and Road" initiative, the international Chinese education in Pacific island countries has broad prospects for future development. In future, a series of "Chinese + vocational skills" projects should be carried out steadily; the online Chinese teaching mode and resource development should be explored and enhanced through strengthening regional and international cooperation; the innovative cooperation mechanism of "International Chinese School" should be devised and established; the integration of Chinese education into the national education system of Pacific island countries should be continuously promoted; and the training of local Chinese teachers in Pacific island countries should be given great impetus to.

Keywords: Pacific Island Countries; International Chinese Education; Confucius Institutes

B.13 Turning to the "Indo-Pacific": A Review of French Policy Towards the Pacific Island Region in 2023

Tian Yun, Wan Shouhong / 240

Abstract: In 2023, the French Government's policy towards the Pacific Island region will be characterized by new trends. As the "Indo-Pacific" region is gaining importance in the global governance system, France has deepened its presence in the region through the development and adaptation of its "Indo-Pacific Strategy". France's policy focuses on safeguarding the interests of its overseas territories, while at the same time focusing on low-political areas such as climate change and biodiversity conservation in order to enhance its soft power and international image. Through its diplomatic, military, environmental protection, cultural and scientific cooperation efforts, France seeks to increase its influence in the Pacific Island region and reassert itself as a major power in the "Indo-Pacific". However, in advancing its policies, France also faces challenges and dilemmas arising from geographical distance, resource constraints, competition with other Powers and its colonial past.

Keywords: France's "Indo-Pacific Strategy"; Pacific Island Region; Soft Power

B.14 An Analysis of New Zealand's Policy Towards Pacific Island Countries in 2023

Zhang Juan / 256

Abstract: In 2023, New Zealand experienced a Prime Minister election. The new government continues its previous policies to seek to expand New Zealand's influence over Pacific island countries and enhance economic ties with Pacific island countries in multiple areas such as development assistance, trade, economic cooperation, and immigration policies; On the basis of the first National Security Strategy, the Defense policy and strategy statement 2023 and Defense policy review: future force design principles 2023 were released, adopting a more proactive defense strategy for Pacific island countries and regions, and actively establishing partnerships with "the Five Eyes Alliance"; in 2023 New Zealand Continued to increase climate aid to Pacific island countries and regions.

Keywords: New Zealand; Pacific Island Countries; National Defense Strategy

Abstract: In 2023, against the backdrop of the turbulent international political and economic situation, Japan paid more attention to the geopolitical pattern of the Pacific island countries and further increase its diplomatic offensive against the Pacific island countries to improve its position in the region. Japan focused on promoting multinational cooperation and strengthening assistance and development in the Pacific island countries region, so as to enhance Japan's influence in the Pacific island countries. On the foreign policy front, Japan and its partners began to shift from bilateral agreements to multilateralism, improving aid efficiency through new forms of cooperation. In the field of government development assistance, Japan was committed to achieving regional connectivity to accelerate the integration process of Pacific island countries through the establishment of a new mechanism for more effective regional coordinated development and digital integration, including artificial intelligence, to promote the coordinated regional development of Pacific island countries. In the field of economic diplomacy, Japan pays more attention to the multi-level connectivity of economic development and achieves economic growth on both sides in a win-win manner.

Keywords: Japan; Pacific Island Countries; Geopolitics

B . 16   A Review of "The First Korea-Pacific Islands Summit"

Sun Xueyan, *Sun Jinglu* / 283

Abstract: "The First Korea-Pacific Islands Summit" in 2023 has attracted much attention, marking the formal implementation of ROK's "Indo-Pacific Strategy". The Yoon Seok-youl Government has explicitly declared the Pacific island countries as key partners, held "The First Korea-Pacific Islands Summit" with high profile, significantly increased aid to Pacific island countries, and strengthened bilateral cooperation in areas such as climate change, maritime security, fisheries, and health. "The Korea-Pacific Islands Summit" was held to improve the relations between the Republic of Korea and Pacific island countries. The reason is as follows: the increasing importance of the Pacific island Countries' geopolitical value; the drive from ROK's diplomatic positioning as a "global hub state"; the need for its own economic interests; and the encouragement from the United States. However, due to a variety of factors, the adjustment of ROK's foreign policy toward Pacific island countries also faces many challenges.

Keywords: "The Korea-Pacific Islands Summit"; Yoon Seok-youl; "Indo-Pacific Strategy"

V   Relations of China-Pacific Island Countries

B . 17   Retrospect and Prospect of China-Pacific Island

Countries Relations in 2023

Zhao Shaofeng, *Li Youyi* / 298

Abstract: In 2023, the Belt and Road Initiative (BRI) celebrated its 10th anniversary, highlighting the flourishing relations between China and the Pacific island Countries along the 21st Century Maritime Silk Road's southern route. The engagement has been characterized by dynamic high-level exchanges and vigorous head-of-state diplomacy. Events like the third China-Pacific Island Countries

Political Leadership Dialogue underscore the maturation and enrichment of the dialogue and cooperation mechanisms between the two sides. Proactive local cooperation between Chinese provinces and municipalities has further deepened these relations. Through projects like airport, highway, and port construction, China has contributed significantly to the Pacific island countries' economic development, while also focusing on pivotal long-term development issues such as food security, climate change, and sustainable growth. As a vital component of China's broader diplomatic strategy, these efforts aim to forge a more integrated and mutually beneficial China-Pacific island countries community of shared future.

Keywords: Pacific Island Countries; "The Belt and Road" Initiative; Climate Change

Appendix

皮书

智库成果出版与传播平台

✣ 皮书定义 ✣

皮书是对中国与世界发展状况和热点问题进行年度监测，以专业的角度、专家的视野和实证研究方法，针对某一领域或区域现状与发展态势展开分析和预测，具备前沿性、原创性、实证性、连续性、时效性等特点的公开出版物，由一系列权威研究报告组成。

✣ 皮书作者 ✣

皮书系列报告作者以国内外一流研究机构、知名高校等重点智库的研究人员为主，多为相关领域一流专家学者，他们的观点代表了当下学界对中国与世界的现实和未来最高水平的解读与分析。

✣ 皮书荣誉 ✣

皮书作为中国社会科学院基础理论研究与应用对策研究融合发展的代表性成果，不仅是哲学社会科学工作者服务中国特色社会主义现代化建设的重要成果，更是助力中国特色新型智库建设、构建中国特色哲学社会科学"三大体系"的重要平台。皮书系列先后被列入"十二五""十三五""十四五"时期国家重点出版物出版专项规划项目；自2013年起，重点皮书被列入中国社会科学院国家哲学社会科学创新工程项目。

权威报告·连续出版·独家资源

皮书数据库
ANNUAL REPORT(YEARBOOK)
DATABASE

分析解读当下中国发展变迁的高端智库平台

所获荣誉

- 2022年，入选技术赋能"新闻+"推荐案例
- 2020年，入选全国新闻出版深度融合发展创新案例
- 2019年，入选国家新闻出版署数字出版精品遴选推荐计划
- 2016年，入选"十三五"国家重点电子出版物出版规划骨干工程
- 2013年，荣获"中国出版政府奖·网络出版物奖"提名奖

皮书数据库   "社科数托邦"
                    微信公众号

成为用户

　　登录网址www.pishu.com.cn访问皮书数据库网站或下载皮书数据库APP，通过手机号码验证或邮箱验证即可成为皮书数据库用户。

用户福利

- 已注册用户购书后可免费获赠100元皮书数据库充值卡。刮开充值卡涂层获取充值密码，登录并进入"会员中心"—"在线充值"—"充值卡充值"，充值成功即可购买和查看数据库内容。
- 用户福利最终解释权归社会科学文献出版社所有。

数据库服务热线：010-59367265
数据库服务QQ：2475522410
数据库服务邮箱：database@ssap.cn
图书销售热线：010-59367070/7028
图书服务QQ：1265056568
图书服务邮箱：duzhe@ssap.cn

社会科学文献出版社 皮书系列
SOCIAL SCIENCES ACADEMIC PRESS (CHINA)
卡号：133641955167
密码：

S 基本子库
SUB DATABASE

中国社会发展数据库（下设 12 个专题子库）

紧扣人口、政治、外交、法律、教育、医疗卫生、资源环境等 12 个社会发展领域的前沿和热点，全面整合专业著作、智库报告、学术资讯、调研数据等类型资源，帮助用户追踪中国社会发展动态、研究社会发展战略与政策、了解社会热点问题、分析社会发展趋势。

中国经济发展数据库（下设 12 专题子库）

内容涵盖宏观经济、产业经济、工业经济、农业经济、财政金融、房地产经济、城市经济、商业贸易等 12 个重点经济领域，为把握经济运行态势、洞察经济发展规律、研判经济发展趋势、进行经济调控决策提供参考和依据。

中国行业发展数据库（下设 17 个专题子库）

以中国国民经济行业分类为依据，覆盖金融业、旅游业、交通运输业、能源矿产业、制造业等 100 多个行业，跟踪分析国民经济相关行业市场运行状况和政策导向，汇集行业发展前沿资讯，为投资、从业及各种经济决策提供理论支撑和实践指导。

中国区域发展数据库（下设 4 个专题子库）

对中国特定区域内的经济、社会、文化等领域现状与发展情况进行深度分析和预测，涉及省级行政区、城市群、城市、农村等不同维度，研究层级至县及县以下行政区，为学者研究地方经济社会宏观态势、经验模式、发展案例提供支撑，为地方政府决策提供参考。

中国文化传媒数据库（下设 18 个专题子库）

内容覆盖文化产业、新闻传播、电影娱乐、文学艺术、群众文化、图书情报等 18 个重点研究领域，聚焦文化传媒领域发展前沿、热点话题、行业实践，服务用户的教学科研、文化投资、企业规划等需要。

世界经济与国际关系数据库（下设 6 个专题子库）

整合世界经济、国际政治、世界文化与科技、全球性问题、国际组织与国际法、区域研究 6 大领域研究成果，对世界经济形势、国际形势进行连续性深度分析，对年度热点问题进行专题解读，为研判全球发展趋势提供事实和数据支持。

权威报告·连续出版·独家资源

皮书数据库
ANNUAL REPORT(YEARBOOK)
DATABASE

分析解读当下中国发展变迁的高端智库平台

所获荣誉

- 2022年，入选技术赋能"新闻+"推荐案例
- 2020年，入选全国新闻出版深度融合发展创新案例
- 2019年，入选国家新闻出版署数字出版精品遴选推荐计划
- 2016年，入选"十三五"国家重点电子出版物出版规划骨干工程
- 2013年，荣获"中国出版政府奖·网络出版物奖"提名奖

皮书数据库　　"社科数托邦"
　　　　　　　　微信公众号

成为用户

　　登录网址www.pishu.com.cn访问皮书数据库网站或下载皮书数据库APP，通过手机号码验证或邮箱验证即可成为皮书数据库用户。

用户福利

- 已注册用户购书后可免费获赠100元皮书数据库充值卡。刮开充值卡涂层获取充值密码，登录并进入"会员中心"—"在线充值"—"充值卡充值"，充值成功即可购买和查看数据库内容。
- 用户福利最终解释权归社会科学文献出版社所有。

数据库服务热线：010-59367265
数据库服务QQ：2475522410
数据库服务邮箱：database@ssap.cn
图书销售热线：010-59367070/7028
图书服务QQ：1265056568
图书服务邮箱：duzhe@ssap.cn

社会科学文献出版社 皮书系列
SOCIAL SCIENCES ACADEMIC PRESS (CHINA)
卡号：133641955167
密码：

S 基本子库
UB DATABASE

中国社会发展数据库（下设 12 个专题子库）

紧扣人口、政治、外交、法律、教育、医疗卫生、资源环境等 12 个社会发展领域的前沿和热点，全面整合专业著作、智库报告、学术资讯、调研数据等类型资源，帮助用户追踪中国社会发展动态、研究社会发展战略与政策、了解社会热点问题、分析社会发展趋势。

中国经济发展数据库（下设 12 专题子库）

内容涵盖宏观经济、产业经济、工业经济、农业经济、财政金融、房地产经济、城市经济、商业贸易等 12 个重点经济领域，为把握经济运行态势、洞察经济发展规律、研判经济发展趋势、进行经济调控决策提供参考和依据。

中国行业发展数据库（下设 17 个专题子库）

以中国国民经济行业分类为依据，覆盖金融业、旅游业、交通运输业、能源矿产业、制造业等 100 多个行业，跟踪分析国民经济相关行业市场运行状况和政策导向，汇集行业发展前沿资讯，为投资、从业及各种经济决策提供理论支撑和实践指导。

中国区域发展数据库（下设 4 个专题子库）

对中国特定区域内的经济、社会、文化等领域现状与发展情况进行深度分析和预测，涉及省级行政区、城市群、城市、农村等不同维度，研究层级至县及县以下行政区，为学者研究地方经济社会宏观态势、经验模式、发展案例提供支撑，为地方政府决策提供参考。

中国文化传媒数据库（下设 18 个专题子库）

内容覆盖文化产业、新闻传播、电影娱乐、文学艺术、群众文化、图书情报等 18 个重点研究领域，聚焦文化传媒领域发展前沿、热点话题、行业实践，服务用户的教学科研、文化投资、企业规划等需要。

世界经济与国际关系数据库（下设 6 个专题子库）

整合世界经济、国际政治、世界文化与科技、全球性问题、国际组织与国际法、区域研究 6 大领域研究成果，对世界经济形势、国际形势进行连续性深度分析，对年度热点问题进行专题解读，为研判全球发展趋势提供事实和数据支持。

法律声明

“皮书系列”（含蓝皮书、绿皮书、黄皮书）之品牌由社会科学文献出版社最早使用并持续至今，现已被中国图书行业所熟知。“皮书系列”的相关商标已在国家商标管理部门商标局注册，包括但不限于LOGO（▧）、皮书、Pishu、经济蓝皮书、社会蓝皮书等。“皮书系列”图书的注册商标专用权及封面设计、版式设计的著作权均为社会科学文献出版社所有。未经社会科学文献出版社书面授权许可，任何使用与“皮书系列”图书注册商标、封面设计、版式设计相同或者近似的文字、图形或其组合的行为均系侵权行为。

经作者授权，本书的专有出版权及信息网络传播权等为社会科学文献出版社享有。未经社会科学文献出版社书面授权许可，任何就本书内容的复制、发行或以数字形式进行网络传播的行为均系侵权行为。

社会科学文献出版社将通过法律途径追究上述侵权行为的法律责任，维护自身合法权益。

欢迎社会各界人士对侵犯社会科学文献出版社上述权利的侵权行为进行举报。电话：010-59367121，电子邮箱：fawubu@ssap.cn。

社会科学文献出版社